中国特色社会主义法治理论系列教材

编审委员会

（按姓氏笔画排序）

· 中国特色社会主义法治理论系列教材 ·

黄　进／总主编

刑法学总论

（第二版）

罗　翔／著

中国政法大学出版社

2021 · 北京

图书在版编目（ＣＩＰ）数据

刑法学总论/罗翔著. —2版. —北京：中国政法大学出版社，2021.7
ISBN 978-7-5620-9371-8

Ⅰ. ①刑…　Ⅱ. ①罗…　Ⅲ. ①刑法—法的理论—中国　Ⅳ. ①D924.01

中国版本图书馆CIP数据核字(2019)第280957号

书　　名	刑法学总论 XING FA XUE ZONG LUN
出 版 者	中国政法大学出版社
地　　址	北京市海淀区西土城路 25 号
邮　　箱	fadapress@163.com
网　　址	http://www.cuplpress.com (网络实名：中国政法大学出版社)
电　　话	010-58908435(第一编辑部) 58908334(邮购部)
承　　印	固安华明印业有限公司
开　　本	787mm×1092mm　1/16
印　　张	20.75
字　　数	416 千字
版　　次	2021 年 7 月第 2 版
印　　次	2021 年 7 月第 1 次印刷
印　　数	1~5000 册
定　　价	59.00 元

作者简介

罗 翔 中国政法大学教授，刑法学研究所所长，博士生导师。

总 序

经过六十多年的建设发展，中国政法大学作为国家"211 工程""985 工程优势学科创新平台""2011 计划"重点建设大学和"双一流"建设高校，已从一所普通大学成长为如今具有国际影响力的国内一流大学，被誉为"中国法学教育的最高学府"和"中国人文社会科学领域的学术重镇"。法大一直秉承"厚德、明法、格物、致公"的校训精神，坚持"学术立校、人才强校、质量兴校、特色办校、依法治校"的办学理念，以"经国纬政、法治天下""经世济民、福泽万邦"为办学使命，形成了独特的法学教育教学理念，积累了丰富的法学理论研究成果和法治人才培养经验，汇集了一大批自强不息、追求卓越的学术名师。在建设富强民主文明和谐美丽的社会主义现代化强国、实现中华民族伟大复兴中国梦的新征程中，法大正致力于建设开放式、国际化、多科性、创新型的世界一流法科强校，并积极推进国家法治建设和高等教育事业的发展，以卓越的人才培养、科学研究、社会服务推动国家法治昌明、政治民主、经济发展、文化繁荣、社会和谐及生态文明，书写着充满光荣与梦想、开拓与奋进的时代华章。

党的十八大以来，党中央高度重视依法治国，对全面推进依法治国作出决定和部署，民主法治建设迈出重大步伐。十八届四中全会专门研究全面推进依法治国并作出决定，提出全面推进依法治国的总目标是建设中国特色社会主义法治体系，建设社会主义法治国家；提出要在中国共产党领导下，坚持中国特色社会主义制度，贯彻中国特色社会主义法治理论，形成完备的法律规范体系、高效的法治实施体系、严密的法治监督体系、有力的法治保障体系，形成完善的党内法规体系，坚持依法治国、依法执政、依法行政共同推进，坚持法治国家、法治政府、法治社会一体建设，实现科学立法、严格执法、公正司法、全民守法，促进国家治理体系和治理能力现代化；还特别提出要加强法治工作队伍建设，创新法治人才培养机制。党的十九大庄严宣布，经过长期努力，中国特色社会主义进入新时代，这是我国发展新的历史方位。

在新时代，我国社会主要矛盾已经转化为人民日益增长的美好生活需要和不平衡不充分的发展之间的矛盾。人民美好生活需要日益广泛，不仅对物质文化生活提出了更高要求，而且在民主、法治、公平、正义、安全、环境等方面的要求日益增长。因此，坚持全面依法治国是新时代坚持和发展中国特色社会主义的基本方略，要坚定不移走中国特色社会主义法治道路，完善以宪法为核心的中国特色社会主义法律体系，建设中国特色社会主义法治体系，建设社会主义法治国家，发展中国特色社会主义法治理论。党的十九届四中全会专门研究了坚持和完善中国特色社会主义制度，推进国家治理体系和治理能力现代化若干重大问题，进一步强调坚持全面依法治国，建设社会主义法治国家，切实保障社会公平正义和人民权利的显著优势，还要继续坚持和完善中国特色社会主义法治体系，提高党依法治国、依法执政能力，推进法治中国建设。党中央关于全面依法治国的一系列战略部署，为我国新时代法学教育和法治人才培养提供了根本遵循，指明了前进方向。

坚持全面依法治国离不开法学教育和法治人才培养，新时代中国特色社会主义法治建设对法学教育和法治人才培养提出了新使命、新任务、新要求。习近平总书记2017年5月3日考察中国政法大学时就法学教育和法治人才培养强调指出：全面推进依法治国是一项长期而重大的历史任务，全面依法治国是一个系统工程，法治人才培养是其重要组成部分；办好法学教育，必须坚持中国特色社会主义法治道路，坚持以马克思主义法学思想和中国特色社会主义法治理论为指导，立德树人，德法兼修，培养大批高素质法治人才。他特别强调指出：高校是法治人才培养的第一阵地，要为完善中国特色社会主义法治体系、建设社会主义法治国家提供理论支撑，努力以中国智慧、中国实践为世界法治文明建设作出贡献；对世界上的优秀法治文明成果，要积极吸收借鉴，但也要加以甄别，有条件地吸收和转化，不能囫囵吞枣、照搬照抄；要坚持从我国国情和实际出发，正确解读中国现实、回答中国问题，提出标识性学术概念，打造具有中国特色和国际视野的学术话语体系，尽快把我国法学学科体系和教材体系建立起来。为了认真贯彻落实党的十八大、十八届三中和四中全会精神，十九大和十九届四中全会精神，特别是习近平总书记考察中国政法大学重要讲话精神，中国政法大学秉承先进的法学教育教学理念，充分利用学校教师资源、出版资源和数字网络平台优势，深谋远虑、善作善为，积极组织编写和大力推动出版摆在读者面前的这套全新的立体化、数字化法学系列教材。

据我所知，本系列教材的编写人员均为法大在一线从事教学工作多年、拥有丰富法学教学经验和丰硕科研成果、教学特点鲜明的中青年教师，他们在法大深受学生喜爱和好评，有的还连续数年当选"中国政法大学最受本科生欢迎的老师"。本系列教材就是他们立足于法学教育改革和人才培养模式创新的需要，结合互联网资源信息化、数字化的特点，以自己多年授课形成的讲义为基础，根据学生课堂学习和课外拓展的需求与信息反馈，经过细致的加工与打磨，用心编写而成的。本系列教材可以说是各位编写人员一二十年来教学实践与探索的结晶，更是他们精雕细琢的课堂教学的载体和建模。

在我看来，本系列教材在以下几个方面颇具特色：

第一，坚持以中国特色社会主义法治理论为指导。本系列教材定位为马克思主义理论研究和建设工程重点教材的补充教材，教材的编写认真贯彻落实党的十八大、十八届三中和四中全会精神，十九大和十九届四中全会精神，特别是习近平总书记考察中国政法大学重要讲话精神，坚持中国特色社会主义法治道路，坚持以马克思主义法学思想和中国特色社会主义法治理论为指导，坚持"立德树人、德法兼修"的法治人才培养观；坚持从我国国情和实际出发，正确解读中国现实、回答中国问题，提出标识性学术概念，用"中国智慧、中国实践"培养高素质法治人才；坚持全面准确反映中国特色社会主义法治建设丰富实践和法治理论最新理论成果，努力打造具有中国特色和国际视野的法学学术话语体系、学科体系和教材体系，为完善中国特色社会主义法治体系、建设社会主义法治国家提供理论支撑。

第二，知识呈现从整体到细节，巧构法科学习思维导图。法学教育不仅要传授学生法学基础知识，更要帮助学生在脑海中形成脉络清晰的树状知识结构图，对于如何解构法律事实、梳理法律关系、分清主次矛盾、找到解决方法，有一个科学完整的法学方法论，为学生以后从事理论研究或法律实务工作奠定坚实的基础。

第三，重点难点内容突出，主干精炼、枝叶繁茂。得益于数字网络平台的拓展功能和数字设备扫描二维码的方便快捷，本系列教材得以从过去繁缛复杂、全而不精的闭合循环中解脱出来，着力对每个知识点的通说进行深度解读并介绍主要的学术观点，力求提纲挈领、简明扼要。同时，对于每个学科的重点难点内容予以大篇幅的详细对比和研讨，力求重点难点无巨细，使学生通过学习教材能够充分掌握该学科的主要内容，并培养足以应对常见问题的能力。相关知识点的学术前沿动态和学界小众学术观点，则通过二维码栏目向学生打开课外拓展学习的窗口，使学有余力者能够有矿可挖、有据可查、有章可循、有的放矢。

第四，注重理论教学与实践教学相结合，应试教学与实务教学相结合。法学学科是实践性很强的学科，法学教育必须妥善处理理论教学和实践教学的关系。本系列教材充分结合案例教学、情景教学、模拟法庭、法律诊所、社会调查、实习实践、团队研讨和专题研究等教学和学习方法，引导学生探究式学习，从理论走向实践、从课堂走向社会。同时，考虑到学生未来工作或继续深造的发展方向，满足学生准备国家统一法律职业资格考试和研究生入学考试的需要，本系列教材设置了专门的题库和法律法规库并定期更新，通过二维码栏目向学生开放各类考试常考的知识点及其对应的真题、模拟题，并结合法律实务的需求，提供法律法规及案例等司法实务中常用的信息，或跳转到相关资源丰富的实务网站，引领学生从单纯理论知识学习走向理论知识学习与法律实务训练同步、从应对法学考试走向应对法律实务、从全面学习走向深度研究。

　　第五，加强课堂教学与课下研讨相结合，文字与图表、音视频相结合。本系列教材立意除了强化课堂教学互动外，还在课下为学生提供了丰富、立体的学习资源，既有相关知识点的分析对比图表，也有包含全书的课程讲义PPT。此外，针对重点难点知识，授课教师在PPT的基础上录制讲解视频，并在网络学习平台上开辟师生交流渠道，由教师布置课后作业并通过网络学习平台打分、统计答题信息等方式，有针对性地进行二次讲解和课后答疑，在充分缩短时间和空间距离的前提下，加强师生沟通互动，不断提高教师教学效果和学生学习成效。

　　本系列教材是中国政法大学中青年教师多年立德树人、教书育人、潜心教学、耕耘讲台的直接成果，也是我国法学法律界同仁长期以来对中国政法大学事业发展关心、支持和帮助的结果。作为系列教材总主编，借此机会，我对法学法律界同仁，对本系列教材编辑委员会的顾问和委员，对所有编写人员和组编工作人员，表示衷心的感谢并致以崇高的敬意！我们相信，本系列教材的出版必将有力地推进中国政法大学法学教学改革创新和法治人才培养质量的提升，也将对我国法学教育起到示范和引领作用。我们也真诚希望海内外广大从事法学教育工作的专家学者能够同我们进行坦诚交流，对本系列教材提出宝贵意见，予以批评指正。

　　中国政法大学自建校以来，以人为本、尊师重教，薪火相传、筚路蓝缕，淡泊明志、求真务实，崇尚学术、追求真理，开拓创新、放飞梦想，始终奋战在我国法学教育和法治建设的第一线，已经成为我国法学教育和法治人才培养的主力军。法大之所以有今天，是因为有一代又一代法大人自强不息、追求卓越，坚持不懈、努力奋斗。本系列教材的编写、出版，就是今日法大人对法大的贡献，就是今日法大人对法大历史的书写，就是今日法大人承前启后、继往开来的印记。法大的事业乃千秋伟业，胸怀"经国纬政、法治天下"壮志，坚守"经世济民、福泽万邦"情怀的法大人，唯有肩负起时代的使命和人民的重托，同心毕力，奋楫争先，在新的征程上继续砥砺前行！

　　是为序。

黄　进

2019年12月1日修订于蓟门

第二版前言

　　这本书主要根据我在中国政法大学本科教学的课件整理而成。非常高兴本书能够再版。在这版中，根据新的法律法规和司法解释对全书进行了相应的修订。也删除了上一版一些错误和冗余的部分。

　　教学相长，本书出版之后有许多学生都提出了宝贵的修改意见，在此表示感谢。作为老师，职业特点让我习惯好为人师，但是，也许倾听比倾诉更为重要。希望使用本书的同学能够提出更多有价值的意见。

罗　翔

2021 年 6 月

 二维码

刑法的知识体系与考查概况　　全书拓展资料不定时更新

前　言

作为青年教师，能够出版一本自己的教科书，既高兴又惶恐。

高兴的是，自己多年的思考可以变成文字，能够更加便捷地与同学们、同行们交流；惶恐的是，自己的学术积累还非常有限，许多想法仍未成熟，摆在读者面前的书稿其实只是一个半成品。

作为前言，惯例是要介绍一下本书的创新之处和写作目的。当然，我深知自己所谓的创新不过是在前人基础上跨出的极小一步，很多时候不过是发掘渐渐被人遗忘的古旧智慧，新瓶装旧酒罢了。

大致说来，本书有如下特点：

第一，本书的基本倾向是重拾传统的道德规范维护说。刑法保护的是道德规范，还是法益，这是刑法学的基本问题。当前，绝大多数中国刑法学者认为刑法保护的是法益，主张刑法应当保护道德规范的似乎成了绝对少数。一直以来，我国刑法学界都不断地强调刑法与道德的分离，认为刑法需要不断地去伦理化。然而，这种看法过分夸大了法律与道德的界限，不仅忽视了我国及其他国家生动的法律实践，也未对两大法系至今仍然存在的论争保持足够的关注。本书认为，如果在刑法中不考虑道德规范，很容易导致立法的独断和司法的机械。一段时间以来，大量违背民众朴素情感的判例正是绝佳的注脚。

在大陆法系的德国，自从威尔采尔（Welzel）提出社会相当性理论，对传统的法益侵害说进行猛烈的批判以来，许多刑法学者都对法益理论进行了反思，虽然社会相当性理论广受批评，但在刑法中必须考虑道德规范的要求已经成为德国刑法理论的重要特征。当前，德国刑法学的主流观点认为，刑法的目的应当由原来单一的法益保护转变为兼顾法益和道德维护。在日本，虽然行为无价值和结果无价值曾有过激烈的争论，但从 20 世纪 90 年代之后，二者的对立逐渐趋于平息。越来越多的学者意识到，在刑法中并不能完全排斥道德主义，刑法必须接受道德的约束。

在英美法系中，穆勒在《论自由》一书中所提出的"损害原则"（没有侵害就没有刑罚）一直是刑法规范正当化的基础。"损害原则"与"法益理论"近似，二者的哲学基础都是功利主义，都反对将刑法作为维护道德规范的工具。然而，自从19世纪70年代斯蒂芬对穆勒的自由观提出强烈批评以来，法律道德主义与损害原则的争论在英美法系中就从未停止。20世纪60年代，哈特和德夫林勋爵就违背性道德的行为能否被犯罪化的激辩不过是19世纪论战的延续。当前，美国仍有一些重要的学者在为法律道德主义辩护。法律道德主义仍具有强大的生命力，斯蒂芬与穆勒的论战仍在继续。

法益理论的哲学根据是功利主义哲学。功利主义包括边沁式的功利主义和穆勒自由主义的修正。边沁的功利主义认为社会要追求"最大多数人的最大幸福"，因此，惩罚正当性的重要根据就是利弊权衡，看它是否符合"最大多数的最大幸福"。然而，这种思想无法避免多数对少数欺凌，多数的暴政具有了天然的合理性。

更为可怕的是，边沁的功利主义与卢梭社会契约论双剑合璧，成为人类历史无数浩劫的思想源头。社会契约论假想了人类社会的原初状态，它认为人们为了保护自己不受他人的伤害，必须让渡一部分权利，达成社会契约。卢梭要求"每一个体将自己的权利毫无保留地完全转让给共同体"，人们在服从共同体的时候，实质上只是在服从他们自己，并且仍然像以往一样的自由。"作为主权者的共同体也不可能损害任何个别的人。"[1]根据这种理论，民众选举的立法者颁布的法律具有天然的正当性，因为这是民众意志或公共意志的体现。

边沁的哲学与卢梭的思想互为表里，"公共意志"也就代表了"最大多数的最大幸福"，当个人利益与"最大多数人的最大幸福"相抵触，个人利益就应放弃或做出牺牲，但问题在于何谓"最大多数"？何谓"最大幸福"？这种无比抽象的概念就如卢梭的"公意"概念一样，在现实中成为少数人谋取私利的托词，最大多数往往是被少数人代表的。在卢梭看来，主权者是永远不会犯错误的。他无法想象基于公意产生的主权政府也可能践踏先前的契约、走向独裁。不幸的是，这却成了事实。

穆勒对边沁的功利主义进行了修正，他认为，从长远来看，尊重个体自由会导向最大的人类幸福。因此，穆勒对惩罚正当性的概括是：只要行为没有侵害他人的利益，法律就不得干涉。无侵害，无刑罚，法益理论就是以这种理论为根据的。

然而，穆勒的自由主义只是一种空想，人的任何行为都不可能与他人绝对无关，如果自由不受到道德规范的限制，人的自由行使不过是玩火自焚，强者对弱者的剥削也会肆无忌惮。无论是边沁、卢梭，还是穆勒，他们都对人性有着过高的期待，他们忘记了我们每个人每天都能感受到的经验事实，

---

[1]　[法]卢梭：《社会契约论》，何兆武译，商务印书馆2019年版，第23~24页。

那就是我们每个人的心中都有幽暗的成分，这种幽暗如果不受到必要的制约，必定会把人带向毁灭。当鱼儿可以"自由"地在陆地上行走，等待它的只有死亡。当人可以自由地"吸毒""卖淫""换妻""出售器官"，人类社会一定会走向崩溃。绝对的自由只不过是绝对的奴役，当人充分践行不受约束的自由，社会秩序的紊乱必定会让人们召唤无所不为的强权政治。托克维尔一再警告我们：谁要求过大的独立自由，谁就是在寻求过大的奴役。[1]

因此，刑法的合理性不是来自形而上学的推理，而是来自它所服务的道德观念。正如斯蒂芬说言：在任何情况下，立法都要适应一国当时的道德水准。如果社会没有毫不含糊地普遍谴责某事，那么你不可能对它进行惩罚，不然必会"引起严重的虚伪和公愤"。公正的法律惩罚必须取得在道德上占压倒优势的多数的支持，因为"法律不可能比它的民族更优秀，尽管它能够随着标准的提升而日趋严谨"。[2]

必须说明的是，本书强调刑法要保护道德规范，但并不抛弃法益概念。笔者认为，法益是道德规范的表象，如果没有道德规则的支撑，法益理论概念没有意义；法益的内涵、权衡、放弃都取决于道德规范的要求，如果缺乏道德规范的指引，法益学说很容易滑向纯粹的法律实证主义，无法对立法和司法进行必要的约束。如果不考虑道德规范的需要，凭空产生的法益理论如何能够从立法上控制处罚范围呢？这种由立法发明并确定的法益如何限制立法者本身的权力呢？司法者又从何处获得道德资源去限制立法的不公呢？法益论者认为，如果谴责犯罪人是为了维护道德规范，这有将人当作工具之嫌。事实上，法益理论更容易假借最大多数的最大幸福推行自己的价值观，成为国家专横的工具。

法益论者认为，道德规范具有相对性，如果刑法保护道德规范，那就是在以刑法推行某种绝对的价值观。本书认为，这种观点在逻辑上是自相矛盾的。道德相对主义主张的"无所谓对也无所谓错"这本身也是绝对的。另外，法益论者所倡导的自由容忍本身也是一种绝对的价值。

很多人认为，只有相对主义的真理观才能导致宽容，其实不然。如果真理是相对的，那么一切都是合理的，这反而失去了对任何邪恶的批判能力。用活人献祭，纳粹的种族大屠杀，这些难道也是合理的吗？如果缺乏绝对的对错观，那么绝不宽容的邪恶反而具备了合理性。正如有人说，如果世上没有绝对的价值观，那么吃人也就成了口味问题。其实，真理必须是绝对的，才能确保真正的宽容之存在。当然，强调真理的绝对性有可能会在人的心中造成一个"滑坡"，即认为真理的拥有者比其他人更为优越，从而导致自诩拥有真理者对其他群体的蔑视甚至压迫。解决之道有两种：一是貌似"谦虚"地认为，我们只能掌握真理的一部分，不可能掌握全部的真理，一如瞎子摸

---

〔1〕 [法]托克维尔：《旧制度与大革命》，商务印书馆 2012 年版，第 124 页。

〔2〕 冯克利："善善相争，无法不行"，载《读书》2008 年第 6 期。

象，每人只能了解片面的真理。但是，这种观点其实只是相对主义真理观的翻版，既然我们只能认识真理的一部分，那么现存的真理只能是相对的。因此，所有的邪恶也就具备了合理性。然而，你怎么能确定每一位瞎子所见到的只是大象（真理）的一部分呢？除非你认为你不是瞎子，你可以看到大象（真理）的全貌。当有人宣称，"真理是大过任何人所能掌握的"，这看起来很谦虚，但如果以此来判定所有关于真理的宣告都是无效的，这种宣称本身非常傲慢，因为它认为这个知识比别的知识更为优越，这种宣称本身就是绝对的。二是承认真理是主体，而非客体，人只能获得真理的启示，而无法靠自己的能力去寻找真理。当人获得真理的启示时，他可以谦卑地感恩真理的启示，同时承认自己并不配拥有真理，亦可发自内心地尊重暂时与自己见解不一的人，并期待有一天，对方也可获得真理的启示。只有这样的一种真理观，既能避免相对主义的道德虚无，又能避免绝对主义的道德傲慢。

第二，本书尝试整合证明责任与犯罪构成理论，用犯罪构成作为证明责任分配的标准，打通刑事实体法与程序法的隔阂。证明责任与犯罪构成理论，一个是刑事诉讼的脊梁，一个是刑法的基石，二者具有非常紧密的关系。犯罪构成原本就是从诉讼法的概念演变而来的，证明责任也并非单纯的程序问题。犯罪构成理论本身就应体现证明责任的需要，证明责任也应为犯罪构成的体系性安排发挥指引功能。证明责任不仅是一个程序问题，它更是一个实体问题，不少国家的学界都是在实体法中讨论证明责任的。

以犯罪构成理论作为证明责任分配的标准主要盛行于普通法系尤其是美国。普通法系的犯罪构成理论是一种双层结构，包括本体要件与辩护要件，前者包括行为和意图，后者包括各种辩护事由，如未成年、错误、精神病、醉态、胁迫、警察圈套、安乐死等。但是，这种理论所面临的最大困境在于本体要件与辩护理由的界限并不明确，导致证明责任在分配上的困惑。在具体操作时，二者往往存在中间地带。

大陆法系一般基于无罪推定原则而反对犯罪构成标准。无罪推定原则认为，控诉方必须承担被告人有罪的证明责任，被告方无需承担任何要素的说服责任。但是，当前在各国有关证明责任的司法实践中，没有哪个国家采取绝对的犯罪构成标准，或者绝对的无罪推定标准。采取犯罪构成标准的国家为了规避无罪推定原则，往往取消某罪的辩护理由。因此，表面上为了更好地保护被告人的无罪推定原则反而恶化了被告人的权利。至于无罪推定原则，由于它经常导致控诉机关打击犯罪的窘境，因此，立法机关又往往有举证责任倒置的例外规则。

经过慎重思考，本书认为，大陆法系通行的递进式犯罪构成理论可以弥补普通法系犯罪构成标准的不足。大陆法系的递进式的犯罪构成理论由构成要件该当性、违法性和有责性三个依次递进的结构组成。它不仅能够比较清晰地区分本体要件和辩护要件，同时还能体现证明责任所需要的层次性安排。同时，这种犯罪构成理论本身就含有证明责任的推定机能。行为一旦具有构成该当性，就可推定具备违法性和有责性。控诉方通常只对犯罪构成该当性承担证明责任而无需证明违法性和有责性。只有当诉讼中出现了或者被告方提出了违法阻却事由或责任阻却事由可能存在的证据，使得违法性和有责性的推定出现了疑点，控诉方和被告方才可能出现证明责任分配的问题。总之，本书期待通过证明责任的指引加深我们对犯罪构成理论的理解，促进刑事一体化理念的实现。

第三，本书试图兼顾知识、技巧和实践三者的结合。对于本科生而言，首先要掌握本学科的基础知识，这样才能具备基本的专业素养，能够应对包括期末考试、司法考试和研究生入学考试在内的各类考试。同时，本书也试图在知识的基础上介绍重要理论的多种学说，培养学生的分析能力和法律思维技巧。人类的理性是有限的，因此，人类所设计的任何理论必然存在缺陷，任何一个问题一定都有多种解决方法，刑法学也不例外。用黑格尔的话来说，任何理论必然有正说、反说、折中说三种观点，当折中说成为正说，又有对折中说的反说和再折中说，周而复始，理论就不断地走向发展。对于一些刑法的基础性问题，学生有必要在通说的基础上掌握多种学说，这一方面可以训练学生的分析能力、思维技巧，另一方面，也可以培养学生的探索精神，避免理论固步自封、盲目自信。当然，在所有关于学说的介绍中，本书会特别表明哪些是通说观点。如果笔者的见解与通说不同，也会特别说明，避免学生在标准化的考试中出现紊乱。

另外，理论不能与现行的司法实践脱节，因此，本书注重对当前司法经验的总结和介绍，本书除了关注立法机关和最高司法机关发布的各类规范性文件，还会以注释的形式摘选一些重要权威判例，让学生了解理论在实践中的具体运作。

对于法律的学习，如果只侧重知识掌握，你可能是一个很好的考试机器。如果对于任何一个问题都能够掌握多种学说，拥有娴熟的法律分析技巧，那你就从机器上升为专才，如果专才再专一点，可以理论联系实践，那你很可能成为专家。

然而，对于当下中国，真正缺乏的不是专家，而是有良知的"人"。

圣雄甘地说，有七样东西能够毁灭人类，一种是没有道德原则的政治，一种是没有是非观念的知识。1942年1月20日，柏林郊区，万湖别墅，漫天飞雪，第三帝国的最高级别官员召开了一场会议，史称"万湖会议"。在这场会议中，纳粹出台了针对犹太人的"最终解决方法"，与会者制定了一个详细的各国屠杀犹太人的分配清单，德国人以其特有的理性和严谨在这座风景秀美的别墅中勾圈划点，精心策划，分配指标，杀人居然精确到个数。与会的15人中，有8人拥有博士学位，而且大部分是法学博士。会议持续了90分钟，最终导致600万犹太人的生命终结。

作为法律人，我们接受了太多的技术主义训练，拥有很多的法律知识。但是，如果没有良知的约束，法律技术主义比法盲更可怕，这种技术主义唯权力马首是瞻，为权力的需要提供各种学说、各种精致的论证，充分奉行领导的看法就是"根本大法"。马克思·韦伯早就预见了这一切，在《新教伦理与资本主义》的结尾，他发出了先知般的预言："纵欲者没有心肝，专家没有灵魂。"这不幸成为事实。当我立志以学术为业时，我就不断地告诫自己，应当知道将灵魂安放何处。

期待本书的读者能够学到知识，掌握技巧，了解实践。更重要的是，不要忘记自己的良知。要用良知去驾驭我们之所学，而不要用所学去蒙蔽我们的良知。

牛顿说：一直以来，我就像一个在海边玩耍的小孩，时不时被某个特别光滑的鹅卵石或美丽的贝壳所吸引，然而却对面前那无边无际的真理的海洋浑然无知。学习的真谛就在于此，真正的学习不是为了炫耀已有的知识，而是承认自己是如此的无知，发自内心地感恩自己能够获得真理的惊鸿一瞥。在广袤的真理海洋中，不断地学会谦卑，对未知的领域保持足够的敬畏。

苏格拉底说："我唯一知道的就是自己一无所知。"承认自己的无知是开启智慧的大门，自认为万事皆知的人只是最大的愚昧，知识分子的傲慢不过是不学无术的另一种表达。

感谢法大给我提供的平台能够接触那么多优秀的学生，教学相长，让我在学问之道不断求索；感谢法大出版社给我提供出版教材的机会，也非常感谢本书的责任编辑唐朝女士极其细致负责的审校工作。

更感谢我的家人无私的付出，让我知道爱是不求自己的益处，从来不要求回报。

一直以来，我所得的都超出自己的所求所想，只能以感恩的心来领受每次不配的恩惠。

罗　翔

2017 年 5 月 22 日

北京亦庄

目　录

第一部分　基础论

第二部分　犯罪论

第三部分　后果论

第一部分

基础论

第一章

刑法概说

一、刑法的概念和特征

（一）刑法的概念

刑法是规定犯罪及其法律后果的法律规范的总称。任何法律要被称为刑法都必须符合两个基本要素：①规定何种行为属于犯罪（犯罪论）；②规定犯罪的法律后果（后果论）。比如《中华人民共和国刑法》（以下简称《刑法》）第 232 条规定："故意杀人的，处死刑、无期徒刑或者 10 年以上有期徒刑；情节较轻的，处 3 年以上 10 年以下有期徒刑。"这条法律就包括犯罪论和后果论这两个要素。犯罪的法律后果主要是刑罚，但也包括一些非刑罚措施，比如《刑法》第 37 条规定的"训诫""赔礼道歉"等。

根据刑法的定义，当前我国刑法的表现形式包括 1997 年颁布的刑法典以及 1 个单行刑法（即 1998 年 12 月颁布的《全国人民代表大会常务委员会关于惩治骗购外汇、逃汇和非法买卖外汇犯罪的决定》）。[1]其中，全国人大常委会又对 1997 年的刑法典以修正案的形式进行了 11 次修正。

（二）刑法的特征

1. 特定性。刑法是规定犯罪及其法律后果的法律规范，而其他法律规定的都是一般违法行为及其法律后果。

2. 广泛性。一般部门法只是调整和保护某一方面的社会关系，而刑法所调整和保护的社会关系相当广泛。

3. 严厉性。一般部门法对一般违法行为也适用强制方法，但其严厉程度通常轻于刑法所规定的刑罚。比如，《中华人民共和国治安管理处罚法》虽然也规定了强制方法，但其严厉程度一般都轻于刑罚。所以它不属于刑法。

4. 补充性。刑法具有补充性，只有当一般部门法不能充分保护某种社会

---

[1] 全国人大常委会 1999 年 10 月颁布的《关于取缔邪教组织、防范和惩治邪教活动的决定》、2000 年 12 月颁布的《关于维护互联网安全的决定（2009 修正）》（已修改）、2011 年 10 月颁布的《关于加强反恐怖工作有关问题的决定》（已失效）和 2015 年 8 月颁布的《关于特赦部分服刑罪犯的决定》是否属于刑法，存在争议。本书认为，这些决定没有创设新的犯罪与后果的关系，故不属于刑法。反对意见可参见曲新久等：《刑法学》，中国政法大学出版社 2006 年版，第 5 页。

关系时，才由刑法保护。需要研究的是：如果刑法与其他部门法发生冲突，其他部门法不认为行为违法，但表面上符合刑法，这还是犯罪吗？如果坚持刑法的补充性，结论应当是否定的，不可能出现不是违法行为但却是犯罪行为的现象。[1]

5. 保障性。刑法是其他法律的保障法，即其他法律调整的社会关系和保护的合法权益，也都借助于刑法的调整和保护。刑法提供的是最高等级的保护，不到万不得已，不应轻易使用。

二、刑法的目的和机能

（一）刑法的目的

有关刑法的目的一直存在着"法益保护说"和"规范维护说"的争论。"法益保护说"认为，刑法的目的是保护法益（国家、社会和个人的利益），但"规范维护说"认为，刑法的目的在于维护社会规范、保护社会秩序。比如，对于故意杀人行为，"法益保护说"认为，这种行为侵犯了生命法益，所以需要受到刑罚处罚。但"规范维护说"认为，对行为人适用刑罚是为了确认"不得杀人"的社会规范，从而唤醒、强化民众的规范意识。[2]

"法益保护说"是一种有利的见解。然而，法益只是一种人为的模糊概念，它的内涵离不开社会规范，法益只是社会规范的表象。

无论是个人法益，还是超个人的法益，都是社会规范的折射，如果一种法益的背后没有可以依托的社会规范，这种法益就不值得刑法保护。刑法之所以要保护生命权、身体健康权、财产权等各种个体法益，是因为社会规范的命令。

超个人的法益表面看似与社会规范无关，但是，如果不受社会规范的制约，这种法益概念极易使刑法沦为纯粹的国家工具。法益概念是功利主义哲

---

[1] 帅某保险诈骗案：投保人帅某，虚构母亲年龄，为其母亲张某向某保险公司投保了康宁终身保险，死亡保险金 27 万元。根据康宁终身保险条款的规定，凡 70 周岁以下、身体健康者均可作为被保险人，由本人或对其有保险利益的人作为投保人向保险公司投保该保险。经查帅某将母亲户口年龄篡改，将当时已经 77 岁的老母年龄改小为 54 岁，使其符合投保年龄，并找他人代为体检参保，以及保险事故发生后，又篡改自己的入党申请书等人事档案材料。3 年后，被保险人因疾病身故，帅某向保险公司申请给付身故保险金 27 万元。这个案件从表面上看，符合《刑法》第 198 条保险诈骗罪的规定，但当年的《保险法》第 32 条规定，投保人申报的被保险人年龄不真实，并且其真实年龄不符合合同约定年龄限制的，保险人可以解除合同，并在扣除手续费后，向投保人退还保险费，但自合同成立之日起逾 2 年的除外。检察机关之后作出不起诉决定。（2015 年修正后的《保险法》第 16 条第 3 款也规定："前款规定的合同解除权，自保险人知道有解除事由之日起，超过 30 日不行使而消灭。自合同成立之日起超过 2 年的，保险人不得解除合同；发生保险事故的，保险人应当承担赔偿或者给付保险金的责任。"）请参见李兰英："契约精神与民刑冲突的法律适用——兼评《保险法》第 54 条与《刑法》第 198 条规定之冲突"，载《政法论坛》2006 年第 6 期。反对意见可参见张明楷：《诈骗罪与金融诈骗罪研究》，清华大学出版社 2006 年版，第 757 页。张明楷："无权处分与财产犯罪"，载《人民检察》2012 年第 7 期。

[2] [日] 西田典之：《日本刑法总论》，刘明祥、王昭武译，中国人民大学出版社 2007 年版，第 22 页。

学的产物，奉行最大多数的最大福利。"法益保护说"认为，超个人的法益（如社会利益、国家利益），只要能够满足最大多数的最大福利，就有保护的必要。[1]比如国家安全与每个个体休戚相关，因此刑法要保护国家安全。然而，何谓"最大多数""最大福利"，这种无比抽象的概念在现实中往往成为少数人谋取私利的托词，最大多数经常为少数人所代表。因此，不难想象为什么"法益保护说"那么容易倒向国家权威主义，为实然法提供全面的辩护。法益学说的开创者宾丁就认为，毁灭没有生存价值的人的生命是合法的，这种法益理论也就不可避免地成为纳粹德国屠杀精神病人和犹太人的学术帮凶。[2]正如有学者所批评的："在保护法益的外表下，其实包藏着以国家之价值观压抑社会价值观之事实，强调刑法应保护法益而不过问社会伦理，反而造成国家价值凌驾社会伦理之吊诡。"[3]

法益概念必须受到社会规范的纠偏，才能避免刑法沦为纯粹的国家工具。人性的不完美决定了人所组成的任何机构、社会、国家都存在不完美的可能。因此，实然法并非尽善尽美，它至少应当接受在一定历史时期为人们所普遍遵循的社会规范的检视。如果一种所谓的"法益概念"缺乏社会规范的支撑，甚至明显违背社会规范，那这种法益就是不恰当的。比如伪造货币罪，禁止伪造行为背后的规范目的是"不得欺骗"，若将此法益概括为货币的发行权，那就失去了社会规范的支撑，因而是错误的。

另外，社会规范可以引导法益去追逐社会规范所倡导的良善价值。离开了社会规范的引导，法益概念很可能与社会偏见同流合污。比如，在网上虚构他人遭受强暴的事实是否构成诽谤罪？诽谤罪的法益是名誉，是一种社会的评价。上述诽谤在事实上会导致受害人社会评价降低。然而，如果不考虑社会规范的需要，仅仅照搬事实的名誉概念，法律很可能会强化社会对强奸受害人的歧视，无助于建立一个良善的社会。因此，此行为不构成诽谤罪。法律必须坚守一些基本的价值，通过社会规范的引导，避免法律成为恶法。

总之，法益只是社会规范的载体，在规范以外，法益别无意义。这正如计算机的存在是为了实现人类的使用目的，提高人类活动的效率，如果计算机意图脱离人类，寻求自己存在的意义，那计算机的存在就是人类社会的灾难。同理，法益概念本身只是为了避免社会规范的模糊性，让规范变得更易被理解与适用，它永远不能脱离规范而获得存在的意义。

"法益保护说"对"规范维护说"的批评主要有：①现代社会价值多元，刑法不应将国民全面拘束于一定的伦理秩序内，否则就是用法的名义在推广自己的价值观。②道德规范的内容不明确，难以据此实现构成要件的明确性。

---

[1] 张明楷：《法益初论》，中国政法大学出版社 2003 年版，第 243 页。

[2] ［日］木村龟二主编：《刑法学词典》，顾肖荣、郑树周等译，上海翻译出版公司 1991 年版，第 192 页。

[3] 余振华：《刑法违法性理论》，元照出版有限公司 2001 年版，第 37 页。

③谴责犯罪人是为了维护规范，这有将人当作工具之嫌。〔1〕

对于第一点批评，本书的疑问是：①多元社会就没有必须坚守的价值吗？②是社会规范还是法益理论更容易以法的名义强行推广自己的价值观？

1. 现代社会的确是一个价值多元的时代，但任何时代都有一些必须坚守的基本价值。一如英国剧作家切斯特顿所说："一个开放的思想之目的，和一张开着的嘴巴一样，它在合上的时候要咬住某种扎扎实实的东西。"〔2〕难道我们可以说，"不得随意杀人""不得随意强暴"等价值立场也可动摇吗？"法益保护说"会认为，刑法之所以规定这些犯罪，是因为行为人侵犯了生命权、财产权、性权利等利益，然而为什么要保护这些利益呢？这难道不是社会规范的最低需要吗？刑法必须体现一定的社会规范，规制人类的行为，维持社会生存最基本的伦理需要。

2. 法益理论更容易假借最大多数的最大幸福推行自己的价值观，成为国家专横的工具。在"法益保护说"看来，所有的案件，都应该根据立法者在法律中所规定的利益进行"客观的"分析权衡。但是，很难想象脱离社会规范进行的利益分析与权衡。或者，"法益保护说"会认为，立法者在法律中已经表明了所欲保护的利益，甚至决定了利益大小的权衡，但是，如果离开社会规范的指导，立法者的这种决定有什么正当性可言？国家并非尽善尽美，立法者也不是全然无错。如果说坚持一种为社会公众所普遍遵循的规范是强行推广价值观，那"法益保护说"所说的撇开社会规范、倡导一种与社会规范无关的价值立场，这种法律不更是在强迫人们接受一种价值观吗？

因此，无论是在刑事立法、司法还是行刑活动中，具体的执行者都必须服从朴素的道德规范。当然，人的局限性决定他的判断必然是有不足的，但是对于任何一例个案，司法官员都必须按照平素所培养起来的良知，根据社会所普遍遵循的一定规范来解决所担当的事件，"在进行刑法的判断时……应该倾注努力去认识该时期的我国社会所认为是适正妥当的唯一东西……法官当然也需要忠实于自己的信念，但是其信念必须符合社会的一般通念、具有合理性。社会的道德规范中正好包含着作为支撑法官的这种判断的基础的意义"。〔3〕

对于第二点批评，本书承认社会规范有一定的模糊性，但法益概念也是模糊的。日本学者平野龙一无奈地指出："法益概念的确不能说是很明确，尤其是从德国的法益理论史来看，特别是在战前出现所谓的'法益概念的精神化思想'，例如处罚同性之间的性行为，这时如果问到损害的法益是什么，只能回答是性的伦理……"〔4〕我国刑法中的寻衅滋事罪、聚众斗殴罪等扰乱公

---

〔1〕 张明楷："行为无价值论的疑问——兼与周光权教授商榷"，载《中国社会科学》2009 年第 1 期。

〔2〕 ［美］卡森：《宽容的不宽容》，李晋、马丽译，团结出版社 2012 年版，第 33 页。

〔3〕 ［日］大塚仁：《犯罪论的基本问题》，冯军译，中国政法大学出版社 1993 年版，第 117 页。

〔4〕 张军："犯罪行为评价的立场选择——为行为无价值理论辩护"，载《中国刑事法杂志》2006 年第 6 期。

共秩序的犯罪，如果缺乏社会规范的指引，司法机关往往使用公共秩序这种极为抽象的法益概念，可以任意出入人罪。事实上，离开社会规范，很多的法益概念都无从把握。相比法益，社会规范具有相对的确定性，因为社会规范是历史所形成的为公众普遍尊重的规范。正如语言一样，虽然有一定的模糊地带，但其核心含义是公众所普遍认同的。当然，规范与法益这两组概念可以互相帮扶，以求克服各自的模糊性，因此，本书并不完全否定法益的功能，但是，法益不能僭越自己的位分，法益只是规范的表象，不能取代规范，法益是手段，规范是目的。

对于第三点批评，这涉及人能否作为手段的问题。"法益保护说"明显误读了康德关于"人是目的而非手段"的论断。康德的原话是："在这个目的秩序中，人就是自在的目的本身，亦即他永远不能被某个人单纯作为手段而不是在此同时自身又是目的，所以在我们人格中的人性对我们来说本身必定是神圣的……"[1] 可见，康德从来没有主张过人不能是他人的手段，他只是说人不能"单纯"作为手段。万事互为效力，任何人都可以既是他人的手段，又是自身的目的。如果人只是手段，这会走向毫不掩饰的极权主义；如果人只是目的，那也会走向过于放纵的个人主义。对犯罪者进行惩罚是为了维护规范，这首先尊重了犯罪者作为理性的存在，因为社会规范较国家强行推广的价值观更应得到犯罪者的认同，按照犯罪者事先认同的社会规范对其进行惩罚，本身就是尊重他作为拥有自由意志的理性存在，因此他是目的。同时，对他的处罚又是为了培养社会公众对规范的认同，将规范内化为个体行为的准则，从这个角度来说，他又是手段。如果不考虑社会规范，只按照国家的价值立场，强行在法律中推广一种价值观，这反而是将犯罪人作为纯粹的手段，而无丝毫目的可言。有趣的是，康德伦理学的基本立场是对功利主义的反对。法益保护说援引康德来捍卫自己的功利主义立场，即使这不是对康德的误读，至少也是对康德哲学的不尊重。一如康德所言："道德本来就不教导我们如何使自己幸福，而是教导我们如何使自己无愧于幸福。"[2]

因此，本书采"规范维护说"。刑法的目的在于维护社会规范，对犯罪的处理是为了确认社会规范，强化民众对规范的认同。这里所说的社会规范是历史所形成的，为民众所普遍遵循的行为准则，能够获得民众普遍的认同。此处所说的社会规范其实就是道德规范。刑法应当保护道德规范，但并不意味着所有的道德规范都是刑法保护的内容。刑法所保护的是道德规范的核心内容，是元规则，这是一套同等地适用于所有民族或社区的理性规范。这种道德规范尊重个人的尊严，保护人的生命、身体、自由、名誉和财产。同时，道德规则认为人的尊严不是凭空产生的。道德规则赋予

---

〔1〕 杨祖陶、邓晓芒编译：《康德三大批判精粹》，人民出版社2001年版，第380页。

〔2〕 ［美］威尔·杜兰特：《哲学的故事》，金发燊等译，生活·读书·新知三联书店1997年版，第32页。

了人之尊严和自由，如果离弃这种道德规则，人的尊严也将彻底丧失。道德规则不是束缚人的自由，而是让人拥有真正的自由。对于元规则所派生的伦理规范，只有当其与元规则不相抵触时，才是刑法应保护的。因此，刑法不保护伦理偏见，比如鼓吹男尊女卑的偏见，这种偏见是与元规则相背离的，刑法自然不应保护。

关于"规范维护说"，有几点需要强调：

1. 本书依然使用法益的概念，但法益只是规范的表象。如果一种行为表面上侵犯了法益，但却没有违背社会规范，那么这种行为就不是犯罪。

2. 违背社会规范的行为并不都是犯罪，只有最严重的违背社会规范的行为才是犯罪。正如"法益保护说"也认为不是所有侵犯法益的行为都是犯罪。因此，没有必要将刑法与社会规范混为一谈。刑法是对道德的最低要求，因此，不是道德规范所谴责的行为都应以犯罪论处，而只有那些严重违反道德规范的行为才能论以犯罪。不可能指望刑法来振兴道德，只有用刑法来维系社会的基本道德才不至于崩溃。

3. 社会规范主要是一种道德规范。对于在道德规范中被视为"中性"的行为，国家可以进行必要的处罚。任何一个社会的道德规范都允许国家对民众生活进行必要的合理约束。在人类历史上，无政府主义从来没有为任何一种道德规范所认可。因此，法定犯（即不违反道德规范的行为也被作为犯罪看待）其实并不是真正"中性"的，它依然可以看成是违背道德规范的。[1]因此，"规范维护说"一方面可以对法定犯的立法权进行限制，另一方面也可以为司法权提供适用上的指导。首先，立法机关不能规定一种明显违背道德规范的法定犯。其次，司法机关在适用法定犯的时候，必须考虑其背后的道德规范。比如，偷越国边（境）罪是一种法定犯，但如果张三家住边境，经常去三里外境外的亲友家串门，这无论如何就不能以犯罪论处。再如，在生产销售不符合安全标准的食品罪中，由于未能发现某种添加剂对人体的危害，行政法规允许使用。行为人在生产过程中使用该添加剂，销售后发现其食品有致人伤亡的可能，但仍旧生产销售该食品。[2]在这个案件

---

〔1〕　如果认为法定犯在伦理上并非"中性"的，其实"规范维护说"中的社会规范就是道德规范。如果认为法定犯在伦理上是"中性"的，则社会规范就不能完全等同于道德规范。

〔2〕　"法益保护说"以此例批评"规范维护说"，认为成文规则如果本身存在错误，有修改之必要，但在未修改之前，依然适用该规则是不恰当的。参见张明楷："论被允许的危险的法理"，载《中国社会科学》2012年第11期。显然，忽视道德规范作为社会规范的真正基石是当前有些"规范维护说"存在的最大问题。脱离伦理支持的"规范维护说"论者很难捍卫自己的立场，往往向"法益保护说"妥协。当前绝大多数刑法论者深陷在后现代思维的相对主义泥潭中无力自拔，认为没有绝对的正确与错误，一切都是相对的、历史的、区域的。这种相对主义的主张本身就违反其自身的逻辑立场（没有绝对正确的主张本身就是绝对的）。因为相对主义，人们无奈地接受了存在就是合理的逻辑，自然把国家所保护或推广的利益看成法律的实质根据。由于人们失去了对立法正当性进行反思批判的动力，也就不可避免地唯权力意志马首是瞻。总之，刑法的基石绝非相对性的法益，而是具有普世性的伦理。

中，行为人的行为显然违背了"禁止伤害他人"的基本道德规范，自然应该处罚。

总之，刑法不能对抗道德，对于道德所容忍、认可甚至鼓励的行为，都不能以犯罪论处。立法不是没有界限的，它不能违背道德规范的要求，司法也不能无所作为，必须用道德规则来纠正不当的立法，恢复民众对法律的尊重。

（二）刑法的机能

刑法的机能是刑法可以发挥的作用。刑法的机能包括两个方面：

1. 保护机能，即保护社会的机能。刑法规定了犯罪与刑罚，对社会进行保护，维护社会的正常秩序。

2. 保障机能，即保障人权的机能。刑法必须保障公民的人权不受刑罚权的不当侵害，刑罚权的行使必须遵循刑法的规定，受到罪刑法定原则的限制。

正如有学者所指出的那样：一个国家对付犯罪并不需要刑事法律，没有刑法并不妨碍国家对犯罪的有效打击和镇压。而且没有立法的犯罪打击可能是更加灵活、有效、及时与便利的。如果从这个角度讲，刑法本身就是多余和伪善的，它除了在宣传与标榜上有美化国家权力的作用外，更多地却是在抑制国家权力，主要体现为束缚国家机器面对犯罪的反应速度与灵敏度。那么，人类为什么需要刑法？这个问题在 300 多年前，欧洲启蒙思想家们就作出了回答：刑事法律要遏制的不是犯罪人，而是国家。也就是说，尽管刑法规范的是犯罪及其刑罚，但它针对的对象却是国家。[1]

在法治社会中，刑法不再是刀把子，而是双刃剑，一刃针对犯罪，一刃针对国家权力。这也就是德国学者拉德布鲁赫所说的"刑法的悖论性"："自从有刑法存在，国家代替受害人施行报复时开始，国家就承担双重责任，正如国家在采取任何行为时，不仅要为社会利益反对犯罪者，也要保护犯罪人不受受害人的报复。现在刑法同样不只反对犯罪人，也保护犯罪人，它的目的不仅在于设立国家刑罚权力，同时也要限制这一权力，它不只是可罚性的缘由，也是它的界限，因此表现出悖论性：刑法不仅要面对犯罪人以保护国家，也要面对国家保护犯罪人，不单面对犯罪人，也要面对检察官保护市民，成为公民反对司法专横和错误的大宪章。"[2]

三、刑法的体系

刑法体系是指刑法典的结构。现行刑法典由两编组成，第一编为总则，第二编为分则，此外还有附则。总则是关于犯罪及其法律后果的一般原理，

---

[1] 李海东：《刑法原理入门：犯罪论基础》，法律出版社 1998 年版，第 3~4 页。

[2] ［德］拉德布鲁赫：《法学导论》，米健、朱林译，中国大百科全书出版社 1997 年版，第 96 页。

分则则是具体规定。总则对分则有指导作用，分则的适用离不开总则。总则共 5 章，分则共 10 章；章下一般分节，节下是具体的条，条是表达刑法规范的最基本单位，条文下一般有款，少数款下还有项。这样，形成"编→章→节→条→款→项"的刑法基本结构体系。

 本章二维码

刑法的概念和机能

第二章

公平正义与刑法的基本原则

习总书记指出，要努力让人民群众在每一个司法案件中都感受到公平正义。刑法的三大基本原则为这种公平和正义提供了坚实的保障。

第一节　罪刑法定原则

一、罪刑法定原则概说

罪刑法定是法治国家最重要的刑法原则。罪刑法定思想大体可以追溯到1215 年的《英国大宪章》。该《宪章》第 39 条规定："凡自由民非经贵族依法判决或遵照国家法律的规定，不得加以拘留、监禁、没收其财产、剥夺其法律保护权或加以放逐、伤害、搜索或逮捕。"这个思想在当时虽非主观设计的产物，只是权力斗争的副产品，但它却无疑宣示了罪刑法定这一伟大思想的诞生。1610 年，英国国王为了管制伦敦的建筑和禁止从面粉中提炼淀粉，颁布了种种规定，这引发了著名的《控诉请愿状》，在这一请愿书中，下议院指出：在不列颠臣民所享有的各项传统权利中，"他们视作最为珍贵者，即给予那些本属于不列颠君王及其成员的权利，不受任何不确定以及专断的统治，而受具有确定性的法治所引导和调整……正是基于此一根据，生成并发展出了不列颠王国人民的不容置疑的权利，即适用于他们生命、土地、身体或财物的惩罚，不能超过本国的普通法所规定者，亦不能超过其通过议会而共同同意颁布的法规所规定者"。[1]在查理一世走上断头台（1649 年）后的 20 年内，有过关于如何限制政府专断权力的大量论战。当时，人们最常强调的论点是：既已存在的法律没有规定，就不能进行惩罚，以及伟大的爱德华·柯克爵士的至理名言：一切法规只具有前涉力，而不具有溯及既往之力。

---

[1]　[英]哈耶克：《自由秩序原理》，邓正来译，生活·读书·新知三联书店 1997 年版，第 211 页。

罪刑法定原则首先被纳入 1787 年《奥地利刑法典》,[1]并为 1789 年的法国《人权宣言》所吸纳。1801 年,被誉为近代刑法之父的冯·费尔巴哈第一次以拉丁文给予罪刑法定原则最为明确、简洁、经典的表述——法无明文规定不为罪,法无明文规定不处罚(Nulla poena sine lege, Nulla poena sine crime, Nullum crimen sine poena legali)。在《人权宣言》的指导下,1810 年《法国刑法典》第 4 条明确规定:"没有在犯罪行为时以明文规定刑罚的法律,对任何人不得处以违警罪、轻罪和重罪。"随后该原则为大多数欧陆国家所效仿。[2]基于罪刑法定原则的巨大魅力,它甚至成为国际人权公约的内容。1948 年联合国大会通过的《世界人权宣言》在第 11 条第 2 款中规定:"任何人的任何行为或不行为,在其发生时依国家法或国际法均不构成刑事犯罪者,不得被判为犯有刑事罪。刑罚不得重于犯罪时适用的法律规定。"总之,经过不断的进化和试错,罪刑法定原则逐渐发展壮大,并以其摧枯拉朽之势,席卷整个文明世界,时至今日,它已然成为文明世界的支配性理念。

罪刑法定原则的本质是限制国家的刑罚权,在其发展过程中,有过许多的理论来源,其中一个非常重要的理论来源是权力分立学说。权力分立学说来源于西方政治哲学对人性幽暗面的洞察。人性中那些天然的良善和道德,时刻面临着各种严酷的试探和特权的侵蚀,并且事实曾无数次地证明,我们的人性最终无法抵挡这些致命的诱惑。英国前首相威廉·皮特说:"不被限制的权力倾向于腐化那些拥有它之人的灵魂。"[3]这也恰好印证了阿克顿勋爵的至理名言:"权力导致腐败,绝对权力导致绝对腐败。"[4]孟德斯鸠认为自由只存在于权力不被滥用的国家中。为了限制权力,一个很好的方法就是用权力制约权力。国家的立法权、司法权和行政权这三种权力应当分立以制衡。当立法权与行政权集中在一个人或一个机构手中时,自由就不存在了,因为这个人或机构可能制定暴虐的法律并暴虐地执行这些法律。如果司法权不同立法权和行政权相分离,自由也会不存在:如果立法权同司法权合而为一,法官就是立法者,他就会对公民的生命和自由实施专断的权力;而如果司法权和行政权合而为一,法官就掌握了压迫的力量。如果三权集中,那一切都完了。[5]托克维尔也特别强调了权力分立对于防止多数人暴政的重要作用:"假如把立法机构组织的既能代表多数又不一定受多数激情所摆布,使行政权拥有自主其事的权力,让司法当局独立于立法权和行政权之外,那就可以建

---

〔1〕 [英]哈耶克:《自由秩序原理》,邓正来译,生活·读书·新知三联书店 1997 年版,第 212、251 页。需要注意的是:当前绝大多数中文论著认为,罪刑法定原则的立法化开始于 1789 年法国的《人权宣言》。

〔2〕 [英]哈耶克:《自由秩序原理》,邓正来译,生活·读书·新知三联书店 1997 年版,第 212 页。

〔3〕 [英]阿利斯特·麦格拉思:《意义的惊现》,孙为鲲译,上海三联书店 2014 年版,第 126 页。

〔4〕 [英]阿克顿:《自由与权力:阿克顿勋爵论说文集》,侯健、范亚峰译,商务印书馆 2001 年版,第 342 页。

〔5〕 [法]孟德斯鸠:《论法的精神(上册)》,张雁深译,商务印书馆 1997 年版,第 153 页。

立一个民主的政府，而又使暴政几乎无机会肆虐。"[1]根据权力分立学说，只有立法者才有把一种行为规定为犯罪并处以刑罚的权力，司法者的作用仅在于按照立法者制定的规则定罪量刑。为了使司法者不至于僭越立法者的权力，刑法必须是尽量明确、公知和具体的。司法者只能根据既定的规则去判定公民的行为是否违规，是否应受处罚，而绝不能超出刑法规范去限制公民的自由。同时，刑罚的执行机构（行政机关）也必须根据司法机关的有效判决，依据法律执行刑罚。

综观罪刑法定原则的发展历程，明显可以发现它有两种不同的发展模式：一是大陆法系模式，二是英美法系模式。大陆法系是成文法法系，注重罪刑法定原则的法典化、成文化，因此它更多强调的是一种形式主义的罪刑法定原则。这种罪刑法定原则包含四层含义：①非存在事前公布施行的法律不能处罚犯罪；②非有明文规定的法律不能处罚犯罪；③非有文字上的根据不能处以刑罚；④非法律所承认的刑罚不能用以处罚犯罪。[2]由此还派生出禁止事后法（刑法不溯及既往）、禁止习惯法（制定法主义）、禁止类推解释、禁止绝对不定期刑等原则。与大陆法系不同，英美法系是不成文法法系，因此它奉行的是一种实质主义的罪刑法定原则，这种罪刑法定原则主要通过正当程序规则得以体现。1791 年，美国国会批准的《宪法修正案》第 5 条规定："未经正当程序不得剥夺任何人的生命、自由或财产。"与大陆法系形式主义罪刑法定原则的最大不同之处在于：正当程序规则并不强调法律的明确规定，它认为罪刑法定中的"法"不仅包括制定法，还包括普通法。普通法并非立法创制，而是起源于人们的习惯，并通过法官的裁决得到确认和发展。因此，推崇"法官造法"也就成为实质主义的必然选择。同时，实质主义罪刑法定原则认为，"法"本身也要受到限制，它不能违背代表普遍正义的自然法，因此，它认为犯罪和刑罚的创设都要受到宪法的约束：禁止处罚不当罚的行为，不得对符合宪法规定的权利行为进行处罚，不得处罚轻微危害行为；禁止残虐的、不均衡的刑罚。[3]另外，正当程序规则还特别强调程序法的作用，它认为程序高于实体，正如美国最高法院大法官杰克逊所言："程序的公平性和稳定性是自由不可或缺的要素，只要程序适用公平、不偏不倚，严厉的实体法也可以忍受。事实上，如果要选择的话，人们宁愿生活在忠实适用我们英美法程序的苏联实体法体制下，而不是由苏联程序所实施的我们的实体法制度下。"

形式主义罪刑法定观与实质主义罪刑法定观的共通之处在于对国家权力的限制，保障公民的自由，而这也恰恰是法治国家的基本精神。当前两大法

---

[1]　［法］托克维尔：《论美国的民主（上）》，董果良译，商务印书馆 1997 年版，第 291 页。

[2]　何邦武："论罪刑法定原则两种解释范式的内在统一——兼论罪刑法定原则的程序意义"，载《政法学刊》2005 年第 3 期。

[3]　张明楷：《外国刑法纲要》，清华大学出版社 1999 年版，第 29 页。

系正呈现出一种不断融合的趋势，绝大多数国家和地区所推行的罪刑法定原则，也都同时兼顾了罪刑法定的形式要求和实质要求，只是各有侧重而已。事实上，大陆法系的学者也越来越认识到法律的实质方面对其形式方面的补强，如德国行政法学大师哈特穆特·毛雷尔所言："法治国家是指公民之间、国家与公民之间以及国家内部领域的关系均受法律调整的国家，其标志是所有国家权力及其行使均受法律的约束。法治国家具有形式意义和实质意义之分。形式意义上的法治国家以法律为中心，凡对公民自由和财产的侵害必须具有议会法律的授权；而只要国家活动形式上符合法律，即视为达到法治国家的要求。实质意义的法治国家不仅要求国家受法律的约束，而且要求法律本身具有社会的正当性。实质意义的法治国家是形式意义的法治国家的补充和发展。"[1]

无论是作为一种制度，还是作为一种思想，罪刑法定在中国古代都丝毫没有萌发的可能。当然，如果撇开中国古代的政治背景和文化环境，语词上的"罪刑法定"的确是存在的，如韩非所说的"法不阿贵，绳不挠曲。法之所加，智者弗能辞，勇者弗敢争。刑过不避大夫，赏善不遗匹夫"（《韩非子·有度》）；唐律所规定的"诸决罚不如法者，笞三十；以故致死者，徒一年"；明律的"断罪引律令""官吏出入人罪"条，即"凡断罪皆须具引律令。违者，笞三十"；"凡官司故出入人罪，全出全入者，以全罪论……"

然而语词中的"罪刑法定"毕竟并非真正的罪刑法定原则，因为罪刑法定必须承载一定的精神内涵，有此精神内涵，即使是语词中没有"罪刑法定"之字样，我们也能称其为罪刑法定。罪刑法定原则本身就是法治国家的一个最基本的原则，它所承载的也必然是法治国家限制国家权力、保障公民自由的基本精神。而这个精神在中国古代丝毫没有存在的土壤。中国古代法家的"罪刑法定"，无一不是扩张君权的体现，它与真正的罪刑法定主义完全背道而驰。正如有学者指出的那样，中国古代刑法成文法本身不仅保留了君主对刑法的最高解释权，还确立了皇权任意定罪处刑的特权，从而使成文法和皇帝的罪刑擅断达到和谐与统一。在这种和谐统一中，根本没有以反对一切形式的罪刑擅断为己任的罪刑法定原则存在的空间与理由。[2]君主口含天宪，随意造法毁法，任意突破法典，无非也是这种扩张君权的"罪刑法定"的另一种表现形式而已。因此，"明武宗剥囚犯皮""法司奏祖宗有禁，不听"。而明确道出法外用刑缘由的是唐高宗，当时将军权善因毁昭陵之树，虽依律只是罢官免职，但高宗硬要将其处死，而且毫不隐讳地说："善才情不可容，法虽不死，朕之恨深矣，须法外杀之。"

〔1〕 ［德］哈特穆特·毛雷尔：《行政法学总论》，高家伟译，法律出版社2000年版，第105页。
〔2〕 徐岱："罪刑法定与中国古代刑法"，载《法制与社会发展》2000年第1期。

"法治""法家"虽只一字之别，但却谬之千里。韩非说："法者，编著之图籍，设之于官府，而布之于百姓者也。术者，藏之于胸中，以偶众端，而潜御群臣者也。故法莫如显，而术不欲见。是以明主言法，则境内卑贱莫不闻知也……用术，则亲爱近习莫之得闻也。"（《韩非·难三》）在韩非的眼中，法也好，术也好，都不过是君主鱼肉人民，推行专制的工具，它与限制国家权力、保障个人自由的"法治"可谓风马牛不相及。

罪刑法定原则真正进入我国是在清末修律之时。当时的修律大臣沈家本认为"各法之中，犹以刑法为切要"，因而修律当从刑法始。1908 年（光绪三十四年）清政府颁布了《钦定宪法大纲》，其中规定："臣民非按照法律所定，不加以逮捕、监察、处罚。"此后，在 1911 年（宣统三年）颁行的《大清新刑律》更是明确地规定了罪刑法定原则——法律无正条者，不问何种行为，不为罪。[1] 该法同时也废除了比附援引制度。草案对此还特别说明："本条所列之一切犯罪须有正条乃为成立，乃刑律不准比附援引之大原则也。"[2]《大清新刑律》所规定的罪刑法定原则，是中国刑法史上的一次伟大进步。它在立法上首次结束了沿袭千年之久的比附援引制度，打开了刑法现代化的大门。虽然《大清新刑律》颁布不久，清朝即土崩瓦解，罪刑法定原则也根本没有付诸实施，但这毕竟种下了罪刑法定的种子。从此，罪刑法定原则虽命运多舛，但却顽强地蛰伏于中土大地，期待着春暖花开的那天。

终于，在罪刑法定原则来到中国的近百年后，1997 年《中华人民共和国刑法》第 3 条再次规定了罪刑法定原则。虽然这个规定有着诸多不足，但它毕竟标志着中国重新走上了刑法法治之路。

路漫漫其修远兮，长期的封建传统使得我们缺乏接纳罪刑法定原则的必要土壤，罪刑法定原则在今日仍面临颇多困境，孳生诸多怪胎。罪刑法定原则虽已入法典，但其真正被践行仍有待时日，一切才刚刚开始！

二、罪刑法定原则的含义和内容

《刑法》第 3 条规定："法律明文规定为犯罪行为的，依照法律定罪处刑；法律没有明文规定为犯罪行为的，不得定罪处刑。"据此，在中国刑法中，罪刑法定原则包括两个方面的含义：①罪刑法定的积极方面，即有罪必罚；②罪刑法定的消极方面，即无罪不罚。我们常说的"法无明文规定不为罪，法无明文规定不处罚"，指的就是罪刑法定的消极方面。学界对罪刑法定的积极方面一直持批评态度，因为这种规定违背了罪刑法定限制国家刑罚权的精神。

---

[1]　陈兴良：《刑法哲学》（修订二版），中国政法大学出版社 2000 年版，第 508 页。

[2]　刘锦藻撰：《清朝续文献通考（第 245 卷）》，浙江古籍出版社 2000 年版，第 9895 页。

为了限制国家的刑罚权，使得这种最可怕的国家权力在法治的轨道之上运行，罪刑法定原则有形式侧面与实质侧面两方面的内容。

（一）形式侧面

1. 制定法原则。规定犯罪及其法律后果的法律必须是最高立法机关制定的成文的法律，行政法规、规章和习惯法不得作为刑法的渊源。同时，我国不承认判例法，判例不应作为刑法的渊源，即使是最高人民法院作出的判例也只具有参考作用，而没有法律上的约束力。

比较复杂的是空白刑法。在刑法中，有相当一部分法条并没有将其构成要件的方方面面详细规定，而往往要参照其他法规，这种法条就叫作空白刑法，而被参照的法规则被称为空白规范。比如妨碍国境卫生检疫罪，《刑法》第332条第1款规定："违反国境卫生检疫规定，引起检疫传染病传播或者有传播严重危险的，处3年以下有期徒刑或者拘役，并处或者单处罚金。"在确定行为是否构成此罪时，必须要参照有关国境卫生检疫的行政法规。

空白刑法是否违背罪刑法定原则呢？这存在着绝对主义和相对主义的争论。绝对主义认为，在刑法领域中不允许适用任何第二性法源，行政机关无权制定与犯罪、刑罚有关的法规，因为只有完全排除行政方面的干扰，狭义的罪刑法定原则才能发挥它的保障功能。相对主义则认为，为了不冒"立法太迟"和"必然有疏漏"的风险，在法律规定了犯罪的基本特征和法定刑的情况下，可以授权其他机关规定具体的犯罪要件。如果绝对地排除非立法机关参与确定刑法规范内容，在实践中就可能处处碰壁。[1]

相对主义的立场显然更符合当下的实际情况。我们处于一个飞速发展的社会，幻想通过刑法条文来具体细化所有的行为是不可能的，刑法不可能明确规定"传染病的范围"，也不可能把需要保护的"濒危动植物"的具体种类在刑法中写明，这一切就有赖于其他法规的具体规定了，而且在刑法上作概括性的规定，要求司法官员具体参见其他法规也比让他们直接决定法律的具体内容更有利于保障个人的自由。

事实上，从刑法与行政法规的关系来看，可以将它们分为三种类型：①法律规定由行政法规来确定构成犯罪的条件和相应的法定刑；②法律在确定了某种犯罪法定刑的情况下，让行政法规来确定具体犯罪的罪状；③法律规定行政法规确定犯罪构成的某一要素。[2]

第一种情况显然不太恰当，因为犯罪与刑罚只能由法律设定，而将此完全任由行政法规确定，显然与权力分立原则相悖。《中华人民共和国立法法》（以下简称《立法法》）第8条规定，有关犯罪和刑罚的事项，只能制定法律。第9条亦规定："本法第8条规定的事项尚未制定法律的，全国人民代表大会及其常务委员会有权作出决定，授权国务院可以根据实际需要，对其中

---

〔1〕［意］杜里奥·帕多瓦尼：《意大利刑法学原理》，陈忠林译，法律出版社1998年版，第20页。
〔2〕［意］杜里奥·帕多瓦尼：《意大利刑法学原理》，陈忠林译，法律出版社1998年版，第21页。

的部分事项先制定行政法规，但是有关犯罪和刑罚……等事项除外。"

　　第二种情况也不恰当，法律只规定刑罚，而犯罪的具体内容完全由行政机关确定，这在事实上将导致行政法规成为犯罪成立与否的唯一标准，无疑是将犯罪的决定权完全委任于行政机关，这不符合权力分立的原则，也与《立法法》有重大冲突。

　　第三种情况比较合适，它是在坚持权力分立基础上的变通规定。犯罪和刑罚仍然由法律规定，但是犯罪构成中的某些要素则可参照相关的行政法规。换言之，空白规范只是一种被参照的补充性法源，它并没有僭越法律的地位，它只是在法律所确定的范围之内，对犯罪的某些内容进行补充，从而在坚持以法律确定犯罪和刑罚的基础上，使法律适应飞速发展的社会生活。在现代社会中，将立法部分委托行政机关是不可避免的。德国杜诺莫委员会对其原因进行了归纳：①议会议事时间不足以应付巨数之法案；②议事主题过于专门技术；③不可预测的偶发事件；④立法技能的弹性问题；⑤立法机关欠缺行政机关的紧急立法权。[1]但这些委任立法必须在法律划定的范围内进行。意大利宪法法院从 1996 年 26 号判决开始，也逐渐认同法律的专属性不应过于绝对：对于刑法规范的法定刑部分，应采取绝对的法律专属性原则，行政机关无权决定或选择刑罚，因为只有国家的法律才能规定用哪种刑罚来惩治那些必须给予刑事制裁的违法行为，人的尊严和自由具有特别的价值，不允许行政机关有任何自由处置的权力。然而对于刑法规范的禁令（罪状）部分只应采用构成要件"足够明确性原则"，即法律必须明确规定由非立法机关确定的前提、内容、性质和范围。[2]

　　在中国刑法中，空白刑法采取的都是第三种模式，空白规范只是对罪状中的一部分或某些要素进行补充性说明，它并未直接规定犯罪和刑罚。归纳而言，我国刑法中的空白刑法按照其所参照的规范又可分为三类：①参照其他具体的法律。如《刑法》第 142 条规定："生产、销售劣药，对人体健康造成严重危害的，处 3 年以上 10 年以下有期徒刑，并处销售金额 50% 以上 2 倍以下罚金；后果特别严重的，处 10 年以上有期徒刑或者无期徒刑，并处销售金额 50% 以上 2 倍以下罚金或者没收财产。本条所称劣药，是指依照《中华人民共和国药品管理法》的规定属于劣药的药品。"显然，生产、销售劣药罪中的劣药要按照《中华人民共和国药品管理法》的相关规定来确定。②参照具体的行政法规，如《刑法》第 322 条规定："违反国（边）境管理法规，偷越国（边）境，情节严重的，处 1 年以下有期徒刑、拘役或者管制，并处罚金……"根据此规定，偷越国（边）境罪所参照的空白规范就是次于法律的国（边）境管理法规。③参照有关国家规定。如《刑法》第 288 条第 1 款

---

〔1〕　李鸿禧："现代国家与委任立法"，载《宪政思潮》1978 年第 42 期，转引自刘艳红："空白刑法规范的罪刑法定机能——以现代法治国家为背景的分析"，载《中国法学》2004 年第 4 期。

〔2〕　陈忠林：《意大利刑法纲要》，中国人民大学出版社 1999 年版，第 17~19 页。

规定的扰乱无线电通讯管理秩序罪："违反国家规定，擅自设置、使用无线电台（站），或者擅自使用无线电频率，干扰无线电通讯秩序，情节严重的，处3年以下有期徒刑、拘役或者管制，并处或者单处罚金……"在确定这个罪名时，所参照的也是次于法律的行政法规，然而与第二类不同之处在于：法律并未指明所参照的具体法规，只是泛泛地说"违反国家规定"。这种现象在我国刑法中相当普遍，为了明确"国家规定"的含义，《刑法》第96条还专门规定："本法所称违反国家规定，是指违反全国人民代表大会及其常务委员会制定的法律和决定，国务院制定的行政法规、规定的行政措施、发布的决定和命令。"

对于第一类规定，它其实并非严格意义上的空白刑法，因为它所参照的根本就是由最高立法机关制定的法律，因此它谈不上违反法律专属性原则一说。第二类和第三类规定才是真正的空白刑法。第二类规定指明了具体参照的行政法规，符合构成要件的"足够明确性原则"，是在法律所划定的范围之内，对构成要件中的某些内容进行补充，并不违背法律的规定。

比较复杂的是第三类规定，这种空白规范并未指明要参照的具体法规，只是笼统地参照"国家规定"，而这种国家规定不仅包括行政法规，还包括国务院发布的各种行政措施、决定和命令。笔者认为，这种空白规范并不符合罪刑法定的要求。空白规范作为一种被参照的补充性法规，它应当具备基本的明确性，从而给公民提供合理的预期；然而，笼统地规定参照"国家规定"，显然不具备这种明确性，它不仅增加了司法者找"法"的难度，还使得民众缺乏安定感。而如果被参照的法规、决定、命令互相冲突，那就更让包括司法者在内的所有人感到无所适从了。

2. 禁止不利于行为人的事后法。刑法不能溯及既往。如果行为时的合法行为有可能被将来的刑法条文认定为犯罪，那么，公民的自由就很可能受到刑罚权的恣意侵扰。缺乏对行为结果的合理预期，人们也将无法合理安排自己的行为，"民将惶惶不可终日"，社会秩序也将混乱不堪。这也是为什么有人将刑法比喻为一根"带哨子的皮鞭"：在打人之前，法律应该给一个"预先通知"。[1]总之，禁止溯及既往是文明国家的一般性原则，为各国所公认。当然，基于对个人自由的保障，罪刑法定并不排斥对被告人有利的规则溯及既往，这符合罪刑法定原则中限制国家刑罚权的精神。

3. 禁止不利于行为人的类推适用。类推适用是指：对于法律没有规定的事项，比照类似的法律规定作出的适用。类推在本质上不是对法律的解释，而是创造新的规则，属于立法活动。如果司法机关进行类推适用，这明显违背了立法和司法的权力分立原则，是罪刑法定原则所禁止的。但是，从限制刑罚权的精神出发，对行为人有利的类推则是被允许的。另外，立法解释也

---

[1] ［法］卡斯东·斯特法尼等：《法国刑法总论精义》，罗结珍译，中国政法大学出版社1998年版，第158页。

不能类推，因为解释与立法的程序是不同的。

最容易与扩张解释相混淆的就是类推解释，但是，二者的区别又是不能回避的，因为罪刑法定原则禁止不利于行为人的类推解释，却允许扩张解释。扩张解释是将刑法规范可能蕴含的最大含义揭示出来，是在一定限度内的解释的极限化；类推解释是将刑法规范本身没有包含的内容解释进去，是解释的过限化。此外，扩张解释是为了正确适用法律，它并不产生新的法规，没有超越公民的合理预期；而类推解释则将产生新的规则，也超越了公民的合理预期。比如，将强奸罪中的犯罪对象"妇女"解释为男性，这就是一种典型的类推，因为它已经超越了语言的极限。

4. 禁止绝对的不定期刑与绝对的不定刑。不定期刑制度的出发点在于：罪犯是可以被矫正的，但是人却是有区别的，因此每个罪犯所需要的矫正时间是无法事先确定的。不定期刑可以分为绝对的不定期刑和相对的不定期刑。前者是法官定罪，刑罚的长短完全由刑罚执行机关决定；而对于后者，法官不仅定罪，还要确定刑罚的幅度。比如，法官对行为人处盗窃罪，判处有期徒刑 3~10 年，刑罚执行机关根据罪犯的服刑状况在这个刑罚幅度内确定最终的刑期。绝对的不定期刑将刑罚的决定权完全交于行政机关，违背了权力分立原则，也使得服刑人员无法预知自己的刑期，因此是罪刑法定原则所禁止的。但是，相对的不定期刑则是在坚持罪刑法定原则的基础上吸收了不定期刑的合理之处，因此是符合罪刑法定原则的。在我国的司法实践中，也存在事实上的相对不定期刑，如假释、减刑制度。减刑、假释的决定机关必须是中级以上人民法院，刑罚的执行机关只具有建议权而无决定权，这都是相对不定期刑思想的体现。

与不定期刑相关的一个概念是不定刑。不定刑是指法律本身对刑罚的规定是不确定的，它也包括相对的不定刑和绝对的不定刑，前者在中国刑法中比比皆是，也就是我们所说的相对（不）确定的法定刑，而后者如中国古代刑法中的"伤人及盗者抵罪"，只规定犯罪，而不规定刑罚，这违背了罪刑法定原则所要求的刑之法定。

（二）实质侧面

罪刑法定原则的实质侧面，其实就是要求刑法本身应是"善法"。否则，单纯符合罪刑法定形式侧面要求的刑法也可能成为压迫民众的工具，而无法对国家的刑罚权进行限制。罪刑法定既是司法原则又是立法原则。一般说来，罪刑法定原则的实质侧面包括如下内容：

1. 明确性原则。刑法关于犯罪和刑罚的规定应当尽量明确，否则就无法实现法律的指引功能，让公民形成对未来的合理预期。[1]孟德斯鸠在《论法的精神》一书中曾对火诺利乌斯法律进行了批评，该地方法律规定：把一个脱离奴籍的人当作奴隶买回家的人或使这个脱离奴籍的人忧虑不安的人，要被处以死刑。孟德斯鸠指出：此法不应该使用"忧虑不安"这样一种含糊不清的表达方式，因为使一个人忧虑不安，完全取决于这个人的敏感程度。[2]

模糊性的法律很难避免司法官员根据自身偏好进行选择性释法，任意出入人罪。在某种意义上，它赋予了司法机关以绝对的权力去任意解释法律。

从政策角度来看，模糊性条款的价值取向是为了社会稳定，"刑不可知，则威不可测"，模糊的法律会让人无所适从，从而规规矩矩，但其代价却是彻底牺牲了公民个人的尊严、权利与自由。

苏联1926年《刑法典》第58条的规定就是一个极度模糊的法律，可任凭司法者天马行空任意联想，以法律的名义对任何所谓的反革命行为进行治罪，最高刑是死刑。[3]正是这种极度模糊性的法律规定使得司法官员完全成为政治清洗的工具，大部分刑法学者也成为恐怖专制的帮凶。司法者任意出入人罪，学者涂脂抹粉，为虎作伥。那是一个什么样的时代啊！人人自危，人人生活在恐惧之中，人们甚至不知是否能够看到明天的太阳，公民的合理预期彻底丧失。根据苏联国家安全委员会1990年3月13日核实的资料，从20世纪30年代到1953年，因反革命罪被司法机关和非司法机关判刑的共有370万人，其中79万人被枪毙。"那是一个黑色年代，黑色的法庭、黑色的法

---

[1]　1972年美国的"帕帕克里斯多诉杰克森维尔案"（*Papachristou v. Jacksonville*）就是一个有关明确性原则的经典案件。美国佛罗里达州杰克森维尔市在20世纪70年代初期，仍然有一条禁止游荡法规，限制在该市活动的人包括：流民和流浪者、四处乞讨的行为放荡之人、一般赌徒、一般酗酒者、一般夜行人、无合法目的或目标四处游荡之人、惯常游手好闲之人、有工作能力但惯常依赖妻子或未成年子女生活之人……此"游荡者"的定义太宽泛，几乎无所不包。警方根据这条法规，将一同搭车在该市里活动的2名白人女子和2名黑人男子逮捕。此4人不服，官司一路打到美国联邦最高法院。最高法院以游荡法规违宪为名撤销下级法院的判决。联邦最高法院在判决书中指出，杰市的市政法规违背了美国宪法的正当程序条款。正当程序条款规定，政府剥夺人民的生命、自由和财产，必须依照法定正当程序。在有关正当程序条款的判例上，有一个"因意旨含混故属无效"的原则，该原则认为，政府如果要限制人民的私人行为，所凭借的法律依据必须是意旨明白、清晰无误的规则，否则政府等于可以毫无顾忌地仰仗不受拘束的裁量权去为所欲为。帕帕克里斯多案的判决，正是以"意旨含混故属无效"为原则，宣布杰市禁止游荡法违宪。法官认为，一般人无从得知杰市有这样一种法规，而且即使知道也无法从定义过广的条款中清楚地辨明法规的意旨。再进一步说，这种游荡行为按现代标准根本当属无罪。在这份由道格拉斯大法官主笔的判词里，他以特有的个人风格写下如此罕见的句子：四处游荡是诗人惠特曼（美国著名诗人，著有《草叶集》）所讴歌的行为，……素来是怡情的人生小品，如何能以此入人于罪？判决书中指出，游荡法规的规定不能明确而公允地让人知道哪种行为属于违法，它使得警方可以借此而任意对不受欢迎的人进行逮捕，违反了法治所保障的平等正义精神，应属违宪无疑。参见周天玮：《法治理想国：苏格拉底与孟子的虚拟对话》，商务印书馆1999年版，第122~123页。

[2]　[法]孟德斯鸠：《论法的精神（下册）》，张雁深译，商务印书馆1963年版，第339页。

[3]　具体请参见[俄]亚历山大·索尔仁尼琴：《古拉格群岛（上）》，田大畏等译，群众出版社1996年版，第45页。

律、黑色的良心、黑色的天理。"[1]

历史的教训告诉我们,只有明确的法律才能保障公民的合理预期,而这是自由的关键,"所谓绝对的奴役,就是一个人根本无从确定所要做的事情;在这种情况下,今晚绝不知道明天早上要做何事,亦即一个人须受制于一切对他下达的命令"。当法律模棱两可,人们将无法预知行为后果,司法者适用法律,任凭主观好恶随意解释。欲加之罪,何患无辞,自由的沦丧也就无法避免。

当然,刑法的明确性是相对的,不可能做到绝对的明确。模糊性的刑法规范在人们合理预期的范围内也是可以存在的。[2]

2. 刑法的合理性原则。刑法的处罚范围与处罚程度必须具有合理性,只能将值得科处刑罚的行为规定为犯罪,禁止将轻微危害行为当作犯罪处理;处罚程度必须适应现阶段一般人的价值观念。

3. 禁止不均衡的、残虐的刑罚。刑罚的设计应当符合"重罪重刑、轻罪轻刑、无罪不刑"这个基本的公平原则,否则就是"恶法",罪刑相适应原则本身就是罪刑法定原则的合理延伸。同时,残酷的刑罚应当被禁止,因为它完全忽视了人格尊严,只是把人当成一个满足某种目的的纯粹工具。中国古代曾经有过大量残酷的刑罚,比如,刺人脸面的墨刑,割人鼻子的劓刑,断人足脚的刖刑,破坏人生殖器官的宫刑,鞭笞肉体的笞杖之刑,以及恐怖至极的大辟之刑。这些残酷的刑罚已被扔进历史的垃圾桶,刑罚正缓慢地朝着轻缓化的道路不断发展。

👉 第二节 刑法面前人人平等原则

我国《刑法》第4条规定:"对任何人犯罪,在适用法律上一律平等。不允许任何人有超越法律的特权。"刑法面前人人平等原则并非一个独立的原则,它本身就是宪法中法律面前人人平等原则在刑法领域中的体现,只是因为在刑事领域,对于平等的追求如此重要和迫切,才为刑法所明确规定。

平等可以分为分配正义和矫正正义。前者是指根据每个人的功绩、价值来分配财富、官职、荣誉等,相同之人给予相同的东西,不同的人给予不同的东西。后者是指当分配的正义遭到破坏时,按照均等的原则予以重建或恢复。比如,某人侵害了他人的利益或财产,矫正正义就要求侵害者偿还属于受害者的财产、权利。刑法上的平等属于矫正正义。矫正正义主要是在物品交换过程中形成的一种契约式的正义原则,因此它又被称为"交换正义"。可见,只有在契约文化高度发达的社会,矫正正义才能真正得以实现。在中国古代,由于长期奉行重农抑商的政策,契约文化极不发达,因此也就很难孕育"法律面前人人平等"的观念。只有在高度发达的市场经济条件下,这种

---

[1] 参见何秉松:"政治对刑法犯罪理论体系的影响和制约",载《河北法学》2005年第12期。
[2] 参见杨书文:"刑法规范的模糊性与明确性及其整合机制",载《中国法学》2001年第3期。

平等观念才能深入人心，并在现实中真正得到落实。因此，请谨记19世纪英国法学家梅因的教诲：进步社会的运动，到现在为止，是一个从身份到契约的运动。这一运动在中国仍方兴未艾。

刑法面前人人平等首先要反对特权。中国古代虽然有"王子犯法，与庶民同罪"的美丽故事，但这种美丽只如昙花一现。在漫长的历史过程中，特权思想从来都与刑法如影随形。最著名的例子就是"刑不上大夫"。这个原则最初由西汉的贾谊提出，贾谊认为：大臣有罪，鉴于其身份、地位，不能像百姓一样实施刺字、割鼻、弃市等当众侮辱人格的刑罚，这样才能维护皇帝的尊严。为了说明这个道理，他还举一个"投鼠忌器"的例子："鼠近于器，尚惮不投，恐伤其器，况于贵臣之近主乎。"打老鼠时都怕弄坏旁边的贵重物品，对于皇帝身边的臣子，在处罚时就更要慎重了。"刑不上大夫"的思想极大地影响了后世的刑法观念，基本上为历朝所遵奉。

刑法面前人人平等还要反对歧视，这其实是反对特权的另一面。只要一方有特权，另一方就必然被歧视。反之，一方被歧视，另一方也就必然享有特权。特权侧重于权利的不当膨胀，它是处处高人一等；歧视是权利的不当剥夺，处处低人一等。多数人往往只注重对特权的抨击，而对反对歧视重视不够。同特权一样，反对歧视也来源于人们对自我的尊重，歧视将极大地伤害人们的尊严，妨碍人作为主体性地位的实现，所以美国学者博登海默会说："当那些认为自己同他人是平等的人在法律上得到了不平等的待遇时，他们就会产生一种卑微感，亦即产生一种他们的人格与共同的人性受到侵损的感觉。"[1]

刑法面前人人平等要贯彻在刑事立法、司法和行刑的全过程。

第一，立法平等是司法和行刑的前提，如果立法本身不平等，司法、行刑上的平等只能恶化这种不平等的结果。试想，如果两个正常人同时赛跑，让一人先跑，一人后跑，无论在过程中，跑步的竞赛规则如何平等，其最终结果也必然是不平等的。起点的不平等必然导致结果的不平等。作为矫正正义的刑事立法，在分配刑罚的时候，最起码的就是要做到起点的尽量公平。

第二，司法上的平等，无论是定罪还是量刑，都应反对特权与歧视，行为人职位的高低、权力的大小、财富的多寡，都不能影响定罪与量刑。

第三，刑法上的平等还必须体现在刑罚执行上，在减刑、假释、保外就医等诸多执行制度中，都不因权势地位而区别对待。前提平等，过程平等，而最后的结局不平等，这种平等只是一种走过场，认认真真地做戏只会让大家觉得荒唐滑稽。

---

[1] ［美］E. 博登海默：《法理学：法律哲学与法律方法》，邓正来译，中国政法大学出版社1999年版，第288页。

第三节 罪刑相当原则

《刑法》第 5 条规定："刑罚的轻重，应当与犯罪分子所犯罪行和承担的刑事责任相适应。"这就是罪刑相当原则，即重罪重刑，轻罪轻刑，无罪不刑。

罪刑相当原则包括客观相当和主观相当。客观相当，即在客观方面，刑罚与犯罪行为的社会危害性相适应，社会危害性越大，刑罚也应越重，因此，犯罪结果越重，犯罪数额越大，其刑罚也应越重。例如，故意杀死 2 人一般重于故意杀死 1 人的刑罚；犯罪既遂一般重于犯罪未遂的刑罚；盗窃 1 万元一般要重于盗窃 5000 元的刑罚。主观相当，即在主观方面，刑罚与犯罪人的人身危险性相适应，人身危险性越大的罪犯，其刑罚也应越重。例如，直接故意一般重于间接故意的刑罚，因为前者的人身危险性要更大些；又如，对未成年人犯罪应当从宽，因为他们的人身危险性较之成年人也要相对更小些。刑法中的自首、立功、假释、减刑、缓刑等制度都是罪刑相当原则的体现。

本章二维码

刑法的基本原则　　　第一、二章司法考试真题

第三章

刑法的解释

👉 第一节 刑法解释的基本原理

刑法的解释是对刑法规范含义的阐明。法律一经制定，就已经滞后，因此，刑法必然需要解释。刑法解释有如下基本原理：

一、主观解释论和客观解释论

主观解释论认为，刑法解释的目标应当是阐明刑法的立法原意。一切超出刑法立法原意的解释都是错误的。客观解释论则认为，刑法解释无需探究立法者的原意，因为立法原意是无法还原的，因此，刑法的解释应该以揭示条文客观上所表达出来的意思为目标。

本书认为，这两种学说都有合理之处，如果完全忽视立法者明显的意图，立法就无法实现对司法的制约，罪刑法定原则会岌岌可危。但如果只探究立法原意，刑法将无法适应不断发展的社会实际。一方面，司法者的主动性会彻底丧失，司法僵化不可避免；另一方面，也可能会让司法者将立法者本来都没有的意图强加于立法者之上，导致司法权对立法权实际的僭越。因此，应当综合考虑主观解释论和客观解释论。具体而言：

1. 解释必须在法条可能的口语语义的范围内进行，不能突破立法语言的最大范围。立法者所使用的语言，其语义的范围是立法者对解释者的解释边界的划定。[1]

2. 在法条可能的口语语义范围内，应当考虑社会生活的实际需要，使法律条文具有鲜活性，不至于僵化。

3. 对于立法时间间隔不久的法律，应以主观解释论为主。对于立法时间间隔较长的法律，则在语言的口语范围内以客观解释论为主。[2]

4. 立法者可以对其立法意图进行说明，立法解释是应当被肯定的，其解释效力优于司法解释。

---

[1] 参见王世洲：《现代刑法学（总论）》，北京大学出版社 2011 年版，第 49 页。

[2] 参见魏东：《保守的实质刑法观与现代刑事政策立场》，中国民主法制出版社 2011 年版，第 18 页。

二、形式解释论和实质解释论

我国刑法学界存在着形式解释论和实质解释论的争议。

形式解释论认为，刑法解释以罪刑法定原则为核心，主张在对法条解释时，先进行形式解释，先考虑刑法条文字面可能具有的含义，然后再进行实质解释。在判断某一行为是否构成犯罪时，先对行为进行形式解释，然后再作实质解释，看行为是否具有严重的社会危害性。

实质解释论认为，刑法解释应以处罚的必要性为出发点，主张对法条进行解释时，首先应直接将不具有实质的处罚必要性的行为排除在法条范围之外，亦即首先实质地判断某种行为是否属于具有处罚必要性的社会危害性行为；在对行为进行解释时，应先从实质解释出发，看行为是否具有处罚的必要性，然后再进行形式解释，看刑法条文的可能含义是否涵盖了该行为方式。[1]

严格说来，形式解释论和实质解释论并没有形成真正意义上的交锋，二者都认为，刑法的解释既要考虑形式方面，又要考虑实质方面。另外，那些虽然符合法律文本的形式特征但并不具有处罚必要性的行为都可以排除在构成要件之外。[2]在某种意义上，二者似乎只是一种虚假的对立。[3]

归纳来说，形式解释论和实质解释论最大的争论有两个方面：其一，判断的时间先后。先形式判断，还是实质判断。形式解释论认为应当先考虑形式判断，然后再考虑实质判断。其二，能否突破形式规定，即能否通过实质判断将实质上值得科处刑罚但又缺乏形式规定的行为入罪？对此，形式解释论持坚决否定的态度，但实质解释论对此却持肯定的态度。[4]

对于第一个争论，其实只有逻辑上的意义，没有实际上的意义。任何司法判断都是在形式和实质上来回进行的，无论是先形式后实质，还是先实质后形式，都没有本质的区别。

对于第二个争论，则是关键性的问题。本书认为，解释是对刑法条文规则的适用，而不是创造规则；解释是司法活动，而非立法行为。因此，形式解释论是首要的，它划定了刑罚权的范围。如果突破刑法条文形式上的限制，仅从社会生活的需要对刑法进行实质解释，就会破坏刑法的稳定性和明确性，侵害公民的合理预期。在形式解释的基础上，才可以考虑实质解释论的要求。对于一个形式上符合刑法条文的行为，并不理所当然地被视为犯罪，而是必须要证明它在实质上侵害了法律要保护的权益，否则就不能加以处罚。只有这样，才能充分实现罪刑法定的精神。

比如《刑法》第 263 条规定的"冒充军警人员抢劫的"，这是抢劫罪的加

---

[1] 魏东："刑法解释论的主要争点及其学术分析——兼议刑法解释的保守性命题之合理性"，载《法治研究》2015 年第 4 期。

[2] 陈兴良："形式解释论的再宣示"，载《中国法学》2010 年第 4 期。

[3] 李运才："形式解释论与实质解释论的关系"，载《国家检察官学院学报》2015 年第 5 期。

[4] 陈兴良："形式解释论的再宣示"，载《中国法学》2010 年第 4 期。

重情节。真警察抢劫能否适用这个条款？实质解释论者认为：从实质上说，军警人员显示其真正身份抢劫比冒充军警人员抢劫更具有提升法定刑的理由。另外，"冒充"包括假冒与充当，其实质是使被害人得知行为人为军警人员，故军警人员显示其身份抢劫的，应认定为冒充军警人员抢劫。[1] 显然，将"冒充"解释为"假冒和充当"已经突破了语言的极限。按照这种理解，语言将不再具有基本的交流功能，任何语言都可能被强行解释，立法对司法的必要约束将彻底丧失。司法拥有的不再是解释权，而根本就是一种立法权。[2]

☛ 第二节　刑法解释的分类

一、按照解释的效力的分类

1. 立法解释，即由立法机关所作的解释，具有与法律同等的效力。在我国，有权作出刑法立法解释的只能是全国人民代表大会及其常务委员会。一般认为，刑法立法解释至少包括下列两种情况：①在"法律的起草说明"中所作的解释；②在刑法施行过程中针对某些问题发布的专门解释。

2. 司法解释，这是指最高人民法院和最高人民检察院就审判和检察工作中如何具体应用法律问题所作的解释，具有普遍适用的效力。无论是立法解释还是司法解释，都不能创设规则，不能类推。

3. 学理解释，这是指未经国家授权的机关、团体或者个人从理论上或学术上对刑法所作的解释。学理解释不具有法律约束力，但对刑事立法以及刑事司法有重要的参考作用。

二、按照解释的方法的分类

1. 文理解释。又称文义解释，它是对法律条文的字义，包括词语、概念、标点符号等从文理上所作的解释。文理解释是首选的解释方法。

2. 论理解释。论理解释是按照立法精神来阐明刑法条文的真实含义而作的解释。一般而言，如果文理解释的结论合理，则没有必要采用论理解释的方法；如果文理解释的结论不合理或产生多种结论，则必须进行论理解释。论理解释的效果可能是扩张解释，[3] 对于刑法条文的含义作出超出字面含义

---

〔1〕 张明楷：《刑法的基本立场》，中国法制出版社 2002 年版，第 54 页。

〔2〕 2016 年最高人民法院《关于审理抢劫刑事案件适用法律若干问题的指导意见》规定："军警人员利用自身的真实身份实施抢劫的，不认定为'冒充军警人员抢劫'，应依法从重处罚。"

〔3〕 参见"李宁组织卖淫案 [第 303 号]"：2003 年 1 月至 8 月，被告人李宁以营利为目的，伙同他人经预谋后，采取张贴广告、登报的方式招聘"公关先生"，制定公关人员管理制度，指使刘超、冷成宝对"公关先生"进行管理，并在其经营的酒吧内将"公关先生"介绍给同性嫖客，由同性嫖客带至本市某大酒店等处从事同性卖淫活动。法院最终认为李宁构成组织卖淫罪。载中华人民共和国最高人民法院刑事审判第一、二、三、四、五庭主办：《中国刑事审判指导案例 5：妨害社会管理秩序罪》，法律出版社 2012 年版，第 294 页。

的解释；也可能是缩小解释，在字面含义之内进行缩小。

对于同一个待解释事项，扩张解释和缩小解释这两种解释效果不可能并存。

常见的论理解释方法包括体系解释、当然解释、同类解释、目的解释等，这些解释方法可能互有重合。

（1）体系解释。体系解释是将刑法条文置于整个刑法之中，联系其他法条进行解释，避免断章取义，以使刑法中的各个条文互相协调的一种解释方法。比如，我国《刑法》第170条规定了伪造货币罪，而《刑法》第173条规定了变造货币罪，立法者将伪造货币与变造货币视为两种不同的行为，因此，《刑法》第171条所规定的"明知是伪造的货币而运输"（运输假币罪）显然也就不包括运输变造的货币。

体系解释具有相对性。比如，《最高人民法院关于对变造、倒卖变造邮票行为如何适用法律问题的解释》指出，对变造或者倒卖变造的邮票数额较大的，以伪造、倒卖伪造的有价票证罪定罪处罚（该罪仅规定了"伪造"和倒卖"伪造"的邮票等有价票证的行为）。这个解释肯定了体系解释的相对性。不能因为伪造货币犯罪明确区分了伪造与变造，就否定其他犯罪中的伪造不能包括变造。

（2）当然解释。它是指刑法条文没有明确规定，但实际上已包含于法条的含义之中，从法条中当然（自然而然）可以推出的解释。[1]比如"犯罪时不满18周岁的未成年人不得判处死刑"，那"审判时不满18周岁的人"自然也不能判处死刑。

当然解释只有在同时符合事理上的当然和逻辑上的当然之时，才符合罪刑法定原则。前者指的是根据立法意图，可以进行合理的推断；后者是指法律条文规定的对象和被解释的对象有一种种属关系或递进关系。

比如，《刑法》规定了劫持船只、汽车罪，但没有规定劫持火车罪，劫持火车在事理上比劫持船只、汽车的社会危害性更大。但是，"船只和汽车"在逻辑上并不包括"火车"。因此，把劫持火车解释为劫持船只、汽车罪只有事理上的当然，而无逻辑上的当然。这样的当然解释是违背罪刑法定原则的。

需要说明的是，根据"举重以明轻"的方式作出的当然解释，即便不符合逻辑上之当然，只有事理上之当然，虽系类推解释，但只要它对行为人有利，这种类推也是符合罪刑法定原则的。比如，《刑法》第449条规定了战时缓刑，法律规定的适用对象只有被判处3年以下有期徒刑的犯罪军人，但是根据"举重以明轻"的解释方法，3年以下有期徒刑的犯罪军人也包括判处拘役的犯罪军人。

（3）同类解释。同类解释主要针对的是兜底性条款，对于模糊性的兜底性条款，应当按照与之并列的确定性条款进行解释。比如，《刑法》第114条

〔1〕 陈兴良：《本体刑法学》，商务印书馆2001年版，第35页。

规定："放火、决水、爆炸以及投放毒害性、放射性、传染病病原体等物质或者以其他危险方法危害公共安全，尚未造成严重后果的，处3年以上10年以下有期徒刑。"这里的"以其他危险方法"（即以危险方法危害公共安全罪）应当和放火、决水、爆炸以及投放毒害性、放射性、传染病病原体物质的危险性具有等价值性。同样，该法条的"（……传染病病原体）等物质"也必须和毒害性、放射性、传染病病原体的危险性相当，才能成立投放危险物质罪。

（4）目的解释。目的解释是根据刑法的目的来阐释刑法条文的含义。目的解释是刑法解释方法中运用最广泛的方法，文义解释、体系解释和历史解释等方法得出的结论都需要接受目的解释方法的检验。本书认为，刑法的目的在于规范保护，因此，所有的解释都不能偏离刑法内在所保护的规范。正确地运用目的解释，可以发挥司法的能动性，弥补修正立法的不足。

通俗地来说，在运用目的解释时，法益可以作为入罪的基础，但伦理可以作为出罪的依据。一个表面上符合刑法条文的行为并不一定是犯罪，除非它侵犯了刑法所保护的法益。[1] 一个具备法益侵犯的行为也不必然构成犯罪，除非这种行为是伦理道德所无法容忍的。

当然，由于目的解释是一种实质解释，因此，在适用时，必须以形式解释为基础，不能超越刑法条文文本的限制。

本章二维码

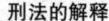

刑法的解释   第三章司法考试真题

---

〔1〕 典型案件如王力军收购玉米案。2016年4月15日，内蒙古自治区巴彦淖尔市临河区人民法院以被告人王力军没有办理粮食经营许可证和工商营业执照而进行粮食收购活动，违反《粮食流通管理条例》相关规定为由，依据《刑法》第225条第4项规定，以非法经营罪判处王力军有期徒刑1年，缓刑2年，并处罚金人民币2万元。2016年12月16日，最高法就此案作出再审决定书，指令由巴彦淖尔中院对此案进行再审。最高法认为，就本案而言，王力军从粮农处收购玉米卖予粮库，在粮农与粮库之间起了桥梁纽带作用，没有破坏粮食流通的主渠道，没有严重扰乱市场秩序，且不具有与《刑法》第225条规定的非法经营罪前3项行为相当的社会危害性，不具有刑事处罚的必要性。2017年2月17日上午9点，内蒙古农民王力军收购玉米获罪案再审宣判，巴彦淖尔市中级人民法院依法撤销原审判决，改判王力军无罪。

第四章

刑法的适用范围

第一节 刑法的空间效力

刑法的空间效力解决的是刑法在什么地方对什么人有约束力的问题。刑法的空间效力主要有四个原则：属地管辖原则、属人管辖原则、保护管辖原则和普遍管辖原则。而管辖权的具体实现，有时又必须依赖于引渡制度。

我国刑法在空间效力上以属地管辖原则为主，兼采属人管辖原则和保护管辖原则，并有保留地采用普遍管辖原则。另外，在空间效力问题上，我国坚持司法主权原则，当我国与别国对同一犯罪都具有管辖权时，即便经过外国审判的，我国仍然可以追究，但在外国已受到刑罚处罚的，可以免除或减轻处罚。

一、属地管辖原则

属地管辖原则又称领土管辖原则，它是有关刑法空间效力最基本的原则，在领土范围内，无论是本国人，还是外国人犯罪，都应适用主权国的刑法。《刑法》第 6 条第 1 款规定："凡在中华人民共和国领域内犯罪的，除法律有特别规定的以外，都适用本法。"

最初，领土只包括陆地领土，并不包括海洋。格劳秀斯在《海上自由论》一书中曾认为："海洋是取之不尽，用之不竭的，是不可占领的；应向所有国家和所有国家的人民开放，供他们自由使用。"但随着航海事业的发展，逐渐产生了领海的概念，即沿海国家对其沿岸一定范围内的海洋拥有一定的主权。后来，航空事业的发展又催生了领空的概念。这样，在现代法律观念中，领土已经成为一个包括领陆、领海和领空的立体概念。

领土管辖之所以成为空间效力的最主要原则，一方面是因为领土是主权最直接的空间体现，另一方面是因为这种管辖也是最经济实惠的，它便于收集证据、逮捕罪犯和执行判决。[1]此外，领土管辖原则是一个不断变

---

[1] 陈兴良：《本体刑法学》，商务印书馆 2001 年版，第 121~122 页。

化的原则。随着交通技术的发展，人们的活动范围越来越广，经常会出现这种局面：在某国犯罪，但结果却在另一国发生，为了应付这种情况，领土管辖原则又派生出"遍在地主义"，只要行为或结果有一项在某国发生，那么此国就对这种行为有管辖权。比如，某外国人在我国购买枪支，但却跑到境外销售，由于行为地发生在我国，我国自然也就有管辖权。《刑法》第6条第3款规定："犯罪的行为或者结果有一项发生在中华人民共和国领域内的，就认为是在中华人民共和国领域内犯罪。"对于这里所说的"行为或者结果"都应作扩大理解，行为包括实行行为和非实行行为（共犯行为、未完成行为）；结果包括实际结果以及未遂犯的"可能发生结果之地"，只要其中任何一项在中国境内发生，就属于在中国境内犯罪，从而可以依据属地原则进行管辖。

随着航海、航空技术的发展，领土的范围又开始扩展至主权国的船舶和航空器，这就是领土管辖的另一个派生原则——旗国主义。《刑法》第6条第2款规定："凡在中华人民共和国船舶或者航空器内犯罪的，也适用本法。"凡在我国船舶或者航空器内犯罪的，均适用我国刑法。根据相关司法解释，在我国船舶内犯罪的，由犯罪发生后该船舶最初停泊的中国口岸所在地的人民法院管辖；在我国航空器内犯罪的，由犯罪发生后该航空器在中国最初降落地的人民法院管辖。

是否属于中国的船舶或者航空器，应当根据登记地来确定，而非根据购买者的国籍来认定。因此，如果一个越南人购买了一艘德国制造的船只，但在中国登记，这就属于我国船舶。

当前，随着网络技术的发展，领土管辖原则又面临了新的问题，即虚拟空间是否属于领土？他国黑客在国外利用网络潜入中国某银行系统，将大量的金钱划走，这是否可以适用领土管辖原则？一种有力的观点认为，领土的范围在一定程度上应当包括虚拟空间，只要这种虚拟空间有任何一个连接点发生在实体的领土之上，比如，犯罪人所用的网络设备、服务器在中国，网上作案所侵入的局域网系统、终端设备在中国。[1]

属地管辖原则存在例外，包括四点：①享有外交特权和豁免权的外国人——其刑事责任通过外交途径解决；②香港、澳门特别行政区——只在战争状态或紧急状态下适用本法；③刑事特别法另有规定的——依照特别规定；④民族自治地方——可以对本法作变通或补充规定。

需要注意的是，③④所针对的是狭义刑法（1997年《刑法》），而对广义刑法（即包含刑事特别法、自治地方特别法）而言，则不属于例外的情形。

二、属人管辖原则

属人管辖原则针对的是在本国领域以外的本国公民。法谚说"法粘在骨

---

〔1〕 屈学武："因特网上的犯罪及其遏制"，载《法学研究》2000年第4期。

头上"，意思是只要你拥有某国国籍，那么不论你在天涯海角，对于你的犯罪行为，该国刑法就有管辖权。属人管辖原则可能会与其他国家的属地管辖相冲突，所以，对此原则应有所限制。

对于属人管辖原则，我国采取相对重罪管辖的立场。《刑法》第7条规定："中华人民共和国公民在中华人民共和国领域外犯本法规定之罪的，适用本法，但是按本法规定的最高刑为3年以下有期徒刑的，可以不予追究。中华人民共和国国家工作人员和军人在中华人民共和国领域外犯本法规定之罪的，适用本法。"对于普通公民的犯罪，原则上适用我国刑法，但如果不是重罪，即法定最高刑在"3年以下"的，可以不予追究。可见，重罪管辖有两个例外：①《刑法》的表述是"可以不予追究"，那其言外之意当然也包括"可以追究"。②对于军人和国家工作人员，由于他们身份特殊，法律规定他们在境外的犯罪一律适用我国刑法。基于这些例外，所以，属人管辖中的重罪管辖叫"相对"重罪管辖。

三、保护管辖原则

保护管辖原则针对的是外国人或无国籍人在外国对中国或中国人犯罪的情形。如果在境内犯罪，则直接依据属地原则处理。这种管辖原则更易与其他国家的管辖权相冲突，因此对保护管辖原则必须进行更严格的限制。这种限制体现在两个方面：

1. 绝对重罪管辖。只有当法定最低刑在"3年以上"的，才可以适用。如果法定最低刑不足3年，则不能适用，这与属人主义的相对重罪管辖有所不同。

2. 双重犯罪管辖。必须是我国法律和犯罪地法律都认为构成犯罪的，我国才有管辖权，如果行为按照犯罪地的法律不受处罚，我国刑法也没有管辖权。

四、普遍管辖原则

普遍管辖原则针对的是外国人或无国籍人在外国实施的并非针对中国或中国人的国际犯罪。普遍管辖原则最早来源于地中海国家，这种管辖认为犯罪是对人类的罪恶，因此，不管犯罪人是哪国人，也不管他在哪犯罪，任何国家对其均有管辖权。最初，普遍管辖原则因与主权观念多有冲突，而并未为多数国家所接受。我国就是一个典型的例子，1979年《刑法》对于普遍管辖原则完全采取排斥态度，并认为这种所谓的世界主义立场是国际上帝国主义、霸权主义否定各国主权原则的反动理论。世界主义主张"文明国家"（即帝国主义国家）可以强迫其他国家接受所谓"刑事责任"的通用原则。根据这个原则，各国不仅要惩罚侵害本国利益的行为，而且要惩罚侵害任何其他国家利益的行为。其目的在于要各国反动势力联合起来镇压进步人士的革命斗争。[1]

然而，"主权"的内涵并非固定不变的。布丹当时提出的主权观念，认为它是一种在国内绝对永恒的权力，其目的是为君权的绝对化进行辩护，即所谓的"主权在君"；但启蒙思想家却将这个概念改造为"主权在民"。然而，抽象的"主权在民"观念并不能保证人们真正拥有权利，相反，如果主权被理解为国内的不受约束的绝对权力，那它反而更容易成为镇压民众的工具。主权并非绝对的，它必须受到基本人权的约束。真正的"主权在民"必须尊重每个个体的利益，这是20世纪无数次腥风血雨给人们留下的沉痛教训。

当前的世界已经越来越融为一体，如果对他国的恶行放任不管、无动于衷，那这种恶行迟早会蔓延至本国领土，正如二战后德国牧师马丁·尼莫勒在波士顿犹太人大屠杀纪念碑铭文上所写的："当初他们杀共产党，我没有作声，因为我不是共产党；后来他们杀犹太人，我没有作声，因为我不是犹太人；再接下来他们杀天主教徒，我仍然保持沉默，因为我不是天主教徒；最后，当他们开始对付我时，已经没有人为我讲话了。"虽然各国国情不一，但的确有些恶行是违反全人类利益的，对于这类犯罪，绝对不能以主权作为罪恶的挡箭牌，任何国家都有义务对这类犯罪进行追究。正是基于这个道理，普遍管辖原则逐渐进入各国的刑事法律之中。

普遍管辖原则所针对的都是一些国际犯罪，但对于哪些犯罪属于国际犯罪，各国的分歧很大。最早的突破口是非法劫持航空器、危害民用航空安全的犯罪，这类犯罪由于与政治没有太大的关系，大部分国家都认为应该通力合作加以打击，于是相应的国际公约应运而生，并逐渐为各国的国内法所确认。随后，国际犯罪的范围越扩越广，种族屠杀与灭绝、贩卖奴隶、酷刑、绑架外交人员、毒品等犯罪都被相关的国际公约规定为国际犯罪，对于这些罪行，国际公约规定，各缔约国均应采取必要的措施，对此罪行行使管辖权，而无论罪犯是否为本国人、罪行是否发生在国内。20世纪80年代初，我国政府先后加入了《关于制止非法劫持航空器的公约》（以下简称《海牙公约》）、《关于制止危害民用航空安全的非法行为的公约》（以下简称《蒙特利尔公约》）、《关于防止和惩处侵害应受国际保护人员包括外交代表的罪行的公约》，1987年全国人大常委会通过了《中华人民共和国对于其缔结或者参加的国际条约所规定的罪行行使刑事管辖权的决定》，首次确认了普遍管辖原则。1997年《刑法》第9条正式规定了这一原则，该条文规定："对于中华人民共和国缔结或者参加的国际条约所规定的罪行，中华人民共和国在所承担条约义务的范围内行使刑事管辖权的，适用本法。"

普遍管辖原则只是一种最后的补充原则，在可以适用其他管辖原则的情况下，是不允许适用这个最后原则的。因此，在中国境内发生的国际犯罪，

[1] 杨春洗等：《刑法总论》，北京大学出版社1981年版，第53页。转引自陈兴良：《本体刑法学》，商务印书馆2001年版，第128页注2。

应依据属地管辖原则处理，中国人在境外实施的国际犯罪，也只能依据属人管辖原则处理。另外，普遍管辖原则所涉及的犯罪必须是我国缔结或者参加的国际条约所规定的罪行（国际犯罪），对于这些罪行，我国只在所承担条约义务的范围内行使刑事管辖权。

国际犯罪只有转化为国内法所规定的犯罪，才可适用普遍管辖原则。例如，酷刑罪是国际犯罪，但在定罪量刑时，只能依据我国刑法所规定的刑讯逼供罪或其他犯罪，而不能直接援引国际条约。依据普遍管辖原则，对国际犯罪人的处理方法是"或引渡或起诉"的规则。任何一个缔约国对于在本国逮捕的国际犯罪人，要么引渡给有关请求国，要么自行起诉、审判，而不能放任不管。

第二节　刑法的时间效力

刑法的时间效力，即刑法在何时生效、在何时失效以及对其生效前的行为有无追溯效力。其中最主要的是刑法的溯及力问题。当前，各国刑法关于溯及力的规定主要有以下四种原则：①从旧原则，即新法无溯及既往的效力，认定一行为是否构成犯罪和是否处以刑罚、处以何种刑罚，一概适用行为时的法律。②从新原则，即新法可溯及既往，它可适用于它生效前的行为。③从新兼从轻原则，即新法原则上有溯及力，但若旧法对行为人有利，则适用旧法。④从旧兼从轻原则，即新法原则上无溯及力，但若新法对行为人有利，则适用新法。当前绝大多数国家均采取从旧兼从轻原则，以充分限制国家的刑罚权，保障公民的合理预期。

《刑法》第12条第1款规定："中华人民共和国成立后本法施行以前的行为，如果当时的法律不认为是犯罪的，适用当时的法律；如果当时的法律认为是犯罪的，依照本法总则第四章第八节的规定应当追诉的，按照当时的法律追究刑事责任，但是如果本法不认为是犯罪或者处刑较轻的，适用本法。"我国现行刑法从1997年10月1日起生效，对它生效以前的行为采从旧兼从轻原则。所谓"从旧"，也就是原则上对刑法生效以前的行为依照当时的法律定罪处罚，新法没有溯及力，因此，当新旧刑法对某种行为处刑完全相同时，对于旧法时代发生的案件，只能适用旧刑法的规定；所谓"兼从轻"，也就是说，如果新法较之旧法对行为人更有利，如不认为是犯罪，或者处罚较轻的，则应当适用较轻的新法。单行刑法、修正案也要遵循这个原则。

一、犯罪时间的确定

犯罪成立的时间是刑法溯及力中的首要问题。因为实施危害社会的行为与发生后果之间有时会间隔很久，因此，规定实施犯罪的时间对于确定应当适用新法还是旧法具有非常重要的意义。只有确定了犯罪时间，才可能确定犯罪当时的法律，从而决定从旧兼从轻原则的适用。在刑法理论中，实施行为的时间即实施犯罪的时间，而非以犯罪结果出现的时间作为实施犯罪的时间。因此，如果行为人在实施行为时，该行为不认为是犯罪，行为的后果发生在新法律生效之后，而新法律却规定该行为是犯罪，在这种情况下，不应该追究行为人的责任。[1]

二、新旧法轻重的比较

根据从旧兼从轻原则，在一般情况下，新法不具有溯及力，除非新法轻于旧法。因此，新旧法轻重的比较就成为适用从旧兼从轻原则所必须解决的问题。这里需要注意的是，《刑法》第12条规定的"处刑较轻"，是指刑法对某种犯罪规定的刑罚即法定刑比修订前的刑法轻。法定刑较轻是指法定最高刑较轻；如果法定最高刑相同，则指法定最低刑较轻。如果刑法规定的某一犯罪只有一个法定刑幅度，法定最高刑或者最低刑是指该法定刑幅度的最高刑或者最低刑；如果刑法规定的某一犯罪有两个以上的法定刑幅度，法定最高刑或者最低刑是指具体犯罪行为应当适用的法定刑幅度的最高刑或者最低刑。[2]

三、中间法的效力问题

如果行为人实施犯罪之后，追究犯罪人责任之前的法律修改了2次以上，就会涉及一个中间法的效力问题，尤其是当中间法比实施犯罪时和追究行为人罪责时的法律都要轻缓时，就更容易产生中间法的适用问题。[3]比如逃汇

---

[1] ［俄］н.ф.库兹涅佐娃、и.м.佳日科娃主编：《俄罗斯刑法教程（总论）》，黄道秀译，中国法制出版社2002年版，第105页。这两位俄罗斯学者虽然认同应当以行为来确定适用的法律，但是他们认为，如果犯罪人希望后果在另一时间发生，则发生后果的时间被认为是实施犯罪的时间。假如某人在1996年从莫斯科往海参崴寄一个带有炸药的包裹，意识到后果将在1997年1月即施行新刑法典的时候发生，而1997年刑法典比旧刑法典对杀人罪规定了更为严厉的刑事责任，那么实施犯罪的时间就应该认定为1997年1月。

[2] 参考"朱晓志交通肇事案［第175号］"：货主焦伟生支付运费400元让被告人和付品豪于1993年9月9日晚，开车从驻马店往泌阳县城给其送化肥15吨。货运到后，焦伟生以少11袋化肥为由，要求朱晓志、付晶豪以运费抵偿损失，朱、付不同意，双方为此争执不下。后朱、付二人趁焦伟生去找人卸化肥之机，由朱晓志驾车逃跑，被给焦伟生看门市部的易万峰发现。易即随后追赶并冲到车前意欲拦车。由于当时雨下得很大，朱晓志在发现不及时和紧急刹车失灵的情况下，将易万峰撞死，朱、付逃逸。1993年9月10日5时20分，死者易万峰的哥哥易万伦到泌阳县交警队报案，公安机关决定立案。1999年3月24日，泌阳县公安局将朱晓志刑事拘留。由于朱晓志的交通肇事行为发生在1997年《刑法》实施之前，依照1979年《刑法》第76条、第77条和第78条的规定，朱晓志交通肇事的行为已经超过追诉时效，但根据1997年《刑法》第4章第8节的规定，却仍需要追究刑事责任。对此，法院认为，应适用当时的法律追究其刑事责任。故决定不应再追究其刑事责任，裁定本案终止审理。载中华人民共和国最高人民法院刑事审判第一、二、三、四、五庭主办：《中国刑事审判指导案例1：总则部分·危害国家安全罪·危害公共安全罪·危害国防利益罪》，法律出版社2012年版，第258页。

[3] 严格说来，中间法的适用可以分为六种情况：①中间法比前法重，但轻于后法；②中间法比前后法皆重，但后法亦重于前法；③中间法比前后法都轻，但后法重于前法；④中间法比前后法皆重，但后法轻于前法；⑤中间法轻于前法，但重于后法；⑥中间法比前后法都轻，但后法轻于前法。

罪，该罪在 1979 年《刑法》中并未出现，1988 年 1 月 21 日发布的全国人大常委会《关于惩治走私罪的补充规定》（现已失效，以下简称《补充规定》）首次规定此罪，该单行刑法第 9 条第 1 款规定："全民所有制、集体所有制企业事业单位、机关、团体违反外汇管理法规，在境外取得的外汇，应该调回境内而不调回，或者不存入国家指定的银行，或者把境内的外汇非法转移到境外，或者把国家拨给的外汇非法出售牟利的，由外汇管理机关依照外汇管理法规强制收兑外汇、没收违法所得，可以并处罚款，并对其直接负责的主管人员和其他直接责任人员，由其所在单位或者上级主管机关酌情给予行政处分；情节严重的，除依照外汇管理法规强制收兑外汇、没收违法所得外，判处罚金，并对其直接负责的主管人员和其他直接责任人员，处 5 年以下有期徒刑或者拘役。" 1997 年《刑法》吸收了单行刑法的规定，在第 190 条规定了此罪，但略有修改，将本罪规定为："国有公司、企业或者其他国有单位，违反国家规定，擅自将外汇存放境外，或者将境内的外汇非法转移到境外，情节严重的，对单位判处罚金，并对其直接负责的主管人员和其他直接责任人员，处 5 年以下有期徒刑或者拘役。" 1998 年 12 月 29 日发布的全国人大常委会《关于惩治骗购外汇、逃汇和非法买卖外汇犯罪的决定》（以下简称《决定》）再次对本罪的主体和刑罚进行了修改，该《决定》第 3 条规定："公司、企业或者其他单位，违反国家规定，擅自将外汇存放境外，或者将境内的外汇非法转移到境外，数额较大的，对单位判处逃汇数额 5% 以上 30% 以下罚金，并对其直接负责的主管人员和其他直接责任人员处 5 年以下有期徒刑或者拘役；数额巨大或者有其他严重情节的，对单位判处逃汇数额 5% 以上 30% 以下罚金，并对其直接负责的主管人员和其他直接责任人员处 5 年以上有期徒刑。" 比较 1988 年的单行刑法、1997 年《刑法》以及 1998 年的单行刑法有关逃汇罪的规定，1997 年《刑法》只将此罪限定为"国有公司、企业或者其他国有单位"，较之 1988 单行刑法所说的"全民所有制、集体所有制企业事业单位、机关、团体"，在主体上更为狭窄，因此对行为人相对更为有利，而 1998 年单行刑法不仅将本罪的主体扩张为一般主体，还提高了其法定刑幅度，显然是三部法律中最重的规定。如果某集体所有制单位在 1990 年实施逃汇行为，1999 年案发，应当选择何时的法律定罪量刑呢？

对于中间法的效力，理论界有不同观点。一种观点认为，刑法溯及力新旧刑法的比较是指行为时法与处罚时法的比较。即行为时法为旧法，处罚时法为新法。对中间过渡法可不予考虑，而只是简单地比较行为时法与处罚时法。另一种观点认为，刑法溯及力新旧刑法的比较，既要对行为时法与处罚时法作新旧比较，又要考虑中间过渡法的实际存在。中间过渡法相对于行为时法是新法，但相对于处罚时法则为旧法。[1]

本书认为，从有利于犯罪人的角度出发，第二种观点更恰当，国家没有必要对犯罪人不依不饶，适用对犯罪人最有利的法律反而可以节约有限的司法资源去对付更为严重的犯罪。因此，集体所有制单位1990年实施的逃汇行为，如果在1999年案发，应当适用1997年《刑法》的规定，不以犯罪论处。[2]

四、既判力与溯及力

对行为人有利的新法是否可以溯及已经生效的裁决，这就涉及了既判力与溯及力的关系问题。对此问题，世界范围内大致有三种做法：

1. 既判力的效力高于溯及力，对行为人有利的法律不能溯及已经生效的裁决。

2. 有利于行为人的法律之溯及力高于裁决的既判力。

3. 新法的除罪化规定高于裁决的既判力，对已生效的裁决有溯及力，但新法的弱化刑罚规定低于裁决的既判力，对于已生效的裁决没有溯及力。如《法国刑法典》第112-4条规定："新刑法的即行适用不影响依据旧法完成法律行为的有效性。但是已受到刑罚宣判之行为，依判决后之法律不再具有刑事犯罪性质时，刑罚停止执行。"

我国刑法采取了第一种立场，认为既判力高于溯及力。《刑法》第12条

---

[1] ［俄］н.ф.库兹涅佐娃、и.м.佳日科娃主编：《俄罗斯刑法教程（总论）》，黄道秀译，中国法制出版社2002年版，第111~112页。龚培华："刑法溯及力问题研究"，载《上海市政法管理干部学院学报》2000年第6期。

[2] 参见"张世林拐卖妇女案［第77号］"，载中华人民共和国最高人民法院刑事审判第一、二、三、四、五庭主办：《中国刑事审判指导案例3：侵犯公民人身权利、民主权利罪》，法律出版社2012年版，第485页。1990年5月12日，被告人张世林伙同芦山县仁加乡村民竹子刚（已判刑），以外出旅游为名，邀约被告人张世林的女友李某，并通过李某邀约芦山县双石镇西川四组"女青年"王某一同外出。4人从芦山县出发，乘汽车、火车到达安徽省利辛县后，张世林、竹子刚对王某谎称外出的钱已用完，叫王某到竹子刚一朋友家暂住几天，他们去其他地方找到钱后再来接王某，并由竹子刚通过其姐夫张登贤（安徽省利辛县人）介绍，将王某卖与利辛县赵桥乡谭阁村村民谭某为妻，获赃款1900元，除去路费，张世林分得赃款380元。谭某将王某带回家，当晚同居时发现王某有生理缺陷，遂将王某退回竹子刚姐夫家，后王某被送回芦山县。经芦山县人民医院检查诊断，王某系"以男性为主之两性人"。张世林1999年6月被逮捕。法院后认为张某构成拐卖妇女罪，处有期徒刑1年6个月。本案涉及三个法律。1979年《刑法》第141条规定了拐卖人口罪，该条规定：拐卖人口的，处5年以下有期徒刑；情节严重的，处5年以上有期徒刑。该罪的对象是"人口"，未限定是妇女、男子或儿童。1983年9月2日全国人大常委会通过的《关于严惩严重危害社会治安的犯罪分子的决定》（已失效）规定，对拐卖人口集团的首要分子，或者拐卖人口，情节严重的，可以在刑法规定的最高刑以上处刑，直至判处死刑。1991年9月4日全国人大常委会通过的《关于严惩拐卖、绑架妇女、儿童的犯罪分子的决定》（以下简称《拐卖决定》）增设了拐卖妇女、儿童罪，绑架妇女、儿童罪以及偷盗婴幼儿罪，不再有拐卖人口罪，但将其基本刑提高到5年以上10年以下有期徒刑，并增加了几种加重情节。1997年《刑法》基本上把《拐卖决定》中增设的三个罪名合并起来规定为"拐卖妇女、儿童罪"一个罪名，刑罚保持不变。显然，这三部法律中，1979年《刑法》对行为人最为有利。张某应该以拐卖人口罪论处。

第 2 款规定："本法施行以前，依照当时的法律已经作出的生效判决，继续有效。"同时，1997 年 10 月 1 日最高人民法院《关于适用刑法时间效力规定若干问题的解释》："按照审判监督程序重新审判的案件，适用行为时的法律。"

五、有权解释的溯及力

刑法的有权解释分为立法解释和司法解释，这两种有权解释都有可能涉及溯及力问题。

（一）立法解释

司法实践一般认为，立法解释并无单独的溯及力问题，它从属于所解释之法律，适用于该法律生效的全部时间。只要是在该法律生效期间，立法解释对其发布之前的行为也有溯及力。2000 年 6 月 29 日发布的"最高人民检察院《关于全国人民代表大会常务委员会关于〈中华人民共和国刑法〉第 93 条第 2 款的解释》的时间效力的批复"就认为：立法解释是对刑法的进一步明确，并不是对刑法的修改。因此，立法解释的效力适用于修订后刑法的施行日期，其溯及力适用修订后《刑法》第 12 条的规定。[1]

（二）司法解释

刑法司法解释的溯及力涉及三个方面的问题：①刑法司法解释对所解释的刑法规定颁布实施以前的案件是否有溯及力，也即 1997 年《刑法》生效后颁布的司法解释对 1997 年之前的案件是否有溯及力；②刑法司法解释对所解释的刑法规定实施以后自身发布实施以前所发生的案件是否有溯及力；③刑法司法解释对其解释的刑法规定实施以后而其自身施行以前，已有司法解释正在生效实施时所发生的案件，新的司法解释是否有溯及力。[2]

对于第一个问题，司法解释对所解释的刑法规定颁布前的案件，原则上不应有溯及力，这是司法解释的属性所决定的。对于旧法时代的行为，既然原则上禁止新法的溯及既往，那附属于新法上的司法解释就更无溯及力可言。当然，正如禁止事后法存在例外一样，司法解释的禁止溯及既往也存在例外。如果新法对行为人更为有利，那么附属于新法上的司法解释当然也就有了溯及力，这符合从旧兼从轻原则。

对于第二个问题，司法解释没有独立的溯及力，它从属于其所解释的法律，刑法司法解释的效力从溯及力的角度来说应与法律同步。2001 年 12 月 7

---

〔1〕 也有观点认为，立法解释应当区分解释的内容，如果是当然解释，那其生效时间与刑事立法同步，立法机关无须对解释的生效时间作出规定；如果是以补充规定的形式对法律本身进行补充，则应规定立法解释的生效时间。参见钱业宏、赵永红：《全国人大常委会关于刑法第 93 条第 2 款的解释》何时生效"，载《人民检察》2000 年第 8 期。这种观点主要是鉴于在实践中立法解释并未恪守不能类推创造新规这个原理，如果认为立法解释没有单独的溯及力，其生效时间与刑事立法同步，那就很难避免对行为人不利之类推解释溯及既往的情况，而这显然会对罪刑法定原则造成极大的破坏。

〔2〕 刘宪权、阮传胜："刑法司法解释的溯及力"，载《政治与法律》1999 年第 4 期。

日发布的《最高人民法院、最高人民检察院关于适用刑事司法解释时间效力问题的规定》（以下简称《效力规定》）认为："对于司法解释实施前发生的行为，行为时没有相关司法解释，司法解释施行后尚未处理或者正在处理的案件，依照司法解释的规定办理。"

对于第三个问题，也应根据从旧兼从轻原则来判断。新的司法解释对其生效前的行为原则上没有溯及力，应当适用旧的司法解释，除非新的司法解释对行为人更为有利。在这个问题上，《效力规定》指出："对于新的司法解释实施前发生的行为，行为时已有相关司法解释，依照行为时的司法解释办理，但适用新的司法解释对犯罪嫌疑人、被告人有利的，适用新的司法解释。"[1]

六、《刑法修正案》的溯及力问题

《刑法修正案》也要遵循从旧兼从轻原则。

（一）《刑法修正案（八）》的溯及力

1. 死刑缓期执行的限制减刑。《刑法修正案（八）》对死刑缓期执行的变更有重大修改，比如，在死刑缓期执行期间有重大立功表现，2年期满后不再减为15~20年有期徒刑，而是直接减为25年有期徒刑，这显然对行为人不利，不得溯及既往。

比较特殊的是死刑缓期执行的限制减刑制度，即对被判处死刑缓期执行的累犯以及因故意杀人、强奸、抢劫、绑架、放火、爆炸、投放危险物质或者有组织的暴力性犯罪被判处死刑缓期执行的犯罪分子，人民法院根据犯罪情节等情况可以同时决定对其限制减刑。根据修正后《刑法》第78条的规定，人民法院决定限制减刑的死刑缓期执行的犯罪分子，缓期执行期满后依法减为无期徒刑的，实际执行的刑期不能少于25年；缓期执行期满后依法减为25年有期徒刑的，实际执行的刑期不能少于20年。

从表面上看，限制减刑制度对行为人不利，但考虑到此制度的本质是为了限制死刑，在很多时候，它其实对行为人有利，可以起到"刀下留人""免死不杀"的作用。因此，它具有相对的溯及力。具体而言，如果按照修正前《刑法》规定，应当判处死刑立即执行，那么限制减刑制度就对行为人有利，

---

〔1〕　参考"朱香海、左正红等非法买卖枪支、贪污案［第328号］"，载最高人民法院刑事审判第一、二、三、四、五庭主编：《中国刑事审判指导案例1：总则部分·危害国家安全罪·危害公共安全罪·危害国防利益罪》，法律出版社2012年版，第224页。该案的审理要点是：对于1997年《刑法》施行以后、司法解释公布施行以前实施的非法买卖枪支犯罪，是参照执行原有的司法解释还是适用新公布施行的司法解释？关于枪支犯罪，先后出台过1995年、2001年两个司法解释，该案被告人的犯罪行为有些发生在1995年之前，按照1995年的司法解释对行为人有利。法院认为，1995年司法解释已经随着1979年《刑法》失效而自动失效，故不适用1995年司法解释。对于这种观点，本书持否定态度。另请参考"谭慧渊、蒋菊香侵犯著作权案［第417号］"，载最高人民法院刑事审判第一、二、三、四、五庭主编：《中国刑事审判指导案例2：破坏社会主义市场经济秩序罪》，法律出版社2012年版，第335页。

因此可以溯及既往。但如果按照修正前《刑法》规定，本应当判处死缓，那么限制减刑制度就对行为人不利，因而不得溯及既往。[1]

2. 累犯。累犯有一般累犯和特别累犯两种，《刑法修正案（八）》对此都有修改。对于一般累犯，《刑法修正案（八）》规定，不满18周岁的人不成立一般累犯，这种修改对行为人有利，因此可以溯及既往。

对于特别累犯，根据修正前《刑法》的规定，前后罪都必须是危害国家安全罪。但《刑法修正案（八）》将恐怖活动犯罪和黑社会性质的组织犯罪也增加了进去。这种修正对行为人不利。但司法解释规定：曾犯危害国家安全犯罪，刑罚执行完毕或者赦免以后，在2011年4月30日以前再犯危害国家安全犯罪的，是否构成累犯，适用修正前《刑法》第66条的规定。曾被判处有期徒刑以上刑罚，或者曾犯危害国家安全犯罪、恐怖活动犯罪、黑社会性质的组织犯罪，在2011年5月1日以后再犯罪的，是否构成累犯，适用修正后《刑法》第65条、第66条的规定。根据这个规定，如果前后两罪都发生在《刑法修正案（八）》生效前，自然适用原《刑法》的规定，但只要有一个罪发生在《刑法修正案（八）》生效之后，则适用《刑法修正案（八）》的规定。

3. 社区矫正。《刑法修正案（八）》对于缓刑、管制、假释等制度规定了社区矫正。一般来说，社区矫正对行为人是有利的，因此可以溯及既往。比如，司法解释就对社区矫正的禁止令作出了规定，认为《刑法修正案（八）》中的禁止令条款可以溯及既往，"对于2011年4月30日以前犯罪，依法应当判处管制或者宣告缓刑的，人民法院根据犯罪情况，认为确有必要同时禁止犯罪分子在管制期间或者缓刑考验期内从事特定活动，进入特定区域、场所，接触特定人的，适用修正后刑法第38条第2款或者第72条第2款的规定。犯罪分子在管制期间或者缓刑考验期内，违反人民法院判决中的禁止令的，适用修正后刑法第38条第4款或者第77条第2款的规定"。

（二）《刑法修正案（九）》的时间效力

1. 禁止从事相关职业无溯及力。对于2015年10月31日以前因利用职业便利实施犯罪，或者实施违背职业要求的特定义务的犯罪的，不适用修正后《刑法》第37条之一第1款的规定。其他法律、行政法规另有规定的，从其规定。

2. 死缓制度关于"故意犯罪"的缩小规定有溯及力。《刑法修正案（九）》从限制死刑的角度对撤销死缓的条件进行了限制，故意犯罪必须达到情节恶劣的程度才撤销死缓，执行死刑。这个条款对行为人有利，可以溯及既往。

3. 数罪并罚的修改有溯及力。2015年10月31日以前，一人犯数罪，数

---

[1] 《最高人民法院关于〈中华人民共和国刑法修正案（八）〉时间效力问题的解释》第2条第2款规定："被告人具有累犯情节，或者所犯之罪是故意杀人、强奸、抢劫、绑架、放火、爆炸、投放危险物质或者有组织的暴力性犯罪，罪行极其严重，根据修正前刑法判处死刑缓期执行不能体现罪刑相适应原则，而根据修正后刑法判处死刑缓期执行同时决定限制减刑可以罚当其罪的，适用修正后刑法第50条第2款的规定。"这个规定认为，限制减刑制度原则上具有溯及力，是不恰当的，违反了从旧兼从轻原则。

罪中有判处有期徒刑和拘役，有期徒刑和管制，或者拘役和管制，予以数罪并罚的，适用修正后《刑法》第 69 条第 2 款的规定。

4. 告诉才处理的例外规定有溯及力。关于告诉才处理的修改是一种程序性的修改，而程序性规则一般不受从旧兼从轻原则的约束，故可以溯及既往。因此，司法解释指出：对于 2015 年 10 月 31 日以前通过信息网络实施的《刑法》第 246 条第 1 款规定的侮辱、诽谤行为，被害人向人民法院告诉，但提供证据确有困难的，适用修正后《刑法》第 246 条第 3 款的规定。对于 2015 年 10 月 31 日以前实施的《刑法》第 260 条第 1 款规定的虐待行为，被害人没有能力告诉，或者因受到强制、威吓无法告诉的，适用修正后《刑法》第 260 条第 3 款的规定。

5. 终身监禁条款有相对的溯及力。《刑法修正案（九）》对贪污罪和受贿罪增加了终身监禁制度，对犯贪污、受贿罪，被判处死刑缓期执行的，人民法院根据犯罪情节等情况可以同时决定在其死刑缓期执行 2 年期满依法减为无期徒刑后，终身监禁，不得减刑、假释。从限制死刑的角度来说，终身监禁制度对行为人有利。因此，如果按照修正前《刑法》规定，应当判处死刑立即执行，那么终身监禁制度就可以溯及既往。但如果按照修正前《刑法》规定，本应当判处死缓，那么终身监禁制度就对行为人不利，因而不得溯及既往。[1]

市部分重要知识回顾（表格版）

一、刑法的机能

1. 保护机能	惩罚犯罪
2. 保障机能	保障人权（保障犯罪人的人权）

二、刑法的基本原则

1. 罪刑法定原则	指一行为是否构成犯罪，构成什么罪，以及应处什么刑罚，都必须由法律明文规定。
2. 罪刑相当原则	指犯罪行为的轻重与刑事责任和刑罚的轻重相均衡。
3. 刑法面前人人平等原则	任何人犯罪，在适用法律上一律平等。不允许任何人有超越法律的特权。

---

[1]《最高人民法院关于〈中华人民共和国刑法修正案（九）〉时间效力问题的解释》第 8 条规定："对于 2015 年 10 月 31 日以前实施贪污、受贿行为，罪行极其严重，根据修正前刑法判处死刑缓期执行不能体现罪刑相适应原则，而根据修正后刑法判处死刑缓期执行同时决定在其死刑缓期执行 2 年期满依法减为无期徒刑后，终身监禁，不得减刑、假释可以罚当其罪的，适用修正后刑法第 383 条第 4 款的规定。根据修正前刑法判处死刑缓期执行足以罚当其罪的，不适用修正后刑法第 383 条第 4 款的规定。"

罪刑法定原则	形式侧面	1. 制定法原则。（成文的）
		2. 禁止不利于行为人的事后法。（事前的）
		3. 禁止不利于行为人的类推解释。（严格的） 注意：立法解释也不能类推，因为立法与解释的程序是不同的。
		4. 禁止绝对的不定期刑与绝对的不定刑。（确定的）
	实质侧面	1. 明确性原则。
		2. 刑法的合理性原则。
		3. 人道性原则。禁止不均衡的、残虐的刑罚。

三、刑法的解释

按效力分类	1. 立法解释。（不可类推）			
	2. 司法解释。（不可类推）			
	3. 学理解释。			
按方法分类	1. 文理解释。			
	2. 论理解释。（有扩张和缩小两种效果）	体系解释	当然解释	目的解释
注意	1. 任何解释都不得突破法律，解释必须在规范范围内进行，不能创设规则。	2. 任何解释都并不必然符合罪刑法定原则。	3. 有权机关的解释在考试时一般不要认定为类推解释。	

四、刑法的适用范围（即刑法的效力）

刑法的空间效力（指对地和对人的效力）	
属地管辖	针对中国领域内的犯罪： ①凡在中国领域（领陆、领水、领空）内犯罪的都适用我国刑法。 ②中国的船舶和航空器属中国领域（外国驻华使馆原则上也属中国领域）。 ③行为或结果有一项在中国领域即可。
	属地管辖的例外： ①享有外交特权和赦免权的外国人——其刑事责任通过外交途径解决。 ②民族自治地方——可以对刑法作变通或补充规定。 ③刑事特别法另有规定的——依照特别规定。 ④香港、澳门特别行政区——只在两种情况下适用刑法：战争状态或紧急状态。
属人管辖	针对中国人在中国领域外犯刑法之罪。 限制——相对重罪管辖：①军人和国家工作人员，一律适用。 ②其他人，原则上适用，但法定最高刑"3 年以下"的，可以不予追究。

续表

保护管辖	针对外国人在外国对中国或中国人犯罪。 限制：①绝对重罪管辖。法定最低刑"3年以上"的，才可以适用。 ②双重犯罪管辖。按犯罪地法律不受处罚的，不适用。
普遍管辖	外国人或无国籍人在外国实施的并非针对中国或中国人的国际犯罪。普遍管辖原则只是一种最后的补充原则。普遍管辖原则所涉及的犯罪必须是我国缔结或者参加的国际条约所规定的罪行（国际犯罪）。在司法考试中，要注意常见的国际犯罪：①劫持民用航空器罪；②毒品犯罪；③海盗罪；④酷刑罪；⑤恐怖主义的犯罪；⑥贩奴罪；⑦战争罪行。国际犯罪只有转化为国内法所规定的犯罪，才可适用。依据普遍管辖原则，对国际犯罪人的处理方法是"或引渡或起诉"规则。 例：美国人在美国劫持美国民航飞机飞往南极。

总原则：①以属地原则为主，兼采属人原则和保护原则，并有保留地采用普遍管辖原则。②我国与别国对同一犯罪都具有管辖权，经过外国审判的，我国仍然可以追究，但在外国已受到刑罚处罚的，可以免除或减轻处罚。

刑法的时间效力（指生效、失效时间及对刑法生效前所发生的行为是否具有溯及力的问题）

主要掌握刑法的溯及力问题，我国采取了"从旧兼从轻"原则，并体现在以下几点：
1. 依照旧法作出的生效判决，继续有效，既判力高于溯及力。

2. 对新《刑法》生效前未经审判或判决未定的行为
  ①依旧法不犯罪，适用旧法。
  ②依旧法犯罪，依新法不犯罪，适用新法。
  ③依旧法犯罪，依新法已过追诉时效，适用新法。
  ④依旧法犯罪，依新法处刑较轻的，适用新法。

《刑法修正案（九）》的溯及力：①终身监禁可以溯及。
  ②数罪并罚的修改可以溯及。
  ③侮辱、诽谤、虐待等告诉才处理的修改可以溯及。
  ④死刑的修改可以溯及。
  ⑤职业禁止条款不可溯及。

本章二维码

刑法的效力　　第四章司法考试真题　　第一部分重要法条和司法解释

第二部分

犯罪论

第五章

犯罪和犯罪构成

☞ 第一节　犯罪概说

一、犯罪的概念和特征

《刑法》第 13 条规定："一切危害国家主权、领土完整和安全，分裂国家、颠覆人民民主专政的政权和推翻社会主义制度，破坏社会秩序和经济秩序，侵犯国有财产或者劳动群众集体所有的财产，侵犯公民私人所有的财产，侵犯公民的人身权利、民主权利和其他权利，以及其他危害社会的行为，依照法律应当受刑罚处罚的，都是犯罪，但是情节显著轻微危害不大的，不认为是犯罪。"

根据这个规定，犯罪的概念包括三个方面的内容。

第一，在形式上，犯罪必须是违反刑法的行为，具有刑事违法性。

第二，在实质上，犯罪是危害社会的行为，具有社会危害性。犯罪的形式特征和实质特征是有机统一的。任何行为只要不违反刑法，都不是犯罪。同时，在形式上符合刑法的行为，如果不具备实质上的社会危害性，也不是犯罪。除此之外，《刑法》第 13 条规定了但书条款——危害行为情节显著轻微危害不大的，不认为是犯罪。可见，社会危害性必须达到比较严重的程度才可以犯罪论处，仅有轻微的社会危害性，是不构成犯罪的。[1]比如，甲男（15 周岁）与乙女（13 周岁）系同学，两人开始恋爱，后发生过两次性关系。这种情况就属于情节显著轻微危害不大，甲的行为不认为是犯罪。又如，某中学生丙采用轻微暴力向同学强索少量财物，也不认为是犯罪，不构成抢

---

[1] 参见"上海市静安区人民检察院诉张美华伪造居民身份证案"，载《最高人民法院公报》2004年第 12 期。被告人张美华不慎遗失居民身份证，因其户口未落实，无法向公安机关申请补办居民身份证，遂于 2002 年 5 月底，以其本人照片和真实的姓名、身份证号码和暂住地地址，出资让他人伪造了居民身份证一张。2004 年 3 月 18 日，张美华在中国银行上海市普陀支行使用上述伪造的居民身份证办理正常的银行卡取款业务时，被银行工作人员发现。一审法院认为，张美华伪造居民身份证的行为情节显著轻微，危害不大，不能认为是犯罪。检察机关提起抗诉，二审法院驳回抗诉，维持原判。

劫。"不认为是犯罪"与《刑法》第37条规定的"免予刑事处罚"是两个不同的概念,前者根本不是犯罪,而后者属于定罪免刑。

社会危害性这个概念既可以相容于"法益侵害说",也可以相容于"规范维护说"。按照"法益侵害说",行为没有侵犯法益,或者侵犯法益显著轻微的,不是犯罪。按照"规范维护说",行为如果没有违反道德规范,或者违反伦理道德显著轻微的,不构成犯罪。

第三,在后果上,犯罪是应当受到刑罚处罚的行为,具有应受刑罚惩罚性。应受刑罚惩罚性将犯罪和刑罚联系在一起。犯罪是刑罚的前提,刑罚是犯罪的应然后果。当然,应受刑罚惩罚性并不意味着有罪必罚,而是有罪应罚。有时,行为人的行为已经达到了犯罪的标准,但有自首、立功等从宽情节,也可免于处罚。

二、犯罪分类

(一)理论分类

1. 重罪与轻罪。根据法定刑的轻重,可以将犯罪分为重罪与轻罪。一般认为,法定最低刑3年以上有期徒刑的为重罪,其他为轻罪。

2. 自然犯与法定犯。自然犯是指违反人类基本伦理道德的犯罪,如杀人、放火、强奸、抢劫等犯罪,这些犯罪天然具有犯罪性,任何人类文明社会都会将其视为犯罪。法定犯在表面上并不违反人类的基本伦理道德,[1]不具有天然的犯罪性,只是因为国家法律的规定才成为了犯罪,比如走私罪。

3. 隔隙犯与非隔隙犯。隔隙犯是指在实行行为与犯罪结果之间存在时间的、场所的间隔的犯罪。其中实行行为与犯罪结果之间存在时间间隔的犯罪称为隔时犯,存在场所间隔的犯罪称为隔地犯。实行行为与犯罪结果之间没有时间的、场所的间隔的犯罪,则是非隔隙犯。

(二)法定分类

1. 身份犯与非身份犯。根据是否以特定的身份作为定罪量刑的条件,可以将犯罪分为身份犯和非身份犯。身份犯又可以分为真正身份犯和非真正身份犯。前者即定罪身份犯,该身份为特定犯罪的主体要件,不具有此身份的人不能单独构成该罪,如国家工作人员是贪污罪的主体身份,非国家工作人员不能单独构成贪污罪。后者即量刑身份犯,身份是从轻或从重的处罚条件,如国家机关工作人员利用职权便利非法拘禁他人的,从重处罚。

2. 亲告罪与非亲告罪。亲告罪即告诉才处理的犯罪。我国刑法中有五个亲告罪,它们分别是侮辱罪、诽谤罪、暴力干涉婚姻自由罪、虐待罪、侵占罪。除此以外的犯罪,都是非亲告罪。

3. 基本犯、加重犯与减轻犯。这是根据刑法分则条文规定的法定刑来分

---

〔1〕 正如第一章有关"刑法的目的"所讨论的,任何一种社会的道德规范都允许国家对民众生活进行必要的合理约束,从这个意义上来说,法定犯也不能说没有违反伦理道德。

类的。刑法分则规定的首选法定刑幅度的犯罪为基本犯，在此基础上，由于某种情节而规定较轻或较重之法定刑幅度的情形叫称为减轻犯或加重犯。例如，《刑法》第110条（间谍罪）："有下列间谍行为之一，危害国家安全的，处10年以上有期徒刑或者无期徒刑；情节较轻的，处3年以上10年以下有期徒刑……"第113条规定："本章上述危害国家安全罪行中……对国家和人民危害特别严重、情节特别恶劣的，可以判处死刑。"显然，第110条前半段属于基本犯，后半段属于减轻犯，而第113条的规定则属于加重犯。

第二节　犯罪构成的基本理论

一、犯罪构成理论概说

犯罪构成（犯罪论体系）是成立犯罪的全部条件，它是罪刑法定原则的具体体现。

犯罪构成理论是一个不断发展进化的过程。一般而言，它有两种主要的发展进路：一种是大陆法系的犯罪构成理论，另一种则是普通法系的犯罪构成理论。

大陆法系的犯罪构成理论是一种递进式的结构，分为构成要件该当性、违法性和有责性。这种理论最早出现于意大利的纠问制诉讼中，在很长一段时间内，它不过是诉讼法上的一个概念。它表明：对于行为人而言，如果没有根据严格的证据法则对某犯罪行为予以确证，就不能进行包括拷问在内的特别审问。[1] 19世纪初，德国著名刑法学家费尔巴哈把刑法分为总则和分则，并从罪刑法定出发，把总则中关于犯罪成立的条件称为构成要件，认为只有在存在客观构成要件的情况下才可以惩罚行为人，他的观点对于犯罪构成理论的形成与发展产生了深远的影响。当时还未形成体系化的犯罪构成理论，随后，在贝林格、麦耶、迈兹格、威尔兹尔等一大批刑法学家的概括归纳下，逐渐形成了大陆法系所特有的递进式犯罪构成理论。[2]

普通法系的犯罪构成理论是一种双层结构，包括本体要件与辩护要件，前者包括行为和意图，后者包括各种辩护事由，如未成年、错误、精神病、醉态、胁迫、警察圈套、安乐死等。这种犯罪构成理论是一种入罪与出罪的二元对立模式，其最突出的特点就是充分利用民间司法资源对抗国家的刑罚权，发挥被告人及其辩护人的积极性，在动态中实现国家权力和个人自由的平衡。

---

〔1〕 陈志龙："开放性构成要件理论——探讨构成要件与违法性之关系"，载《台大法学论丛》第21卷第1期。

〔2〕 这是大陆法系刑法理论中犯罪构成的通说。此外还有其他一些学说，参见［意］杜里奥·帕多瓦尼：《意大利刑法学原理》，陈忠林译，法律出版社1998年版，第97~99页。

我国传统的犯罪构成理论来源于苏联模式。然而，苏联刑法中的犯罪构成理论并非独创，它直接根源于费尔巴哈同时代的学说。但是，由于一种与传统根本不同的政治理念的确立，苏联刑事立法以一种批判的态度审视包括犯罪构成理论在内的一切西方法学理论，于是，他们放弃了对大陆法系犯罪构成理论新发展的进一步学习，逐渐形成了主客观方面相统一的犯罪构成理论，并认为它是刑事责任的唯一根据。这种理论的另外一个特色就是突出其社会政治内容，在社会危害性的基础上构建犯罪构成，使犯罪构成成为社会危害性的构成。

我国传统的犯罪构成理论是一个平行结构，由主体、客体、主观方面、客观方面四个要件构成，这四个要件缺一不可，一荣俱荣、一损俱损，它们共同构成了刑事责任的基础。同时，在四要件以外，还有排除犯罪性事由，作为符合犯罪构成要件即成立犯罪原则的一个例外。

必须说明的是：无论是大陆法系的递进式犯罪构成理论，还是普通法系的双层次犯罪构成理论，抑或我国传统的四要件犯罪构成理论，都有共通之处，它们都考虑了犯罪成立的主观方面与客观方面，区分了犯罪成立的原则条件与例外事由。

每一种犯罪构成理论都不是完美的，人类理性的局限性决定了任何一种理论都存在缺陷。大陆法系递进式的犯罪构成理论并不必然代表着文明与先进，我国传统的犯罪构成理论也并不必然意味着愚昧和落后。在德国和日本法西斯专政的黑暗年代，递进式犯罪构成理论也曾经成为镇压民众、滥施刑罚的理论帮凶。

因此，一种适合当下中国的犯罪构成理论，既要考虑中国的司法传统，又要兼顾两大法系的普遍经验与教训。一种合理的犯罪构成理论不仅应该提供一种符合逻辑的实体法规则，还应该为实体法的运用提供可供操作的程序规则。在某种意义上，相比于实体法，程序法更能体现对刑罚权的约束。犯罪构成原本就是从诉讼法的概念演变而来的，因此，它不能仅仅是一种实体要件，还应该是一种程序要件，犯罪构成理论必须体现刑事诉讼证明责任的需要，当然，证明责任也应为犯罪构成的体系性安排发挥指引功能。

二、犯罪构成理论与证明责任

证明责任一般可分为说服责任与提出责任，前者是指在刑事诉讼中由主张一方提出证据说服审判者相信己方主张为真的责任，后者是指刑事诉讼的当事人提出证据使自己的主张成为争议点的责任。证明责任不仅是一个程序问题，也是一个实体问题，不少国家的学界都是在实体法中讨论证明责任的。

以犯罪构成理论作为证明责任分配的标准主要盛行于普通法系，尤其是美国。普通法系的犯罪构成理论是一种双层结构，包括本体要件与辩护要件。控诉方对于本体要件要承担两种证明责任：①控诉方必须对本体要件的每个要素提出相应的证据；②为了达到对被告人定罪的目的，其证明标准还应达到超出合理怀疑的程度。[1]对于辩护理由，英美法系普遍认为应当由被告方承担提出证据责任。被告方须先行提出存在辩护理由，并提供相应的证据，如证明行为是正当防卫等。当然，被告方所提出的证据只要让人相信控诉方关于本体要件的证明存在合理疑点即可。如果他不提出相应的证据而仅提出申请，法官就不会将此主张提交陪审团裁决。控诉方也可提出存在辩护理由的一些证据，在此情况下，辩护理由直接成为一个争讼要点，被告人可以不用提出任何证据，而仅支持这种辩护理由存在即可。但是对于辩护理由的说服责任，犯罪构成标准认为被告方必须提出优势证据证明这些辩护理由。当前，美国大部分司法区倾向于这种立场。[2]

犯罪构成标准面对的最大挑战是无罪推定原则。无罪推定是刑事诉讼中的基本原则，是指任何人未经法定程序并依实体法被确定有罪以前，都应当被推定为无罪。无论是大陆法系，还是英美法系，无罪推定都是普遍被认可的原则。根据无罪推定原则，控诉方必须承担被告人有罪的证明责任，控诉方应当证明被告人道德上可谴责性的所有要素。严格的无罪推定原则反对犯罪构成标准，它反对区分本体要件和辩护理由。这种立场认为，有些辩护理由与犯意和道德上可谴责性的关系十分密切，要求被告人承担说服责任是违反无罪推定这个基本原则的。[3]大陆法系普遍采取这种立场。比如德国，其犯罪构成由构成要件该当性、违法性和有责性三个依次递进的结构组成，控诉方不仅对构成要件该当性负有提出责任和说服责任，同时，如果由该当性推定成立的违法性和有责性出现疑问时，不论这种疑问的产生是因被告人的主张和举证引起，还是因控诉方提出的证据引起，都应当由控诉方承担说服责任，如果控诉方不能排除这些疑问，法官就应作出有利于被告人的判决。

普通法系犯罪构成标准当前所面临的困境主要在于本体要件与辩护理由的界分并不清晰，导致证明责任在分配上的困惑。从表面上看，本体要件是肯定性的入罪要件，辩护理由是否定性的出罪要件，黑白之间，泾渭分明。然而，在具体操作时，二者往往存在中间地带。正因如此，犯罪构成标准很难应对无罪推定原则的指责。

美国联邦最高法院两个互相冲突的判例直接反映了上述困境。第一个案件是 1975 年的穆兰乐诉威尔伯尔案（*Mullaney v. Wilbur*），最高法院认为犯罪要素不存在的说服责任不能由被告人承担。该案被告被控谋杀，其辩护理由是对方挑衅（provocation）。按照缅因州的法律，故意预谋非法杀害他人是谋杀，刑罚为终身监禁，而基于对方挑衅的激情杀人可按过失杀人罪处理，其刑罚最高不超过 20 年。据此法律，缅因州法院对陪审团指示如下："如果公诉人证明了被告出于故意而非法杀人，那么就足以推定被告人存在预谋的恶

---

〔1〕　Wayne R. LaFave, *Principles of Criminal Law*, West Group, 2003, 4th ed., p.56.

〔2〕　Wayne R. LaFave, *Principles of Criminal Law*, West Group, 2003, 4th ed., pp.59~60.

〔3〕　张吉喜："论美国刑事诉讼中的证明责任分配标准"，载《当代法学》2007 年第 4 期。

意，除非被告人能够提出优势证据证明自己是在挑衅状态下实施的行为。"被告被判谋杀罪成立。被告旋即向缅因州最高法院上诉，认为挑衅状态可以否定预谋故意，而预谋故意是犯罪的本体要件，法院让其承担证明犯罪本体要件的责任有违正当程序条款，缅因州最高法院驳回了被告的上诉。此案后被上诉到联邦最高法院，最高法院认为，初审法院的指示违背正当程序规则，在上述案件中，公诉机关必须超出合理怀疑地证明不存在基于挑衅而导致的激情状态。[1]在最高法院看来，挑衅下的激情状态是否存在，这种事实是构成普通法杀人罪的前提，作为犯罪的本体要件，必须由公诉机关最终承担证明这些事实的责任。

　　然而，仅在穆兰乐案两年后，在 1977 年的帕特森诉纽约州案（*Patterson v. New York*）中，美国最高法院却改变了立场，认为极端情感干扰的辩护理由的说服责任必须由被告人承担。该案与上案相似，被告被控谋杀，其辩护理由为受到极端感情干扰。纽约州刑法对于谋杀的规定只有两个要素：其一，主观上意图导致他人死亡；其二，客观上造成了该人或第三人死亡。在初审法院审理时，陪审团被告知，被告人必须承担证明自己处于极端感情干扰的说服责任，后被告被判有罪。被告提出上诉，认为初审法院对陪审团关于证明责任的指示违背正当程序条款，案件最终被上诉到联邦最高法院，最高法院却维持了原判。[2]

　　从表面上看，这两个案件的区别在于法律规定本身的不同。在穆兰乐案中，缅因州刑法明确地将"预谋"作为犯罪的实体要素，而在后案中，纽约州的刑法并未将"预谋"作为犯罪的实体要素。因此在后案中，法院将"极端情感干扰"视为辩护理由，而在前案中，法院却将其作为实体要素的扩张。然而，许多学者认为，上述两个案件存在明显的矛盾，不可能协调一致。[3]显然，导致这种矛盾的最大原因就在于本体要件和辩护理由本身界限模糊，于是证明责任就可根据情势任意分配。比如被告人不在场，这似乎是对本体要件的否定事由，那它是本体要件，还是辩护要件？又如认识错误，这将导致犯罪故意的排除，这是本体要件，还是辩护要件？这些都不无争议。因此，立法者完全可能将本体要件贴上辩护理由的标签任意分配证明责任。比如，立法者既可以将强奸罪中"被害人的不同意"作为本体要件，从而由公诉机关承担超出合理怀疑的说服责任，也可以将其视为辩护理由，由被告方提供优势证据对此加以证明，甚至可以将谋杀定义为造成他人死亡的行为，于是让被告方承担证明他不是出于恶意之辩护理由的说服责任。

　　正是因为这种困境，严格的无罪推定原则反对区分本体要件和辩护理由。不少原来采取犯罪构成标准的国家，如普通法系的英国和加拿大都基本上放

---

〔1〕　Wayne R. LaFave，*Principles of Criminal Law*，West Group，2003，4th ed.，p. 58.

〔2〕　Wayne R. LaFave，*Principles of Criminal Law*，West Group，2003，4th ed.，pp. 60~61.

〔3〕　Wayne R. LaFave，*Principles of Criminal Law*，West Group，2003，4th ed.，p. 61.

弃了犯罪构成标准，认为对于辩护理由，被告方只负有提出责任，而不应承担说服责任。[1]

严格的无罪推定原则反对犯罪构成标准，这种立场认为，控诉方必须承担被告人有罪的证明责任，被告方无需承担任何要素的说服责任。从表面上看，在与犯罪构成标准的对决中，这种立场似乎大获全胜，然而现实并非如此。

1. 无罪推定原则存在大量的例外规则，很难被严格地遵守，此即所谓的举证责任倒置。比如，加拿大和英国虽然已经放弃犯罪构成标准，但法律和判例中却仍有大量的例外规则，要求被告人承担说服责任。加拿大最高法院1988年在怀特（Whyte）案中确认：无罪推定原则是一个至关重要的原则，不应该将犯罪人为地区分为本体要件和辩护理由来规避这个原则。但仅3年之后，最高法院就出台了例外规则，在1991年的克格斯特若（Keegstra）案中，最高法院立场发生了变化。在这个有关煽动种族仇视的案件中，最高法院认为，让被告人承担辩护理由（言论是真实的）的说服责任是对无罪推定原则的合理限制。该案主审法官迪克森（Dickson）认为，考虑到这种言论所造成的实际损害，无论此言论是否真实，它都已经造成实际损害，而且让被告人证明其言论的真实性是非常容易的。1994年的戴维乌特（Daviaut）案中，最高法院再次认为被告方应当承担自动化、醉态、精神病的说服责任。1999年的斯通（Stone）案中，最高法院重申了上述观点。[2]英国在2002年通过兰伯特（Lambert）案件和卡勒斯（Carass）案件确立了无罪推定原则，但无论是在判例还是法律中，仍存在大量的例外规则。[3]如《2003年性犯罪法案》（*Sexual Offences Act 2003*）就规定，在法定强奸罪中，被告方不仅负有提出责任，还要承担说服责任，被告方必须提供优势证据说服陪审团其认为女方年龄已经达到16岁。[4]德国和法国都没有采取犯罪构成标准，但这两个国家的无罪推定原则也有大量的例外规则。如德国的《反有组织犯罪法》，要求被告人对某些辩护负提出及说服责任。比如，被告被认定贩卖1000马克的海洛因，又在其家中查出大量与其收入不相称的财富，就被推定为犯罪所得，予以定罪没收，如想免除罪责，被告人必须举证说明其钱财来源是合法的。[5]法国的走私毒品罪也采取举证责任倒置。例如，被告人D携带一个绿色的香奈尔提包，在巴黎机场被捕，警方发现包内有毒品，被告人被控走私

---

〔1〕 A. P. Simester & G. R. Sullivan, *Criminal law*: *Theory and Doctrine*, Hart Publishing, 2003, 2nd ed., p. 64.

〔2〕 Don Stuart, *Canadian Criminal law*: *A Treaties*, Thomas & Carswell, 2007, 5th ed., pp. 47~48.

〔3〕 李静：“犯罪构成体系与刑事诉讼证明责任”，载《政法论坛》2009年第4期。

〔4〕 英国的法定强奸罪有两个关键年龄，13岁与16岁。与不满13岁的未成年人发生性关系为严格责任，不得以不知对方年龄为辩护理由。但与13岁以上不满16岁的未成年人发生性关系，可以以不知对方不满16岁作为辩护理由。

〔5〕 周密：“德国刑事法律制度的新变化”，载《中外法学》1996年第3期。

毒品罪，该罪最高刑是终身监禁。按照法国法律规定，如果被告人不能令人满意地向法庭说明他不知道包内的物体，在此情况下，只要在其包内发现毒品，就可推定其构成走私，法院认为这并不违背《欧洲人权公约》。欧洲法院在林根斯诉奥地利案（*Lingens v. Austria*）中也认为，举证责任倒置并不必然违背《欧洲人权公约》，如果综合考虑所保护的利益与被告人的权利，在合理的限度内，法律可以明确规定由被告人承担举证责任。[1]

2. 严格的无罪推定原则让控诉方承担的举证责任过重，往往矫枉过正，导致立法者取消某种辩护理由，这对被告方更为不利。如果要求控诉方必须承担证明辩护理由不存在的说服责任，而经验事实又表明公诉机关很难履行这种证明责任，那么可能导致立法机关干脆抛弃这种辩护理由，这极不利于人权保障。比如，认识错误是一种辩护理由，但如果要求控诉方超越合理怀疑地证明被告人认识错误不存在，那立法机关完全有可能取消这种辩护理由，将这种犯罪规定为无需罪过的严格责任。又如，在性侵犯罪中，得到女方同意是一种辩护理由，有些地方为了规避控诉方的证明责任，而将此罪完全视为暴力犯罪，只要行为人实施了暴力行为，性行为就构成犯罪，得到女方同意不再视为一种辩护理由。[2] 这正如美国最高法院在帕特森案中所指出的："正当程序条款不能让国家置于这样的选择：或者抛弃这些辩护理由，或者为了取得有罪判决而反证辩护理由不存在。"[3]

可见，无论是普通法系当前的犯罪构成标准，还是严格的无罪推定原则，都无法完全实现证明责任理论的期待。合理的证明责任标准要同时符合诉讼公正和效率的要求，兼顾惩罚犯罪与保障人权的诉讼使命。如何在公正和效率、惩罚和保障之间取得一种微妙的平衡，这是要慎重思考的问题。一种稳妥的方法是对犯罪构成标准进行必要的改造，让犯罪构成理论不仅成为认定犯罪的实体标准，还能作为体系化的证明责任标准。让犯罪构成与证明责任这两种理论水乳交融、相得益彰，这也能最大限度地促进刑事实体法与程序法一体化理念的实现。

无罪推定原则的合理之处在于：首先，它可以防止国家权力的滥用，保证司法的公正。无罪推定要求司法人员保持中立，不要戴着"有色眼镜"看待犯罪嫌疑人、被告人。其次，它可以保证控辩双方力量平衡。在刑事诉讼过程中，控辩双方的力量事实上不平等：控诉方代表国家，拥有强大的国家资源去收集调查证据；而被告方的力量弱小，无罪推定原则显然可以弥补被告方的这种不足。

然而，如果采取严格的无罪推定原则，上述两个合理目标都无法实现。

[1] A. P. Simester & G. R. Sullivan, *Criminal law*: *Theory and Doctrine*, Hart Publishing, 2003, 2nd ed., p. 66.

[2] Cassia Spohn & Julie Horney, *Rape Law Reform*: *A Grassroots Revolution and its Impact*, Plenum Press, 1992, pp. 36~37.

[3] Wayne R. LaFave, *Principles of Criminal Law*, West Group, 2003, 4th ed., p. 60.

首先，为了保障人权而过度牺牲惩罚犯罪的价值，这可能导致立法机关取消某种辩护理由，从而更不利于人权保障。其次，法律的天平如果完全偏向被告方，也会导致控辩双方力量的失衡，既不符合诉讼公平，又有违诉讼效率。"谁主张，谁举证"是最古老的诉讼原理，刑事诉讼的基本结构是控诉方证明被告人构成犯罪，而被告方进行反驳。虽然在刑事诉讼中，控辩双方力量相差悬殊，法律的天平应向被告方倾斜。法律推定犯罪嫌疑人、被告人无罪，如果控诉方要反驳这一结果，必须提出确凿无疑的证据，当证据存在疑问时应作无罪判决，被告方没有必要自证其罪，被告方保持沉默也不能推定其有罪；但是，如果控诉方提出了确凿无疑的证据证明被告构成犯罪，而且被告方不进行必要的反驳，那他当然要承担不利的后果。虽然控诉方有义务证明对被告人有利的情况，但在很多时候完全由控诉方证明对被告人有利的情况是非常困难的。被告人承担对自己有利情况的证明责任不仅符合自己的利益，相对于控诉方也更为容易，因此，无论是从公平还是效率的角度来看，被告人对其有利的情况承担一定的证明责任都是必要的。[1]另外，对于被告人所独知的事实，比如特殊的心理状态和个人经历，由于控诉方几乎不可能获得这种认识，自然也应由被告方承担证明责任。"让较少有条件获取信息的当事人（即控诉方）提供信息，既不经济，又不公平。"[2]

因此，一种能够满足证明责任要求的犯罪构成理论至少要符合两个条件：①它应当合理地区分本体要件和辩护要件，尽可能地避免两者之间存在过多的模糊地带。②能吸收严格的无罪推定原则的合理成分，避免其不足。无罪推定原则要求与犯罪有关的要素都应由控诉方承担证明责任，被告方只对例外事由承担一定的证明责任。同时，控诉方按照理性的客观一般人的标准证明被告人有罪，被告人主观所独知的个别化事由应当由其自身承担证明责任。因此，犯罪构成理论应当体现这种原则与例外、客观与主观的层次性要求，才能合理分配证明责任。

我国传统的四要件犯罪构成理论显然无法承担这种重任。这种犯罪构成理论很少考虑证明责任的需要。首先，我国传统的犯罪构成理论没有体现本体要件与辩护要件的严格区分，两者之间有太多的模糊地带。传统的犯罪构成理论并不包括排除犯罪性事由，很难为辩护权提供有效的指导。同时，在四个犯罪构成要件内部，又有大量本应属于辩护理由的事项，如精神病、法律认识错误、不可抗力、意外事件等，而对这些事项的证明责任应当如何分配，传统的犯罪构成理论根本无力回答，这也就不可避免地导致司法实践的混乱。其次，传统犯罪构成理论是一种平面性的结构，四个要件之间缺乏层次划分，既无原则与例外的区分，也无客观对主观的推定，从而导致司法机

---

[1] 卞建林、韩旭："刑事被告人证明责任研究"，载《法学论坛》2002年第3期。

[2] ［美］迈克尔·D. 贝勒斯：《法律的原则——一个规范的分析》，张文显等译，中国大百科全书出版社1996年版，第67页。

关往往要承担过多的证明责任，这既不科学，也缺乏司法效率。

经过慎重思考，本书认为，我们可以借鉴大陆法系的递进式犯罪构成理论来弥补普通法系犯罪构成标准的不足。这种犯罪构成理论由构成要件该当性、违法性和有责性三个依次递进的结构组成。它不仅能够比较清晰地区分本体要件和辩护要件，还能体现证明责任所需要的层次性安排。同时，这种犯罪构成理论本身就含有证明责任的推定机能。行为一旦具有构成要件该当性，就可推定其具备违法性和有责性。控诉方通常只对犯罪构成要件该当性承担证明责任，而无需证明违法性和有责性。只有当诉讼中出现了或者被告方提出了违法阻却事由或责任阻却事由可能存在的证据，使得违法性和有责性的推定出现了疑点，控诉方和被告方才可能出现证明责任分配的问题。[1]具体而言，当行为符合构成要件该当性，就推定其具有违法性和有责性，因此就要从反面来看是否存在违法阻却事由，如果行为不具有违法性，也就无需再进行下一步判断。构成要件该当性和违法性的判断是一种客观的、一般人的判断。如果行为具备构成要件该当性、违法性，那么就要深入行为人的内心深处，进行有责性的判断，即要判断行为人是否有责任阻却事由，这种责任判断显然是一种主观化的个别判断。

根据这种犯罪构成理论，控诉方首先要提出被告人符合构成要件该当性的证据，并应达到超出合理怀疑的程度，由此就可推定被告人的行为具有违法性，如果被告人进行反驳，那么他必须承担构成要件阻却事由（如不在场）或违法阻却事由（如正当防卫）的提出责任。提出责任不是单纯主张此事项，也应达到一定的证明标准。其标准不需要达到优势证据的程度，只要让人产生合理怀疑即可。当被告方的反驳达到了让人合理怀疑的程度，证明责任再次转移至控诉方，控诉方必须超出合理怀疑地去反驳被告方的主张，若达不到超出合理怀疑的标准，就要承担不利之后果。如果被告方没有履行构成要件阻却事由或违法阻却事由的提出责任，那就推定其具有违法性、有责性。若被告方对此反驳，提出责任阻却事由，比如主张自己是精神病人、出现违法性认识错误或者缺乏期待可能性，那么他不仅要承担提出责任，还要负担优势证据的说服责任。因为有责性的判断是主观化的个别判断，属于被告人所独知的事项，如果被告方不承担说服责任，而让控诉方承担否定的说服责任，这对于控诉方而言，必然是一个无法完成的任务。同时，鉴于被告方的证明力量没有控诉方强大，因此，被告方所承担的说服责任不要求达到超出合理怀疑的程度，只需达到优势证据的程度即可。[2]

见表5-1。

---

[1] 李静："犯罪构成体系与刑事诉讼证明责任"，载《政法论坛》2009年第4期。

[2] 必须说明的是：控诉方也可提出存在违法阻却和责任阻却的一些证据，在此情况下，辩护理由直接成为一个争讼要点，被告人可以不用提出任何证据，而仅是支持这种辩护理由存在即可。

表 5-1 犯罪构成与证明责任的关系

证明对象＼当事人	控诉方	被告方
构成要件该当性	提出责任和（超出合理怀疑的）说服责任	对构成要件该当性的阻却事由有（让人产生合理怀疑的）提出责任
违法阻却事由	（超出合理怀疑的）说服责任	（让人产生合理怀疑的）提出责任
责任阻却事由	（超出合理怀疑的）说服责任	提出责任和（优势证据的）说服责任

三、本书采用的犯罪构成理论

根据上文的分析，本书采用构成要件、违法阻却、责任阻却这种递进式的犯罪构成理论，以体现原则与例外、客观与主观的层次性要求，从而合理分配证明责任。这种犯罪构成理论可以吸收普通法系的双层次犯罪构成理论所体现的证明责任分配的原理，同时也避免了双层次犯罪构成理论本体要件与辩护事由区分的模糊。另外，本书的犯罪构成理论，在构成要件方面与我国传统的四要件理论有相当部分的重合，至于违法阻却事由与责任阻却事由两方面内容也基本上类似于传统的排除犯罪性事由，这样可以最大限度地兼顾我国现阶段的司法传统。

具体而言，本书所采用的犯罪构成理论（犯罪论体系）呈如下结构：

构成要件
- 客观构成要件：主体、危害行为、行为对象、结果、行为状态、因果关系
- 主观构成要件：构成要件故意、构成要件过失、其他主观构成要件要素

违法阻却事由：正当防卫、紧急避险、其他违法阻却事由
责任阻却事由：责任能力阻却事由、法律认识错误、责任过失阻却事由、缺乏期待可能性

本章重要知识回顾（表格版）

一、犯罪的三大特征（三者缺一不可）

社会危害性	①是指行为对社会具有危害。②情节显著轻微，危害不大的，不认为是犯罪。
刑事违法性	①是指触犯刑法，即必须是刑法所禁止的行为。②罪刑法定原则的体现。

续表

应受刑罚处罚性	（1）是指犯罪行为是应当受刑罚处罚的行为，反之，如果一个行为不应当受刑罚处罚，也就意味着它不是犯罪。 （2）"应受"但也可能依法免予惩罚（即有罪无罚），包括以下两种情况：①《刑事诉讼法》第16条规定的免予追究刑事责任的情形，当然无需判处刑罚。②有法定免除刑罚情节的，如《刑法》第24、28、67条的规定。

二、犯罪的分类

理论分类	重罪与轻罪	重罪一般是指法定最低刑为3年以上有期徒刑的犯罪。
	自然犯与法定犯	自然犯是指明显违反伦理道德的传统型犯罪；法定犯是指没有明显违反伦理道德的现代型犯罪。
	隔隙犯与非隔隙犯	隔隙犯是指在实行行为与犯罪结果之间存在时间、场所的间隔的犯罪。
法定分类	身份犯与非身份犯	身份犯是指以特殊身份作为主体要件或者刑罚加重、减轻的法定事由的犯罪。
	亲告罪与非亲告罪	亲告罪是指告诉才处理的犯罪。
	基本犯、减轻犯及加重犯	基本犯是指刑法分则条文规定的不具有法定加重或者减轻情节的犯罪。

三、犯罪构成理论

构成要件	客观构成要件	主体、危害行为、行为对象、结果、行为状态、因果关系
	主观构成要件	构成要件故意、构成要件过失、目的和动机
违法阻却事由	法定的违法阻却事由	正当防卫、紧急避险
	超法规的违法阻却事由	法令行为、业务行为、得到被害人承诺的行为、义务冲突等其他违法阻却事由
责任阻却事由	责任能力阻却事由、法律认识错误、缺乏期待可能性	

 本章二维码

犯罪概念和犯罪构成理论　　　第五章重要法条和司法解释

第六章

构成要件

第一节　构成要件概说

构成要件是犯罪构成理论第一个层次的内容，它是指刑法所规定的具体犯罪的类型，为了成立犯罪，首先需要符合构成要件。比如在故意杀人罪中，故意杀害他人就是构成要件。构成要件本身就有证明责任的推定机能，行为一旦符合构成要件，就可推定其具备违法性和有责性。

一、构成要件的分类

对构成要件可以从不同的角度进行不同的分类：

1. 基本的构成要件与修正的构成要件。基本的构成要件是指刑法分则条文就某个具体犯罪独立个人的既遂犯所规定的构成要件；修正的构成要件是根据总则条文对基本的构成要件予以修正。例如，《刑法》第 232 条规定了故意杀人罪，其基本构成要件是一人所实施的造成死亡结果的故意杀人行为。如果他人仅仅实施教唆、帮助等共犯行为（非实行行为），或者犯罪出现了预备、中止、未遂这些未完成形态，显然无法直接依据分则条文对行为人进行处理，必须根据总则有关共同犯罪、未完成罪的规定对相关的分则条文（基本的构成要件）进行修正，才能对行为人进行处罚。这种根据总则规定对分则所规定的基本构成要件进行的修正，就属于修正的构成要件。

2. 封闭的构成要件与开放的构成要件。封闭的构成要件是指刑法完整地规定了犯罪所有的构成要素，无需进行补充；开放的构成要件是指刑法仅规定了部分要素，其他要素需要司法官员适用时进行补充，比如不作为犯的作为义务的内容就有待司法官员的填补。《刑法》第 114 条、第 115 条第 1 款所规定的"以危险方法危害公共安全罪"中的"危险方法"也是典型的开放性构成要件。这两种构成要件的区分意义在于：对于前者，司法官员必须严格依法适用，不得附加或减少要件；对于后者，司法官员在适用时则需要补充构成要件。

3. 积极的构成要件与消极的构成要件。积极的构成要件是入罪要件，消极的构成要件是出罪要件。例如《刑法》第164条的对非国家工作人员行贿罪的减免刑罚事由（"行贿人在被追诉前主动交待行贿行为的，可以减轻处罚或者免除处罚"）。

4. 普通构成要件和特殊构成要件。普通构成要件是刑法分则对某种犯罪基本刑所规定的构成要件。特殊构成要件则是对某种犯罪特殊刑所规定的构成要件，它包括加重犯罪构成和减轻犯罪构成，前者如入户抢劫，后者如有拒不支付劳动报酬的行为，但尚未造成严重后果，在提起公诉之前支付劳动者的劳动报酬，并依法承担相应赔偿责任的，可以减轻或免除处罚。

特殊犯罪构成也属于构成要件中要讨论的问题，因此主要由控诉方承担证明责任。对于加重犯罪构成，控诉方要超出合理怀疑地说明这种加重事由的存在。对于减轻犯罪构成，控诉方可以直接提出这种主张，使其成为一个争讼要点，也可当被告方提出合理证据认为自己存在减轻犯罪构成时，超越合理怀疑地反驳被告方的主张。

二、构成要件要素

构成要件要素是指组成构成要件的各种要素，构成要件要素有如下主要分类：

1. 主观的构成要件要素与客观的构成要件要素。主观的构成要件要素如构成要件故意、构成要件过失、目的犯之目的等；客观的构成要件要素如行为、行为对象、结果等。

2. 规范性构成要件要素与描述性构成要件要素。二者区别的关键在于是否需要司法工作人员进行价值判断，前者需要价值判断，而后者无需价值判断。前者是一种精神上的理解，而后者只是一种感性的表象。对于描述性构成要件要素，司法者不需要借助其他规范评价，而对于规范性构成要件要素，立法者只是提供了评价的导向，或者说只是赋予了价值的形式，具体的评价需要司法者根据一定的标准完成。[1]比如，故意杀人罪中的"杀人"就是描述性的构成要件要素，司法者与行为人都不需要借助任何规范就能认识到开枪射击的行为是"杀人"，但是行为人所实施的是否是"聚众淫乱"，司法者就必须通过一定的社会观念、文化价值进行判断，因此"聚众淫乱"就是一种规范性的构成要件要素。

规范性的构成要件要素和描述性的构成要件要素的界限并不是绝对清晰的。严格来说，描述性的构成要件要素也可能存在价值判断，比如故意杀人中的"人"，"人"的始期是采取"独立生存可能说""阵痛开始说"还是"独立呼吸说"，人的"终期"是采用"心脏停止说"还是"脑死亡说"？这些都存在价值判断，但是这种价值判断不应由司法者来完成，而是在司法者进行评判之前已经由立法者完成了。如果立法者认为人的生命从独立呼吸开

---

〔1〕　张明楷："规范的构成要件要素"，载《法学研究》2007年第6期。

始，终止于心脏停止，那么司法者就只能遵循立法者确定的价值观念进行裁判。但是关于什么是"淫秽物品"，即使立法者已经有过明确的定义，但是它的内涵还是具有一定的模糊性，因此，司法者必须在立法者的指示下，基于社会习俗、生活经验、文化价值、主流的世界观等进行规范判断。从这个意义上来说，描述性的构成要件要素其实是一种封闭的构成要件要素，而规范性的构成要件要素则是一种开放的构成要件要素，有待司法者根据一定的标准进一步填补空白。

规范性构成要件要素包括三类：①社会评价要素，如淫秽物品、猥亵；②经验法则的评价要素，如足以导致火车倾覆、毁坏；③法律的评价要素，如国家工作人员、司法工作人员、不作为犯的作为义务。[1]

规范性构成要件要素与描述性构成要件要素的区别意义在于：①规范性构成要件要素相比描述性构成要件要素具有一定的模糊性。罪刑法定原则所要求的明确性是相对的，不可能完全排斥规范性构成要件要素。②描述性构成要件要素在故意的认定上采取行为人的主观标准，但规范性构成要件要素在故意的认定上一般根据社会一般人的价值观念进行判断，也即"行为人所属的外行人的平行判断"。因此，如果某人贩卖性交图片，即使他本人不认为是淫秽物品，但一般人会认为此图片为淫秽物品，则可以认定他具有传播淫秽物品的故意。[2]

3. 成文的构成要件要素与不成文的构成要件要素。二者的区别在于法条是否有成文的记载。比如，抢劫罪要以"非法占有"为必要，但此要素法条上并非明示，所以这是不成文的构成要件要素。

☛ 第二节　构成要件之客观要素

第一讲　行为主体

一、自然人

实施犯罪的主体主要是自然人，包括任何年龄和任何精神状态的人，未达责任年龄和缺乏责任能力属于责任阻却事由，不属于构成要件要讨论的问题。

一般而言，凡自然人都可成为行为主体，但身份犯比较特别。如前所述，身份犯又可以分为真正身份犯和非真正身份犯。前者是定罪身份犯，不具有此身份的人不能单独构成该罪。后者即量刑身份犯，身份是从轻或从重的处罚条件。

关于身份犯，历来存在"形式说"和"实质说"的争论。"形式说"认

---

〔1〕　张明楷："规范的构成要件要素"，载《法学研究》2007年第6期。
〔2〕　具体参见后文"构成要件事实上的认识错误"。

为只有行为人在形式上具备特定的身份，才具备这种特定的身份资格。"实质说"则认为无论是真正身份犯还是非真正身份犯，都不需要在形式上具备特定的身份，而只要在实质上具有该身份所赋予的法定职权。在中国司法实践中，对待身份犯一般采取"实质说"。比如，村长虽然在形式上并非国家工作人员，但如果在实质上协助人民政府从事特定行政管理工作，则属于"其他依照法律从事公务的人员"，可以构成贪污贿赂罪；又如，工人等非监管机关在编监管人员虽然在形式上并非司法工作人员，但如在被监管机关聘用受委托履行监管职责的过程中私放在押人员的，仍可构成渎职罪。

二、单位

《刑法》第30条规定："公司、企业、事业单位、机关、团体实施的危害社会的行为，法律规定为单位犯罪的，应当负刑事责任。"根据这个法条的规定，单位也可以成为行为主体。

（一）单位犯罪的特征

1. 单位犯罪的主体是公司、企业、事业单位、机关和团体。需要注意下列几点：

第一，单位人格否定制度。个人为进行违法犯罪活动而设立的公司、企业、事业单位实施犯罪的[1]；公司、企业、事业单位设立后，以实施犯罪为主要活动的。这两种情况都不属于单位犯罪，而是个人犯罪。单位犯罪的刑罚一般要轻于自然人所实施的相同犯罪，对单位应当采取限制解释的立场。

第二，无法人资格的独资、合伙企业犯罪的，也非单位犯罪。

第三，单位的所有制性质不影响单位犯罪的成立。

第四，依法成立的具有独立法人资格的一人公司也可以成立单位犯罪。2005年10月修订的《中华人民共和国公司法》明确规定了一人公司的法人地位。为了保持法秩序的统一，刑法中的单位犯罪应当包括一人公司主体。[2]

2. 单位犯罪必须是以单位的名义实施的，在客观方面表现为单位决策机构决定，由直接责任人员实施。

3. 单位犯罪是为了单位谋取利益而实施的，其违法所得归单位所有。因此，盗用单位名义实施犯罪，违法所得由实施犯罪的个人私分的，不属于单位犯罪。

4. 单位犯罪的主观方面多是故意，但也存在过失犯罪，例如，工程重大安全事故罪就是典型的单位过失犯罪。

5. 单位只对刑法明文规定可以由其构成的犯罪承担刑事责任。如果某种

---

[1] 参考"邱进特等销售假冒注册商标的商品案［第676号］"，载最高人民法院刑事审判第一、二、三、四、五庭主编：《刑事审判参考（2011年第1集·总第78集）》，法律出版社2011年版，第106页。

[2] 参考第725~726号案例，载最高人民法院刑事审判第一、二、三、四、五庭主编：《刑事审判参考（2011年第5集·总第82集）》，法律出版社2012年版。

犯罪没有规定单位犯罪，即使以单位名义实施，也只能是自然人犯罪，例如，单位决定盗窃，只能对相关责任人按照自然人共同犯罪论处。《全国人民代表大会常务委员会关于〈中华人民共和国刑法〉第30条的解释》规定：公司、企业、事业单位、机关、团体等单位实施《刑法》规定的危害社会的行为，刑法分则和其他法律未规定追究单位的刑事责任的，对组织、策划、实施该危害社会行为的人依法追究刑事责任。

根据《刑法》的规定：

（1）暴力犯罪通常没有单位犯罪。例如，所有的税收发票犯罪都有单位犯罪，但抗税罪没有单位犯罪。

（2）传统的自然犯通常没有单位犯罪。例如，杀人、伤害、放火、爆炸、抢劫、盗窃、敲诈勒索、诈骗（《刑法》第266条规定的普通诈骗）、强奸等自然犯，通常没有单位犯罪。

（3）货币犯罪（不含走私假币罪）没有单位犯罪。

（4）妨害国（边）境管理罪（骗取出境证件罪除外）没有单位犯罪。

（5）金融诈骗罪中有三种犯罪无单位犯罪，它们分别是贷款诈骗罪、信用卡诈骗罪、有价证券诈骗罪。

（二）处罚

在单位犯罪中，有两个受刑主体，所以单位犯罪一般采双罚制，即既处罚单位（只能适用罚金），又处罚直接负责的主管人员和其他直接责任人员；[1]在某些情况下采单罚制，即只处罚自然人而不处罚单位，如《刑法》第396条规定的私分国有资产罪、私分罚没财物罪。

如何认定单位犯罪中直接负责的主管人员和其他直接责任人员，这是一个比较复杂的问题。一般认为，应从身份、作用和责任三个方面界定直接负责的主管人员，[2]即单位犯罪直接负责的主管人员，是指在犯罪单位组织内，对单位犯罪的实施起主要决策、指挥作用，负有直接责任的领导人员。[3]

---

[1]　参见"张俊等走私普通货物案［第455号］"，载最高人民法院刑事审判第一、二、三、四、五庭主编：《中国刑事审判指导案例2：破坏社会主义市场经济秩序罪》，法律出版社2012年版，第87页。单位责任人员在实施单位犯罪的同时，其个人又犯与单位相同之罪的，应数罪并罚。

[2]　杨善良："单位犯罪中直接负责的主管人员和其他直接责任人员的界定"，载《人民检察》2005年第7期。

[3]　参见"北京匡达制药厂偷税案［第251号］"，载最高人民法院刑事审判第一、二、三、四、五庭主编：《中国刑事审判指导案例2：破坏社会主义市场经济秩序罪》，法律出版社2012年版，第284页。法院经审理认为，被告单位匡达制药厂为偷逃税款，故意将生产的部分产品隐匿，销售后收入不入账，偷逃增值税税款人民币655 043.42元，占同期应纳税款额的52.97%，其行为已构成偷税罪，依法应予惩处。被告人王璐林虽为匡达制药厂的法定代表人，但经法庭质证确认的证据证明，匡达制药厂由总经理王彦霖负责，将其中358 313盒登记在药厂正式账上，其余208 287盒采用不登记入库的方法另做记录，可由药厂销售科人员以打白条形式领走，此系王彦霖授意为之，无证据证明王璐林具有决定、批准、授意、指挥企业人员不列或少列收入从而偷税的行为。故认定王璐林系匡达制药厂偷税犯罪直接负责的主管人员，应追究偷税罪的刑事责任证据不足。

2001 年最高人民法院印发的《全国法院审理金融犯罪案件工作座谈会纪要》指出：直接负责的主管人员，是在单位实施的犯罪中起决定、批准、授意、纵容、指挥等作用的人员，一般是单位的主管负责人，包括法定代表人。其他直接责任人员，是在单位犯罪中具体实施犯罪并起较大作用的人员，既可以是单位的经营管理人员，也可以是单位的职工，包括聘任、雇佣的人员。应当注意的是，在单位犯罪中，对于受单位领导指派或奉命而参与实施了一定犯罪行为的人员，一般不宜作为直接责任人员追究刑事责任。对单位犯罪中直接负责的主管人员和其他直接责任人员，应根据其在单位犯罪中的地位、作用和犯罪情节，分别处以相应的刑罚。

（三）其他

根据司法解释和相关规范性文件的规定，单位犯罪还需注意如下问题：

1. 公司实施单位犯罪后，被兼并更名的，仍应当追究单位责任，但仅处罚直接责任人。这是因为原单位因被兼并更名已经消失，不处罚原单位，也不处罚兼并更名后的新单位。

2. 在审理单位故意犯罪案件时，对其直接负责的主管人员和其他直接责任人员，可以根据作用大小，区分主犯、从犯；不便区分的，也可不区分主犯、从犯，按照其在单位犯罪中所起的作用判处刑罚。

3. 单位犯罪存在自首。如果有关单位犯罪的责任人员能够代表单位意志投案自首，符合法定自首条件的，也可以成立单位犯罪的自首。

4. 对单位犯罪的责任人判处罚金的，数额不得高于对单位所处的罚金。

5. 对单位的分支机构或者内设机构、部门实施犯罪行为的处理。以单位的分支机构或者内设机构、部门的名义实施犯罪，违法所得亦归分支机构或者内设机构、部门所有的，应认定为单位犯罪。不能因为单位的分支机构或者内设机构、部门没有可供执行罚金的财产，就不将其认定为单位犯罪，而按照个人犯罪处理。[1]

6. 对未作为单位犯罪起诉的单位犯罪案件的处理。对于应当认定为单位犯罪的案件，检察机关只作为自然人犯罪案件起诉的，人民法院应及时与检察机关协商，建议检察机关对犯罪单位补充起诉。检察机关不补充起诉的，人民法院仍应依法审理，对被起诉的自然人根据指控的犯罪事实、证据及庭审查明的事实，依法按单位犯罪中直接负责的主管人员或者其他直接责任人员追究刑事责任，并应引用刑法分则关于单位犯罪追究直接负责的主管人员和其他直接责任人员刑事责任的有关条款。

7. 单位共同犯罪的处理。两个以上单位以共同故意实施的犯罪，应根据各单位在共同犯罪中的地位、作用大小，确定犯罪单位的主、从犯。

---

〔1〕 参见"李祖清等被控贪污案［第 377 号］"，载最高人民法院刑事审判第一、二、三、四、五庭主编：《中国刑事审判指导案例 6：贪污贿赂罪·渎职罪·军人违反职责罪》，法律出版社 2012 年版，第 66 页。

第二讲　危害行为

一、行为理论

刑法上的行为即危害行为。犯罪是符合构成要件违法有责的行为，因此，如果不属于危害行为，自然就不是犯罪。[1]

但是，危害行为的概念具体应如何定义，仍是一个悬而未决的重大课题。在各种行为概念中，有代表性的理论大致有自然行为论、社会行为论、目的行为论和人格行为论。[2]

1. 自然行为论。这是 19 世纪刑法学的主流观点，其代表人物为李斯特和贝林格。这一理论认为，行为是可以为意志所控制的，导致外部世界某种变动的人的举动。根据这种行为理论，被害人的反应与行为人的行为无关。但是，自然行为论存在重大缺陷，它无法对不作为提供合理的解释，在不作为时，行为人根本没有任何举动。因此，自然行为论并不恰当。

2. 社会行为论。这种行为理论认为，刑法中的行为是指具有社会意义的身体动静。这种观点是 20 世纪中期的通说。这种理论强调从社会意义上评价行为的重要性。较之自然行为论，其优点显而易见，具有社会意义的身体动静可以涵盖作为、不作为等各种行为形态。

传统的社会行为论将人的意识从行为概念中排除，这就将许多没有刑法意义的行为也作为刑法的评价对象，比如无意识行为、睡眠中的行为等。[3]

3. 目的行为论。这种理论的代表人物是威尔策尔，他认为"行为就是人对目的的实现"。目的行为论的理论依据在于：人类可以根据对因果关系的认识预见行为后果，从而设立目的，并有计划地为实现这一目的而努力。目的行为概念虽然没有为大多数刑法学家所接受，但是它却给犯罪理论本身带来了巨大的冲击。这一理论导致了大陆法系犯罪论体系的变革，过去人们一般认为，故意是责任论中的问题；而在目的行为论看来，故意并非责任的内容，它是行为的组成部分并归属于构成要件，这些结论在理论上得到了广泛的支持。[4]

然而，目的行为论仍然存在重大缺陷，它很难将过失行为纳入目的行为概念中。为了弥补这个不足，目的行为论认为过失行为与故意行为的目的是不同的。故意行为的目的针对的是构成要件结果本身，而过失行为的目的则

---

[1] 在犯罪论体系的设计上，关于危害行为，有"犯罪构成要素说"和"行为说"两种立场，前者是把它作为构成要件中的一个要素，后者则是把它作为整个犯罪论体系的基石，独立于构成要件。本书采取"犯罪构成要素说"。相反意见可以参见 ［日］大塚仁：《刑法概说：总论》，冯军译，中国人民大学出版社 2003 年版，第 94~95 页。

[2] 李海东：《刑法原理入门（犯罪论基础）》，法律出版社 1998 年版，第 26~31 页以及 ［日］大塚仁：《刑法概说：总论》，冯军译，中国人民大学出版社 2003 年版，第 96~102 页。

[3] ［日］大谷实：《刑法总论》，黎宏译，法律出版社 2003 年版，第 76 页，另可参见 ［日］野村稔：《刑法总论》，全理其、何力译，法律出版社 2001 年版，第 121~122 页。

[4] 李海东：《刑法原理入门（犯罪论基础）》，法律出版社 1998 年版，第 27 页。

针对的是构成要件结果以外的结果。比如，在擦枪时走火伤人，虽然伤人不是目的，但是擦枪却是有目的的。而这种说法显然过于牵强，因为擦枪这种目的行为与刑法根本就毫无关系。

4. 人格行为论。人格行为论认为，行为是人格的外部表现。在这种理论看来，行为具有生物学和社会学的基础，它是在人格和环境的相互作用中根据行为人的主体性态度而实施的。[1]

首先根据人格行为论，无论是故意、过失，还是作为、不作为，各种犯罪形态都可以看成人格的外部表现。但是，人类无法控制的痉挛、反射、意识丧失等行为显然与人格无关，因此不属于行为。其次，人的思想虽然与人格有关，但是由于没有表现于外部世界，因此也与行为概念无关。再次，人格行为概念比较中立，与社会行为论不同，人格行为论并不包含价值判断。最后，人格的判断是一种主观个别化的判断，这基本上就是一种责任判断，如果采人格行为论，构成要件与有责性就可能完全等同。

当前，自然行为论已经基本被淘汰，但是社会行为论、目的行为论和人格行为论都有相当多的支持者。这三种行为理论对刑法理论都有着重要贡献：根据社会行为论，行为并非纯粹的自然行为，它必然带有一定的价值判断；根据目的行为和人格行为论，故意和过失并非纯粹的责任要件，它也应该是构成要件和违法要件。

本书认为，社会行为论、目的行为论和人格行为论都有合理之处。在社会行为论的基础上，本书试图吸收目的行为论和人格行为论的合理成分。

二、危害行为的概念和特征

构成要件中的危害行为，是指在人的意识支配下实施的危害社会的举动。它是构成要件的必备要素。危害行为的成立条件有形式和实质两个方面的内容：

1. 在形式方面，危害行为是人的外在举动和内在意识支配的结合。

（1）人的外在举动。动物的行为、自然现象以及单纯的思想都被排除在行为之外。但是如果动物的行为被人利用，动物在其中只是起到犯罪工具的作用，那么人要对动物的行为负责。

（2）人的内在意识支配。行为是人的意识支配的产物，是人的意识的外在表现。因此，无意识的举动被排除在危害行为之外。比如条件反射行为、睡梦中或者精神错乱下的举动，都不属于构成要件中的行为。

2. 在实质方面，危害行为必须是在客观上危害社会的行为。这种危害是一种规范判断，虽然对社会有危险，但是社会所允许的行为，例如，正常的开车行为，就不属于刑法上的危害行为。又如，甲希望乙死亡，又听说飞机最近经常出事，于是鼓励乙旅游，并为其购买机票，乙乘坐飞机时果然发生事故。飞机有风险，但这种风险是社会所允许的危险，因此，甲的行为不属

---

〔1〕 〔日〕大塚仁：《刑法概说：总论》，冯军译，中国人民大学出版社2003年版，第100页。

于构成要件中的行为。再如，甲意欲使乙遭雷击死亡，便劝乙雨天到树林散步，因为下雨时在树林中行走容易遭雷击，乙果真雨天在树林中散步时遭雷击身亡。在这个案件中，雷击是自然风险，甲无法支配，甲所能支配的仅仅是劝说行为。但像劝人外出、散步、爬山、游泳等案件，即使发生事故，这种劝说本身也根本没有制造任何为社会所禁止的具有法律意义的危险。故甲并未实施构成要件的行为。[1]

三、不作为犯

（一）作为犯和不作为犯

1. 作为犯。作为犯是一种积极的行为，它违反的是刑法的禁止性规范，即不当为而为之。刑法中的规范绝大多数都是禁止性规范，如禁止杀人、禁止盗窃。

2. 不作为犯。不作为是一种消极的行为，它违反的是刑法中的命令性规范，即当为而不为。例如，不抚养幼子，构成遗弃罪。

作为犯和不作为犯中的积极与消极是一种规范判断，而非单纯的事实描述。[2]不作为中的消极行为是针对刑法中的规范而言的，也即拒不履行刑法中的规范，并非没有任何积极的身体举动。比如，行为人在战时环球旅行逃避服兵役，表面上是一种积极行为，但针对刑法中要求服兵役的命令规范而言，仍然是一种当为而不为的消极行为，故属于不作为犯，成立战时逃避军事征召罪。再如，拾得他人财物，拒不退还，行为人所违反的是不得占有他人财物的禁止性规范，是不当为而为之的积极行为，属于作为犯，成立侵占罪。

作为与不作为的区分并不是绝对的，二者可能出现结合或竞合的现象。所谓结合，是指一个犯罪行为同时包括了作为和不作为。比如抗税罪，《刑法》规定，以暴力、胁迫方法拒不履行纳税义务的行为是抗税，从拒不履行纳税义务的角度来看，这是一种不作为犯，但从采取暴力、胁迫方法的角度来看，则是一种作为犯。另外，二者还可能出现竞合的现象，这也是一个作为（或不作为）的犯罪同时又触犯一个不作为（或作为）的犯罪，比如拒不执行判决裁定罪，这本是一种不作为犯，但如果采取故意伤害等暴力手段拒不执行判决裁定，则可能同时触犯拒不执行判决裁定罪（不作为犯）和故意伤害罪（作为犯）。

（二）不作为犯的分类

1. 纯正的不作为犯。如果刑法分则所规定的条文的基本形式是命令规范，那就是纯正的不作为犯，纯正的不作为犯只能通过不作为实现，如《刑法》第311条所规定的拒绝提供间谍犯罪证据罪。

---

[1] ［德］克劳斯·罗克辛:《德国刑法学总论（第1卷）》，王世洲译，法律出版社2005年版，第246页。

[2] 在学说上，作为与不作为区分的标准还有很多种学说，如身体动静说、投放能量说、因果关系说、社会价值说、法规说和双重说等。

2. 不纯正的不作为犯。如果刑法分则所规定条文的基本形式是禁止规范，但行为人通过不作为的手段实施，那就是不纯正的不作为犯。比如《刑法》第 232 条故意杀人罪，刑法分则所规定的就是一种禁止规范，即不得杀人。故意杀人罪既可以通过作为方式，也可以通过不作为方式实施。如果通过不作为方式实施，就是不纯正的不作为犯，比如，妻子重病，丈夫怀着让妻子死亡的心态不予救助，就是一种不纯正的不作为犯。

不纯正的不作为犯可能会受到罪刑法定原则的挑战，因为在构成要件中，刑法并没有明确规定作为义务。那么不作为与构成要件所规定的作为之间是否具有等价值性，就成为一个迫切需要解决的问题，而这个问题的关键就在于如何明确不作为犯的成立条件。

（三）不作为犯的成立条件

1. 必须存在作为义务。

（1）作为义务与保障人地位。当前有力的见解是从保障人的地位出发来探讨作为义务，只有处于保障结果不发生地位的行为人才具有作为的义务，方可成立不纯正的不作为犯。这种保障人地位可以视为一种法定的身份。根据保障义务的不同，又可分为保护性保障人和监护性保障人，前者是对与自己有密切关系的人负有保护的义务，例如，父母照顾生病的孩子，登山者必须照顾受伤的队员。后者是防止自己看护的危险源对他人或社会造成危险，如父母阻止未成年孩子攻击他人。[1]

（2）作为义务的根据。作为义务即保障义务，有"形式说"和"实质说"的争论，本书认为，应当在形式的基础上考虑实质的需要。单纯的"实质说"会导致作为义务缺乏应有的界限。一般说来，作为义务有四个来源，单纯的道德义务并非作为义务的来源，这些义务包括：[2]

第一，法律法规明确规定的义务。[3]不要求这些义务必须是刑法明文规定的作为义务，宪法、民商经济法和行政法律法规规定的义务都可以成为刑法上

---

[1] 王世洲：《现代刑法学总论》，北京大学出版社 2011 年版，第 114~115 页。

[2] 单纯的实质说一般从两个方面来考虑作为义务：①监督性支配：基于对危险源的支配产生的监督义务；②保护性支配：基于与法益的无助状态的特殊关系产生的保护义务。如德国刑法学者考夫曼和罗克辛大体都采取上述学说（参见林东茂：《刑法综览》，中国人民大学出版社 2009 年版，第 116 页）。但我国有刑法学者提出了第三类支配，即领域支配，认为基于对法益的危险发生领域的支配也可产生阻止义务（参见张明楷：《刑法学》，法律出版社 2016 年版，第 152~159 页）。本书的观点与实质说前两种情况得出的结论是相同的，但是对于第三类，则有可能出现不同的处理意见。比如，案例①在自家封闭院落出现危重病人不予救助；案例②出租车司机对男乘客强奸女乘客不管不问；案例③幼女对男子实施猥亵，男子不制止。在这三个案例中，领域支配说均认为存在作为义务，按照本书的观点，案例①无作为义务，否则不作为犯就缺乏应有的界限。比如，在原始森林中，唯一的守林人在巡查时发现弃婴不救助，按照实质说似乎也得出有作为义务的结论，这并不恰当。在案例②中，本书认为，这存在合同关系，自然会导致作为义务。在案例③中，如果男子没有产生任何的性兴奋，本书倾向于认为没有作为义务，但如果男子已经产生性兴奋，这种性兴奋行为本身可以视为一种利用女方的无知将其作为性工具的作为。

[3] 参见"刘祖枝故意杀人案［第 746 号］"，载最高人民法院刑事审判第一、二、三、四、五庭主编：《刑事审判参考（2012 年第 1 集·总第 84 集）》，法律出版社 2012 年版，第 11 页。

不作为的义务来源，但是，这些法律法规规定的义务必须经过刑法的确认，即刑法对于不履行法律法规规定的义务的行为必须规定为犯罪。例如，《中华人民共和国婚姻法》（以下简称《婚姻法》）规定，父母对子女有抚养教育的义务，[1] 子女对父母有赡养扶助的义务。《刑法》对于拒不履行抚养、赡养义务的行为，明确规定其构成遗弃罪，《刑法》对《婚姻法》的义务予以了确认。相反，《中华人民共和国消防法》规定，任何人发现火灾都必须立即报警。但《刑法》并没有规定相应的犯罪，因此，如果过路人甲发现火灾后没有及时报警，导致火灾蔓延，并不能成立放火罪的不作为犯。

第二，职务或业务要求的义务。例如，在工作岗位的医生有救助病人的义务，值勤的消防队员有灭火的义务。又如，警察在工作期间有捉拿歹徒的义务，不能袖手旁观，但其他国家工作人员则无此义务。再如，甲警察接到某人报案，有歹徒正在杀害某人妻子，甲立即前往现场，但只是站在现场观看，没有采取任何措施。此时，县卫生局副局长刘某路过现场，也未救助被害妇女。结果，歹徒杀害了某人妻子。甲和刘某都是国家机关工作人员，但前者有救助义务，成立渎职罪；而后者无此义务，不构成犯罪。

第三，法律行为产生的义务。这里的法律行为主要包括合同行为和自愿接受行为。前者如出租车司机对于男乘客强奸女乘客而不管不问的，成立强奸罪的帮助犯。需要说明的是：合同并非法律上有效的合同，也非纯粹的事实合同，而应当从规范的角度进行理解。一方面，即使合同在法律上无效或超期也不影响作为义务。比如，雇主拖欠保姆一年工资，保姆决定次日离开，看到自己所看管的小孩玩火，不予理睬，导致孩子被烧死，保姆仍然成立不作为犯。另一方面，事实上的合同如果严重违反规范，为规范所不能容忍，也不会产生作为义务。比如，男女同居，这种同居关系也可视为一种规范所容忍的合同关系，因此，同居者之间有互相救助的义务。但是，如果性工作者接待买春客，买春客心肌梗塞，性工作者并无救助义务。因为男女交欢只是动物本能，并无同居者之间的扶助关系，卖淫合同也是严重违反规范的合

---

[1] 参见"乐燕故意杀人案［第992号］"，载最高人民法院刑事审判第一、二、三、四、五庭主编：《刑事审判参考（2014年第3集·总第98集）》，法律出版社2014年版，第85页。被告人乐燕有多年吸毒史，曾因吸毒被行政处罚。2011年1月，乐燕生育一女李梦某（殁年2岁，生父不详）后，与李文某同居。2012年3月，乐燕再生育一女李某（殁年1岁）。在李文某于2013年2月27日因犯罪被羁押后，乐燕依靠社区发放的救助和亲友、邻居的帮扶，抚养两个女儿。乐燕因沉溺于毒品，疏于照料女儿。2013年4月17日，乐燕离家数日，李梦某由于饥饿独自跑出家门，社区干部及邻居发现后将两幼女送往医院救治，后乐燕于当日将两女儿接回。2013年4月底的一天下午，乐燕将两幼女置于其住所的主卧室内，留下少量食物、饮水，用布条反复缠裹窗户锁扣并用尿不湿夹紧主卧室房门以防止小孩跑出，之后即离家不归。乐燕离家前曾多次向当地有关部门索要救助金，领取后即用于在外吸食毒品、玩乐，直至案发仍未曾回家。2013年6月21日，社区民警至乐燕家探望时，通过锁匠打开房门后发现李梦某、李某已死于主卧室内。法院以故意杀人罪判处乐燕无期徒刑。另请参见"万道龙等故意杀人案［第993号］"，载最高人民法院刑事审判第一、二、三、四、五庭主编：《刑事审判参考（2014年第3集·总第98集）》，法律出版社2014年版，第90页。

同，不宜保护。[1]自愿接受行为如：甲捡到弃婴，收养一段时间，又嫌麻烦，将弃婴扔到原处。这也会产生作为义务，甲的行为成立遗弃罪。自愿者构成犯罪的理由，主要有两种观点：①"情况更糟理论"，是指行为人在没有救助义务的情况下，对危险状态下的他人进行救助，后又中途放弃，放弃的行为使得他人的处境比不救前更为糟糕。你给了别人一根救命的稻草，又活生生地把这根稻草抢走，让人看到了生的希望，又把希望粉碎，这太过残忍。②"机会剥夺理论"，自愿救助使得他人丧失了接受其他人救助的机会，因此救助者要对这种机会的丧失承担责任。[2]本书倾向于"机会剥夺理论"。

危险共同体既可以看成合同行为，也可视为自愿接受行为。登山团体患难与共，这是一种正常的约定，因此可谓合同行为，同时也是参与人自愿接受的。当然，如果参与人事先约定"生死有命，各安天命"，大家决定在发生危险时可以不予救助，自然也就不会产生作为义务。

但是，黑社会团伙的首脑在斗殴过程中对于受伤的成员不予救助不成立不作为犯，因为黑社会的"危险共同体"中的危险是规范所不宜容忍的危险。

第四，先行行为引起的义务。所谓先行行为引起的义务，是指行为人的行为导致法益处于危险状态时，行为人负有排除危险或者防止危害结果发生的特定积极义务。[3]例如，成年人带领儿童游泳时，就负有保护儿童防止其溺水的义务。再如，蛇店老板将毒蛇放在车内，防止爱车被偷，蛇爬出车外

---

〔1〕 参见林东茂：《刑法综览》，中国人民大学出版社2009年版，第120页。
〔2〕 栾莉：《刑法作为义务论》，中国人民公安大学出版社2007年版，第142~143页。
〔3〕 参见"颜克于等故意杀人案〔第475号〕"，载最高人民法院刑事审判第一、二、三、四、五庭主编：《中国刑事审判指导案例3：侵犯公民人身权利、民主权利罪》，法律出版社2012年版，第164页。被告人颜克于、廖红军、韩应龙与何洪林（另案处理），发现周家龙有盗窃自行车的嫌疑，遂尾随追赶周家龙至南浔镇的安达码头，廖红军与何洪林对周用拳头打，颜克于、韩应龙分别手持石块、扳手击打周的头部等部位，致使周头皮裂创流血。周家龙挣脱后，颜克于、廖红军、韩应龙分头继续追赶周家龙。周家龙从停在安达码头的长兴0009货船逃到鲁济宁0747货船，廖红军随颜克于紧跟周家龙追到鲁济宁0747货船，二人将周家龙围堵在鲁济宁0747货船船尾，周家龙被迫跳入河中。韩应龙听到廖红军喊"小偷跳河了"，随即也赶到鲁济宁0747货船上。颜克于、廖红军、韩应龙在船上看着周家龙向前游了数米后又往回游，但因体力不支而逐渐沉入水中，颜克于、廖红军、韩应龙均未对周家龙实施任何救助行为，看着周家龙在河中挣扎后沉下水去，直到看不见周家龙的身影，三被告人才下了船离开。后接警的公安人员将周家龙打捞上来时，周家龙已溺水死亡。法院认为，被告人颜克于、廖红军、韩应龙因周家龙"偷窃"自行车而殴打、追赶周家龙，从而迫使周家龙逃上货船并跳入河中，三被告人目睹周家龙在水中挣扎，明知此时周家龙有生命危险，却不采取救助措施，最终导致周家龙溺水死亡的结果，其行为均已构成故意杀人罪。参见"杨某某故意伤害案〔第432号〕"，载最高人民法院刑事审判第一、二、三、四、五庭主编：《中国刑事审判指导案例3：侵犯公民人身权利、民主权利罪》，法律出版社2012年版，第356页。被告人杨某某因与被害人张某某谈恋爱而产生矛盾，杨某某即购买两瓶硫酸倒入喝水的杯中，随身携带至其就读的中学。某日，杨某某在该校操场遇到张某某，二人因恋爱之事再次发生激烈争执，杨某某手拿装有硫酸的水杯对张某某说，"真想泼到你脸上"，并欲拧开水杯盖子，但未能打开。张某某认为水杯中系清水，为稳定自己的情绪，接过水杯，打开杯盖，将水杯中的硫酸倒在自己的头上，致使其头、面、颈、躯干及四肢等部位被硫酸烧伤。经法医鉴定其伤情为重伤，伤残程度为一级。经鉴定，张某某先期手术治疗费用5万元左右，后续费用目前尚无法评估。法院认为，被告人杨某某明知自己的行为会造成他人身体伤害，仍放任伤害结果的发生，致他人严重残疾，其行为已构成故意伤害罪。杨某某犯罪时未满18岁，依法应当从轻处罚。被告人杨某某犯故意伤害罪判处有期徒刑10年。

伤人，主人自然有救助义务。[1]

根据"规范维护说"，先行行为所创造的危险必须是为社会所禁止的危险，如果这种危险是社会允许的，就不会引起作为义务。比如，甲邀请乙喝酒，乙喝醉后请求甲送其回家，甲置之不理，后乙被冻死。在此案中，邀请喝酒是一种为社会所允许的危险，社会并不禁止，甲的邀请行为没有创设作为义务。但是，如果甲强迫乙喝酒，则属于先行行为。另外，如果行为降低了危险，而非升高危险，自然也不属于创造危险。比如，荒山狩猎人发现弃婴，将其放到民政局门口后离去，后因无人救助，婴儿死去，荒山狩猎人降低了危险，这是社会伦理所不禁止的行为，故不构成犯罪。

需要注意几种特殊的先行行为：

第一，过失犯罪。过失犯罪也可以导致作为义务，比如，甲过失致人重伤，同时使被害人产生了生命危险，但甲却故意不救助，并希望或放任被害人死去，后被害人死亡，这种行为应当直接论以故意杀人罪。

第二，故意犯罪。既然过失犯罪可以导致作为义务，那么故意犯罪也使行为人产生作为义务，比如，甲故意伤害致人重伤，明知不救助行为会导致他人死亡，但仍然放任这种死亡结果的发生，对此行为应当评价为故意杀人罪，而非故意伤害（致人死亡）罪。这种处理有助于解决共同犯罪问题。比如，甲故意伤害他人致乙重伤，甲见乙十分可怜，准备送其去医院，途中经过的路人丙与乙有仇，故规劝甲放弃救助，甲离开现场，后乙死亡。在此案中，只有可能故意伤害导致了作为义务，甲构成不作为的故意杀人罪，才能认为丙构成不作为的故意杀人的教唆犯。因为不作为犯一般可以视为一种特殊身份，丙并不具备这种身份，但当甲具备此作为义务时（特殊身份），丙也就可以成立身份犯的教唆犯。[2]

另外，还需要注意罪数问题，如果数个行为侵犯了数个法益，当然应当数罪并罚，但如果只侵犯了一个法益，则不宜数罪并罚。比如，甲非法狩猎（已达犯罪标准），误伤李四，但却拒不救助，放任李四死亡，甲构成非法狩猎罪（作为犯）和故意杀人罪（不作为犯）两罪，应当数罪并罚。再如，甲故意伤害李四，致其重伤，但不予救助，放任其死亡，由于生命法益包含身体法益，所以此案只构成故意杀人罪（不作为）一罪。

第三，正当化行为。正当化行为也可引起作为义务。紧急避险没有任何

---

〔1〕 林东茂：《刑法综览》，中国人民大学出版社 2009 年版，第 121 页。

〔2〕 参考张明楷：《刑法学》，法律出版社 2016 年版，第 156~157 页。

争议，避险人对于遭受损害的第三方负有作为义务。[1]

但是，正当防卫的争议较大，一般认为，如果正当防卫造成了伤害（该伤害本身不过当），具有死亡的紧迫危险，发生死亡结果就会过当，那么，应当肯定正当防卫人具有救助义务。[2]比如：甲对正在实施一般伤害的乙进行正当防卫，致乙重伤（仍在防卫限度之内）。乙已无侵害能力，求甲将其送往医院，但甲不理会而离去，乙因流血过多死亡。在这个案件中，有"分割说"和"合并说"两种处理方法，前者把此行为切割成两个行为，一是正当防卫，二是致人重伤，后者则在整体上将此行为看成防卫行为所导致的重伤。显然，后者更符合常理，在本案中，乙的死亡的确是甲的防卫行为所导致的。由于死亡结果超出了防卫限度，属于防卫过当，故可以推知甲有救助义务。

2. 必须有作为能力。如果没有作为能力，即使存在作为义务，也不构成犯罪。比如，甲带领乙（未成年人）去郊外游玩，乙不慎掉入河中，甲不会游泳，乙被水冲走死亡。在这个案件中，甲基于先行行为（带未成年人外出）有救助义务，但缺乏救助能力，不构成犯罪。

同作为义务一样，作为能力也是一种规范性构成要件要素，因此，它的判断应当根据社会一般观念进行认定，如果和行为人一样的一般人都具有履行某种作为义务的能力，那么也应推定行为人具有这种能力。

3. 有防止结果发生的可能性。在引起结果方面，不作为和作为具有同等的原因力。一般认为，不作为与结果之间必须存在因果关系，这种因果关系体现在如果行为人履行了作为义务就可以防止结果的发生。因此，如果行为人履行了作为义务，但仍然无法避免结果的发生，那就不成立不作为犯。比如德国的一个经典案例：某画笔厂的厂长没有遵照规定事先消毒，就给了厂里女工们一些进口的山羊毛进行加工。4名女工因此感染上炭疽杆菌而死亡。后来查明，规定的消毒措施对当时欧洲尚不知道的这种杆菌是没有作用的。该厂长虽然没有履行积极作为义务，但并不承担刑事责任。[3]

（四）不作为犯的罪过

不作为犯罪可以由故意构成，也可由过失构成，比如玩忽职守罪，就是一种比较典型的不作为过失犯罪。

---

[1] 参见"王仁兴破坏交通设施案［第295号］"，载最高人民法院刑事审判第一、二、三、四、五庭主编：《中国刑事审判指导案例1：总则部分·危害国家安全罪·危害公共安全罪·危害国防利益罪》，法律出版社2012年版，第207页。被告人王仁兴驾驶机动渔船行至长江红花碛水域的"红花碛2号"航标船附近时，见本村渔民王云等人从渔船上撒下网后的"网爬子"挂住了固定该航标船的钢缆绳，王主动驾船帮忙时，其渔船螺旋桨被该航标船的钢绳缠住。王仁兴持刀欲砍断缆绳未果后，又登上该航标船将缆绳解开，致使"红花碛2号"航标船漂流至下游2公里的锦滩回水沱，造成直接经济损失人民币1555.50元。

[2] 张明楷：《刑法学》，法律出版社2011年版，第156页。

[3] 反对意见认为，只要先前行为使得危险升高，就可以成立不作为犯，因为是否防止结果发生，永远只是一种可能，而非必然。参见［德］克劳斯·罗克辛：《德国刑法学总论（第1卷）》，王世洲译，法律出版社2005年版，第260页。

四、实行行为

实行行为是与非实行行为相对应的一个概念。实行行为是按照刑法分则构成要件规定的危害行为；非实行行为则是按照总则的规定对分则实行行为修正的一种危害行为，它包括预备行为、教唆行为、帮助行为。

第三讲　行为对象

行为对象是指行为所作用的人或物，它是构成要件的选择性要素而非必备要素。大部分犯罪都有行为对象，比如故意杀人罪中的"人"、盗窃罪中的"财物"，但有些犯罪没有行为对象，比如伪证罪、诬告陷害罪等。

行为对象与法益既有联系，又有区别。行为对象反映了所保护的法益，但有时侵害同样对象的行为，所侵害的法益会有所不同。另外，任何犯罪都会侵犯法益，但却并不一定都存在行为对象。

第四讲　危害结果

从"规范维护说"的角度来说，侵犯法益是违反规范的外在表现，因此，危害结果可以定义为行为对刑法所保护的法益所造成的实际损害或现实危险。例如，故意伤害罪的危害结果是使他人的健康受到损害。

一、危害结果的分类

1. 行为犯与结果犯。一般认为，如果构成要件中包括了结果要素，那就是结果犯，如果构成要件中只规定了行为内容，那就是行为犯。按照这个分类标准，故意杀人罪是结果犯，伪证罪是行为犯。

2. 实害犯和危险犯。实害犯是指以对法益造成实际损害作为构成要件要素的犯罪。危险犯则是指以对法益造成危险作为构成要件要素的犯罪。危险犯可以区分为抽象危险犯和具体危险犯。抽象危险犯中的危险是立法推定的危险，而具体危险犯中的危险则是司法认定的危险。危险驾驶罪就是典型的抽象危险犯，行为人只要实施醉酒驾车行为，在立法上就可以直接推定其行为具有法益侵犯的危险，司法机关无需用证据证明危害了公共安全。而放火罪则是具体危险犯，在认定放火行为是否危及公共安全时，司法机关必须提供足够证据加以认定。

二、危害结果的意义

1. 危害结果是区分罪与非罪的重要标准，如间接故意犯罪、过失犯罪，未发生法定危害结果的，就不构成犯罪。

2. 危害结果是区分此罪与彼罪的标准，如《刑法》第 247 条所规定的暴力取证罪，如果发生了致人伤残、死亡的结果，就应分别定故意伤害罪、故意杀人罪。

3. 危害结果还会影响量刑和诉讼程序，如故意伤害罪，根据伤害程度的不同适用不同幅度的法定刑；在程序上，造成轻伤的，可能由被害人提起自诉；造成重伤的，由公安机关侦查，检察机关提起公诉。

第五讲　行为状态

行为状态是成立构成要件中所规定之行为需要具备的时间、地点和方法等状态。对大多数犯罪而言，刑法对犯罪的时间、地点、方法等状态不作特别限定。

行为状态有如下意义：

1. 对某些犯罪而言，行为状态是必备要素。法律明文要求行为必须在特定的时间、地点或以特定的方法实施。例如，《刑法》第 340 条与第 341 条规定的非法捕捞水产品罪与非法狩猎罪，就将禁渔期、禁猎期、禁渔区、禁猎区和禁用的工具、方法等作为构成要素。

2. 对某些犯罪而言，行为状态是法定刑升格的条件或从重处罚的情节。例如，根据《刑法》第 236 条的规定，在通常情形下犯强奸罪的，处 3 年以上 10 年以下有期徒刑，但在公共场所当众强奸的，则处 10 年以上有期徒刑、无期徒刑或者死刑。

3. 对大部分犯罪而言，行为状态可以成为量刑的酌定情节。例如，光天化日下杀人，一般就比夜黑风高下杀人的刑罚要重。

第六讲　因果关系

刑法中的因果关系是指危害行为与危害结果之间合乎规律的引起与被引起的联系。

一、因果关系的常见理论

因果关系是一个非常复杂的问题，在理论界存在长期的争论，主要有下列一些重要学说。

（一）条件说

条件说又称等值理论，这种理论认为，如果行为和结果之间存在"若无前者，就无后者"的关系（But-For test），那么前者就是后者的原因。无论在普通法系，还是大陆法系，这都是一种最常见的理论。在日常生活中，我们对于行为和结果之间的因果关系似乎也是如此理解的。比如，经常可以看到类似的埋怨与愧疚，丈夫出差，妻子想让他早点回家，结果丈夫提早出发，遭遇车祸身亡，妻子抱憾终生："如果那天我不叫他早走，他就不会死，都是我害了他！"妻子甚至会埋怨丈夫的单位，为什么要派他出差，如果他不出差，怎会发生如此后果。显然，"条件说"会导致处罚范围的无限扩大。按照"条件说"，杀人犯的母亲也有因果关系，如果当初不把孩子生出来，怎会出现杀人的后果。

（二）必然因果关系说

这是苏联刑法理论所采取的学说，对我国有重大影响，一度成为我国的支配性理论。必然因果关系说认为，因果关系是指危害行为与危害结果之间必然的、合乎规律的联系。与必然因果关系相对应的是偶然的因果关系，它是指在因果关系的发展进程中，偶然介入其他因素，导致危害结果。我国刑法通说认为，必然因果关系是刑法因果关系主要的表现形式，但偶然的因果关系也对必然因果关系起到补充作用。由于这种理论认可了作为例外的偶然因果关系，导致其判断标准变得模糊。

（三）相当因果关系说

相当因果关系说是对"条件说"的一种限制，该说认为"条件说"得出的只是"事实上的因果关系"，在事实上的因果关系的前提下，还应进行相当性的判断，得出"法律上的因果关系"。显然，这是借助"相当性"这个概念对"条件说"进行限制，按照这种理论，只有根据一般社会生活经验，行为当然地（natural）或盖然地引起结果，才具有相当性。这种学说已经为越来越多的人所接受。

（四）客观归责理论

客观归责理论是德国的一种重要的因果关系理论，在中国刑法学界也开始发生重要影响。运用客观归责理论来处理因果关系，得到的结论与运用"相当因果关系说"相差无几，但是对于少部分的案例，处理结果可能不同。客观归责理论有三个思考层次：[1]

1. 以"是否制造法所不许的危险"为判断的起点，如果行为的危险性是受到容许的，即使有死伤的结果，这个结果一概与行为无关。比如，甲意欲使乙在跑步时被车撞死，便劝乙清晨在马路上跑步，乙果真在马路上跑步时被车撞死，甲的行为并未创设法所不允许的危险，故无需继续讨论归责问题。

2. 继续追问，危险行为是否导致了结果，实现了法所不容许的风险。这又包括三个小问题：

（1）行为与结果之间是否为常态关系？一般说来，当行为和结果的关联性很高时，就可以认为行为导致了结果。比如，行为人将他人推至井中，他人不是被淹死的，而是被摔死的，行为和结果的关联性很高，应被归责。再如，道路施工不慎挖断120电话线，患者家属无法拨打求救电话，以致患者延误就医而死亡，死亡结果不能归咎于挖断电话线的行为。挖断120电话线可以认为是制造不被容许的危险，但将患者送医的方法有很多种，挖断电话线对患者不能求救而死亡的结果而言是一种意外，行为与结果不具有高度关联性，不可归责。

（2）行为是否提高了风险？依据风险提高原则，如果遵守规范有可能避

---

[1] 林东茂："客观归责理论"，载《北方法学》2009年第5期。参见［德］克劳斯·罗克辛：《德国刑法学总论（第1卷）》，王世洲译，法律出版社2005年版，第245~274页。

免结果的发生，那么未遵守规范的行为提高了被害人的风险，因而可归责。但在某些特殊个案中，即使遵守规范，也很可能发生事故，那么，对于未遵守规范的行为，没有理由归责。

（3）结果是否在规范的保护目的之内？行为制造并实现了风险，如果这个结果不在规范的保护目的之内，依然不具有客观上的可归责性。德国教科书上常见的例子是自行车案：两人夜骑自行车，车尾没有开灯，前后而行，前行者与迎面而来的骑车人对撞。如果后行者在车上开启照明设备，事故是可以避免的，后面的骑车人是否应当归责？显然，要求自行车夜行必须开灯，规范目的是保护自己，而非保护他人，所以，结果不在规范保护目的之内，不可归责。再如，两人在公路上飙车，导致路边行人心脏病发作而死，交通法规的目的不是防止心理上的损害，而是为了防止对身体的直接损害，所以，结果不在规范保护目的之内，也不可归责。

3. 针对很少部分的案例，还要再追问，危险行为所引致的结果，是否在"构成要件的效力范畴内"。行为人制造了法不容许的风险，也引发了结果，但是，如果行为与结果间的关系不在构成要件的效力范畴内，那么结果的发生仍然不可归咎于行为人。这些情况包括：

（1）参与他人故意的自危。例如：毒贩将毒品贩卖给他人，使人在使用后死亡；嫖客在被妓女告知其患有传染性性疾病的情况下，仍然与其发生性关系，最后染病身亡。一般认为，毒贩与妓女的行为不成立过失致人死亡的犯罪。

（2）专业人员的责任范围，是指在专业人员的责任范围之内加以防止的结果，对行为人不可因此归责。例如，消防队员因救火而丧生，是否可归责于引发火灾的人？根据客观归责理论，消防队员的死亡不可归责于引发火灾的人，因为职务活动的风险是职务承担者的责任范围，不应当将这些风险归责于局外人。

客观归责理论有许多优点，但它并不是单纯的因果关系理论，它是一个超级概念，涵盖了行为理论、罪过理论、正当化理论等许多理论。如果完全采纳客观归责理论，整个刑法理论体系必须做根本性的调整。

二、本书所采纳的理论——相当因果关系说

因果关系在刑法中的地位，其实是继行为理论后的另一道过滤网，它要从行为中筛选出来哪些是值得惩罚的。因此，刑法上的因果关系不能完全照搬哲学上的因果关系，因为刑法的惩罚是最严重的，不宜将惩罚之网撒得太大，否则可能造成刑罚权的泛滥。

哲学上的因果关系是刑法上因果关系的理论基础，但二者不能等同。在刑法理论中，现象与现象之间引起与被引起的关系可以统称为事实上的因果关系，它是刑法因果关系的事实基础。按照"条件说"所得出的只是事实上的因果关系。

在事实因果关系的基础上，哪些属于刑法上的因果关系呢？要说明这个问题，有一个重要的前提要事先申明。这个前提就是惩罚的根据。惩罚的根据有报应和预防，前者是对已然之罪进行报复，后者是对未然之罪进行防控。由于因果关系涉及的是已经发生的危害行为与结果之间的关系，因此评判它的依据应以报应为主。只有那些严重伤害人们正义情感的行为，才可认为它与危害结果存在刑法上的因果关系。因此，可以得出如下推论：

1. 只有行为引起了社会所禁止的危险，才可能讨论刑法上的因果关系。如果行为对社会有益无害，或者虽然危险，但利大于弊，即使引起危害结果的发生，也根本就不属于构成要件中的行为，无需讨论刑法上的因果关系。怀胎生子，这是人类繁衍的需要，这种行为是社会所允许的，孩子成年之后所犯的一切罪行，都与母亲没有干系。飞机等交通工具存在一定的风险，但这种风险为人类生活所必须容忍，利大于弊，因此，即使甲希望乙死，为其购买机票，乙乘坐飞机时果然发生事故，甲的行为也非构成要件中的行为。当然，正如前文所谈及的，对行为的限定属于危害行为概念的应有之意，而非因果关系理论所需考虑的内容。

2. 报应是社会公众的一种朴素的正义观，当多种原因交织在一起，只有那些在人类经验法则上极有可能引起危害结果的原因才具有刑法上的意义。如果在我们的经验情感中，是一个行为或事实独立地导致结果发生，就应当将结果归责于该行为，而不能追溯至先前条件，这就是所谓的禁止溯及理论。张三叫李四来吃饭，结果李四路上遭遇车祸。在经验法则中，李四是被车撞死的，而不是被张三杀害的，因此，张三的邀请与李四的死亡充其量只有事实上的因果关系，而不存在法律上的因果关系。事实上，任何如张三一样的人也只会为此事略感愧疚，但不会愧疚到去公安机关投案自首的程度。

上文所述的诸种因果关系理论，无论是必然因果关系，还是客观归责理论，其实都是对"条件说"的限定，都是试图对事实上的因果关系进行一定的限定，最大范围地实现人们朴素的正义感。由于客观归责理论不仅是一种因果关系理论，还涉及许多其他理论，如果采纳这种理论，将导致刑法理论体系的根本性变化，也很难为司法实践所普遍接受。当然，对于客观归责理论的合理成分，在相应的刑法理论中都可以借鉴，比如，客观归责第一层次的内容（制造法所不允许的危险）可以为行为概念所吸收，第三层次的内容（构成要件的效力范畴）则可体现在违法阻却事由中，至于第二层次（危险行为是否导致了结果）的许多内容都可以为相当因果关系理论所吸收。事实上，在具体案件的处理结论上，相当因果关系说与客观归责理论其实相差不大。同时，相当因果关系说也可以避免必然因果关系说的模糊性，具有较强的可操作性。因此，本书在吸收客观归责理论的基础上采纳相当因果关系说。

三、相当因果关系的判断步骤

相当因果关系有两个判断步骤：

（一）根据"条件说"得出"事实上的因果关系"

根据"若无前者，就无后者"的判断标准，前行为与后结果存在事实上的因果关系。当然，此处的行为是引起了社会所禁止的危险的构成要件行为。同时，这里的行为一般是实行行为，不包括预备行为。例如，甲为了毒死朋友乙，配置了一杯毒酒，放在自家客厅，准备次日端与乙喝，不料当日晚，乙到甲家串门，见毒酒放在桌上，于是一饮而尽，后死亡。由于甲没有故意杀人的实行行为，所以不成立故意杀人的既遂；如果有过失，可以构成故意杀人的犯罪预备与过失致人死亡罪的想象竞合。

如果不符合"条件说"，则可否认刑法上的因果关系的存在。比如，马某无证驾驶货车，在马路旁占道停车，他人骑摩托车撞上货车车尾重伤，马某逃跑。经认定，马某负本次事故全部责任。[1] 在这个案件中，造成事故的原因是马某违章停车，而非无证驾驶。如果马某有驾照，也不能保证其不违章停车。

有几种特殊的因果关系，在认定上值得注意：

1. 重叠的因果关系。这是指两个以上独立的行为，独自不能导致结果的发生，但重叠在一起就会导致结果的发生，这也被认定存在因果关系。例如，甲与乙都仇恨丙，甲见乙向丙的食物中投放了 5 毫克毒物，且知道 5 毫克毒物不能致丙死亡，遂在乙不知情的情况下又添加了 5 毫克毒物，丙吃下食物后死亡。甲、乙的行为虽然单独不会造成死亡结果，但重叠在一起就会造成结果的发生，这也符合"条件说"——如果没有二人的行为，就没有结果——这种判断方法，因此，二人的行为与结果存在因果关系。

2. 假定的因果关系。这是指虽然某行为导致结果发生，但如果没有此行为，其他情况也会导致结果发生，如乙即将被执行死刑而死亡，但甲在乙执

---

[1] 参见"马国旺交通肇事案［第 858 号］"，载最高人民法院刑事审判第一、二、三、四、五庭主编：《刑事审判参考（2013 年第 3 集·总第 92 集）》，法律出版社 2014 年版，第 12 页。有观点认为："马某无证驾驶机动车辆，且违章停车，致一人重伤，负事故的全部责任，根据《解释》第 2 条第 2 款第 2 项，已构成交通肇事罪的基本犯。在此基础上，马国旺又有逃逸情节，则应当将逃逸作为加重处罚情节对待，对马国旺应当在 3 年以上 7 年以下有期徒刑范围内量刑。"本书认为，这种观点并不恰当，无证与事故之间没有因果关系，因此，马某属于违章停车致人重伤并逃逸。逃逸只是基本刑的入罪要件（《最高人民法院关于审理交通肇事刑事案件具体应用法律若干问题的解释》第 2 条第 2 款规定："交通肇事致 1 人以上重伤，负事故全部或者主要责任，并具有下列情形之一的，以交通肇事罪定罪处罚：①酒后、吸食毒品后驾驶机动车辆的；②无驾驶资格驾驶机动车辆的；③明知是安全装置不全或者安全机件失灵的机动车辆而驾驶的；④明知是无牌证或者已报废的机动车辆而驾驶的；⑤严重超载驾驶的；⑥为逃避法律追究逃离事故现场的。"如果认定无驾照是导致结果发生的原因，那么马某就属于司法解释所说的致人重伤，且"无驾驶资格驾驶机动车辆的"，故符合交通肇事罪的基本犯罪构成，同时又出现了逃逸行为，则属于交通肇事罪中的"交通运输肇事后逃逸"，而应处 3 年以上 7 年以下有期徒刑）。

行死刑前一分钟将其杀害。从表面上看，如果没有甲的行为，乙也会被执行死刑，似乎不存在条件关系，但这显然是荒谬的。按照这种逻辑，任何致人死亡的因果关系都可以被否定，因为每个人都有一死。因此，假定的因果关系这个概念没有意义，它会让人误认为因果关系是假定的。事实上，在这种情况下，乙就是甲所杀害的，如果没有甲的行为，乙至少还能多存活一分钟。一分钟的生命依然是生命。条件说的真实意思是：若无前行为，被害人不会在特定的时间点死亡。相似的案件如：丙仅仅凭借着一根绳索悬挂在悬崖上，而这根绳索因为难以承受丙的体重正在缓慢地断裂，在丙掉下去的前一秒钟，丁剪断了这根绳索。丁的行为与死亡结果之间有因果关系，一秒钟的生命也应当尊重。这完全符合"条件说"的判断。

3. 竞合的因果关系。这是指两个或两个以上的行为分别都能够导致结果的发生，但行为人在没有犯意联络的情况下，竞合在一起造成危害结果的发生。如二人没有犯意联络，不约而同地去杀人，甲用刀刺入被害人心脏，乙刺入被害人肾脏，即使没有甲的行为，被害人也会死亡。同理，如果没有乙的行为，被害人同样也会死亡。如果二者的行为同时导致死亡，这符合"条件说"（如果没有这二者的行为，被害人就不会死亡）。但是，如果二者的行为同时造成死亡结果，则应该肯定符合"条件说"。如果致死时间存在先后，比如，甲先将被害人杀死，那自然只能承认甲与被害人的死亡存在因果关系，乙与被害人死亡没有因果关系。如果死亡是乙导致的，那就只能肯定乙与死亡结果有因果关系。如果无法判断死亡结果是谁的行为所导致的，根据疑罪从无的原则，只能推定二人的行为都与结果没有因果关系，只能追究二人故意杀人未遂的责任。

（二）在条件说的基础上，进行相当性的判断，得出"法律上的因果关系"

只有根据一般社会生活经验，行为当然地（natural）或盖然地引起结果，才具有相当性。

相当性的判断标准有主观说、客观说和折中说。

1. 主观说认为，相当性应限定在行为人认识到的事实与可以预见到的事实之中。以伤害血友病患者致其死亡为例，如果行为人在伤害受害人时知道受害人是血友病患者，则行为人的伤害行为与受害人的死亡结果之间具有因果关系。反之，没有因果关系。

2. 客观说认为，应当从裁判立场（即法官的立场）出发，以行为时客观存在的所有事实以及行为发生之后的事实中一般人能够预见的事实作为判断的基础。根据这种学说，受害人的血友病是裁判时所客观存在的事实，血友病由于出血过多而死亡是一般人都能预见到的事实，因此，不考虑行为人是否认识，都肯定存在因果关系。

3. 折中说认为，应当从行为时的立场，以一般人所能认识或预见的一般事实以及行为人特别认识或预见到的特别事实作为判断的基础。因此，如果在行为当时，行为人和一般人都不能认识或预见到受害人患血友病，就应当将血友病从判断的基础事实中剔除，故行为人的伤害行为虽然与死亡结果有"条件说"上的事实因果关系，但并不具有刑法上的因果关系。[1]

本书认为，相当性应当采取"客观说"的观点，因为因果关系是一种客观联系，不以人的意志为转移，行为人是否意识到自己的行为可能发生危害社会的结果，这属于主观罪过要考虑的内容，不应影响对因果关系的认定。另外，在判断基准上，从事后的角度，用一般人的标准考虑行为时和行为后所有的事实因素，这也符合人们朴素的报应情感。

关于相当性的判断，比较复杂的是介入因素。所谓介入因素，是指介于先前行为与最后结果之间的因素。介入因素在因果链上的复杂性在于它不仅直接产生了结果，而且使得某些本来不会产生这种结果的先前行为和结果发生了某种联系。如果在因果关系的发展进程中，介入了其他因素，就会使得因果关系的判断变得非常复杂。总体而言，介入因素包括三类情形：自然事件、他人行为以及被害人自身行为。例如，甲故意伤害乙并致其重伤，乙被送到医院救治。当晚，医院发生火灾，乙被烧死。又如，甲故意伤害乙，乙在被送往医院的过程中发生车祸死亡。在上述案件中，伤害行为（前行为）本来不会直接导致死亡结果的发生，但由于介入因素（医院的火灾、路上的车祸）使得前行为与死亡结果发生了联系。在这种情况下，就涉及前行为与危害结果之间的因果关系是否断绝，对此主要是从事后的角度、从一般人的立场来看，介入因素与前行为是否具有高度的关联性。

这种高度的关联性体现在介入因素从属于前行为发生作用，介入因素不能独立地造成结果的发生。如果介入因素根本不从属于前行为，而是独立地造成结果的发生，那么就要否定介入因素与前行为的高度关联性，前行为与结果无因果关系。

如果 A 代表前行为，B 代表介入因素，C 代表最后结果，那么当 A+B→C（A 和 B 共同作用导致了 C），A 与 C 之间就存在因果关系；如果是 B→C（B

---

[1] ［日］大谷实：《刑法讲义总论》，黎宏译，中国人民大学出版社 2008 年版，第 196~197 页。

单独导致了 C，与 A 无关），那么 A 与 C 之间就没有因果关系。[1]

比如，丙追杀情敌赵，赵狂奔逃命。赵的仇人赫早就想杀赵，偶然见赵慌不择路，在丙尚未赶到时，即向其开枪射击，致赵死亡。介入因素是赫的射击行为，此行为独立地导致了危害结果的发生，因此，丙的行为与赵的死亡结果也就不存在因果关系（B→C）。相反，如甲将乙腿骨打断，乙躺在地上，当天晚上下雪被冻死。介入因素是下雪，显然这个因素单独不可能造成结果发生，必须和前行为（被害人腿骨被打断，无法行走）共同导致死亡结果的发生，因此，伤害行为和死亡结果之间存在因果关系（A+B→C）。

介入因素从属于前行为包括两种情况：

1. 前行为为高概率地引起了介入因素。如果前行为高概率地引起了介入因素，自然可以肯定介入因素从属于前行为，前行为与后结果也就存在刑法上的因果关系。比如，甲在乘车时，因未及时购票而遭到司机的指责，于是甲辱骂司机，并上前扇打司机的耳光，司机还击，致使行驶中的公交车失控，将行人撞死。甲殴打司机的行为与死亡结果是否存在因果关系？要解决这个问题，就要判断殴打司机是否足以导致司机回击，如果从一般人的立场来看，司机回击是一种高概率的通常行为，那么殴打行为对最后的死亡结果自然有促进作用，也就存在刑法上的因果关系。有人会说，驾车是一种危险行为，司机应该停车才能进行回击，但从一般人的社会经验出发，大多数人在类似情况下都可能会回击。停车再反击，这需要当事人具有很强的克制能力，这类人在人群中是少数。从概率上说，殴打司机，司机回击是一种高概率事件，故在经验法则上，前行为高概率地引起了介入因素，因此，前行为与结果存

---

〔1〕 参见"穆志祥被控过失致人死亡案〔第 201 号〕"，载最高人民法院刑事审判第一、二、三、四、五庭主编：《中国刑事审判指导案例 3：侵犯公民人身权利、民主权利罪》，法律出版社 2012 年版，第 188 页。穆驾驶其农用三轮车，载客自灌南县孟兴庄驶往县城新安镇。穆志祥见前方有灌南县交通局工作人员正在检查过往车辆，因自己的农用车有关费用欠缴，穆志祥担心被查到受罚，遂驾车左拐，并在乔庄村 3 组李学华家住宅附近停车让乘客下车。因车顶碰触村民李学明从李学华家所接电线接头的裸露处，车身带电。先下车的几名乘客，因分别跳下车，未发生意外，也未发现车身导电；后下车的乘客张木森由于在下车时手抓挂在车尾的自行车车梁而触电身亡。张木森触电后，同车乘客用木棍将三轮车所接触的电线击断。现场勘验表明，穆的苏 GM2789 号金蛙农用三轮车出厂技术规格外形尺寸为长 368cm、宽 140cm、高 147cm。穆志祥在车顶上焊接有角铁行李架，致使该车实际外形尺寸为高 235cm。按有关交通管理法规的规定，该种车型最大高度应为 200cm。李学明套户接李学华家电表，套户零线、火线距地面垂直高度分别为 253cm、228cm，且该线接头处裸露。按有关电力法规的规定，安全用电套户线对地距离最小高度应为 250cm 以上，故李学明所接的火线对地距离不符合安全标准。法院经审理认为：穆的行为虽然造成了他人死亡的结果，但既不是出于故意，也不存在过失，而是由于不能预见的原因引起的，属意外事件，不构成犯罪。本书认为，法院认为不构成犯罪的结论是正确的，但其说理存在问题。在本案中，穆的行为与死亡结果没有因果关系，不能认为穆的行为造成了他人死亡的结果。

在因果关系。[1]英国有个著名的案例，一个叫做希波特的人朝人群中扔了一个点燃的爆竹，落在甲身旁，甲为了保护自己把爆竹扔了出去，落在乙身边，乙出于同样的目的，又将爆竹扔出去，结果导致丙眼睛被炸瞎。[2]在此案中，甲的反应是大多数人都会选择的通常之举，故甲的行为不能切断前行为与后结果之间的因果关系。

这里的关键其实是诉诸人们的常识来判断前行为与介入因素的关联性的大小，不如再看以下案例：

案例一：甲为抢劫而殴打章某，章某逃跑，甲随后追赶。章某在逃跑时钱包不慎从身上掉下，甲拾得钱包后离开。甲的暴力行为和取得财物是否存在因果关系？

案例二：乙欲杀其仇人苏某，在山崖边对其砍了7刀，被害人重伤昏迷。乙以为苏某已经死亡，遂离去。但苏某自己醒来后，刚迈了两步即跌下山崖摔死。

案例三：丁持上膛的手枪闯入其前妻钟某住所，意图杀死钟某。在二人厮打时，钟某自己不小心触发扳机遭枪击死亡。

在案例二、案例三中都存在介入因素，分别是跌入山崖、误扣扳机，这些因素都从属于前行为，从概率法则来看，当人受伤躺在悬崖边，失足坠崖的可能性很大，枪支上膛，走火的概率也不小，所以前行为（伤害行为所致的昏眩、上膛的枪支）足以导致介入因素发生作用，如果没有前行为，介入因素不可能独立发生作用。但是在案例一中，却不存在因果关系，因为在人追赶过程中，掉包的可能性并不大，否则大街上随处可以捡包，因此掉包是被害人自己所造成的，具有一定的独立性（B→C）。

---

〔1〕 参见"陆某某、张某某以危险方法危害公共安全、交通肇事案［第197号］"，载最高人民法院刑事审判第一、二、三、四、五庭主编：《中国刑事审判指导案例1：总则部分·危害国家安全罪·危害公共安全罪·危害国防利益罪》，法律出版社2012年版，第264页。2001年3月30日上午7时许，被告人陆某某当班驾驶一辆无人售票公交车，从起点站出发行驶。当车行驶至市区某站时，被告人张某某乘上该车。因张上车后始终站在车前门第二台阶处，影响到乘客上车，陆某某遂叫张往车厢内走，但张未予理睬。当公交车停靠下一站起步后，陆见上车的乘客较多，再次要求张某某往里走，张某某不仅不听从劝告，反以陆某某出言不逊为由，挥拳殴打正在驾车行驶的陆某某，击中陆某某的脸部。陆某某被殴后，置行驶中的车辆于不顾，离开驾驶座位，抬腿踢向张某某，并动手殴打张，被告人张某某则辱骂陆某某并与陆扭打在一起。这时公交车因无人控制偏离行驶路线，有乘客见公交车前出现车辆、自行车，惊呼"当心，车子！"但为时已晚，公交车接连撞倒一相向行驶的骑自行车者、撞坏一辆出租车、撞毁附近住宅小区的一段围墙，造成骑自行车的被害人龚某某因严重颅脑损伤致中枢神经功能衰竭而当场死亡，撞毁车辆及围墙造成物损人民币21 288元（其中，桑塔纳出租车物损人民币12 431元、公交车物损人民币6037元、围墙损坏修缮费人民币2820元）。随后，被告人陆某某委托在场群众向公安机关报警投案自首。法院认定陆某某犯以危险方法危害公共安全罪、张某某犯交通肇事罪。

〔2〕 储槐植：《美国刑法》，北京大学出版社1996年版，第69页。

2. 前行为与介入因素共同导致结果的发生。如果前行为并未引起介入因素，而是和介入因素共同导致结果的发生，此时如果介入因素从属于前行为，介入因素与前行为就具有高度关联性，前行为与结果存在因果关系。

在此情形下，判断介入因素是否从属于前行为，主要是从一般人的角度考察，看介入因素的出现是否具有经验法则的高概率性。比如，甲欲杀死乙，故邀乙攀登某原始森林，在山顶将乙推下山崖，但乙并未摔死，只是全身骨折，无法动弹，后被蛇咬，毒发身亡。由于在原始森林出现毒蛇具有经验法则的高概率性，故此介入因素从属于前行为，甲的行为与乙的死亡结果具有因果关系。但若甲在商场把乙打伤在地，乙后被毒蛇咬死，由于商场出现毒蛇的概率实在太小，故介入因素具有独立性。又如，甲为防止木材被盗，用铁丝将木材捆绑起来，然后通电。乙偶然蹚水过河，到岸边时想拉住铁丝用力蹬上岸，结果被电死。在此案中，介入因素是乙自身的拉铁丝行为。显然，无论是因乙过河上岸需要拉扯铁丝，还是因为其他原因触碰到铁丝，这都具有经验法则的高概率性，所以，甲与乙的死亡有因果关系。

但是，如果介入因素使得结果明显提前，或者在经验法则上可以完全排除前行为的影响，完全独立地导致结果发生，那么前行为与结果之间也不存在因果关系。例如，甲向乙的食物中投毒，乙服食后剧痛，2小时后乙必死，但乙在前往医院的途中被车撞死。显然，车祸这个介入因素使得结果明显提前，在社会评价中，乙是被撞死，而非被毒死的，因此，甲的行为与死亡结果没有因果关系（B→C）。又如，甲殴打乙，致其濒临死亡，丙此时开枪射杀乙，由于乙的死亡完全是由丙的开枪行为导致，与前行为已经没有关系，因此，殴打行为与死亡结果就没有因果关系。当然，如果丙只是对乙进行再次殴打，导致乙死亡结果略微提前，则不能排除前行为也有导致死亡结果的作用力，因此，甲的行为与死亡结果是存在因果关系的。

3. 常见的介入因素。总结一下司法实践中常见的介入因素：

第一，介入被害人的因素。这又可以包括介入被害人的特异体质和被害人自身的行为。

被害人的特异体质，如行为人的殴打行为与被害人患有疾病等特异体质的情况（如脾肿大、心脏病、高血压、白血病、血小板缺少症）相遇，由于这些特异体质是前行为（殴打行为）所诱发的，通常应认定存在刑法上的因果关系。[1]

被害人自身的行为，如被害人在被性侵之后跳楼自杀，对于这类行为，关键要判断被害人的行为与先前行为是否具有经验法则的高概率性。如果具备这种高概率性，被害人的行为就从属于先前行为，先前行为与后结果有刑法上的因果关系；如果不具备高概率性，则可视为介入因素独立导致结果，先前行为与后结果则无刑法上的因果关系。

除了上文所讨论的案件，被害人的行为从属于先前行为的比较常见的案例还有：

案例一：行为人在被害人身上泼油点火，被害人跳入河中溺毙。

案例二：被害人听从邪教首领的错误教导，有病不去就医而死。

案例三：行为人重伤被害人，被害人倒地，后爬起来前往医院，但因站立不稳跌入身边水沟溺亡。

被害人行为独立于先前行为的常见案例有：

案例一：行为人伤害被害人，被害人在伤口上涂满香灰，导致伤口感染而死。

案例二：行为人进入他人住宅盗窃，被害人出门查看，在黑暗中摔断腿。

比较复杂的是被害人自杀，一般来说，如果前行为在经验法则上足以导致被害人自杀，行为人的行为与死亡结果存在刑法上的因果关系，否则就应该认为自杀属于独立的介入因素，切断了前行为和后结果的因果关系。这又包括两种情况：①为了挽救自己的生命而迫不得已，比如，甲向湖中小船开枪，船上的乙为躲避而跌入水中淹死；又如，甲持刀追杀乙，一直追至顶楼，步步紧逼，乙无奈跳楼而死。②司法统计学上的高概率关系，比如，丈夫常年虐待妻子，妻子非常痛苦上吊自杀，一般认为，丈夫与妻子的死亡有因果关系，成立虐待致人死亡。又如，父亲长期干涉女儿婚事，女儿痛苦不堪，跳楼自杀，司法实践中普遍认为这属于暴力干涉婚姻自由致人死亡，父亲的

[1] 参见"洪志宁故意伤害案［第389号］"，载最高人民法院刑事审判第一、二、三、四、五庭主编：《中国刑事审判指导案例3：侵犯公民人身权利、民主权利罪》，法律出版社2012年版，第333页。被告人洪某与曾某均在福建省厦门市轮渡海滨公园内经营茶摊，二人曾因争地界发生过矛盾。2004年7月18日17时许，与洪某同居的女友刘某酒后故意将曾某茶摊上的茶壶摔破，并为此与曾某同居女友方某发生争执。正在曾某茶摊上喝茶的陈某（男，48岁）上前劝阻，刘某认为陈某有意偏袒方某，遂辱骂陈某，并与陈某扭打起来。洪某闻讯赶到现场，挥拳连击陈某的胸部和头部，陈某被打后追撵洪某，追出二三步后倒地死亡。洪某逃离现场，后到水上派出所轮渡执勤点打探消息时，被公安人员抓获。经鉴定，陈某系在原有冠心病的基础上因吵架时情绪激动、胸部被打、剧烈运动及饮酒等多种因素影响，诱发冠心病发作，管状动脉痉挛致心搏骤停而猝死。法院认为，被告人洪某故意伤害他人身体，致被害人死亡，其行为已构成故意伤害罪。被告人洪某在刑满释放后5年内再犯应当判处有期徒刑以上刑罚之罪，系累犯，应从重处罚。鉴于被告人洪志宁归案后能坦白认罪，且考虑被害人原先患有冠心病及心肌梗死的病史，其死亡原因属多因一果等情节，可以从轻处罚。判处被告人洪志宁犯故意伤害罪，判处有期徒刑10年6个月。另请参见"罗靖故意伤害案［第226号］"，载最高人民法院刑事审判第一、二、三、四、五庭主编：《中国刑事审判指导案例3：侵犯公民人身权利、民主权利罪》，法律出版社2012年版，第285页。

行为与女儿的死亡有因果关系。但是，如果女方的男友跳楼自杀，女方父亲与死亡结果就没有因果关系。

在绝大多数的自杀案件中，如果自杀没有经验法则的高概率性，一般都应否定因果关系的成立，被害人被毁容后自杀，介入因素具有独立性，故可否定因果关系。

第二，介入第三者的行为。第三者既可以包括人，也可以包括物，比如前文所提及的被害人跌落山谷被蛇咬案。如果有介入第三者的行为，那就要分析介入因素与前行为是否共同导致结果的发生，如果只是介入因素单独导致结果的发生，就可否认因果关系的成立。

例如，丁以杀人故意对赵某实施暴力，导致赵某遭受濒临死亡的重伤。赵某在医院接受治疗时，医生存在一定的过失，未能挽救赵某的生命。这属于前行为与介入因素（医生的过失）共同导致死亡结果，因此，丁的行为与赵某的死亡之间存在因果关系。但如果医生存在重大过失，则可以认为介入因素具有独立性，切断了前行为与结果的因果关系。[1]

比较复杂的是介入了有作为义务的第三者的不作为，比如，行为人重伤幼童离去，幼童母亲发现重伤的孩子，但不予救助，导致孩子死亡。这属于行为人的作为与第三人的不作为共同导致的因果关系。

第三，介入行为人的行为。如行为人殴打被害人致其昏迷，行为人以为被害人已经死亡，故将其抛入河中"毁尸灭迹"，后查明，被害人系溺亡。在此情况下，行为人"抛尸"的行为并非异常之举，与前行为具有伴随关系，故行为人的故意殴打行为与死亡结果有因果关系。

但如果行为人过失致人重伤，见其异常痛苦，为了减轻被害人痛苦将其击毙。在此案中，行为人的击毙行为与重伤行为无关，单独导致了死亡结果。[2]

---

〔1〕 参见"陈美娟投放危险物质案［第 276 号］"，载最高人民法院刑事审判第一、二、三、四、五庭主编：《中国刑事审判指导案例 1：总则部分·危害国家安全罪·危害公共安全罪·危害国防利益罪》，法律出版社 2012 年版，第 186 页。2002 年 7 月下旬，被告人陈美娟与被害人陆兰英因修路及小孩问题多次发生口角并相互谩骂，被告人陈美娟遂怀恨在心，萌生投毒之歹念。2002 年 7 月 25 日晚 9 时许，被告人陈美娟至自家水池边找来一支一次性注射器，从其家中柴房内的甲胺磷农药瓶中抽取半针筒甲胺磷农药，至被害人陆兰英家门前丝瓜棚处，将甲胺磷农药打入丝瓜藤上所结的多条丝瓜中。为毁灭罪证，被告人陈美娟将一次性注射器扔入家中灶膛内烧毁。同月 26 日晚，陆兰英及其外孙女黄金花食用了被注射有甲胺磷农药的丝瓜后，均出现上吐下泻等中毒症状。被害人陆兰英被及时送往医院，因甲胺磷农药中毒引发糖尿病高渗性昏迷低钾血症，院方因诊断不当，仅以糖尿病和高血压症进行救治，经抢救无效于次日早晨死亡。后被害人的亲属邻里在为其办理丧事时，发现陆家种植的丝瓜上有小黑斑，怀疑他人投毒，故向公安报案，后经排查，被告人陈美娟被抓获。法院认为陈美娟构成投放危险物质罪，判处其死刑立即执行。

〔2〕 ［日］西田典之：《日本刑法总论》，刘明祥、王昭武译，中国人民大学出版社 2007 年版，第 22 页。

当然，还有一些介入因素可能是上述三种情况的混合，这些都应该根据介入因素与先前行为是从属关系还是独立关系进行判断。

四、不作为犯中的因果关系

不作为犯罪中也是存在因果关系的，如果行为人履行义务，危害结果就不会发生，不履行义务的行为就是导致结果发生的原因。需要注意的是：只有存在作为义务的主体不履行义务的行为才是结果发生的原因，而不应该考虑其他人的行为。例如，丙经过铁路道口时，遇见正在值班的熟人项某，便与其聊天，导致项某未及时放下栏杆，火车通过时将黄某轧死。项某的不履行义务行为与危害结果存在因果关系，丙的行为与死亡结果之间无因果关系。

五、因果关系与刑事责任

因果关系是一种客观判断，与刑事责任是两个不同的概念。因果关系不等于刑事责任，具有因果关系，但是否承担刑事责任还要考虑其他许多因素。比如，甲、乙二人为同学，多年未见，久别重逢，欣喜异常，甲像学生时代那样用拳轻击对方，不料，乙当场晕倒在地，后送医院急救，抢救无效死亡。原因是乙脾肿大异常，受到甲的外力冲击，脾破裂而死亡。甲的行为虽然与乙的死亡结果存在因果关系，但由于甲主观上无法预见结果，不存在故意和过失，因此不承担刑事责任。

👉 第三节　构成要件之主观要素

第一讲　构成要件故意

一、故意的含义

《刑法》第 14 条第 1 款规定："明知自己的行为会发生危害社会的结果，并且希望或者放任这种结果发生，因而构成犯罪的，是故意犯罪。"故意分为构成要件故意和责任故意，构成要件故意是从一般人的角度进行的判断，如果具备构成要件故意，就推定具有责任故意。如果行为人提出反对意见，那么就要深入行为人的内心深处，进行责任故意的判断，即要判断行为人是否有责任阻却事由，这种责任判断显然是一种主观化的个别判断。

构成要件故意包括认识要素和意志要素两方面的内容。

1. 认识要素。这是指明知自己的行为会发生危害社会的结果。一般说来，犯罪人对行为、行为主体、行为对象、行为状态、危害结果等构成要件客观方面的全部要素都应有明确的认识。比如奸淫幼女行为，行为人必须明知幼女的年龄，否则可能就不构成强奸罪。

行为人对客观要素的认识只需要有概括性的明知，不需要有非常具体的认识，比如成立贩卖毒品罪，只要求行为人认识到自己贩卖的是毒品，而不要求行为人认识到所贩卖毒品的具体种类。

无论是描述性构成要件要素，还是规范性构成要件要素，都是认识要素中的内容。对于规范性构成要件要素的认识，比较特殊，后文会详细讨论。

比较复杂的是结果加重犯。在结果加重犯中，一般认为，加重结果不属于需要认识的内容，只需要具备认识的可能性即可。换言之，如果行为人具备对基本犯罪构成的认识，那么只要对加重结果存在认识可能性，就可成立结果加重犯。比如，行为人故意伤害他人，导致被害人死亡，行为人对死亡结果不需要有认识，只要认识到行为可能伤害对方，就应对故意伤害致人死亡的结果承担刑事责任。如果行为人认识到行为会导致对方死亡，依然希望或放任这种结果的发生，行为人直接成立故意杀人罪，而非故意伤害罪。

2. 意志要素。这是在认识要素上的心理决意，包括希望和放任。希望是对结果积极追求；放任则持容忍态度，虽不积极追求，但也不加防止，而是听之任之。

二、故意的类型

故意可以分为直接故意和间接故意。二者在认识要素和意志要素上都存在区别：

1. 在认识要素上，直接故意包括明知结果必然发生和可能发生，而间接故意则是明知结果可能发生。

2. 在意志要素上，直接故意是希望结果的发生，对结果积极追求；而间接故意是放任结果的发生，对危害结果既不积极追求也不设法避免。直接故意存在未遂、中止、预备等修正性构成要件，而间接故意没有修正性构成要件存在的余地，如果没有发生危害结果就根本不成立犯罪。[1]

间接故意主要存在于以下三种情形：

1. 行为人追求一个犯罪结果而放任另一个犯罪结果的发生。例如，某人想毒死他的妻子，然后给妻子做了饭菜并在饭中下毒，正好孩子回家吃饭，他也未加制止，结果妻儿都被毒死，行为人毒死妻子是直接故意；而对儿子的死，则是间接故意。

2. 行为人追求一个非犯罪性的结果而放任另一个犯罪结果的发生，对发生的犯罪结果而言，是间接故意。例如，行为人在公园里用气枪打鸟，鸟在树枝上，位置很低，公园人很多，行为人全然不顾附近游人，结果游人被气枪击中而亡。此种情况成立间接故意。

---

[1] 参考"曹成金故意杀人案［第 132 号］"，载最高人民法院刑事审判第一、二、三、四、五庭主编：《中国刑事审判指导案例 3：侵犯公民人身权利、民主权利罪》，法律出版社 2012 年版，第 49 页。

3. 在突发性的犯罪中，行为人不计后果，造成严重结果的发生。例如，甲贩运假烟，驾车路过某检查站时，被工商执法部门拦住检查。检查人员乙正登车检查时，甲突然发动汽车夺路而逃。乙抓住汽车车门的把手不放，甲为摆脱乙，在疾驶时突然急刹车，导致乙头部着地身亡。这就是一种典型的突发性的间接故意。

三、推定故意

推定故意在我国的司法实践中普遍存在。司法解释经常把"故意"解释为"知道或应当知道"。如 1998 年 5 月 8 日发布的最高人民法院、最高人民检察院、公安部、国家工商行政管理局《关于依法查处盗窃、抢劫机动车案件的规定》第 17 条规定："本规定所称的'明知'，是指知道或者应当知道。有下列情形之一的，可视为应当知道，但有证据证明确属被蒙骗的除外：在非法的机动车交易场所和销售单位购买的……"又如 2001 年 4 月 9 日发布的《最高人民法院、最高人民检察院关于办理生产、销售伪劣商品刑事案件具体应用法律若干问题的解释》第 9 条规定："知道或者应当知道他人实施生产、销售伪劣商品犯罪，而为其提供贷款、资金、账号、发票、证明、许可证件……以生产、销售伪劣商品犯罪的共犯论处。"

不少学者认为，司法解释中所说的"应当知道"是一种过失责任，把过失解释为故意是违反罪刑法定原则的。[1]这种观点的局限性在于：没有将故意区分为构成要件故意和责任故意，并从证明责任的角度去理解故意。

如果将故意区分为构成要件故意与责任故意，就很容易说明为什么"应当知道"也是一种故意。构成要件故意属于构成要件该当性中的证明内容，应由控方承担提出责任和说服责任。"构成要件故意"是一种一般人的判断，控诉方只要从理性一般人的角度证明被告人"应当知道"就完成了证明责任。当控诉方证明被告方存在构成要件故意，就可以推定其存在责任故意。"责任故意"是一种个别化的非难判断，如果被告方要提出反驳，主张没有责任故意，这就如同精神病辩护事由，应由被告方承担提出责任和优势证据的说服责任。如果被告方不能提出优势证据证明自己缺乏责任故意，就自然要推定其存在责任故意。比如，在销赃案件中，控诉方证明被告方在非法的机动车交易场所购买赃车，一个具有通常理智的人都可以从这个事实中推定被告方知道车辆可能是赃车。如果被告方要反驳控诉方的推定，比如主张不知道不能在非法的机动车交易场所交易车辆，这种主观化的个别事项属于责任故意的范畴，提出责任和说服责任当然应由被告人承担。

---

[1] 张明楷：《刑法分则的解释原理（上）》，中国人民大学出版社 2011 年版，第 159 页。

第二讲 构成要件事实上的认识错误

认识错误即主观与客观认识不统一，它包括法律上的认识错误与事实上的认识错误。法律上的认识错误也称违法性认识错误，本书认为其属于责任阻却所要讨论的话题。此处我们只讨论事实上的认识错误。

一、事实上的认识错误的分类

（一）规范性构成要件要素的认识错误和描述性构成要件要素的认识错误

对于规范性构成要件要素的认识错误，即对客观事物规范评价出现了误解。比如，某人贩卖淫秽物品，但却误认为该物品是艺术品。

规范性构成要件要素的认识错误不同于对描述性构成要件要素的认识错误。对于后者，行为人的主观认识对故意的成立具有决定性的作用，行为人必须对事实有认识，否则就可以排除故意的存在。但对规范性构成要件要素的认识错误的处理则比较复杂，这种认识错误不能只看行为人的主观认识。这正如罗克辛所指出的：对于规范性构成要素的认识，不能仅仅取决于行为人主观性的认识，在可能的情况下完全不合情理的不法评价本身，否则就会违背法律作为一种客观制度的性质。[1]

对规范性构成要件要素的认识错误也不等同于禁止性错误，后者是对某种行为是否为法律所禁止出现的误解，例如，对某种物品是否属于淫秽物品的误认不是禁止性错误，而对贩卖淫秽物品是否为法律所禁止的误解才属于禁止性错误。

事实上，规范性构成要件要素的认识错误介于事实错误和法律错误之间，它有一部分属于事实错误，有一部分属于法律错误。规范性构成要件要素有社会评价要素（如淫秽物品）、经验法则的评价要素（如足以导致火车倾覆、毁坏）、法律的评价要素（如国家工作人员）这三类，对于规范性构成要件要素的认识错误，应当区分对事实的错误和对评价的错误，前者是一种事实认识错误，后者属于归类性错误，一般应当理解为法律认识错误。

1. 社会评价要素。例如，李四托张三贩卖一批畅销书籍，实际是淫秽书刊，但张三对此不知情，这就属于对事实的认识错误，可以排除故意的成立。但是，如果张三知道所贩卖的是不良书籍，但并不认为这是淫秽书刊，这就是一种对评价的错误，属于归类性错误。

学界普遍认为，对于这种社会评价要素中的评价错误，应当遵循"行为人所属的外行人的平行判断"，借助一般人观念判断是否存在认识。只要社会一般人具备认识，那就推定行为人也有认识。又如，财产性犯罪中对

---

[1] 参见［德］克劳斯·罗克辛：《德国刑法学总论（第 1 卷）》，王世洲译，法律出版社 2005 年版，第 318 页。

数额的认识错误。"数额较大"并非单纯的事实，它要根据社会价值观进行判断，不同的人对一个物品的价值看法并不一致，因此，它属于具有社会评价的规范性构成要件要素。对于这种错误，只有那些符合社会主流价值的合理的认识错误才能否定犯罪故意的成立。例如天价兰花案：两个酒店服务员收拾客房时，发现墙角有几棵小草，就拿回家种在了花盆里。岂知这几棵"小草"是被称为"西光蜀道"的名贵兰花，市值4000~6000元。显然，按照"行为人所属的外行人的平行判断"的规则，作为宾馆服务员，不具备专业知识，无法断定兰花的价值，因此，这种认识错误可以否定盗窃的故意。

如果行为人知道或者应当知道（按社会一般观念）其所侵犯的财产价值达到了某种犯罪的入罪标准（"数额较大"），但是却误认为财物没有达到加重刑罚的数额标准（"数额巨大""数额特别巨大"），这又该如何处理呢？例如韩某盗窃案。韩某在给客户送家具时，偷拿了客户放在桌子上的一枚卡地亚牌铂金镶钻戒指，经鉴定该戒指价值人民币11万余元。韩某后以盗窃罪被起诉，检察机关认为其属于盗窃数额特别巨大，起刑点为10年以上有期徒刑。韩某虽然承认了盗窃行为，但却辩称自己误认为戒指价值不过千元左右，存在重大认识错误，不能完全按照被盗物品的实际价值对其量刑，只应当认定为盗窃数额较大。在本案中，韩某虽然知道或应当知道财物达到数额较大，但实际上该戒指已达"数额特别巨大"，对于韩某，能否认定其为盗窃罪的结果加重犯？

这个问题与对结果加重犯的性质认识有关。对于结果加重犯，在客观上，基本犯罪与加重结果不仅要存在因果关系，同时，在主观上，行为人对加重结果至少应该具备认识可能性。[1]加重数额也是需要认识的规范性构成要件要素。对于规范性构成要件要素的故意认识，必须按照社会主流观念，遵循"在外行领域的平行性判断"规则，如果和行为人身份、地位、学识相似的一般人没有对加重数额的认识可能性，对于行为人也就不得追究其结果加重犯的责任。在韩某案中，由于韩某出生于农村，只读过初中，年龄也不大，从老家到北京来也才不到2年的时间，在一家普通家具公司当搬运工，没有机会接触到此类名贵戒指。他所接触到的人，一般都是普通农民、工人。从社会一般观念来看，他并不具备对加重数额的认识可能性，因此只能按照"盗

---

[1] ［日］野村稔：《刑法总论》，全理其、何力译，法律出版社2000年版，第177页。

窃数额较大"追究其刑事责任。[1]

2. 经验法则的评价要素和法律评价要素。这也要区分是对事实基础和对评价事由的认识，对前者的认识是一种事实错误，而对后者的认识是一种归类性错误。比如，作为义务是法律评价要素，它分为事实基础和评价事由。前者如行为人误认为掉在水中的并非自己的女儿，没有救助，这属于事实错误，可以排除故意。后者如行为人明知自己的幼女掉入河中，却误认为没有救助义务，这属于法律错误。[2]再如，生产、销售不符合安全标准的食品罪中的"足以造成严重食物中毒事故或者其他严重食源性疾病"是一种经验法则的评价要素，如果行为人知道自己在销售过期食品，但却误认为这不足以导致严重的食源性疾病或严重的食物中毒事故，显然这种误认就是一种法律错误，不影响故意的成立。但是如果行为人误认为自己在销售合格食品（被他人调换成不符合安全标准的食品），这显然是一种事实错误，可以排除故意。

（二）具体事实错误与抽象事实错误

具体的事实认识错误，是指行为人认为的事实与实际发生的事实虽然不一致，但没有超出同一犯罪构成的范围，即行为人只是在某个犯罪构成的范围内发生了对事实的认识错误。例如，黄某意图杀死张某，当其得知张某当晚在单位值班室值班时，即放火致使值班室烧毁，其结果却是将顶替张某值班的李某烧死。

抽象的事实认识错误，是指行为人主观认识与实际事实超出同一犯罪构成的范围的认识错误。例如，张某非常妒忌邻居家的宝马车，一晚见宝马车停在楼下，便从窗户上往下扔了一块砖头，希望把车砸毁，但却误中旁边路人，造成其重伤（宝马车案）。

---

[1] 参见"沈某某盗窃案［315号］"，载最高人民法院刑事审判第一、二、三、四、五庭主编：《中国刑事审判指导案例4：侵犯财产罪》，法律出版社2012年版，第318页。2002年12月2日晚12时许，被告人沈某某在某市高明区"皇家银海大酒店"3614房与潘某某进行完卖淫嫖娼准备离开时，乘潘不备，顺手将潘放在床头柜上的嫖资及一只"伯爵牌"18K黄金石嵌满大星G2连带男装手表拿走，后藏匿于其租住的某市某区荷城甘雨街90号二楼的灶台内。次日上午，潘某某醒后发现自己的手表不见，怀疑系沈某某所为，便通过他人约见了沈某某。潘某某询问沈某某是否拿了他的手表，并对沈某某称：该表不值什么钱，但对自己的意义很大，如果沈退还，自己愿意送2000元给沈。沈某某坚决否认自己拿走了该表。潘某某报案后，公安机关遂将已收拾好行李（手表仍在灶台内，被告人未予携带或藏入行李中）准备离开某市的沈某某羁押。沈某某在被羁押期间供述了自己拿走潘手表的事实及该手表的藏匿地点，公安人员据此起获了此手表，并返还给被害人。另经查明，在讯问中，沈某某一直不能准确说出所盗手表的牌号、型号等具体特征，并认为该表只值六七百元；拿走潘某某的手表是因为性交易中潘行为粗暴，自己为了发泄不满。经某市某区价格认证中心鉴定：涉案手表价值人民币123 879.84元。法院认为，被告人主观上只有非法占有他人"数额较大"财物的故意，而无非法占有"数额特别巨大"财物的故意。鉴于被告人犯罪后主动坦白其盗窃事实，且所盗手表已被追缴并退还失主，属于犯罪情节轻微，被告人沈某某犯盗窃罪，免予刑事处罚。
[2] 参见张明楷：《刑法学》，法律出版社2007年版，第218页。

（三）对象错误、打击错误与因果关系的认识错误

如果根据构成要件要素进行分类，可以将认识错误区分为对象错误、打击错误和因果关系的认识错误。

1. 对象错误。行为人误把甲对象当作乙对象加以侵害。这又可分为具体的对象认识错误和抽象的对象认识错误。前者行为人的认识内容与客观事实属于同一犯罪构成。后者行为人的认识内容与客观对象属于不同的犯罪构成。

2. 打击错误，又称方法错误。行为本身的误差，导致行为人所欲攻击的对象与实际受害的对象不一致。这也分为具体的打击错误和抽象的打击错误两类。

如果行为人对侵害对象存在概括故意，那就不属于打击错误。概括故意，是指行为人对于认识的具体内容不明确，但明知自己的行为会发生危害社会的结果，并希望或者放任结果发生的心理态度。比如，甲欲杀乙，向正在和丙、丁聊天的乙投掷炸弹，结果却将丙、丁砸死，而乙安然无恙。由于甲对丙、丁的死亡存在概括故意，这就不属于打击错误问题，甲仍构成故意杀人罪的既遂。又如，甲出于恶作剧向过往行人扔雪球，但是雪球没有打中所瞄准的被害人，而是砸在了后面散步人的脸上。如果甲意识到他可能砸中其他人，而放任了这种结果的发生，这也不是打击错误问题，直接认定为故意伤害罪的既遂即可。

对象错误与打击错误的区分是一个比较复杂的问题。打击错误在主观认识上并无错误，只是行为产生偏差而发生意外的结果；而对象错误在主观上存在认识错误，以致行为结果与其认识存在错误。在打击错误中，错误是在着手之后发生的；而在对象错误中，错误则与着手同时产生。如果把打击错误比喻为"子弹错误"，那对象错误就是"开枪错误"，当行为人开枪之时，如果对射杀对象产生错误，这是对象错误；当行为人开枪之后，由于子弹发生偏差，则是打击错误。必须说明的是：无论是打击错误还是对象错误，所处理的都是实行行为，不包括预备行为，比如，甲配制毒酒欲次日毒杀乙，毒酒置于客厅桌上，甲外出打牌，忘关家门。当晚乙找甲聊天，误喝毒酒而死（配置毒酒案）。由于甲配置毒药的行为仅为预备行为，因此，此案就与打击错误或对象错误无关。

打击错误与对象错误的区分困难主要发生在隔隙犯、间接正犯等对着手认定标准有分歧的场合。这不是认识错误理论本身的问题，而是隔隙犯等特殊犯罪的着手标准应如何认定的问题。

（1）隔隙犯。当实行行为与结果之间存在时间或场所上的间隔，打击错误与对象错误的确存在模糊地带。比如，甲试图杀害乙，将炸弹安装在乙一直用于上下班的轿车上，设置了只要用钥匙启动车辆便立即爆炸的装置，但第二天碰巧是乙的妻子丙乘坐该轿车，结果炸死了丙（轿车爆炸案）；又如，甲以胁迫乙的意思给乙家里打电话，因为电话机发生故障，串线到丙家里，丙接电话时，甲认为对方是乙，对其实施敲诈（电话敲诈案）。

在轿车爆炸案中，如果认为甲安装炸弹即为着手，错误产生于着手之后，即为打击错误；若将丙启动轿车视为着手，错误与着手同时产生，自然为对象错误。

隔隙犯的着手标准应该根据行为是否对法秩序有现实的紧迫危险，足以动摇民众的法安全感进行具体判断。在轿车爆炸案中，只有当被害人启动轿车才可能发生法秩序侵害的具体危险，因此，此案属于对象错误；在电话敲诈案中，甲拨打电话还未着手（比如电话始终未能接通），只有当其拨通电话开始对他人进行威胁，才可能具有对财产权现实侵犯的紧迫性，因此，此案也属于对象错误。

（2）间接正犯。在间接正犯中，比如，甲欲杀乙，利用不知情的邮递员将包装成礼品的炸弹寄给乙，但因邮递员失误，将"礼品"送至丙处，丙拆开"礼品"后被炸身亡。在此案中，着手标准采取投递主义还是到达主义，直接影响着打击错误和对象错误的判定。如果"礼品"包装完好，只有当他人拆掉"礼品"才可能爆炸，那么着手标准应采到达主义，故此案属于对象错误；当然，如果爆炸物随时可能爆炸，寄送时就是着手。如果甲对"礼品"在邮寄过程中可能炸死他人不存在概括性故意，此案应该属于打击错误。

3. 因果关系的错误。这是指侵害的对象没有错误，但造成侵害的因果关系的发展过程与行为人所预想的发展过程不一致，以及侵害结果推后或者提前发生的情况。因果关系的错误主要有三种情况：狭义的因果关系的错误、事前故意与构成要件的提前实现。

（1）狭义的因果关系的错误，是指结果的发生不是按照行为人对因果关系的发展所预见的进程来实现的情况。例如，甲为了使乙淹死而将其推入井中，但井中没水，乙摔死在井中。根据通说，故意的成立所要求的对因果关系的认识，只要行为人对因果关系的基本部分有认识，而不要求行为人对因果关系发展的具体样态有明确的认识。也就是说，这种因果关系的认识错误不影响故意犯罪既遂的成立。

（2）事前故意，是指行为人误认为第一个行为已经造成结果，出于其他目的实施第二个行为，实际上第二个行为才导致预期结果的发生。例如，刘某基于杀害潘某的意思将潘某勒昏，误以为其已死亡，为毁灭证据而将潘某扔下悬崖。事后查明，潘某不是被勒死而是从悬崖坠落致死。在学说上，对于事前故意的处理有四种观点：第一种观点认为，刘某的第一个行为成立故意杀人罪未遂，第二个行为成立过失致人死亡罪。第二种观点认为，如果在实施第二个行为之时，对于死亡持间接故意，则整体上成立一个故意杀人既遂；如果在实施第二个行为之时，相信死亡结果已经发生，则成立故意杀人未遂与过失致人死亡。第三种观点认为，将两个行为视为一个行为，将支配行为的故意视为一个故意，只成立一个故意杀人既遂。第四种观点认为，将前后两个行为视为一个整体，视为因果关系的认识错误处理，只要满足相当的因果关系，也即将行为人的第二个行为看成一个介入因素，如果这个介入因素附属于前行为，就成立一个故意杀人罪既遂。当前，多数学者采取第四种观点。

（3）构成要件的提前实现，是指提前实现了行为人所预想的结果。例如，甲准备让乙服用安眠药睡着后，将其吊死，制造自杀的假象。但未等到甲实施吊死乙的行为，乙由于服用过量的安眠药而死亡。由于行为人实施第一行为时已经导致结果发生，应认定为故意犯罪既遂。

总之，关于因果关系的认识错误，一般认为只要行为与结果之间存在因果关系，那么因果关系的认识错误就不能影响故意的成立。当然，如果没有因果关系，则此认识错误会影响故意的成立。例如，甲射杀乙，乙倒地，甲遂离开现场，乙随后被人送往医院，但在路上遭遇交通事故而亡。在此案中，因果关系被切断，甲的杀人行为与死亡结果没有因果关系，甲只成立故意杀人罪的未遂。又如上文的配置毒酒案，甲只实施了杀人的预备行为，故意杀人行为与死亡结果不存在因果关系，故不能以故意杀人罪的既遂论处。

二、具体事实错误的处理

1. 具体符合说和法定符合说。对于具体的事实认识错误，在学说上，一直存在具体符合说与法定符合说的争论。具体符合说认为，只要行为人主观所认识的犯罪事实和客观发生的犯罪事实不具体一致，那么对于实际发生的犯罪事实，就不成立故意。法定符合说认为，行为人所认识到的犯罪事实和现实发生的犯罪事实在构成要件上一致的话，就成立故意。法定符合说是当前的主流观点。

2. 对象错误。在对象错误上，具体符合说与法定符合说的结论是一致的。比如，甲想杀乙，却误将丙当成乙进行杀害。法定符合说认为，由于乙、丙均是"人"，就故意杀人罪的构成要件而言，在"人"这种抽象性层面上，可以认为行为人的认识事实与实际的客观事实之间在构成要件上是相符合的，因而并不阻却故意。具体符合说则认为，就甲的认识而言，乙与丙均属于具体的"人"，并且，由于行为人杀害的也是具体的人，因而在"人"这一具体性层面上，可以认为甲的认识事实与实现事实之间并无不一致。具体符合说并不要求行为人对被害人姓名、体貌这些非刑法要素存在认识，毕竟刑法只规定了故意杀人罪，而没有规定故意杀乙罪。只要行为人认识到自己在杀一个具体的人，就具备主观认识。[1]

3. 打击错误。在打击错误上，两种学说的区别十分明显。具体而言，有

---

[1] 具体符合说其实经历了纯粹的具体符合说和规范的具体符合说的变化，前者认为行为人必须对被害人姓名、体貌各种要素存在认识，后者则认为这种具体认识应当在构成要件的范围内，不包括对非刑法要素的认识。但是纯粹的具体符合说也不是完全没有意义的，它有助于解决一些特殊的案件，比如，张三枪杀"李四"，后张三发现死者不是"李四"，而是张三的儿子。按照纯粹的具体符合说，张三就不构成故意杀人罪的既遂，只成立故意杀人罪的未遂和过失致人死亡罪的竞合；但按照规范的具体符合说，则成立故意杀人罪的既遂。

以下三种情况：①甲射杀乙，但却误伤丙，致其死亡；②甲射杀乙，致乙负伤，但却误致丙死亡；③甲射杀乙，导致乙、丙二人死亡。[1]

根据法定符合说，行为人主观上意图杀死"抽象意义上的"人，实际上也有"人"被甲杀死，故上述三种情况都成立故意杀人罪的既遂。

根据具体符合说，刑法关于故意杀人罪的规范本质是"禁止杀人"，此处之"人"应是具体的人，而非抽象的人。换言之，刑法禁止甲杀害为其所认识到的作为个别具体法益主体的乙和丙。因此，不宜将乙和丙抽象化到"抽象意义上的人"这一程度。故此，在①②中，甲成立针对乙的故意杀人罪的未遂和针对丙的过失致人死亡罪的想象竞合，在③中，甲成立故意杀人罪的既遂（针对乙）和过失致人死亡罪（针对丙）的想象竞合。

4. 法定符合说与具体符合说的取舍。归结起来，法定符合说与具体符合说最大的分歧在于客观上不同的客体能否等价？具体符合说关注具体客体，认为每个客体都有其独特价值，不能一律等价视之。而法定符合说关注抽象客体，认为不同客体之间若在本质上有相同点，在相同本质上可以等价。

不同的客体能否等价？这应当区分人身专属与非人身专属法益两种不同情况进行讨论。

（1）人身专属法益。人身专属法益能否等价？这涉及"具体人"和"抽象人"的对立。在刑法中，应当坚持"具体人"，反对"抽象人"的概念。近代以来，人类最悲惨的命运就是用"抽象人"的概念取代了"具体人"，人被抽象化的必然后果就是人的价值被贬损。当人被抽象化，也就不可避免地根据种族、性别、国别、阶层、贫富等各种抽象概念被归类。在抽象的概念中，个体也就失去了自己存在的独特意义。不妨回想苏联的斯大林时期，统治者高度强调集体的人——社会的人、阶级的人，而具体的个人问题无立足之地，结果公民个人的权利也就被完全漠视，甚至践踏。

数百年来，无数人类浩劫无不假借"抽象人"的概念获得了难以辩驳的合理性。在"抽象人"的概念下，个体的意义被完全忽略。按照法定符合说，甲射杀乙，却误伤丙，致丙死亡，如果乙、丙二人在抽象人的概念上可以等同，那么乙、丙二人也就失去了各自存在的独特意义。法定符合说论者认为，"在行为人具有杀人故意，客观上也杀害了人的情况下，却认定为杀人未遂，有悖社会一般观念"。[2]让人费解的是：何谓社会一般观念？为何我个人的直觉却与这种所谓的"社会一般观念"完全相悖？脱离伦理道德的社会一般观念是否只是"人民意志""群众呼声"类似术语的另一种表述。事实上，我个人的常识告诉我：在对象错误中，甲欲杀乙，误把丙当成了乙杀死。甲主观上明知自己在故意杀人，客观上也杀死了他人，丙的确是被故意杀死的，

[1] ［日］西田典之：《日本刑法总论》，刘明祥、王昭武译，中国人民大学出版社2007年版，第174页。
[2] 张明楷：《刑法学》，法律出版社2011年版，第249页。

因此，这属于故意杀人罪的既遂。但在打击错误中，甲射杀乙，却误伤丙，致丙死亡，丙分明就是被误杀，而非故杀。

人身法益是否可以等价，还体现在刑罚的根据是预防还是报应。"法定符合说"更强调预防。有论者指出：采取"法定符合说"有利于禁止故意犯罪，在打击错误的情况下，其预防必要性并未减少。如若采取"具体符合说"，对行为人以故意杀人未遂论处，便与其预防必要性不相协调；采取"法定符合说"以故意杀人既遂论处，正好与预防必要性相适应。[1] 然而，忽略报应的预防将导致刑罚成为一种比犯罪更大的罪恶。刑罚的根据应该以报应为主，预防为辅。只有当人实施犯罪，才能施以刑罚。无论能够实现多么美妙的社会效果，都不能突破"无罪不罚"这个最基本的底线。人只应为其所实施的行为承担责任，当行为人根本无意故意剥夺某个具体个体的生命，却要为其死亡承担故意杀人既遂的刑罚，这违反了正义的基本要求，人被彻底地工具化。

总之，为了尊重每个个体的价值，不能用抽象人的概念取代具体人的存在，对于人身专属法益，"具体符合说"是恰当的。生命权、身体健康权、性权利、名誉权等各种与人有关的法益只能由个体专属，不能被抽象化为等价。当然，对于个体所专属的法益，没有必要在个体内再进行区分，比如，甲出于伤害的意图瞄准乙的右手腕投掷石块，但击中乙的左手腕，这就没有必要具体区分右手与左手，直接认定为故意伤害罪的既遂即可。

（2）非人身专属的法益。非人身专属的法益，可以等价视之。甲欲毁坏乙之电脑，但因打击错误砸中丙之电脑，乙和丙的财物可以等价。财物与人身无关，不具有专属性，在市场交易中，具有人身专属的利益不能交易，但是财物之间一般都可交易，因此，物与物之间可以等价，甲成立故意毁坏财物罪的既遂。因此，对于非人身专属的法益，"法定符合说"是合理的。

需要说明的是：民法中存在特定物与种类物的区分。特定物是指自身具有独立的特征，如胡适先生的一页手稿；或者因被权利人指定而特定化，不能以其他物代替的物，如从一批奔驰牌汽车中挑选出来的某一辆等。种类物是指具有共同的特征，能以品种、规格、质量或者度量衡加以确定的物，如质量、价格相同的大米。种类物与特定物具有可转化性，种类物经由民事主体的选择、确定而成为特定物。因此，在刑法中，没有必要严格区分种类物和特定物。刑法中的物体是否应被特定化，取决于刑法是否将此物特殊对待，如果该物被刑法特殊对待，那么它就具有了不同于一般物的特殊性质，但是这种特殊物与普通物在普通物中可等价视之。比如，《刑法》中规定了故意毁坏文物罪，故文物相对于普通财物而言是特殊物。甲欲毁坏珍贵文物，却误砸中他人普通财物，特殊物与普通物在普通物中可以等价，故甲成立故意毁坏财物罪的既遂和故意毁损文物罪的未遂，按照想象竞合处理。

---

[1] 张明楷：《刑法学》，法律出版社 2011 年版，第 251 页。

另外，对于公共法益，其等价问题没有障碍。甲欲放火烧毁乙家的房子，但却误将点着的柴火扔到丙家，烧毁了丙家的房子。由于放火行为危及公共安全，无论甲所指涉的对象是乙家还是丙家，其行为只要危及公共安全，在认定上就没有必要区别对待。

综上，本书认为，对于人身专属法益，应当采取"具体符合说"，对于非人身专属法益，可以采取"法定符合说"。

三、抽象事实错误的处理

对于抽象的事实认识错误，学说上有"法定符合说"和"抽象符合说"的争议。前者认为，主观认识与客观事实在构成要件上符合，就不阻却故意的成立。后者认为，只要发生了犯罪事实，即便在构成要件上不符合，也可成立轻罪的既遂。比如，在前文的宝马车案中，想砸车却砸伤他人，按照"法定符合说"，财物与人身伤害在构成要件上无法重合，成立故意毁坏财物罪的未遂和过失致人重伤罪的想象竞合，但因为刑法一般不惩罚故意毁坏财物的未遂，故只以过失致人重伤罪论处。按照"抽象符合说"，只要发生了犯罪事实，就不阻却轻罪的既遂，故成立故意毁坏财物罪的既遂和过失致人重伤罪的想象竞合。"抽象符合说"认为，即便对犯罪事实没有认识，也可成立故意犯，这明显违反罪刑法定原则和责任主义，所以，很少有人采取这种主张，本书也反对"抽象符合说"，对于抽象的事实认识错误，应当采取"法定符合说"。

"法定符合说"所谓的构成要件重合又有形式重合、实质重合和罪质重合的争论，[1]本书认为，构成要件的重合应该在形式的基础上考虑实质的需要。这种重合包括如下情况：

1. 法条重合。法条重合也即法条竞合，在此情况下，特别法和普通法在普通法的范围内是重合的。例如，行为人出于盗窃财物的目的却盗窃了枪支，客观上虽然实施了盗窃枪支的行为，但主观上没有盗窃枪支的故意，不能认定为盗窃枪支罪，但主客观在盗窃罪（普通法）的范围内是重合的，故成立盗窃罪的既遂。再如，行为人主观上想走私武器，客观上走私了假币，由于武器和假币都属于国家禁止进出口的物品，故主客观在走私国家禁止进出口物品的范围内重合，可以成立走私国家禁止进出口的物品罪。

2. 规范重合。当两种犯罪的性质相同，重罪的行为在客观上可以涵盖轻罪，重罪与轻罪在轻罪的范围内是重合的。比如，盗窃和抢劫在盗窃的范围内重合，强制猥亵和强奸在强制猥亵的范围内重合。例如，行为人主观想抢劫，客观上实施了盗窃，应当以盗窃的既遂和抢劫的未遂从一重罪论处。再如，盗窃和侵占在侵占的范围内重合。若行为人在火车售票站发现地上有一部手机，大声询问有没有人要，没有人回应，行为人于是捡走，事实上，主

---

[1] 陈子平：《刑法总论》，中国人民大学出版社 2009 年版，第 141~142 页。

人就在旁边买票，但没有听见行为人的呼喊。[1]行为人主观上只有侵占的故意，客观上实施了盗窃行为，最后应以侵占罪的既遂论处。

3. 选择重合。选择重合主要针对选择性罪名中的行为对象在法律意义上的重合。行为人主观上想拐卖妇女，客观上拐卖了儿童，由于拐卖妇女、儿童罪是选择性罪名，所以，可以做如下推导：行为人主观上想拐卖妇女或儿童，而客观上拐卖了儿童，自然在儿童的范围内重合，直接认定为拐卖儿童罪的既遂即可。甲想倒卖伪造的车票，但事实上倒卖的是伪造的船票，甲的行为构成倒卖伪造的船票罪。

第三讲　构成要件过失

《刑法》第15条规定："应当预见自己的行为可能发生危害社会的结果，因为疏忽大意而没有预见，或者已经预见而轻信能够避免，以致发生这种结果的，是过失犯罪。过失犯罪，法律有规定的才负刑事责任。"

刑法以处罚故意为原则，处罚过失为例外。

一、过失的分类

犯罪过失包括过于自信的过失和疏忽大意的过失。

1. 过于自信的过失。过于自信的过失是指行为人预见到自己的行为可能发生危害社会的结果，但轻信能够避免，以致发生危害结果的心理态度。这种过失有两个特征：

第一，行为人预见到自己的行为可能发生危害社会的结果。这种预见是一种可能性而非不可避免性。另外，这种可能性的预见是具体的，而非抽象的畏惧感和不安感。例如，从事科学试验的人总是预见了试验失败的可能性，但只要他们遵循了科学试验规则，即使试验失败造成了损失，也不能认定为过于自信的过失，这种对失败可能性的认识其实只是一种畏惧感。

第二，行为人轻信能够避免犯罪结果的发生，违背了结果避免义务。一方面，行为人希望并且相信能够避免结果的发生，结果的发生违背了他的意愿；另一方面，行为人并没有确实可靠的根据和能力避免结果的发生。比如，看见行人，但感觉正常车速不会撞人，于是没有减速，结果撞死行人。轻信能够避免通常表现为三种情况：一是过高地估计了自己的主观能力；二是不当估计了现实存在的客观条件对避免危害结果的作用；三是误认为结果发生的可能性很小。

2. 疏忽大意的过失。疏忽大意的过失是指应当预见到自己的行为可能发生危害社会的结果，因为疏忽大意而没有预见，以致发生这种结果的心理态

---

[1]　请注意本案与后文的"网吧捡手机案"的区别。在本案中，行为人主观上所认识到的事实"在售票处获取他人遗落的手机"按照社会规范也应评价为遗忘物，故行为人的主观心态是侵占，而非盗窃。

度。疏忽大意的过失的特征如下：

第一，没有预见。行为人没有预见到结果的发生，因此"疏忽大意"又称"无认识过失"。

第二，应当预见。行为人应当预见自己的行为可能发生危害社会的结果，预见义务来源于法律法规、规章制度以及社会习俗，如护士进行青霉素注射必须先做皮试，这是规章制度所规定的义务；而禁止高空抛物则是一种社会习俗。换言之，行为不仅要合法，还要合理。

第三，出于疏忽大意没有预见。疏忽大意，是指行为人马马虎虎、粗心大意，缺乏社会责任感，违背了社会共同生活的要求。

二、过失的本质

过失既是构成要件要素、违法要素，也是责任要素。传统的旧过失论认为，过失的本质是结果的预见可能性，如果行为人有结果预见的可能，行为在客观上造成了危害结果，就成立过失犯。这种学说认为，过失只是责任要素，故意和过失不影响客观的法益侵害性，因此在构成要件、违法性上是一样的。根据传统的旧过失论，男子邀请女子在楼下见面，结果女子被高空坠物砸死，这种行为具备杀人的构成要件，而且违法，但只是欠缺过失罪责，故不构成犯罪。[1]这种观点明显错误，按照这种见解，男子的行为本身是不法行为，对其可以进行正当防卫，这显然是荒谬的。因此，过失不能仅仅视为一种责任要素，它必须也被看成一种构成要件要素。

旧过失论存在的另一个明显的缺陷，就是它无法区分过失与不可抗力，因为不可抗力也存在对结果的预见可能性。旧过失论与现代社会格格不入，有大量日常生活的通常行为（如交通运输）都存在着危险，行为人在实施类似行为（如开车）时都能够预见到这种行为可能发生危险，如果行为人按照规则行事，但却仍然发生了危险，在旧过失论看来，依然成立过失。鉴于此种过失理论会导致过失处罚范围的扩大，有学者提出了修正的旧过失论，认为结果的预见可能性是责任要素，但结果回避义务是违法要素。还有学者提出了新过失论，认为结果回避义务才是过失的本质，即使对结果有预见可能性，但如果履行了结果回避义务，就不成立过失犯。新过失论认为，过失不仅是责任要素，也是构成要件、违法要素。[2]

从证明责任的角度来看，笔者认为，修正的旧过失论和新过失论都有合理成分。过失不能是一种单纯的责任要素，否则这不仅无法适应现代社会，这种体系性的安排也无法体现证明责任所要求的推定机能，很难在控诉方和被告方之间分配证明责任。

结果预见义务和结果回避义务都是过失犯罪不可缺少的两种注意义务，

---

[1]　林东茂：《刑法综览》，中国人民大学出版社 2009 年版，第 132 页。

[2]　[日]大塚仁：《刑法概说：总论》，冯军译，中国人民大学出版社 2002 年版，第 390 页。

它们可以分属于内部性注意义务和外部性注意义务。结果回避义务作为一种外部性注意义务，实际上是不得实施过失犯的实行行为的义务，[1]因此，这属于构成要件中的实行行为。

结果预见义务是一种内部性注意义务，考虑的是行为人的主观态度，也即行为人虽然应该并且能够使其意识充分紧张却没有使其紧张的心理态度。这种预见义务既是一种主观构成要件要素（构成要件过失）、违法性要素（违法过失），也是一种责任要素（责任过失）。

结果回避义务既然属于实行行为中的义务，那么它就应该根据客观的行为规则进行判断。行为规则包括法律法规、业务规则和日常生活准则，这种判断显然是根据理性一般人的标准进行的客观判断。因此，它应该由控诉方承担提出责任和超出合理怀疑的说服责任。

结果预见义务既是构成要件过失，又是责任过失。首先，对于构成要件过失，应当从一般人的预见能力来判断行为人是否存在预见义务，这应由控诉方承担提出责任和超出合理怀疑的说服责任。其次，如果控诉方从一般人的标准证明了行为人违背了行为规则，存在预见义务，具备过失的实行行为和构成要件过失，也就自然推定其具有责任过失。此时，被告方如果要否定自己的责任过失，比如主张自己的预见能力低于一般人，不能履行预见义务，此时，他不仅要承担提出责任，还要承担优势证据的说服责任。又如，被告方主张自己不了解某种行为规则，缺乏结果回避义务，即没有过失违法性的认识，这也属于对所推定的责任过失否定，也应由其承担提出责任和优势证据的说服责任。

三、注意义务与注意能力

结果回避义务与结果预见义务统称为注意义务。注意能力是指是否拥有回避结果与预见结果的能力。关于如何判断行为人的注意能力，主要有如下几种学说：

1. 客观说。应当以一般人的标准来判断行为人是否有注意义务。按照这种标准，如果行为人的注意能力低于一般人（如智力发育障碍），也要按照一般人的标准判定为有注意义务。

2. 主观说。注意义务的判断取决于行为人的个人能力。无论行为人的注意能力高于一般人还是低于一般人，都应按照行为人的自身标准判断其注意能力。

3. 折中说。这又被称为双重标准说，并被分为两种立场：一种观点认为，如果行为人的注意能力低于一般人，应当按照行为人的自身能力确定其注意义务，但若行为人的注意能力高于一般人，其注意义务则仍然按照一般人标准来判定。另一种观点认为，如果行为人的注意能力低于一般人，应当按照

---

〔1〕 ［日］大塚仁：《刑法概说：总论》，冯军译，中国人民大学出版社 2002 年版，第 205 页。

一般人的标准确定其注意义务。但若行为人的注意能力高于一般人，则按照行为人的能力认定其注意义务。[1]

本书认为，折中说的第一种立场是恰当的。过失既是构成要素、违法要素，又是责任要素，但在责任要素中，具备构成要件过失就应推定具备违法过失和责任过失，因此，在责任过失中，不宜考虑入罪要素，而应考虑责任阻却的除罪事由。构成要件过失应当按照一般人的标准来认定，但在责任过失中，如果行为人提出抗辩事由，则要深入其内心进行个别化的甄别，这显然是一种主观的个别化判断。因此，如果行为人主张自己的注意能力低于一般人，则不仅负有提出责任，还要承担优势证据的说服责任。如果行为人的注意能力高于一般人，也应按照一般人的标准认定其注意义务。比如：甲到本村乙家买柴油时，因屋内光线昏暗，甲欲点燃打火机看油量。乙担心引起火灾，上前阻止。但甲坚持说柴油见火不会燃烧，仍然点燃了打火机，结果引起油桶燃烧，造成火灾，导致甲、乙及一旁观看的丙被火烧伤，乙、丙经抢救无效死亡。后经检测，乙储存的柴油闪点不符合标准。在这个案件中，按照一般人的标准都可以预见到柴油是可以被火烧着的。即便甲的预见能力高于一般人（柴油的燃点比较高，在正常的情况下，打火机很难点着），也要推定行为人和一般人一样可以预见危险的发生。

四、允许的危险

在工业化社会中，存在大量的危险行为，如交通运输、矿山、科学研究等，如果认为所有危及法益的行为都应当被取缔，那么社会生活就会陷入停滞。因此，允许的危险理论逐渐得到关注，这种理论认为，虽然行为具有法益侵害的危险，但只要这种行为对社会有利且必要，就是社会生活所允许的危险，只要行为人遵守了行为通常所必需的规则，即便出现了危害结果，也不认为有过失。

允许的危险理论使得对过失犯的理解从传统的结果本位开始变更为行为本位，只要行为人客观上遵守了社会生活中的行为规则，即便发生危害结果也不承担过失责任。[2]

五、信赖原则

信赖原则是指行为人实施某种行为时，在可以信赖他人能够采取相应的适当行为的场合下，由于他人不适当的行为而导致结果发生，行为人对此不承担责任。

信赖原则是从允许的危险理论中派生出来的。随着交通运输业的飞速

---

[1] 高巍："论注意义务的判断基准"，载《甘肃政法学院学报》2011年第3期。
[2] 结果无价值论者往往反对允许的危险理论，参见张明楷："论被允许的危险的法理"，载《中国社会科学》2012年第11期。

发展，传统的过失理论捉襟见肘。按照传统的过失理论，只要行为人预见到危害结果有可能发生就有注意义务，这会导致几乎每一起交通事故都均可追究驾驶人的责任，势必会阻碍社会的发展。所以，信赖原则应运而生。信赖原则最早产生于德国，其经典判例为：电车司机撞倒突然从电车修筑区跳到车轨上的行人，法院认为行为人不构成过失，其理由就是信赖原则。

2000 年《最高人民法院关于审理交通肇事刑事案件具体应用法律若干问题的解释》也体现了信赖原则的精神。该解释认为，交通肇事罪必须首先分清事故责任，一般说来，行为人必须负全部责任或事故主要责任才可能成立犯罪。

1. 信赖原则的限制。以下情况不适用信赖原则：①在容易预见被害人不值得信赖的场合；②因被害人是幼儿、老人、身体残疾者、醉酒者，不能期待其会遵守规则；③行为人本身违反规则，且违反规则是事故发生的直接原因。[1]

2. 信赖原则与证明责任。信赖原则是构成要件过失的否定事由，属于构成要件本身的内容，如果被告人提出信赖原则的抗辩，则他只要提出此抗辩理由并让人产生合理怀疑即可，而无需承担优势证据的说服责任。

六、无罪过事件

《刑法》第 16 条规定："行为在客观上虽然造成了损害结果，但是不是出于故意或者过失，而是由于不能抗拒或者不能预见的原因所引起的，不是犯罪。"

无罪过事件包括意外事件和不可抗力。意外事件是指由于不能预见的原因引起了危害结果，行为人对结果的发生不但没有预见，而且根据当时的主客观条件也无法预见。例如，司机倒车，看见后面有很多孩子在玩，于是下车将孩子们赶开，不料还有个孩子故意躲在车轮下，结果被轧死。不可抗力是指由于不能抗拒的原因引起了危害结果，行为人遇到了不可抗拒的力量，无法避免结果的发生。例如，在车辆正常行驶过程中，刹车突然失灵撞伤路人，司机虽然能够预见危害结果的发生，但却无法避免，这就属于不可抗力。

七、犯罪故意、犯罪过失、无罪过事件的区别

1. 间接故意与过于自信的过失。过于自信的过失与间接故意有相似之处，二者都要求认识到危害结果有发生的可能性，都不希望危害结果发生。但二者仍有本质上的区别：间接故意所反映的是对合法权益的积极蔑视态度，过于自信的过失所反映的是对合法权益的消极不保护态度。它们的区别具体体现在：

（1）间接故意是放任危害结果的发生，结果的发生符合行为人的意志；而过于自信的过失是希望危害结果不发生，结果的发生违背了行为人的意志。

---

[1] 陈子平：《刑法总论》，中国人民大学出版社 2009 年版，第 152 页。

（2）间接故意的行为人主观上根本不考虑是否可以避免危害结果的发生，客观上也没有采取避免结果的措施；过于自信的过失的行为人之所以实施其行为，是因为考虑到可以避免结果的发生。

（3）从认识要素来看，间接故意的行为人认识到结果发生的可能性较大。在司法实践中，如果有证据证明行为人不计后果、不顾死活，对危害结果不采取任何挽救措施，通常是间接故意；相反，如果证据反映出行为人有积极挽救危害结果发生的举动，通常可以判断为过于自信的过失。例如：养花专业户李某为防止偷花，在花房周围私拉电网。一日晚，白某偷花不慎触电，经送医院抢救仍不治身亡。在此案中，李某并无任何试图避免危害结果发生的举动，其私拉电网的行为表明其"电死活该"的心态，因此属于间接故意。相反，例如，甲乙二人住在山区，当地野猪危害庄稼的情况严重，为了避免损失，二人在野猪可能出没的山上拉上裸电线，距地面 40 厘米。在裸线通过的路口上均设置了警告牌，并告知通电的时间。后村民丙盗伐林木时不慎触电死亡。对甲乙的此行为，就应该视为过于自信的过失。[1]

2. 过于自信的过失与疏忽大意的过失。疏忽大意的过失是一种无认识的过失；过于自信的过失是有认识的过失。也就是说，二者的区别在于一个是有认识的过失，一个是无认识的过失。疏忽大意的过失的特点是：疏忽或大意，该知道的不知道，能想到而没想到；过于自信的过失的特点是：轻率、冒失，能避免的没避免，能办到的没办到。总之，只要有证据表明行为人已经预见了危险，结果的发生也违背了他的意愿，那就是过于自信，否则就是疏忽大意。例如，24 岁的青年张某非常喜欢邻居家 4 岁的男孩小涛。一日，张某带小涛到一座桥上玩，张某提着小涛的双手将其悬于桥栏，小涛边喊"害怕"边挣扎，张

---

[1]　参见"李宁、王昌兵过失致人死亡案［第 370 号］"，载最高人民法院刑事审判第一、二、三、四、五庭主编：《中国刑事审判指导案例 3：侵犯公民人身权利、民主权利罪》，法律出版社 2012 年版，第 203 页。李宁、王昌兵对阎某进行殴打，后被害人阎某为摆脱李宁、王昌兵等人的殴打，趁其不注意跳入西湖中。李宁、王昌兵等劝其上岸，并调转车头用车灯照射水面，见阎某仍蹚水前行不肯返回，被告人王昌兵让李宁下水拉阎某一把，李宁称其水性也不好，李、王等人为消除阎某之顾虑促其上岸，遂开车离开湖堤。后阎某的尸体在西湖后湖堤附近被发现，法医尸体检验报告证实，阎某肺气肿、肺水肿，全身体表无明显损伤，结论为溺水死亡，排除暴力致死。一审法院认定二人构成故意杀人罪，二审法院改判为过失致人死亡罪。参见"赵金明等故意伤害案［第 434 号］"，载最高人民法院刑事审判第一、二、三、四、五庭主编：《中国刑事审判指导案例 3：侵犯公民人身权利、民主权利罪》，法律出版社 2012 年版，第 364 页。被告人赵金明与马国超曾经有矛盾，某日邀约被告人李旭及等多人帮忙，赵金明发给每人砍刀一把，车行至紫云街看见马国超正在街上同人闲聊后，被告人赵金明等人下车持刀向马国超逼近，距离马国超四五米时被马发现，马国超见势不妙，立即朝街西头向涵闸河堤奔跑，被告人赵金明持刀带头追赶，被告人李旭及等人跟随追赶。当被告人赵金明一行人追赶 40 余米后，马国超从河堤上跳到堤下的水泥台阶上，摔倒在地后又爬起来扑到河里，并且往河心里游。被告人赵金明等人看马国超游了几下，因为怕警察来了，就一起跑到附近棉花田里躲藏，等了半小时未见警察来，被告人等逃离现场。马国超尸体在涵闸河内被发现。经法医鉴定，马国超系溺水死亡。法院认为，被害人被逼跳水的行为是被告人等拿刀追赶所致，被害人跳水后死亡与被告人的行为有法律上的因果关系，即使被告人对被害人的死亡结果是出于过失，但鉴于事先被告人等已有伤害故意和行为，根据主客观相一致原则，亦应认定构成故意伤害（致人死亡）罪。

某手一滑，小涛掉入河中，张某急忙去救，小涛已溺水而死。显然，张某的事后救助行为表明结果的发生违背了他的意愿，因此主观心态不是故意，另外，小涛的叫喊声也让张某预见到了危险，因此，这是过于自信的过失。

3. 过失与无罪过事件。

（1）过于自信的过失与不可抗力。过于自信的过失与不可抗力都表现为对危害结果有所预见，而且结果的发生都违背了行为人的意愿，但其区别在于：前者有义务避免结果，而后者没有这种义务。例如，王某因家庭矛盾产生杀害妻子李某之念。某日早晨，王某在给李某的早饭中投放了可以致死的毒药。王某为防止其6岁的儿子吃饭中毒，将其子送到幼儿园，并嘱咐其子等他来接。不料李某当日提前下班后将其子接回，并与其子一起吃了做好的饭。王某得知后，赶忙回到家中，其妻、子已中毒身亡。在此案件中，行为人对妻子的死当然是一种直接故意，但对孩子的死亡是什么心态呢？他似乎采取了相应的避免措施——嘱咐其子等他来接。但是妻子当日提前下班将孩子接走，这是无法避免的后果还是可以避免的后果呢？

在这种情况下，应当根据允许的危险理论这一归责理论进行判断，也即看行为人先前行为是否为社会所禁止的危险，如果是，那么即使采取了避免措施，也应被视为过失。在上述案件中，行为人投放毒药是为社会所严厉禁止的危险，因此，其后妻子提前接子回家的行为也不能否定行为人的结果避免义务，成立过于自信的过失。相反的是，在车辆正常行驶中，出现刹车失灵导致车祸的情况；开车当然也有危险，但这种危险是为社会所允许的，因此，只要行为人没有违背法律、法规、规章制度、社会习俗的要求，那就是不可抗力。又如，行为人的果园经常遭偷，于是拉上电网，拉电网的时候，考虑到安全问题，行为人安置了一个漏电保护器，还亲自做试验，用手碰一下电网，被电一下，漏电保护器马上断电，不会再有危险。事后，一个孩子触电而亡，原因是漏电保护器是伪劣产品，且失灵导致死亡结果。由于拉电网防止盗窃事故本身也是为社会所禁止的危险，因此这也属于过于自信的过失。

（2）疏忽大意的过失与意外事件。疏忽大意的过失与意外事件都表现为对危害结果没有预见，结果的发生也都违背了行为人的意愿。但二者的区别在于：前者存在结果注意义务，而后者没有这种义务，从法律法规、规章制度、社会习俗的角度，行为人都无法预见危害结果的发生。例如，山民甲（善捕蛇）捕得毒蛇一条，置于家中木桶内，乙到甲家，酒醉后洗手时不慎被蛇咬中毒，后截肢。显然，村民甲擅长捕蛇，其职业经历使其熟悉蛇的习性，社会习俗要求其应当预见到乙在桶中洗手时有可能被桶中蛇咬中毒，但甲却没有预见，这违背了结果预见义务，因此成立疏忽大意的过失。

另外，在区分疏忽大意的过失和意外事件时，也可以运用允许的危险理论，如果行为人实施的行为是一种为社会所禁止的危险，那通常也可排除意外事件的成立。例如，张某和赵某长期一起赌博。某日二人在工地发生争执，张某猛推了赵某一把，赵某倒地后后脑勺正好碰到石头上，导致颅脑损伤，经抢救无效死亡。将人猛然推倒当然是一种被禁止的危险，张某有义务预见这种行为的危险性，因此这属于疏忽大意的过失，成立过失致人死亡罪。[1]

第四讲　特殊的主观要素

犯罪目的和动机也属于主观的构成要件要素。但是由于这种主观要素并不需要相对应的客观事实，它只要存在于行为人内心即可，因此一般也被称为主观超过要素。

犯罪目的是犯罪人希望通过实施犯罪行为达到某种危害社会的目的的心理态度。例如，《刑法》第 152 条"走私淫秽物品罪"中的"以牟利或传播为目的"；第 239 条"绑架罪"中的"以勒索财物为目的"；第 276 条"破坏生产经营罪"中的"由于泄愤报复或其他个人目的"。虽然不具有故意与过失的行为不可能成立犯罪，但在某种情况下，具有故意的行为也可能不成立犯罪，因为某些犯罪的成立除了要求故意以外，还要求特定的犯罪目的。犯罪目的在某些犯罪中具有区别罪与非罪的意义，在某些犯罪中则具有区分此罪与彼罪的意义。另外，犯罪目的还影响量刑。

犯罪动机是指刺激犯罪人实施犯罪行为以达到犯罪目的的内心起因，如《刑法》第 243 条"诬告陷害罪"中的"意图使他人受刑事追究"。犯罪动机与犯罪目的同样是行为人的心理活动，都是通过犯罪行为表现出来，都反映了行为人的某种需求。二者的区别在于：①动机产生在前，目的产生在后；②动机回答行为人实施犯罪行为的心理动因何在，目的则回答行为人实施犯罪行为所希望发生的结果是什么；③动机不以危害结果为内容，目的一般以危害结果为内容；④同一性质的犯罪，动机可以多种多样，但目的只有一个；不同性质的犯罪，目的不同，但动机可以相同。

大陆法系的刑法理论中还存在倾向犯和表现犯这两种概念。倾向犯是指只有当行为人具备某种特殊的内心倾向才构成犯罪的犯罪，最常见的例子是猥亵犯罪，如果行为人不具备刺激或满足性欲的倾向，就不成立猥亵犯罪。表现犯是指行为必须显出行为人的内在历程的犯罪，比如伪证罪，伪证并非

---

[1]　参见"朱家平过失致人死亡案［第 346 号］"，载最高人民法院刑事审判第一、二、三、四、五庭主编：《中国刑事审判指导案例 3：侵犯公民人身权利、民主权利罪》，法律出版社 2012 年版，第 201 页。被告人朱家平为了拆迁，从拆迁市场购买旧砖头、旧钢筋、旧楼板交给无建筑资质的于全门建两层楼房，并吩咐于全门为其节省资金。于全门带领王某等多人进行施工，在施工过程中，未采取安全防范措施。某日下午 2 时许，当被告人朱家平经于全门同意将两桶烂泥浆调到二楼廊檐顶部不久，在楼板自重和施工操作等负荷作用下，导致挑梁断落，致使王某等 2 人被砸死亡；另有 2 人被砸成轻微伤。经鉴定，该房建造标准很低，泥浆强度为 0，主要承重构件构造连接和整体性很差，挑梁不符合现行建筑结构设计规范的有关要求。法院认为，被告人朱家平建造两层楼房，购买的是旧材料，为了拆迁，吩咐于全门尽量节省，其由于疏忽大意没有预见到后果发生的可能性，并且亲自用吊车将两大桶烂泥浆吊到二楼，最终导致楼房崩塌，进而致 2 死 2 伤的后果，被告人主观上具有疏忽大意的过失，客观上其行为与 2 死 2 伤的后果有因果关系，其行为符合过失致人死亡罪的法律特征。考虑到被告人朱家平在整个事故中起次要作用，其犯罪情节轻微，不需要判处刑罚，可以免除刑事处罚。

在客观上作不实陈述，而是行为人违反自己内心的确信而作出的陈述。

结果无价值论者一般都反对倾向犯和表现犯。但是，倾向犯的概念是有意义的，比如著名的小传旺案中，年仅13岁的学徒杜传旺被工人陈某和赵某用充气泵向肛门处喷气，强大的气流瞬间击穿了杜传旺的身体。如果不承认倾向犯这个概念，陈某和赵某的行为就可以成立强制猥亵罪，这并不合理。当然，承认倾向犯概念并不意味着只要存在这种倾向，就一律可以犯罪论处，还需要考虑违法阻却、责任阻却等事由。比如，男性医生在进行妇科检查时，即便内心被刺激有性欲，但只要医生的行为没有超出正常的医疗规则，就可以医疗行为阻却其违法性。至于表现犯，本书觉得也有存在的必要。如果否定表现犯这个概念，也可能导致处罚范围的扩大。比如，甲意图使他人受到刑事追究，向司法机关检举揭发乙的犯罪事实，甲所提供的事实与客观事实不符，乙并没有实施犯罪，如果否定表现犯这个概念，这种情况也可能以伪证罪论处，这并不合理。根据本书的观点，只有当行为人违背自己内心确信作出的陈述与客观事实不符，才可成立伪证罪。当然，如果行为人违背自己内心确信作出的陈述与客观事实是一致的（甲以为乙没有贪污，为了报复乙，向司法机关虚构了乙贪污的证据，但最后查明乙的确实施了甲所描述的贪污行为），则不能以伪证罪论处。[1]

本章重要知识回顾（表格版）

一、构成要件和构成要素

构成要件	基本构成要件	修正构成要件（如共同犯罪、未完成罪）
	封闭的构成要件	开放的构成要件
	积极构成要件	消极构成要件
	普通构成要件	特殊构成要件
构成要素	主观要素（如故意、过失、目的）	客观要素（如主体、危害行为、行为对象、结果等）
	规范性构成要件要素（司法人员需要价值判断，需要进行精神上的理解）：①社会评价要素（如淫秽物品、猥亵）；②经验法则的评价要素（如足以导致火车倾覆、毁坏）；③法律的评价要素（如国家工作人员、司法工作人员、不作为犯的作为义务）	描述性构成要件要素（司法人员无需价值判断，只需进行感觉上的把握）
	成文的构成要件要素	不成文的构成要件要素

---

[1] 参见欧阳本祺：《目的犯研究》，中国人民公安大学出版社2009年版，第164页。

二、行为主体

自然人主体	任何年龄和任何精神状态的人	
	身份犯	非身份犯
单位主体	主体是公司、企业、事业单位、机关、团体，其中包括法人和非法人单位。	①单位人格否定：个人为进行违法犯罪活动而设立的公司、企业、事业单位实施犯罪的；公司、企业、事业单位设立后，以实施犯罪为主要活动的。 ②无法人资格的独资、合伙企业犯罪的，也非单位犯罪。例外：单位的内设机构可以成立单位犯罪。 ③单位的所有制性质不影响单位犯罪的成立。 ④采取虚假手段成立的单位，仍可成立单位犯罪。
	主观方面多是故意，但也存在个别过失犯罪，在故意的情况下，行为人具有为本单位谋取非法利益的动机。	盗用、冒用单位名义犯罪，违法所得由个人私分的，不是单位犯罪。
	客观方面，有两种情况：一是经单位决策机构决定；二是经负责人员决定。	①单位内部人员未经单位决策机构批准实施犯罪的，不是单位犯罪。 ②挂靠单位，如果未按所挂靠单位决策程序决定，也不一定是单位犯罪。
	单位只对刑法明文规定可以由其构成的犯罪承担刑事责任。	①传统的犯罪通常没有单位犯罪。 ②暴力犯罪一般无单位犯罪。 ③货币犯罪（走私假币罪除外）没有单位犯罪。 ④妨害国（边）境管理罪（骗取出境证件罪除外）没有单位犯罪。 ⑤金融诈骗罪中有三种犯罪无单位犯罪，分别是贷款诈骗罪、信用卡诈骗罪、有价证券诈骗罪。毒品犯罪、走私犯罪、生产、销售伪劣商品等经济犯罪存在单位犯罪。 ⑥修正案的特殊规定：拒不执行判决、裁定罪、掩饰、隐瞒犯罪所得罪有单位犯罪。
	单位犯罪基本上采两罚制，即既处罚单位，又处罚直接负责的主管人员和其他直接责任人员，如《刑法》第387条；在某些情况下采单罚制，即只处罚自然人而不处罚单位，如《刑法》第396条。	公司、企业、事业单位、机关、团体等单位实施刑法规定的危害社会的行为，刑法分则和其他法律未规定追究单位的刑事责任的，对组织、策划、实施该危害社会行为的人依法追究刑事责任。

三、危害行为和其他客观要素

危害行为（必要要件）：不包括日常生活所允许的行为	作为	即不应为而为。如盗窃罪、强奸罪。注意：许多犯罪既可能由作为构成，也可能由不作为构成。 作为不仅指利用自己身体实施的积极举动，还包括利用他人、利用物质工具、利用动物乃至利用自然力实施的举动。如教唆幼童偷窃他人财物、训练恶狗咬人。
	不作为	即应为而不为。如遗弃罪。 成立不作为犯罪的三个条件： 1. 须有义务（而不尽），义务源于：①法律规定；②职务或业务要求；③法律行为（如合同行为或自愿接受行为），如对自己管理的动物、建筑物有防止其危害他人的义务；④先行行为，如带邻居小孩去游泳，则有义务将其平安带回。 2. 须有能力（而不为），如撞了他人自己也重伤，无法救助则不因不救助而定罪。 3. 有损害结果，损害结果与不作为有因果关系（行为人有防止结果发生的可能性）。
	先前行为	先前行为：行为人的行为导致法益处于危险状态时，行为人负有排除危险或者防止危害结果发生的特定积极义务。 1. 必须是行为人的行为导致了危险（不包括被害人自招危险，否则属于自我答责）。 2. 必须是创设了社会所禁止的危险，而非社会所允许或容忍的危险。 3. 升高危险而非减低危险。 4. 要注意一些复杂的先前行为： ①过失犯罪。可以导致作为义务。 ②故意犯罪。可以导致义务；唆使故意犯罪人放弃救助义务的，可以成立不作为的教唆犯；在罪数上，如果侵犯了数个法益，数罪并罚；如果侵犯了一个法益，构成一个犯罪。 ③正当化行为。正当化行为也可引起作为义务：紧急避险无争议；正当防卫争议较大〔如果正当防卫造成了伤害（该伤害本身不过当），具有死亡的紧迫危险，发生死亡结果就会过当，那么，应当肯定正当防卫人具有救助义务〕。
危害结果（选择要素）	概念	危害结果，是指危害行为对犯罪客体（即刑法所保护的社会关系）所造成的实际损害或现实危险。例如，故意伤害罪的危害结果是致使他人的健康受到损害，妨害国境卫生检疫罪的危害结果是引起传染病的传播或造成传染病传播的严重危险。
	分类	①实害犯。 ②具体危险犯，如放火罪，危险是司法认定的危险。 ③抽象危险犯（即行为犯），如生产、销售假药罪，危险是立法推定的危险。

续表

行为对象 （选择 要素）	行为对象 与法益的 关系	①法益是任何犯罪的实质内容，行为对象则仅仅是某些犯罪的必要要件。如偷越国（边）境罪，就没有行为对象可言。 ②任何犯罪都会使法益受到危害，而行为对象却不一定受到损害。例如，某家电视机被盗，所侵犯的是主人对电视机的所有权关系，而电视机本身则未必受到损害。 ③法益决定犯罪性质，行为对象则未必。比如同样盗窃枕木，甲盗窃备用的枕木构成盗窃罪；乙盗窃正在使用中的枕木构成破坏交通设施罪。 ④法益是犯罪分类的基础，行为对象则不是。	
刑法上的因果关系	概念	刑法中的因果关系，是指危害行为与危害结果之间引起与被引起的合乎规律的联系。这里的危害行为一般是指实行行为，而不包括预备行为。	
	判断标准	①相当因果关系说。该说是对条件说进行限制的一种理论。 ②条件说。该说认为，如果没有前行为就没有后结果时，前者就是后者的原因。由于条件说可能会导致处罚范围的扩大，因此必须对它有所限制。 相当因果关系说认为，条件说得出的只是"事实上的因果关系"，在事实上的因果关系的前提下，还应进行相当性的判断，得出"法律上的因果关系"。显然，这是借助"相当性"这个概念对条件说进行限制，按照这种理论，只有根据一般社会生活经验，行为当然地（natural）或盖然地引起结果，才具有相当性。	
	介入因素	如果在因果关系的发展进程中，介入了其他因素，这就使得因果关系的判断变得非常复杂。所谓介入因素，是指介于先前行为与最后结果之间的因素。介入因素在因果链上的复杂性在于它不仅直接产生了结果，而且使得某些本来不会产生这种结果的先前行为和结果发生了某种联系。在这种情况下，可以根据介入因素的独立与否来判断先行为与后结果是否存在因果关系。 先行为 + 介入因素 —共同→ 结果 ●先行为高概率地引起了介入因素 ●先行为与介入因素并驾齐驱导致结果（重叠的因果关系） 介入因素 —独立→ 结果	
	客观性	因果关系与行为人的主观心态无关（特别关注特异体质案），因果关系不等于刑事责任。	
	不作为犯	如果行为人履行义务，危害结果就不会发生，不履行义务的行为就是导致结果发生的原因。需要注意的是：只有存在作为义务的主体的不履行义务的行为才是结果发生的原因，而不应该考虑其他人的行为。	

行为状态：犯罪的时间地点和方法（选择要件）	①对大多数犯罪而言，刑法对犯罪的时间、地点、方法不作特别限定。 ②有的条文明文要求行为必须在特定的时间、地点或以特定的方法实施。例如，《刑法》第 340 条与第 341 条规定的非法捕捞水产品罪与非法狩猎罪，就将禁渔期、禁猎期、禁渔区、禁猎区、禁用的工具、方法等作为构成要件。 ③有的条文明确将特定的时间、地点、方法作为法定刑升格的条件或从重处罚的情节。例如，《刑法》第 237 条规定，在通常情形下强制猥亵他人或侮辱妇女罪，处 5 年以下有期徒刑或者拘役，而聚众或者在公共场所当众强制猥亵他人或侮辱妇女的，处 5 年以上有期徒刑。 ④成为量刑的酌定情节。例如，非法拘禁他人时间的长短是对该罪量刑时应予考虑的重要因素。

四、故意、过失和无罪过事件

罪过模式	认识要素	意志要素	注意义务	危险	目的和动机
直接故意	明知结果必然发生或可能发生	希望，对结果投赞成票			只存在于直接故意中
间接故意	明知结果可能发生	放任（不希望），对结果投弃权票。对结果的回避未采取措施，或者措施在概率上很难防止结果发生			无
过于自信	明知结果可能发生	违背意愿（不希望），对结果投反对票	违背结果回避义务	社会不允许之危险	无
疏忽大意	无认识	违背意愿，对结果投反对票	违背结果预见义务	社会不允许之危险	无
意外事件	无认识	违背意愿，对结果投反对票	无结果预见义务	社会允许之危险	无
不可抗力	明知结果可能发生	违背意愿，对结果投反对票	无结果避免义务	社会允许之危险	无

五、故意中的明知

明知的含义	明知自己行为会发生危害社会的结果。犯罪人必须对危害行为、危害对象、危害结果、危害行为的时间、地点、手段等犯罪构成客观方面的全部事实有明确的认识。	
需要注意的问题	明知只需概括性明知	比如成立贩卖毒品罪，只要求行为人认识到自己贩卖的是毒品，而不要求行为人认识到所贩卖的毒品的具体种类

续表

需要注意的问题	明知包括对规范性构成要件要素的认识	对事实的错误	事实错误，排除故意（如行为人误认为掉在水中的并非自己的女儿，没有救助）。
		对评价的错误	归类性错误，此认识错误是一种法律错误（如行为人明知自己的幼女掉入河中，却误认为没有救助义务，这属于法律错误，不影响故意的成立）。
	明知的例外		在结果加重犯中，加重结果不属于需要认识的内容，但需要具备认识的可能性。

六、事实上的认识错误

事实认识错误	对象认识错误（主客观错误）	1. 同一构成要件中的对象认识错误，如行为人欲杀张三，却误杀了张三的哥哥。	无论是具体符合说，还是法定符合说，都认为成立故意犯罪既遂。
		2. 不同构成要件中的对象认识错误。	一律采取法定符合说，在构成要件的重合范围内成立既遂： ①法条重合。法条重合即法条竞合，在此情况下，特别法和普通法在普通法的范围内是重合的。 ②规范重合。当两种犯罪的性质相同时，重罪的行为在客观上可以涵盖轻罪，重罪与轻罪在轻罪的范围内是重合的。比如，盗窃和抢劫在盗窃的范围内重合。 ③选择重合。选择重合主要针对选择性罪名中的行为对象在法律意义上的重合。
			如果不能重合，则为未遂，如果还符合其他犯罪构成，则按想象竞合处理。
	打击错误，又名方法错误（客观错误，主观无错）	1. 同一构成要件中的打击错误	具体符合说与法定符合说处理不一。
		2. 不同构成要件中的打击错误	一律采取法定符合说。例如，欲砸人，却误中车，定故意杀人罪的未遂。
	打击错误与对象错误的区别		打击错误的客观偏差产生于着手之后，而对象错误的客观错误与着手同时产生。

续表

事实认识错误	打击错误，又名方法错误（客观错误，主观无错）。	具体符合说与法定符合说的区别	具体符合说关注具体的人，只要行为人所认识的犯罪事实和现实发生的犯罪事实并非具体一致，那么对于实际发生的犯罪事实，就不成立故意（侵害了几个人，就要评价几次）。 法定符合说关注抽象的人，行为人所认识到的犯罪事实和现实发生的犯罪事实在构成要件上一致的话，就成立故意（一次行为无论侵犯多少人，都只评价为一个抽象的人）。通说采法定符合说。 具体符合说与法定符合说在认定对象错误上没有分歧，只在认定打击错误上有分歧。 ①甲射杀乙，但却误伤丙，致丙死亡。 ②甲射杀乙，致乙负伤，误中丙，致其死亡。 ③甲射杀乙，导致乙、丙二人死亡。
	对因果关系认识错误（只要行为人与结果之间存在因果关系，那么因果关系的认识错误就不影响故意既遂的成立）。	1. 狭义的因果关系错误。结果的发生不按照行为人对因果关系的发展所预见的进程来实现的情况。	例如：扔入井中，被摔死。不影响成立犯罪既遂。
		2. 事前故意（结果推后）。行为人误以为第一个行为已经造成结果，出于其他目的实施第二个行为，实际上是第二个行为才导致预期的结果的情况。	甲想用安眠药杀乙，然后伪造成乙上吊自杀的假象，但乙因窒息而死。不影响成立犯罪既遂。
		3. 构成要件的提前实现（结果提前）。主要是指提前实现了行为人所预想的结果。	例如，甲想杀害身材高大的乙，打算先用安眠药使乙昏迷，然后勒乙的脖子，致其窒息死亡。由于甲投放的安眠药较多，乙吞服安眠药后死亡。不影响成立犯罪既遂。
			注意：香气扑鼻毒药案（预备行为与结果无因果关系）。
	处理原则	主客观相统一原则	主客观相统一原则中的主观性质并非行为人的主观见解，而是根据行为人的主观认识进行法律评价。

七、目的和动机

犯罪目的与犯罪动机（选择要件）	1. 犯罪的目的，是指犯罪人希望通过实施犯罪行为达到某种危害社会的心理态度。①普通的犯罪目的：直接故意的意志要素，即主观上希望的内容；②特定的犯罪目的（目的犯）：通过实施直接危害结果之后进一步追求某种结果或非法利益的心理状态（如走私淫秽物品罪、绑架罪）；特定的犯罪目的是否达到，并不影响犯罪的成立。 2. 犯罪的动机，是指刺激犯罪人实施犯罪行为以达到犯罪目的的内心起因。如《刑法》第 243 条"诬告陷害罪"中的"意图使他人受刑事追究"；第 305 条"伪证罪"中的"意图陷害他人或隐匿罪证"；第 423 条"投降罪"中的"贪生怕死"。

 本章二维码

第六章第一节
司法考试真题

行为主体

危害行为

行为对象、危害
结果、行为状态

刑法上的
因果关系

第六章第二节
司法考试真题

犯罪故意

事实认识错误

犯罪过失、
无罪过事件

目的和动机

第六章第三节
司法考试真题

第六章重要法条
和司法解释

第七章

违法阻却事由

第一节　违法阻却事由概说

违法阻却事由又称正当化行为。对于符合构成要件的行为，刑法推定其具有违法性，但如果这种行为按照社会伦理是正当的，就不应以违法行为论处，而应视为正当行为。因此，在违法性层次上，主要是从消极方面看是否具有违法阻却事由。

一、违法阻却事由的根据

关于违法阻却事由的根据，历来存在规范维护说和法益侵犯说（亦称法益论）的争论。规范维护说以社会相当性作为正当化行为的原理，该说认为，如果一种行为是历史所形成的社会伦理所允许的行为，就具有社会相当性，故非违法行为。法益侵犯说则认为，应当以法益价值的权衡作为正当化行为的依据。对于正当化行为，法益侵犯说有几个派生原理：第一原理是优越利益保护原则，该原则认为，当保全利益优越于侵害法益之时，行为整体上就是正当的；第二原理是欠缺要保护的原则，该原则认为，仅就个人法益而言，分别归属于各个个人，因而在法益主体并不要求刑法保护自己的法益时，刑法没有必要介入，此即所谓的"被害人的同意"。[1]

一般认为，法益侵犯说的哲学根据是功利主义与自由主义，而规范维护说的哲学根据则是德性主义。[2]本书不赞同法益侵犯说，主张规范维护说。法益只是表象，而非实质，脱离道德规范谈法益概念是没有意义的。

（一）哲学根据的检讨

自由，是一个极其含糊的词语，"没有一个词语比自由有更多的涵义，并

---

〔1〕 ［日］西田典之：《日本刑法总论》，刘明详、王昭武译，中国人民大学出版社 2007 年版，第 102 页。

〔2〕 ［美］迈克尔·桑德尔：《公正：该如何做是好?》，朱慧玲译，中信出版社 2011 年版，第 117 页。

在人们意识中留下更多不同的印象了"〔1〕，它似乎包含了可以想象的任何事情，难怪卢森堡夫人不禁感喟：自由，多少人假汝之名……

今天的自由主义者一般都以穆勒为精神导师。穆勒的伟大之处在于，他从消极方面给予公民自由清晰的描述，"若社会以强迫和控制的方式干预个人事物，无论是采用法律惩罚的有形暴力还是利用公众舆论的道德压力，都要绝对遵守这条原则。该原则就是，人若要干涉群体中任何个体的行动自由，无论干涉出自个人还是出自集体，其唯一正当的目的乃是保障自我不受伤害——任何人的行为只有涉及他人的那一部分才必须要对社会负责。在仅仅关涉他自己的那一部分，他的独立性照理来说是绝对的。对于他自己，对于其身体和心灵，个人就是最高主权者。"〔2〕

穆勒的自我防卫自由观正是法益理论的哲学依据，只要行为没有侵害他人利益，就不得进行惩罚。功利主义提倡最大多数的最大利益，但这极容易导致多数暴政。穆勒的自由主义正好弥补了功利主义的不足。然而，穆勒的自我防卫自由观太过简单化了，这种过于简化的理论根本不符合生活实际。在人类的经验生活中，有许多不符合穆勒自由观的强制是合理的，它们不仅不是对自由的妨碍，反而保障了自由。

1. 简单自由原则可能物极必反。穆勒最早的批评者斯蒂芬认为，人类生活非常复杂，根本不存在穆勒那种简单而准确的答案。〔3〕简单自由原则在很大程度上只是一种宣示，穆勒自己也只是阐释了这种教义，从未试图从整体上去证明它。〔4〕因为这根本就是无法证明的，它与许多生活经验和常识都严重背离。

穆勒区分涉他和涉己行为，认为只要与他人无涉的行为，就不应该受到任何的干涉。然而，这两种行为根本无法区分。

"人们是如此紧密地联系在一起，因此根本不可能说明最具个人性质的行为产生的影响能波及多大的范围。一种重要宗教的创立者的情感，一名大哲人的沉思，一位伟大将军的筹划，会影响千百万人的生活、思想和感情模式。""我们根本无法为人们的言行对他们相互之间的重要性划定任何界限。他们的存在，他们在场的事实，他们通过眼神举止表现出的气质，更不用说他们的语言和思想，这些因素给人们相互之间造成的影响，我们更是无法划定任何界限。"〔5〕

---

〔1〕 ［法］孟德斯鸠：《论法的精神》（上册），张雁深译，商务出版社1997年版，第153页。

〔2〕 ［英］约翰·穆勒：《论自由》，孟凡礼译，广西师范大学出版社2011年版，第10页。

〔3〕 ［英］詹姆斯·斯蒂芬：《自由·平等·博爱》，冯克利、杨日鹏译，江西人民出版社2016年版，第97页。

〔4〕 ［英］詹姆斯·斯蒂芬：《自由·平等·博爱》，冯克利、杨日鹏译，江西人民出版社2016年版，第6~7页。

〔5〕 ［英］詹姆斯·斯蒂芬：《自由·平等·博爱》，冯克利、杨日鹏译，江西人民出版社2016年版，第97~98页。

穆勒基于功利主义得出了他的自由结论，"我把功利视为一切伦理问题上的最终归宿。但这里的功利是最广义上的，是基于作为不断进步之物的人的长远利益而言的。"[1] 斯蒂芬并不反对功利主义，但是他认为穆勒的自由观反而违背了功利主义。穆勒的自由原则要求人类事务尽可能少受限制，认为这会激发人最大的创造力，总体上促进社会福利。但斯蒂芬却看到反面，他非常冷静地看到人类中相当比例的人群自私自利、感情用事、好逸恶劳，经常陷入琐碎的日常事务，不能自拔，给他们天大的自由，也不能让他们有分毫的改进。[2] 穆勒的自由反而会纵容人性的懒散和恶习。缺少得到民意支持的道德约束，自由将变成放纵，没有任何社会价值。在斯蒂芬看来，人类普遍视为良好的每一种习惯，几乎都需要经过或多或少痛苦而艰辛的努力才能养成。不可能指望人会自发形成这些良好的习惯。没有道德施加的自律，个人会倾向于过一种游手好闲、了无生趣的生活，既没有高雅的教养，也缺少追求伟大人格的动力。

因此，穆勒的自由观会让整个社会成为一潭死水，大部分个体也会陷入人性幽暗的沼泽无力自拔，自由会走向奴役。更为可怕的是，当社会道德约束一旦松弛，每个人都成为一种离子的状态，社会秩序大乱，人们也就会甘心献上自己的一切自由，接受极权政治所带来的秩序与安全，自由会彻底地走向它的反面。

霍布斯早就对人类发出过预言，他说自然状态下失去主子的人会不断寻求能够抵挡洪水的大坝、秩序、安全、组织、清晰可辨认的权威，对于太多的自由则会惊慌失措，因为自由会使他们迷失于巨大而充满敌意的虚空状态，处于没有道路、路标或目的的沙漠之中。[3]

根据以赛亚·柏林的洞见，自由可以区分为积极自由和消极自由，前者是指想要自己治理自己，或参与控制自己生活过程的欲望（LIBERTY TO…），后者则是"在什么样的限度以内，某一个主体（一个人或一群人），可以或应当被容许，做他所能做的事，或成为他所能成为的角色，而不受到别人的干涉"？也即"免于……的自由（LIBERTY FROM…）"。积极自由的概念倡导自我实现，追求一种理性化的整齐划一的理想生活，常常成为残酷暴政的华丽伪装。[4] 法国大革命，尤其是雅各宾党的形式，正是积极自由观的大爆发。然而，一如柏林所提醒我们注意的，消极自由也可能走向自由的反面。自由是有限度的，在强制和自由之间存在一个平衡，没有权威（法律）的社

---

〔1〕 ［英］约翰·穆勒：《论自由》，孟凡礼译，广西师范大学出版社 2011 年版，第 11 页。

〔2〕 ［英］詹姆斯·斯蒂芬：《自由·平等·博爱》，冯克利、杨日鹏译，江西人民出版社 2016 年版，第 23 页。

〔3〕 罗翔："狂热的魔咒 理性的自负——《自由·平等·博爱》读后及对刑法学研究方法的反思"，载《政法论坛》2018 年第 5 期。

〔4〕 参见 ［英］以赛亚·柏林：《自由论》，胡传胜译，译林出版社 2011 年版，第 179 页。

会是不存在的。[1]

2. 自由依赖于合理的强制。社会秩序有赖于使用强制力量，其中尤为重要的是宗教、道德和法律的强制。但是，强制不是为了取消自由，而是为了保障自由，因为自由只有在一定的秩序中才能得到运行。

斯蒂芬举了一个非常形象的比喻用以说明强制的合理性。"全人类的生活，就像水流一样，它被河堰、水槽、堤坝引向这个或那个方向。不同的水流，其流量和性质各不相同，因此疏导水流的工程设计也各不相同，但是人们的生活就是通过这些工程，也就是说通过各种各样的习俗和制度进行管理的。这些习俗从本质上说不仅是各种限制，而且是由极少数人的意志施加的限制，多数人心甘情愿地接受了这些限制，在他们看来，这些限制已变得如此自然，以至于并不把它们当作限制。"[2]

显然，宗教、道德和法律的强制都无法通过穆勒简单的自卫式自由观的筛查，法益理论的这种哲学基础存在先天的缺陷。

（二）不存在脱离伦理规范的法益

1. 法益的权衡必须考虑道德规范。法益侵犯说的第一原理是优越利益保护原则。然而，如何进行利益权衡？如果不根据道德规范，法益论往往无法得出答案。比如，行为人因自己的小孩突发疾病，不马上送往医院便有性命之忧，遂酒后驾车将孩子送往医院。行为人之行为符合危险驾驶罪的犯罪构成，但此行为是否属于紧急避险？这涉及交通安全这种公共法益和孩子健康权的比较，二者孰轻孰重？如果不考虑道德规范，几乎无法作出判断。

在著名的米丽雷特号事件中，突出的问题也是利益权衡，为了挽救自己的生命而牺牲他人的生命能否成立紧急避险？1884 年 7 月 5 日，英国游船米丽雷特号在公海上失事，水手达德利、斯蒂芬斯、布鲁克斯和客舱侍役佩克爬上一艘无篷船，在船上待了 20 多天后，他们没有水和食物，奄奄一息，达德利和斯蒂芬斯决定杀死身患重病的佩克（布鲁克斯表示不同意）。3 人靠佩克的血肉维持了 4 天后获救。英国最高法院以谋杀罪判处达德利和斯蒂芬斯死刑，但女王将该判决减为监禁 6 个月。[3]

如果不考虑伦理，仅从价值量化的比较上看，牺牲 1 人，挽救 3 人，收益要大于成本，当然成立紧急避险。还有人甚至认为，在米丽雷特号事件中，根本不是 3 大于 1 的问题，而是 1 大于 4（如果不牺牲一个人的话，死的不是 3 人，而是全部 4 人）。由此观点推导开来，如果米丽雷特号救生筏 4 人中的一人将剩下 3 人全部吃掉，也可以成立紧急避险，因为 3 大于 4。[4]

---

[1] 参见［英］以赛亚·柏林：《自由论》，胡传胜译，译林出版社 2011 年版，第 183、211 页。

[2] ［英］詹姆斯·斯蒂芬：《自由·平等·博爱》，冯克利、杨日鹏译，江西人民出版社 2016 年版，第 14 页。

[3] *The Queen v. Dudley and Stephens* L. R. 14Q. B. D. 273（1884）.

[4] ［日］西田典之：《日本刑法总论》，刘明祥、王昭武译，中国人民大学出版社 2007 年版，第 109 页。

法益侵犯说也许会说，任何人的生命都是无价的，因此，此案是无价与无价的对比，不存在优越利益。但问题是为什么生命无价？这不正是尊重生命这种社会最基本的道德规范的体现吗？脱离这种道德规范的指引，人当然可以量化比较。因此，问题的关键绝非生命法益的比较，而是必须践行尊重生命的道德规范。"你希望别人怎么对你，你也要怎么对待别人。"这是普适的道德金律。如果你是米丽雷特仆役，你是否愿意葬身他人腹中？无论为了保障何种社会利益、挽救多少人的生命，人都不能成为实现他人目的的纯粹工具，无辜个体的生命都不能被剥夺。

法益侵犯说也注意到法益权衡这个棘手的问题，所以他们不得不承认："大体可以肯定，生命法益重于身体法益，身体法益重于财产利益，但现在还难以形成一般的、具体的标准，只能根据社会的一般观念进行客观的、合理的判断。"[1]问题是，为什么"生命法益重于身体法益，身体法益重于财产利益"？这难道不是道德规范的要求吗？另外，什么又是"社会的一般观念"呢？这难道不就是社会公众普遍尊重并遵守的道德规范吗？

2. 法益的放弃必须考虑道德规范。法益侵犯说的第二原理是欠缺要保护的原则。然而，何种法益的放弃是法律尊重的，法益论者无力说明。只有在道德规范的视野中，我们才能知道法益主体对法益的何种处分行为是正当的。

大部分的法益侵犯说论者都认为生命权不能随意处分，重大的身体健康权由于可能具有导致生命的危险，也不得处分。[2]为什么生命权不能处分呢？法益论者的回应是：生命权具有社会属性，是具有公共利益属性（公共性）的个人利益，[3]同意者无权处分社会利益。然而，又有什么样的个人利益是没有社会属性的呢？无论是人身自由、性权利，还是名誉权、财产权利，不都带有社会属性吗？为什么有些个人利益可以处分，有些个人利益却无法处分呢？法益论者可能会说：重要的个人利益不得处分，不重要的个人利益可以处分。重要与否的界限何在？这只能从道德规范的角度得到说明。只有当前社会道德规范所允许的放弃利益行为才能被接受。在任何时代，法律都应将一些基本的普世价值（如尊重生命）牢牢刻在每个人的心中，不允许有任何的例外。

在引发英国上下对同意问题之关注的 BROWN 案中，[4]法官联合会指出：对他人身体的伤害不仅对被害人造成了伤害，也对社会造成了负担。对残忍的

---

[1] 张明楷：《刑法学》，法律出版社 2011 年版，第 210 页。
[2] 张明楷：《刑法学》，法律出版社 2011 年版，第 140 页。
[3] 曲新久：《刑法学原理》，高等教育出版社 2009 年版，第 329 页。
[4] 被告人有 sado-masochistic（施虐受虐狂），该组织有数十人，长期秘密从事此等活动，并将施虐及受虐场景拍成录像在会员中传播交流。后根据此影片，被告人被初审法院以故意伤害罪定罪。被告人不服，以伤害行为得到对方同意且行为并未公开进行为由，提起上诉，但上诉被驳回。后被告向最高法院（上议院）上诉，依然败诉。被告后上诉至欧洲人权法院，仍然败诉。The Law Commission, the Consent in Criminal Law, HMSO (1995), p. 2.

纵容与赞扬是野蛮的，也是对任何参与者之身体和心智的侮辱……社会中的每个个体成员都有义务、责任甚至权利，但社会的确拥有道德、伦理和社会权利去坚持某种最低限度的关于可被接受行为的标准。由此案所引发的关于安乐死、帮助自杀等法律是否应该进行修改的讨论中，英国上议院医学伦理委员会一致认为：有关安乐死、帮助自杀等的实体法不应有所变化。禁止故意杀人是法律和社会关系的基石，在对公民生命的保护上，刑法不应有所弱化。[1]

总之，法益只是道德规范的载体，在道德规范以外，法益别无意义。法益理论不是保障人权的代名词，如果不受到道德规范的制约，法益学说极易堕入国家主义的深渊，成为权力意志的代言人。法益学说是理性主义与个人主义无限膨胀的产物，脱离道德规范张扬个体价值不过是人类理性搭建的又一座"巴别塔"，它的倒塌是注定的。我们必须承认，理性是有限的，在历史所形成的道德规范面前，理性需要保持应有的谦卑。

本书主张规范维护说，功利主义和自由主义必须接受德性主义的制约。无论是对于个人，还是对于社会，规则之下才有真正的自由，符合伦理的功利才是可被接受的功利。[2]如果一种符合构成要件的行为具备社会相当性，是社会伦理所不禁止的行为，那么这种行为就不具有违法性。比如，《刑法》第20条第3款所规定的特殊防卫，"对正在进行行凶、杀人、抢劫、强奸、绑架以及其他严重危及人身安全的暴力犯罪，采取防卫行为，造成不法侵害人伤亡的，不属于防卫过当，不负刑事责任"。特殊防卫所损失的利益一般要大于所保护的利益，具备结果无价值，但这种行为却是社会伦理秩序所认可的，因此，它不具备违法性。又如，自己的孩子和邻居的孩子一起掉到河中，一次只能搭救一位。这就存在义务冲突，如果挽救自己的孩子，但邻居的孩子不幸溺水而亡，这当然不具备违法性，因为救助自己的孩子是法律义务，而救助邻居的孩子是道德义务，法律义务是要优于道德义务的。但是，如果挽救的是邻居的孩子，却造成自己的孩子溺水而亡，这是否是犯罪呢？从表面上看，为了道德义务而放弃法律义务，具备法益侵害，但是这种行为却是伦理道德所认可的，因此也不具备违法性。再如，甲妻与乙通奸被甲当场发现，甲非常愤怒，要求乙跪下，并让其出具"情况说明"，还先后逼其写下3万元欠条作为赔偿。此后，甲拿着这份"情况说明"找乙要钱，乙被逼得走投无路，选择报警。这类案件在当前比较常见，不少司法机关将其认定为敲诈勒索罪。但本书认为，虽然配偶违反了忠诚义务，另一方并无主张赔偿的法定权利，甲的行为侵害了乙的财产权，但这种行为并未违背社会伦理秩序。妻子和他人通奸，丈夫要求赔偿，是一种社会生活的常见行为，具有社会相当性，可以否定其行为的违法性。当然，如果行为人采用暴力、拘禁等手段，有可能构成其他侵犯人身权利的犯罪，这另当别论。

---

[1] The Law Commission, the Consent in Criminal Law, HMSO (1995), p. 15.

[2] 参考罗翔："结果无价值论之检讨"，载《法学杂志》2014年第2期。

二、主观的正当化要素

法益论者不承认主观违法要素，因此一般都会否定主观构成要件要素的存在，比如，他们认为故意、过失只是责任要素，而不承认构成要件故意、过失和责任故意、过失的区分。[1] 这种过分割裂犯罪论体系的看法有许多无法弥补的缺陷。

第一，这会导致正当防卫制度的混乱。如果在违法性上不考虑主观要素，那么过失杀人与故意杀人在违法性程度上完全相同，用法益论者的话来说，凡是致人死亡的行为，都是"杀人"行为。[2] 那么，第三人针对过失杀人与故意杀人岂不是可以适用同样的正当防卫规则吗？《刑法》第20条第3款所说的特殊防卫是否也可以同样适用于过失杀人呢？比如对于醉驾司机交通肇事，将一人撞成重伤，还有可能撞向他人，按照法益论者的观点，路人可以直接击毙司机，这无疑会导致私立救济的无限扩大。法益论者还批评行为无价值，认为它不利于国民行使防卫等权利，如甲面临精神病人乙正在杀害自己时，因为乙缺乏故意与过失，不具备违法性，而不得防卫。[3] 这恰恰是没有区分构成要件故意与责任故意而导致的误读，既然精神病人符合故意杀人罪的构成要件，具有构成要件故意，那当然有违法性，自然可以进行正当防卫。

第二，这无法说明构成要件提前实现中的过失行为与结果的因果关系。比如甲配制毒酒欲次日毒杀乙，毒酒置于客厅桌上，甲外出打牌，忘关家门，当晚乙找甲聊天，误喝毒酒而死。在此案中，由于因果关系是实行行为与结果之间的一种客观联系，因此甲的行为不构成故意杀人罪的既遂，成立故意杀人罪的犯罪预备。法益论者承认此行为还同时构成过失致人死亡罪。[4] 然而，如果不承认有构成要件的过失，怎么可能出现"过失行为"与死亡结果的因果关系呢？严格按照法益论者的行为，上述案件根本不成立过失致人死亡罪，因为构成要件中是没有过失要素的，因此在此案中也就没有实行行为。这种结论显然有违人类朴素的道德情感。

第三，这无法解释刑事推定制度的合理性。我国刑法中广泛存在着刑事推定，司法解释关于刑事推定的规定比比皆是，比如司法解释中经常把故意解释为"知道或应当知道"。[5] 事实上，如果不区分构成要件故意与责任故

〔1〕 张明楷：《刑法学》，法律出版社2011年版，第123页。

〔2〕 张明楷："结果无价值论的法益观——与周光权教授商榷"，载《中外法学》2012年第1期。

〔3〕 张明楷："行为无价值论的疑问——兼与周光权教授商榷"，载《中国社会科学》2009年第1期。

〔4〕 张明楷：《刑法学》，法律出版社2011年版，第254页。

〔5〕 如2001年4月9日《最高人民法院、最高人民检察院关于办理生产、销售伪劣商品刑事案件具体应用法律若干问题的解释》第9条规定：知道或者应当知道他人实施生产、销售伪劣商品犯罪，而为其提供贷款、资金、账号、发票、证明、许可证件，或者提供生产、经营场所或者运输、仓储、保管、邮寄等便利条件，或者提供制假生产技术的，以生产、销售伪劣商品犯罪的共犯论处。

意，推定制度的合理性很难说明。构成要件故意属于构成要件该当性中的证明内容，应由控方承担提出责任和说法责任，"构成要件性故意"是一种客观判断，因此控方只要证明一般人"应当知道"就完成了证明责任，而"责任故意"是一种个别化的判断，就如精神病辩护事由一样，必须由辩方承担提出责任甚至说服责任。只要控方根据一般人的常理推定行为人"应当知道"，就完成了初始的证明责任，此时的证明责任就转移至辩方，如果辩方不能提出优势证据证明自己其实并不知情，就应当承担败诉的责任。

第四，这会导致共犯理论的混乱。按照法益论者的观点，故意杀人和过失杀人可以成立共犯。既然不承认构成要件故意、过失的存在，故意杀人和过失杀人在构成要件上和违法性上当然具有共同性，因此当医生利用有疏忽的护士去毒杀他人，医生和护士也就可以成立共犯，这不仅颠覆了人们对共犯理论的传统理解，也使得间接正犯理论失去了存在的意义，这种结论即便法益论者自身也不赞同。[1]

根据法益侵犯说，即便行为人没有主观的正当化要素，也可成立正当化行为。但是，根据规范维护说，只有当行为人具备主观的正当化要素时，才可成立正当化行为。本书持规范维护说，认为主观的正当化要素是必要的，因此，正当防卫的行为人必须具备防卫意图，紧急避险的行为人必须具备避险意图，得到被害人承诺的行为人必须认识到对方的承诺。

比较复杂的是：如果出现正当化事由的认识错误，如假想防卫、假想避险，甚至假想得到他人承诺[2]，这该如何处理呢？我国刑法的主流观点认为，正当化事由的认识错误可以排除故意，如果有过失，则按过失犯罪论处。[3]

三、违法阻却事由的分类

违法阻却事由可以分为法定的违法阻却事由和超法规的违法阻却事由，前者即我国刑法规定的正当防卫和紧急避险两种违法阻却事由，后者包括具有社会相当性的法令行为、正当业务行为、被害人承诺的行为、自救行为等其他违法阻却事由。

超法规的违法阻却事由是目的行为论者威尔采（Welzel）对刑法理论的重要补充。[4] 威尔采提出了社会相当性理论，以此对超法规的违法阻却事由

---

[1]　[日]西田典之：《日本刑法总论》，刘明祥、王昭武译，中国人民大学出版社 2007 年版，第 272 页。

[2]　男方与妻子发生性行为，性事结束后发现是妻子的孪生妹妹。

[3]　正当化事由的认识错误一般都被视为一种容许构成要件错误，因为违法阻却事由本身可以看成一种容许构成要件。对于容许构成要件错误，学说上有故意理论、消极构成要件理论、严格责任论、限制责任论、故意过失二分说等多种学说。参考林东茂：《刑法综览》，中国人民大学出版社 2009 年版，第 194~195 页。在体系性安排上，笔者倾向于将正当化事由的认识错误看成一种责任减免事由，这可以很好地处理共同犯罪的问题。比如，甲明知乙在进行假想防卫，依然对其提供帮助，由于共同犯罪采取限制从属说，显然两人在构成要件和违法性层面上成立共同犯罪。

[4]　林东茂：《刑法综览》，中国人民大学出版社 2009 年版，第 41~42 页。

进行解释，威尔采认为传统法益理论的致命缺陷在于："它不是在现实的社会生活空间中，而是在一个没有活力、毫无功能的世界中去审视法益"，[1] 因此，"应于历史所形成的国民共同秩序内，将具有机能作用的行为排除于不法概念之外，并将此种不脱逸社会生活上的常规的行为，称为社会相当行为"。换言之，行为若合于历史所形成的社会伦理秩序，其行为就具有社会相当性，而非不法行为。[2] 社会相当性的本质就是将道德规范作为违法阻却的实质根据，限制刑罚权的过分扩张，"让刑法学从死气沉沉的博物馆回到富有活力的社会生活中来"。一如威尔采所言：社会相当性是符合于构成要件之行为的（习惯法上的）违法阻却事由，它发源于共同体生活的社会道德秩序。[3] 将道德规范作为违法阻却事由的实质根据，必然会使司法机关考虑社会生活的实际需要，顾念普罗大众的常情常感，避免司法的机械与僵化。

一段时间以来，人们过分地强调法律与道德的区分，害怕以模糊的道德作为发动刑罚的根据会与罪刑法定原则严重抵触。这种认识只具有片面的合理性，因为它忽视了消极的道德主义。道德主义可以区分为作为入罪的积极道德主义和作为出罪的消极道德主义，积极道德主义是应当反对的，但消极道德主义在世界各国都被普遍接受。总之，一种违反道德的行为不一定是犯罪，但一种道德所许可甚或鼓励的行为一定不是犯罪。

需要特别说明的是，罪刑法定原则是依法治国最基本的原则，其基本精神是限制国家的刑罚权，结果无价值论很难满足这个要求。法益论者认为，结果无价值论能够很好地贯彻罪刑法定原则，因为它将违法性限定在造成法益侵害或者危险的范围内，既有利于从立法上控制处罚范围，也有利于从司法上限制刑罚权。[4]

但是，让人费解的是，如果不考虑伦理规范的需要，凭空产生的法益理论如何能够从立法上控制处罚范围呢？这种由立法发明并确定的法益如何去限制立法者本身的权力呢？一如上文所言，在所有的侵犯超个人法益的犯罪中，如果缺乏伦理规范的制约，这种法益很难有合理性。在某些法益论者眼中，存在就是合理的，因为所有的刑法条文背后都可以寻觅到立法者试图推广的利益，一些极其抽象、无法把握的概念打着"法益"的名号大行其道，对法治起着极其不利的破坏作用。比如《刑法》第 293 条的寻衅滋事罪，这几乎已经成为针对上访者的专用罪名。如何理解此罪第 4 款——"在公共场所起哄闹事，造成公共场所秩序严重混乱的"？其法益为何？无论是将此罪的法益理解为社会秩序或公共秩序，都离罪刑法定的明确性相去甚远。有法益论者意识到这个问题，于是主张本行为所保护法益是不特定人或者多数人在

---

〔1〕 陈璇："社会相当性理论的源流、概念和基础"，载《刑事法评论》2010 年第 2 期。

〔2〕 黄丁全："社会相当性理论研究"，载《刑事法评论》1999 年第 2 期。

〔3〕 陈璇："社会相当性理论的源流、概念和基础"，载《刑事法评论》2010 年第 2 期。

〔4〕 张明楷："行为无价值论的疑问——兼与周光权教授商榷"，载《中国社会科学》2009 年第 1 期。

公共场所从事自由活动的安全与顺利。[1] 较之社会秩序或公共秩序,这种表述具有相对的明确性,但是,如果不考虑伦理规范的需要,任何一种引起多人围观的行为岂不都可能妨碍"不特定人或者多数人在公共场所从事自由活动的安全与顺利"?比如有人兴之所至,在公共场所大声高歌,引发多人围观,造成交通堵塞;又如某教授在学校教学楼外露天开讲,太过火爆,以致其他教室无法正常上课,这是否都构成寻衅滋事罪?总之,一种不考虑伦理规范的法益观很难限制立法者的权力,也就无法实现罪刑法定实质侧面的需要。

单纯的法益理论也往往很难限制司法权。大量的超法规的违法阻却事由,从表面上看都可能是侵犯法益,却为伦理规范所允许。如果仅凭法益理论,类似行为都应以犯罪论处。例如上文提及的教师面临义务冲突,孩子和学生同时失足落水,教师先救学生,孩子溺水而亡。单纯从法益理论来看,此行为明显侵害了具体法益,因为法定义务高于道德义务,然而此行为却是伦理所鼓励嘉奖的行为,难道刑法也应处罚吗?

总之,只要行为人的权利请求是道德上所认可的,具有道德上的合理性,这种行为就属于违法阻却事由,自然不构成犯罪。

第二节 正当防卫

正当防卫是指为了保护国家、公共利益、本人或者他人的人身、财产和其他权利免受正在进行的不法侵害,采取对不法侵害人造成损害的方法,制止不法侵害的行为。2020年8月,最高人民法院、最高人民检察院、公安部发布了《关于依法适用正当防卫制度的指导意见》(以下简称《指导意见》),对认定正当防卫也有重要的指导作用。[2]

一、正当防卫的成立条件

(一)防卫意图

正当防卫必须具备正当化的意图。防卫意图包括防卫认识与防卫意志。防卫认识是指防卫人认识到不法侵害正在进行;防卫意志是指防卫人具有保护国家利益、公共利益、本人或他人的人身、财产和其他权利免受正在进行的不法侵害的目的。其中,防卫认识是基础,没有防卫认识,就不可能有防卫意志。动机不影响防卫意志的成立,出于不高尚的动机也可能成立正当防卫。

赃物的持有人也可以进行防卫,否则会造成"黑吃黑"现象的猖獗,导

---

[1] 张明楷:"寻衅滋事罪探究(上篇)",载《政治与法律》2008年第1期。
[2] 本节内容参考了指导意见起草小组等:"《关于依法适用正当防卫制度的指导意见》的理解与适用",载《人民司法》2020年第28期。

致社会秩序混乱。国家应当保护赃物持有人对赃物事实上的占有权以防止他人的任意侵夺。

以下几种情况由于缺乏正当化的意图，不成立正当防卫：

1. 防卫挑拨。这是指故意挑拨对方对自己进行不法侵害，然后借机加害对方。这是一种自招防卫，在主观上缺乏防卫意图，不成立正当防卫。

2. 滥用防卫权。对于显著轻微的不法侵害，行为人在可以辨识的情况下，直接使用足以致人重伤或者死亡的方式进行制止的，不应认定为防卫行为。不法侵害系因行为人的重大过错引发，行为人在可以使用其他手段避免侵害的情况下，仍故意使用足以致人重伤或者死亡的方式还击的，不应认定为防卫行为。例如，张三看到妻子与奸夫一起逛商场，持自行车 U 型锁砸奸夫，奸夫本可逃跑，但其却持匕首将张三刺死。在此种情形下，张三的加害行为事出有因，且加害对象特定，与一般的故意伤害行为在社会危害性上存在较大不同。如果不考虑事件的起因，认定奸夫的行为属于防卫过当甚至正当防卫，对其只能在 10 年有期徒刑以下处刑，甚至要宣告无罪，从情理上难以为人民群众所认同。因此，对于行为人在起因方面有重大过错的情形，应当认为其有退避义务，只有在无法避让的情况下才能进行防卫。

3. 互相斗殴。斗殴双方无论谁先动手、谁后动手，都是违背法律要求的，因此，一般不成立正当防卫。[1]但是，在斗殴过程中或结束时，在特殊情况下也可能成立正当防卫。例如，在相互斗殴中，一方求饶或者逃走，另一方

---

[1] 参见"苏良才故意伤害案［第 133 号］"，载最高人民法院刑事审判第一、二、三、四、五庭主编：《中国刑事审判指导案例 3：侵犯公民人身权利、民主权利罪》，法律出版社 2012 年版，第 233 页。泉州市卫生学校 97 级学生平仙风在泉州市刺桐饭店歌舞厅跳舞时，先后认识了苏良才和张阳挺，并同时交往。交往中，张阳挺感觉平仙风对其若即若离，即怀疑是苏良才与其争女友所致，遂心怀不满。1998 年 7 月 11 日晚，张阳挺以"去找一个女的"为由，叫了其弟张秋挺和同乡尤忠伟、谢朝炳、邱自守一起来到鲤城区米仓巷 5 号黎明大学租用的宿舍，将苏良才叫出，责问其与平仙风的关系，双方发生争执。争执中，双方互用手指着对方。尤忠伟见状，冲上前去踢了苏良才一脚，欲出手时，被张阳挺拦住，言明事情没搞清楚不要打。随后，苏良才返回宿舍，张阳挺等人站在门外。苏良才回到宿舍向同学苏金海要了一把多功能折叠式水果刀，并张开刀刃插在后裤袋里，叫平仙风与其一起出去。在门口不远处，苏良才与张阳挺再次争执，互不相让，并用中指划责骂对方。当张阳挺威胁："真的要打架吗？"苏良才即言："打就打！"张阳挺即出拳击打苏良才，苏良才亦还手，二人互殴。被害人张秋挺见其兄与苏良才对打，亦上前帮助其兄。苏良才边打边退，尤忠伟、谢朝炳等人见状围追苏良才。苏良才即拔出张开刀刃的水果刀朝冲在最前面的被害人张秋挺猛刺一刀，致其倒地，后被送往医院经抢救无效死亡。法院认为：被告人苏良才因故与他人产生纠纷并动手打架，竟持刀刺中他人，致人死亡，其行为构成故意伤害罪，不属于防卫过当。判处被告人苏良才犯故意伤害罪，判处有期徒刑 14 年，剥夺政治权利 3 年。

继续侵害的，前者可以出于防卫意图进行正当防卫。[1]

《指导意见》也特别强调要区分防卫行为与互相斗殴。防卫行为与相互斗殴具有外观上的相似性，准确区分两者要坚持主客观相统一原则，通过综合考量案发起因、对冲突升级是否有过错、是否使用或者准备使用凶器、是否采用明显不相当的暴力、是否纠集他人参与打斗等客观情节，准确判断行为人的主观意图和行为性质。

因琐事发生争执，双方均不能保持克制而引发打斗，对于有过错的一方先动手且手段明显过激，或者一方先动手，在对方努力避免冲突的情况下仍继续侵害的，还击一方的行为一般应当认定为防卫行为。

双方因琐事发生冲突，冲突结束后，一方又实施不法侵害，对方还击，包括使用工具还击的，一般应当认定为防卫行为。不能仅因行为人事先进行防卫准备，就影响对其防卫意图的认定。

4. 偶然防卫。行为人主观上并无正当的防卫意图，但客观上符合了正当防卫的其他条件，制止了不法侵害。比如，某甲与某乙素有仇隙，某日晚，某甲酒后决意杀某乙，便携枪到某乙住处，从门缝见一人背影确认是某乙，于是举枪射击，而恰逢某乙刚劫持了一名过路的妇女，正要对其实施暴力强奸。结果，某甲将某乙打死，同时也阻止了其正在实施的强奸犯罪行为。在上述案例中，某甲的行为客观上偶然地制止了正在进行的暴力犯罪行为，但并非正当防卫。

法益侵犯说排斥主观的正当化要素，主张防卫意图不要说，因此，偶然防卫也属于正当防卫。但是根据规范维护说，防卫意图是必要的，因此，偶然防卫不能成立正当防卫，一般认为，可以未遂犯论处。

（二）防卫起因

正当防卫的前提条件是存在不法侵害。因此，要注意如下知识点：

1. 精神病人与未成年人的侵害。精神病人与未成年人所实施的危害行为也属于不法侵害，故可对其进行正当防卫。当然，如果防卫人知道进行侵害的人

---

[1] 参见"张建国故意伤害案［第 138 号］"，载最高人民法院刑事审判第一、二、三、四、五庭主编：《中国刑事审判指导案例 3：侵犯公民人身权利、民主权利罪》，法律出版社 2012 年版，第230 页。某日 19 时许，被告人张建国到酒楼与马润江、付洪亮一起饮酒。当日 21 时许，张建国与马润江在该酒楼卫生间内与同在酒楼饮酒的徐永和（曾是张建国的邻居）相遇。张建国遂同徐永和戏言："待会儿你把我们那桌的账也结了。"欲出卫生间的徐永和闻听此言又转身返回，对张建国进行辱骂并质问说："你刚才说什么呢？我凭什么给你结账？"徐边说边扑向张建国并指住张的脖子，张建国随即推挡徐永和。在场的马润江将张、徐二人劝开。徐永和离开卫生间返回到饮酒处，抄起两个空啤酒瓶，将酒瓶磕碎后即寻找张建国。当张建国从酒楼走出时，徐永和嘴里说"扎死你"，即手持碎酒瓶向张建国面部扎去。张建国躲闪不及，被扎伤左颈、面部（现留有明显疤痕长约 12cm）。后张建国双手抱住徐永和的腰部将徐摔倒在地，致使徐永和被自持的碎酒瓶刺伤左下肢动、静脉，造成失血性休克，经医院抢救无效死亡。法院认为：徐永和、张建国两人因一句戏言发生争执，在被他人劝开后，徐永和持碎酒瓶伤害被告人张建国的行为属不法侵害。被告人张建国在被徐永和扎伤左颈、面部的情况下，为阻止徐永和继续实施伤害行为，躲至徐永和身后，抱住徐永和的腰并将徐摔倒在地，致使徐永和被自持的碎酒瓶扎伤致死。被告人张建国为使本人的人身免受正在进行的不法侵害而采取的制止不法侵害的行为，属正当防卫，被告人张建国无罪，且不承担民事赔偿责任。

是未成年人或者精神病人，首先应尽量采取其他方法躲避侵害，只有在迫不得已的情况下才允许实行正当防卫。[1]《指导意见》第 7 条规定："……明知侵害人是无刑事责任能力人或者限制刑事责任能力人的，应当尽量使用其他方式避免或者制止侵害；没有其他方式可以避免、制止不法侵害，或者不法侵害严重危及人身安全的，可以进行反击。"

值得一提的是：法益侵犯说批评规范维护说，认为此说不利于国民行使正当防卫等权利，如对精神病人进行防卫的场合。法益侵犯说认为，当甲面临精神病人乙正在杀害自己时，因为乙缺乏故意与过失，不具备违法性，故不得防卫。[2]这恰恰是没有区分构成要件故意与责任故意而导致的误读。既然精神病人符合故意杀人罪的构成要件，具有构成要件故意，则当然有违法性，自然可以进行正当防卫。

2. 动物侵袭。动物侵袭一般不属于不法侵害，将动物打死可按紧急避险论处。但是，如果饲养人唆使其饲养的动物侵害他人的，此种情况下，动物是饲养人进行不法侵害的工具，防卫人将该动物打死打伤的，事实上属于以给不法侵害人的财产造成损害的方法进行的正当防卫。当然，如果直接攻击唆使之人，由于他是不法行为的直接发出源，也可成立正当防卫。

3. 对于社会利益、国家利益的侵害，也可能属于不法侵害，但只有这种社会利益和国家利益与个人利益有密切关系且对个人利益有紧迫的危险时，才可进行正当防卫。比如，对他人偷越国家边境的行为，就不能进行正当防卫。但是，对于小偷盗窃国有企业财产，他人可以进行正当防卫，因为国有企业的财产必须由个人进行监管，这同样可以理解为是对个人监管权的一种侵犯，故可以进行正当防卫。

4. 假想防卫的处理。如果没有发生不法侵害，行为人误以为发生了不法侵害，从而采取了自以为是正当防卫行为的，属于假想防卫。假想防卫的处理在学说上有很大的争议，我国刑法通说认为，假想防卫不是正当防卫，通

---

〔1〕　参见"范尚秀故意伤害案［第 353 号］"，载最高人民法院刑事审判第一、二、三、四、五庭主编：《中国刑事审判指导案例 3：侵犯公民人身权利、民主权利罪》，法律出版社 2012 年版，第 322 页。被告人范尚秀与被害人范尚雨系同胞兄弟。范尚雨患精神病近 10 年，因不能辨认和控制自己的行为，经常无故殴打他人。2003 年 9 月 5 日上午 8 时许，范尚雨先追打其侄女范莹辉，又手持木棒、砖头在公路上追撵其兄范尚秀。范尚秀在跑了几圈之后，因无力跑动，便停了下来，转身抓住范尚雨的头发将其按倒在地，并夺下木棒朝持砖欲起身的范尚雨头部打了两棒，致范尚雨当即倒在地上。后范尚秀把木棒、砖头捡回家。约 1 个小时后，范尚秀见范尚雨未回家，即到打架现场用板车将范尚雨拉到范尚雨的住处。范尚雨于上午 11 时许死亡。下午 3 时许，被告人范尚秀向村治保主任唐田富投案。法院认为，被告人范尚秀为了使自己的人身权利免受正在进行的不法侵害，而持械伤害他人身体，造成他人死亡的后果，具有防卫性质，但明显超过必要限度造成他人损害，其行为已构成故意伤害罪。被告人作案后投案自首，依法应从轻处罚。被告人范尚秀辩解称其用木棒敲死被害人不是故意的，是不得已而为之的自卫行为的理由，与庭审查明的事实相符，依法应当减轻处罚。鉴于被告人的悔罪表现，可对被告人适用缓刑。被告人范尚秀犯故意伤害罪，判处有期徒刑 3 年，缓刑 3 年。

〔2〕　张明楷："行为无价值论的疑问——兼与周光权教授商榷"，载《中国社会科学》2009 年第 1 期。

常按过失犯罪处理；如果确实没有过失的，则按意外事件处理。[1]

（三）防卫时间

正当防卫必须发生在不法侵害正在进行时，否则就是防卫不适时。

1. 开始时间。一般情况下，只有当不法侵害人着手实行不法侵害时，才能进行防卫，对于预备行为不能进行正当防卫。但是如果不法侵害的现实危险十分明显、紧迫，待其着手实行后，来不及减轻或者避免危害结果时，也应认为不法侵害已经开始。

2. 结束时间。关于不法侵害结束的时间，可以采取"危险排除"的理论认定，即只要合法权益不再处于紧迫、现实的侵害、威胁之中，或者说不法侵害已经不可能继续，就认为不法侵害已经结束。通常表现为：不法侵害人已经被制服；不法侵害人已经自动中止不法侵害；不法侵害人已经逃离现场；不法侵害行为已经造成了危害结果并且不可能继续造成更严重的危害结果。在不法侵害结束后，就不能再进行正当防卫。

但是，在判断不法侵害是否结束时，必须站在一般人立场从普罗大众的角度来看是否具有紧迫性，而不能按照理性人的事后标准。换言之，我们要代入防卫人的角色，设身处地综合考虑他所处的情境来判断他是否依然处于紧迫的危险之中。比如在世人瞩目的昆山反杀案中，如果你是防卫人，你是否会认为"宝马哥"已经丧失反抗能力，自己已经不再处于紧迫的危险之中？有许多法律人喜欢做理性人的假设，喜欢站在事后角度开启上帝视角，但是没有人是理性人，人们或多或少都有弱点，也许只有机器人才是真正的理性人。法律必须考虑民众朴素的道德情感，而不能动辄以事后诸葛亮的冷漠与傲慢来忽视民众的声音。

在引起极大争议的于欢案中，一审法院曾经错误地认为于欢的行为不具有防卫属性，因为不法侵害已经结束，于欢没有遭受紧迫的危险。但二审法院改变了这种错误观点，认为于欢依然面临着不法侵害，其行为具有防卫性质。该案后成为最高人民法院发布的第93号指导案例，用来指导全国司法工作。指导案例认为："于欢是在人身自由受到违法侵害、人身安全面临现实威

[1] 参见"王长友过失致人死亡案［第127号］"，载最高人民法院刑事审判第一、二、三、四、五庭主编：《中国刑事审判指导案例3：侵犯公民人身权利、民主权利罪》，法律出版社2012年版，第185页。1999年4月16日晚，被告人王长友一家三口入睡后，忽听见有人在其家屋外喊叫其妻佟雅琴的名字。王长友便到外屋查看，见一人已将外屋窗户的塑料布扯掉一角，正从玻璃缺口处伸进手开门闩。王即用拳头打那人的手一下，该人急抽回手并跑走。王长友出屋追赶未及，亦未认出是何人，即回屋带上一把自制的木柄尖刀，锁上门后（此时其10岁的儿子仍在屋里睡觉），与其妻同去村书记吴俊杰家告知此事，随后又到村委会向大林镇派出所电话报警。当王与其妻报警后急忙返回自家院内时，发现自家窗前处有俩人影，此二人系本村村民何长明、齐满顺来王家串门，见房门上锁正欲离去。王长友未能认出何、齐二人，而误以为是刚才欲非法侵入其住宅之人，又见二人向其走来，疑为要袭击他，随即用手中的尖刀刺向走在前面的齐满顺的胸部，致齐因气血胸，失血性休克，当场死亡。何长明见状上前抱住王，并说："我是何长明！"王长友闻声停住，方知出错。法院认为，被告人王长友的行为属于在对事实认识错误的情况下实施的假想防卫，其行为已构成过失致人死亡罪。

胁的情况下持刀捅刺，且捅刺的对象都是在其警告后仍向其靠近围逼的人。因此，可以认定其是为了使本人和其母亲的人身权利免受正在进行的不法侵害，而采取的制止不法侵害行为，具备正当防卫的客观和主观条件，具有防卫性质。"

《指导意见》明确指出：对于不法侵害是否已经开始或者结束，应当立足防卫人在防卫时所处情境，按照社会公众的一般认知，依法作出合乎情理的判断，不能苛求防卫人。对于防卫人因为恐慌、紧张等心理，对不法侵害是否已经开始或者结束产生错误认识的，应当根据主客观相统一原则，依法作出妥当处理。这里尤其需要注意三点：

（1）整体性判断。如果防卫行为从整体上看是一体的，应当认为不法侵害没有结束。"一体"一般指的是同一机会、同一场合、同一动机，中间没有明显中断。

（2）犯罪达到既遂状态，并不必然意味着不法侵害已经结束。就继续犯而言，犯罪既遂后，犯罪行为与不法状态在一定时间内同时处于继续状态，此种情形下显然不宜以犯罪既遂作为不法侵害的结束时间。

（3）针对财产的不法侵害，侵害人取得财物后，不宜一概认定不法侵害已经结束，而应当根据案件具体情况作出判断。《指导意见》第6条认为，在财产犯罪中，不法侵害人虽已取得财物，但通过追赶、阻击等措施能够追回财物的，可以视为不法侵害仍在进行。例如，盗窃犯窃得财物，盗窃罪已既遂，但当场对盗窃犯予以暴力反击夺回财物的，一般都可认定为正当防卫。

3. 防卫不适时。防卫不适时包括事先防卫和事后防卫。事先防卫是在不法侵害还未开始时进行防卫；[1]事后防卫是在不法侵害已结束时，继续加害不法侵害人的，不成立正当防卫。需要注意的是：由于防卫不适时不符合正当防卫的时间条件，也就不存在防卫过当的问题。因为防卫过当的前提是存在正当防卫，但超过必要限度。

预先安装防卫装置不属于事先防卫。比如，为了防范小偷，在围墙上插

---

[1] 参见"周文友故意杀人案［第363号］"，载最高人民法院刑事审判第一、二、三、四、五庭主编：《中国刑事审判指导案例3：侵犯公民人身权利、民主权利罪》，法律出版社2012年版，第115页。被告人周文友之妹周洪为家庭琐事与其夫李博（被害人）发生争吵，周文友之母赵孝学出面劝解，后李博用板凳打了赵孝学。当晚11时许，周文友回家得知此事，遂打电话质问李博，并叫李博回家把事情说清楚。为此，两人在电话里发生争执。次日凌晨1时30分许，李博邀任毅、杨海波、吴四方等人乘坐出租车来到周文友家。周文友见状遂持尖刀走出房间来到坝子，与持砍刀的李博对打。在周文友与李博相互对打中，周文友将李博右侧胸肺、左侧腋、右侧颈部等处刺伤，致李博急性失血性休克，呼吸、循环衰竭死亡；李博持砍刀将周文友头顶部、左胸壁等处砍伤，左手腕砍断。经法医鉴定，周文友的损伤程度属重伤。周文友受伤后乘坐出租车前往医院治疗，途经南川市公安局西城派出所时，向派出所报案，称其杀了人，来投案自首，现在要到医院去治伤，有事到医院找他。周文友认为自己的行为系正当防卫。法院认为：被告人周文友不是正当防卫，其行为构成故意杀人罪。鉴于被告人周文友有自首情节，且被害人李博有重大过错，可对被告人周文友减轻处罚。判决被告人周文友犯故意杀人罪，判处有期徒刑8年。

上玻璃碎片，当防卫效果发生时正好遭遇不法侵害，这也成立正当防卫。[1]但是，如果预先安装的防卫装置具有危害公共安全的性质，即使出于防卫动机，也不属于正当防卫。[2]比如，为了防止他人偷窃，在果树上投毒，这不属于正当防卫，造成他人伤亡的，应该直接以投放危险物质罪论处。如果预想到有犯罪行为会发生，而提前准备武器防身，在遭遇不法侵害时，使用武器，这在实质上属于对正在进行中的不法侵害的防卫行为，可以成立正当防卫。[3]

事后防卫在司法实践中比较常见，它可以分为两种：

（1）故意的防卫。这又分没有正当防卫前提的事后防卫和具有正当防卫前提的事后防卫。前者是指在不法侵害中，行为人没有防卫，但在不法侵害终止后，才对不法侵害人实施所谓的"防卫"，这属于典型的事后报复。例如，女方被强奸后，面对扬长而去的犯罪人，非常生气，于是拾起砖头朝犯罪人头部猛击。后者是指在实行正当防卫过程中，不法侵害人已经丧失了侵害能力或者终止了不法侵害，或者已经被制服，但行为人仍不罢手，继续加害。例如，宋某持三角刮刀抢劫王某财物，王某夺下宋某的三角刮刀，并将宋某推倒在水泥地上，宋某头部着地，当即昏迷。王某随后持三角刀将宋某杀死。显然，王某前面的行为本是正当防卫，但后面的行为却转化为事后防卫的故意杀人。

（2）出现认识错误的事后防卫。这是指不法侵害已经终止，但防卫人出现认识错误，误认为不法侵害仍然存在，而对其实施了所谓的"防卫"。这其实属于事后防卫与假想防卫的竞合，应当适用假想防卫的处理原则。如果对于认识错误存在过失，则应以过失犯罪论处；如果没有过失，则属于意外

---

〔1〕 ［日］大谷实：《刑法讲义总论》，黎宏译，中国人民大学出版社 2008 年版，第 255 页。

〔2〕 陈兴良：《本体刑法学》，商务印书馆 2001 年版，第 449 页。

〔3〕 参见"胡咏平故意伤害案［第 224 号］"，载最高人民法院刑事审判第一、二、三、四、五庭主编：《中国刑事审判指导案例 3：侵犯公民人身权利、民主权利罪》，法律出版社 2012 年版，第 275 页。被告人胡咏平在厦门伟嘉运动器材有限公司上班期间，与同事张成兵（在逃）因搬材料问题发生口角，张成兵扬言下班后要找人殴打胡咏平，并提前离厂。胡咏平从同事处得知张成兵的扬言后即准备 2 根钢筋条磨成锐器藏在身上。当天下午 5 时许，张成兵纠集邱海华（在逃）、邱序道在厦门伟嘉运动器材有限公司门口附近等候。在张成兵指认后，邱序道上前拦住刚刚下班的胡咏平，要把胡拉到路边。胡咏平不从，邱序道遂殴打胡咏平两个耳光。胡咏平即掏出一根钢筋条朝邱序道的左胸部刺去，并转身逃跑。张成兵、邱海华见状，立即追赶并持钢管殴打胡咏平。尔后，张成兵、邱海华逃离现场。经法医鉴定，被害人邱序道左胸部被刺后导致休克、心包填塞、心脏破裂，损伤程度为重伤。法院认为：被告人胡咏平在下班的路上遭到被害人邱序道的不法侵害时，即掏出钢筋条刺中邱序道，其行为属于防卫性质。被害人邱序道在殴打被告人胡咏平并未使用凶器，其侵害行为尚未达到对被告人胡咏平性命构成威胁的程度，被告人胡咏平却使用凶器进行还击，致使被害人重伤，其防卫行为明显超过必要限度造成重大损害，属于防卫过当，构成故意伤害罪，但依法应当减轻处罚。被告人胡咏平犯故意伤害罪，判处有期徒刑 1 年。另可参见"李明故意伤害案［第 433 号］"，载最高人民法院刑事审判第一、二、三、四、五庭主编：《中国刑事审判指导案例 3：侵犯公民人身权利、民主权利罪》，法律出版社 2012 年版，第 360 页。

事件。[1]

（四）防卫对象

正当防卫只能针对不法侵害人本人的人身或财物进行防卫。

1. 对第三人防卫的处理。如果故意针对第三人进行防卫，就应作为故意犯罪处理；如果误认为第三人是不法侵害人而进行所谓的"防卫"，则以假想防卫来处理，即如果行为人主观上有过失，且刑法规定为过失犯罪，就按过失犯罪来处理；如果行为人主观上没有过失，就按意外事件来处理。例如，甲和女友夜晚在公园散步，遭到 3 个流氓的侮辱，继而 3 人殴打甲。甲在黑暗中持水果刀与 3 个流氓搏斗。这时有一个着便衣的警察，见似乎有几个人在打架斗殴，就过来拍了甲的肩膀一下。甲误以为是流氓袭击，将其扎伤。甲的行为就属于对第三人防卫，可按假想防卫处理。

2. 损害第三人的财产。为制止正在进行的不法侵害，使用第三人的财物反击不法侵害人，对于防卫人而言，这可能成立紧急避险，但是如果同时对不法侵害人造成了人身损害，是可以成立正当防卫的。当然，如果不法侵害人使用第三人财物对他人进行攻击，例如，甲抓起李四的名贵吉他向李四头部砸去，李四用手肘一挡，导致吉他损毁。这种损害结果与李四无关，不属于正当防卫，而应当由甲承担故意毁坏财物罪的责任。

3. 对第三人防卫与打击错误。在正当防卫过程中，如果出现打击错误，导致不法侵害人以外的第三人伤亡，该如何处理？这在刑法理论中也存在很大的争议。大致有三种观点：①成立正当防卫；②成立假想防卫；③成立紧急避险。[2]第①②种观点遵循的是法定符合说的立场。法定符合说认为，不同的具体人在人的本质上可以等价，因此，不法侵害人与第三人之间在价值上具有等同性，既然对不法侵害人的攻击进行防卫成立正当防卫，那么由于打击错误对第三人进行防卫也可成立正当防卫。另外，法定符合说认为，在正当防卫过程中，对象错误与打击错误的处理结论是一致的，如果防卫人出现对象错误，误认为第三人是不法侵害人而进行所谓防卫的，属于假想防卫，那么根据法定符合说，在打击错误的情况下，也有观点认为属于假想防卫。[3]

在本书看来，人身专属法益不能等价，只有非人身专属的法益才可以等价。因此，第三种观点是恰当的。防卫人的行为并非针对不法侵害人的侵犯，而是对与此无关的第三人的攻击，这完全符合紧急避险的条件。当然，非人身专属的法益可以等价，因此，如果甲放狗咬乙，乙开枪防卫，误将丙之名犬击毙，甲之狗与丙之犬可以等价，故可以成立正当防卫。

---

[1] 陈兴良：《本体刑法学》，商务印书馆 2001 年版，第 449~450 页。

[2] 张明楷：《刑法学》，法律出版社 2011 年版，第 200 页。

[3] ［日］西田典之：《日本刑法总论》，刘明详、王昭武译，中国人民大学出版社 2007 年版，第 129 页。

（五）防卫限度

正当防卫不能明显超过必要限度造成重大损失。在刑法理论中，对于"必要限度"通说采基本相适应和客观需要相统一说。判断正当防卫是否超过了必要限度，关键看其是否属于有效制止不法侵害行为所必需的，而认定"是否必需"则需要综合考虑不法侵害的强度、不法侵害的缓急、不法侵害的权益与防卫手段是否基本相适应，是否具有社会相当性。[1]

正当防卫行为客观上造成了损失，如果损失不是行为人的行为所导致的，或者行为根本没有造成损失，则自然不属于正当防卫。比如，小偷偷东西，主人大叫抓小偷，小偷慌忙逃跑，掉到水沟，溺毙。主人的行为与小偷的死亡之间没有因果关系，其行为并未导致小偷死亡，所以不属于正当防卫。

二、防卫过当与特殊防卫

（一）防卫过当

符合正当防卫的前四个要件而不具备第五个要件的，才是防卫过当。假想防卫、防卫不适时并非防卫过当。防卫过当在主观上一般是过失，但也不排除故意。[2]例如，甲遭受乙正在进行的不法侵害，在防卫过程中一棒将乙打倒，致乙跌倒时脑部磕在一块石头上而死亡。甲的防卫行为明显超过必要限度、造成了重大损害，应以防卫过当追究刑事责任，构成过失致人死亡罪。防卫过当应当负刑事责任，但是应当减轻或者免除处罚。

指导意见指出：防卫是否"明显超过必要限度"，应当综合不法侵害的性质、手段、强度、危害程度和防卫的时机、手段、强度、损害后果等情节，考虑双方力量对比，立足防卫人防卫时所处情境，结合社会公众的一般认知

---

[1] 参见"赵泉华被控故意伤害案［第297号］"，载最高人民法院刑事审判第一、二、三、四、五庭主编：《中国刑事审判指导案例3：侵犯公民人身权利、民主权利罪》，法律出版社2012年版，第299页。被告人赵泉华与王企儿、周钢在舞厅因琐事发生过争执。事后，王企儿、周钢等人多次至赵泉华家，找赵泉华寻衅，均因赵泉华避让而未果。某日，王企儿、周钢再次至赵泉华家，敲门欲进赵家，赵未予开门。王、周即强行踢开赵家上锁的房门（致门锁锁舌弯曲）闯入赵家，赵为制止不法侵害，持械朝王、周挥击，致王企儿头、面部挫裂伤，经法医鉴定属轻伤；致周钢头皮裂伤、左前臂软组织挫裂伤，经法医鉴定属轻微伤。法院认为：赵的行为未明显超过必要限度造成重大损害，是正当防卫，依法不应承担刑事责任。

[2] 参见"韩霖故意伤害案［第569号］"，载最高人民法院刑事审判第一、二、三、四、五庭主编：《刑事审判参考（2009年第4集·总第69集）》，法律出版社2009年版，第40页。2003年8月30日19时许，被害人王某见被告人韩霖同丁某某在山东省乳山市"豪迈"网吧上网，王某认为丁某某是自己的女友，即对韩霖产生不满，纠集宋某、贾某等4人到网吧找韩霖。王某先让其中2人进网吧叫韩霖出来，因韩霖不愿出来，王某又自己到网吧中拖扯韩霖，2人发生争执，后被网吧老板拉开。王某等人到网吧外等候韩霖，当韩、丁2人走出网吧时，王某即将韩拖到一旁，并朝韩踢了一脚。韩霖挣脱后向南跑，王某在后追赶，宋某、贾某等人也随后追赶。韩霖见王某追上，即持随身携带的匕首朝王挥舞，其中一刀刺中王某左颈部，致王某左侧颈动脉、静脉断裂，急性大失血性休克死亡。案发后，韩霖于9月2日到公安机关投案自首。在案件审理中，经双方协商，韩霖的父母自愿代韩霖向被害人王某的父母赔偿经济损失人民币3万元。一审法院认为被告人不属于防卫过当，以故意伤害罪判处其11年有期徒刑；二审法院认为韩某构成故意伤害罪，但系防卫过当，改判为7年有期徒刑。

作出判断。在判断不法侵害的危害程度时，不仅要考虑已经造成的损害，还要考虑造成进一步损害的紧迫危险性和现实可能性。不应当苛求防卫人必须采取与不法侵害基本相当的反击方式和强度。通过综合考量，对于防卫行为与不法侵害相差悬殊、明显过激的，应当认定防卫明显超过必要限度。

"造成重大损害"是指造成不法侵害人重伤、死亡。造成轻伤及以下损害的，不属于重大损害。防卫行为虽然明显超过必要限度但没有造成重大损害的，不应认定为防卫过当。

根据《刑法》第 20 条第 2 款的规定，认定防卫过当应当同时具备"明显超过必要限度"和"造成重大损害"两个条件，缺一不可。"明显超过必要限度"可谓行为不当，"造成重大损害"可谓结果不当，只有行为和结果都不当，才属于防卫过当。例如，当相对弱小的不法侵害人徒手侵害，体格强壮的防卫人持械还击，符合"明显超过必要限度"要件，但只要没有造成重大损害，则不构成防卫过当。

（二）特殊防卫

《刑法》第 20 条第 3 款规定："对正在进行行凶、杀人、抢劫、强奸、绑架以及其他严重危及人身安全的暴力犯罪，采取防卫行为，造成不法侵害人伤亡的，不属于防卫过当，不负刑事责任。"关于这个条款的争论，首先是关于它的称谓。有人称其为无限防卫[1]。还有人称其为特别防卫，这种观点认为：该条款规定的防卫权并非一概无限制或无限度，其次，这种称谓可以同《刑法》第 20 条前两款规定的一般防卫权相对应，便于区别二者，另外特别防卫权的称谓有利于群众正确认识这种防卫权只能发生在针对特殊犯罪的场合，避免因发生误解而导致滥用这种防卫权[2]。还有人称其为无过当之防卫[3]。

称谓的问题其实需要考虑这个条款与《刑法》第 20 条前两款的关系。有人认为，第 3 款的规定是一种独立的防卫形式，与前两款联系不大；而另一种观点则认为，虽然第 3 款的规定有一定的特殊性，但是它与前两款的联系是十分紧密的[4]。

具体到司法实践中，这两种观点的直接对立体现在第 3 款所规定的防卫权是否要受前款主观要件和时间要件的约束。

对于主观要件，有人主张第 3 款所规定的防卫权与正当防卫的主观要件不同，如有人认为，"新刑法关于特别防卫权的规定是单纯地以特定的犯罪客观条件为前提的，而不是以防卫人特定的主观心理状态作为特别防卫权的前提"。还有的则认为，对特别防卫权的主观条件"不可一概而论，要区别对

〔1〕 赵秉志、郝兴旺："论刑法典总则的改革与进展"，载《中国法学》1997 年第 2 期。
〔2〕 王作富、阮方明："关于新刑法中特别防卫权规定的研究"，载《中国法学》1998 年第 5 期。
〔3〕 陈兴良："论无过当之防卫"，载《法学》1998 年第 6 期。
〔4〕 参见李永升："无限防卫问题研究"，载《法律科学（西北政法学院学报）》1998 年第 5 期。

待"，"不能过分要求其有制止不法侵害的决意"。有的虽然承认特别防卫权要有主观防卫意图，但又认为特别防卫是"允许防卫意图与义愤伤害不法侵害人的故意共同存在"[1]。

而另一种观点则认为，虽然《刑法》第20条第3款没有特别规定主观要件，但第1款与第3款是一般与特殊的关系，第1款所规定的正当防卫的主观意图是"为了使国家、公共利益、本人或者他人的人身、财产和其他权利免受正在进行的不法侵害"。这一防卫意图的规定当然也适用于特别防卫权。如果对特别防卫采取客观主义，那必然导致将互相斗殴、防卫挑拨等不具备防卫条件的情形纳入特别防卫，这就有扩大特别防卫的危险[2]。

关于时间条件，有人认为特殊防卫并不需要特定的时间条件[3]，但多数论者认为，该条款必须针对正在进行中的暴力犯罪。如果某种特定暴力犯罪行为还没有开始或者已经终止，就不能再进行防卫[4]。

本书采取特殊防卫的称谓，这种特殊正当防卫，仍然必须具备正当防卫的4个前提条件，只不过在防卫限度要件上略有放宽。防卫人如果遭遇某些严重危及人身安全的暴力犯罪，实施正当防卫则不存在过当问题。立法上作这样的规定，一方面体现了对暴力犯罪的严厉惩治，另一方面体现了鼓励公民积极反抗暴力犯罪的态度，让防卫人放开手脚勇敢保护合法权益。例如，叶某自营一饭店，某日晚6时许，王某、郑某到叶某的饭店滋事，王某拿刀朝叶某的左臂及头部各砍一刀。叶某拔出自备的尖刀还击，在店门口刺中王某胸部一刀后，冲出门外侧身将王抱住，两人互相扭打砍刺。在旁的郑某见状即拿起旁边的一张方凳砸向叶某的头部，叶某转身还击一刀，刺中郑某的胸部后又继续与王某扭打，将王某制服。王某和郑某经送医院抢救无效死亡，叶某也多处受伤。在此情况下，就应认定叶某的行为属于特殊防卫，不属于防卫过当。[5]

需要说明的是：特殊防卫是一种特殊正当防卫，它必须具备正当防卫的4个前提条件，只不过在防卫限度要件上略有放宽。特殊防卫的实质条件是"严重危及人身安全的暴力犯罪"，因此，要注意如下几点：

1. 对于轻微暴力犯罪或者一般暴力犯罪，不适用上述规定。只有对于严重危及人身安全的暴力犯罪进行正当防卫，才存在特殊防卫权的问题。这里的"行凶"，一般是指杀人与重伤界限不清楚的暴力犯罪。《指导意见》第15条指出，下列行为应当认定为"行凶"：①使用致命性凶器，严重危及他人人

〔1〕 参见张兆松："论特别防卫权的若干问题"，载《人民检察》1999年第10期。

〔2〕 张兆松："论特别防卫权的若干问题"，载《人民检察》1999年第10期。

〔3〕 参见姜伟："新刑法确立的正当防卫制度"，载《法学家》1997年第3期。

〔4〕 周道鸾、单长宗、张泗汉主编：《刑法的修改与适用》，人民法院出版社1997年版，第95页。

〔5〕 参见"叶永朝故意杀人案［第40号］"，载最高人民法院刑事审判第一、二、三、四、五庭主编：《中国刑事审判指导案例3：侵犯公民人身权利、民主权利罪》，法律出版社2012年版，第17页。另请参考"吴金艳故意伤害案"，载《最高人民法院公报》2004年第11期。

身安全的；②未使用凶器或者未使用致命性凶器，但是根据不法侵害的人数、打击部位和力度等情况，确已严重危及他人人身安全的。虽然尚未造成实际损害，但已对人身安全造成严重、紧迫危险的，可以认定为"行凶"。

2. 并非对于任何正在进行的行凶、杀人、抢劫、强奸、绑架以及其他暴力犯罪都可以采取特殊防卫，只有当暴力犯罪达到实质标准，严重危及人身安全时，才适用上述规定。[1]《指导意见》第16条指出，《刑法》第20条第3款规定的"杀人、抢劫、强奸、绑架"，是指具体犯罪行为而不是具体罪名。在实施不法侵害过程中存在杀人、抢劫、强奸、绑架等严重危及人身安全的暴力犯罪行为的，如以暴力手段抢劫枪支、弹药、爆炸物或者以绑架手段拐卖妇女、儿童的，可以实行特殊防卫。有关行为没有严重危及人身安全的，应当适用一般防卫的法律规定。比如，对于迷药型抢劫，就不应该适用特殊防卫。

3. 严重危及人身安全的暴力犯罪不限于刑法条文所列举的上述犯罪，还包括其他严重危及人身安全的暴力犯罪。如劫持航空器、组织越狱等。《指导意见》第17条指出，《刑法》第20条第3款规定的"其他严重危及人身安全的暴力犯罪"，应当是与杀人、抢劫、强奸、绑架行为相当，并具有致人重伤或者死亡的紧迫危险和现实可能的暴力犯罪。

4. 在严重危及人身安全的暴力犯罪结束后，行为人将不法侵害人杀死的，不适用上述规定。但是，暴力犯罪是否结束，应当站在事中的一般人立场来看待，即站在防卫人的角度来进行整体化判断，而不能在事后站在圣人立场进行割裂的判断。

5. 注意一般防卫与特殊防卫的关系。对于不符合特殊防卫起因条件的防卫行为，致不法侵害人伤亡的，如果没有明显超过必要限度，也应当认定为正当防卫，不负刑事责任。换言之，一般防卫也可能出现致人伤亡的结果。

第三节　紧急避险

紧急避险，是指为了使国家、公共利益、本人或者其他人的人身、财产和其他权利免受正在发生的危险，不得已对另一较小合法权益造成损害的行为。

一、紧急避险的性质

紧急避险是一种"正对正"的行为，区别于"正对不正"的正当防卫。关于紧急避险的性质，在学说上主要有三种观点：①责任阻却事由说。该说

---

[1] 参见"李小龙等被控故意伤害案［第261号］"，载最高人民法院刑事审判第一、二、三、四、五庭主编：《中国刑事审判指导案例3：侵犯公民人身权利、民主权利罪》，法律出版社2012年版，第292页。

认为，紧急避险侵害了第三者的法益，不能免除违法，只是因为面对急迫的危险，无法期待行为人作出适法行为，缺乏实施合法行为的可能性，所以阻却责任。②违法性阻却事由说。该说认为，在法益发生冲突的时候，可以进行利益权衡，为了保护较大利益而牺牲较小利益的行为，阻却了违法性。③二元论说。该说主张，为了挽救大的法益而牺牲小的法益的场合，可以成为违法性阻却事由，但是在被侵害法益与保全法益价值相同或者难以衡量的时候，就可以成为责任阻却事由。

责任阻却事由说与违法性阻却事由说会导致许多问题的处理结论不同。比如，能否对紧急避险进行正当防卫？如果紧急避险是一种责任阻却事由，那么它就是违法行为，因为正当防卫的本质是"正对不正"，所以是可以进行正当防卫的。但如果紧急避险是一种违法性阻却事由，那么它就是正当行为，自然不能对其进行正当防卫。[1]

在法益发生冲突的时候，无非有三种情况：①保护较大利益而牺牲较小利益；②保护较小利益牺牲较大利益；③保护利益与牺牲利益相等或无法衡量。

违法阻却事由说能够很好地解决前两种现象，第一种现象是紧急避险，第二种现象属于避险过当，但是它无法对第三种现象作出说明。从这个角度来说，二元说具有相对的优势。在保全利益与牺牲利益相等的情况下，避险行为当然不能以正当化行为看待。但对此行为一律处罚也太过严厉，没有考虑软弱的人性，这可以看成一种缺乏期待可能性的责任阻却事由。

在卡纳安德斯之板的事例中，二元说具有优势。航船沉没后，二人共争一板，在此无非存在以下几种可能：①二人互让同时死亡；②二人互争同时死亡；③一人舍己为人；④一人舍人为己。显然前两种情况是最不好的，因为没有任何生命保存下来；第三种情况则过于理想，显然是强人所难，与人性明显相悖；第四种情况虽然不道德，但它符合人性。[2]有学者把这种紧急避险看成正当化事由，这是错误的，因为正当化事由不是违法行为，对这种行为是不能进行正当防卫或紧急避险的。这样的话，当一方在为保全自己的生命而把对方推下海的时候，对方是不能反抗的，这显然与常识不符。

基于规范维护说，为了保全自己的生命而牺牲他人的生命明显违背了社会规范，所以，这种行为是不正当的，是违法行为。但并非所有违反规范的行为都是犯罪，只有严重违反规范的行为才应以犯罪论处。如果行为人的行为实是情非得已，法律没有必要对这种迫不得已的行为进行惩处。这种行为虽然不是正当的（就一般人而言，它是违法的），但却是法律可以宽宥的。因此，把这种行为解释为责任阻却事由可能更有说服力。

在我国刑法中，无论是防卫过当，还是避险过当，它的法律后果都是应

---

[1] 参见黎宏："紧急避险法律性质研究"，载《清华法学》2007年第1期。
[2] 参见陈兴良：《本体刑法学》，商务印书馆2001年版，第210页。

当减轻或免除处罚。在性质上，防卫过当和避险过当都可以视为责任减免事由。因此，如果将紧急避险区分为违法阻却的紧急避险和责任阻却的紧急避险，显然可以将责任阻却的紧急避险也视为避险过当，适用应当减轻或免除的法律规则。

二、紧急避险的成立条件

（一）避险意图

紧急避险也必须具备正当化的意图，具备避险认识和避险意志，即必须是为了使国家、公共利益、本人或者其他人的人身、财产和其他权利免受正在发生的危险而实施避险行为，至于动机则在所不论。如果是为了保护非法利益，则不成立紧急避险。比如，为了躲避公安机关抓捕，闯入民宅，仍然成立非法侵入他人住宅罪。

（二）避险起因

紧急避险要求合法权益必须遭受危险。这里的危险范围要大于正当防卫中的不法侵害的范围。它包括：

1. 不法侵害。比如，在被杀人犯追杀的过程中，将路人的摩托车抢走。对合法行为则不能够进行紧急避险。

2. 自然力的侵害。如台风、地震、海啸等。

3. 动物侵袭。这里需要注意的是：如果动物是他人犯罪的工具，对动物的打击行为不属于紧急避险，而是正当防卫。

如果不存在危险，而行为人误认为有危险，这属于假想避险，其处理结果与假想防卫相同。

比较复杂的是自招危险，如果危险是行为人自己导致的，那么他可否避险呢？本书认为，在自招危险的场合，应当从社会相当性的角度分析是否可以进行避险。比如，避险挑拨，行为人为了达到某种不法目的而故意招致危险，危险发生后借口实施紧急避险而损害第三人合法权益的，这样的行为就不能认定为紧急避险。[1]

（三）避险时间

正在发生的迫在眉睫的危险是紧急避险的时间条件。对于尚未到来或者已经过去的危险，都不能进行紧急避险。

（四）避险客体

紧急避险是采取损害一个合法权益的方法来保全另一个合法权益，它是"正对正"，区别于"正对不正"的正当防卫。因此，法律对紧急避险的限制要远远大于正当防卫。

需要注意紧急避险与义务冲突的区别：紧急避险是"权利"与"权利"的冲突，如果是"义务"与"义务"的冲突，则非紧急避险，而是另一种违法阻

---

[1] 参见黎宏："紧急避险法律性质研究"，载《清华法学》2007 年第 1 期。

却事由——义务冲突。比如，律师在法庭上为了维护被告人的合法权益，不得已泄露他人隐私的，这就属于义务冲突。

（五）避险可行性

紧急避险必须是在迫不得已、别无选择的情况下才允许进行。紧急避险不适用于职务上、业务上负有特定责任的人。比如，发生火灾时，消防队员就不能因有危险而拒绝救火。当然，这个规定也不能过于绝对，还是要考虑社会相当性的需要。比如，消防队员于火灾中为了逃生而将他人的窗户打碎。

（六）避险限度

紧急避险所保全的利益必须大于所损失的利益。在进行利益权衡的时候，应当根据社会规范，按照社会一般观念，进行相当性的衡量。如果无视社会道德规范的制约，单纯的利益权衡会得出许多荒谬的结论。比如，为了不让自己身上名贵的西装被雨淋湿就夺过穿着破衣烂衫的穷人的雨伞，或者为了挽救重病患者的生命而强行从旁边经过的第三人身上采血，这些情形纯粹按照优越利益衡量说，都会得出紧急避险的结论，而这是明显错误的。[1]

为了保全自己的生命而牺牲他人生命的行为，不能成立违法阻却的紧急避险。但在极为特殊的情况下，有可能属于缺乏期待可能性的责任阻却事由。

三、避险过当

紧急避险超过必要限度造成不应有的损害的，应当负刑事责任，但是应当减轻或者免除处罚。避险过当包括两种情况：一是保护较小利益牺牲较大利益；二是保护利益与牺牲利益相等或无法衡量。

避险过当和防卫过当都可以视为责任减免事由。所以，无论是对防卫过当还是避险过当本身，都可以进行正当防卫。

四、紧急避险与正当防卫的异同

紧急避险与正当防卫既有相似之处，也有不同之处。

（一）二者的相同点

1. 行为人主观上都有正当目的，主观意图都是为了使国家、公共利益、本人或他人的人身、财产和其他合法权益免受损害。

2. 形式上都会给他人或社会造成一定的损害，但实质上都被认为是有益于社会的行为。

3. 在法律性质方面，都是合法行为，不负刑事责任。

4. 二者起因相同，即存在现实的不法侵害或者危险。

5. 正当防卫与紧急避险都是针对正在进行的不法侵害或者正在发生的危险。

6. 两种行为都不能超过一定的限度，对于超过限度而产生的防卫过当或

---

[1] 参见黎宏："紧急避险法律性质研究"，载《清华法学》2007年第1期。

避险过当，应负刑事责任，但应当减轻或者免除处罚。

（二）二者的不同点

1. 危险来源不同。正当防卫的危险来源是不法侵害；而紧急避险的危险来源可以是不法侵害，也可以是自然灾害、动物的侵袭。

2. 行为对象不同。正当防卫的行为必须针对不法侵害者本人实施，在遭遇不法侵害时，如果行为人针对不法侵害人进行反击，属于正当防卫的范畴；如果为了躲避不法侵害而损害第三人（不法侵害人之外的人）利益的，属于紧急避险的范畴。

3. 实施行为的条件不同。紧急避险必须是在迫不得已的情况下实施；而正当防卫则没有这一条件的限制。

4. 判断"过当"的标准不同。正当防卫只要没有明显超过必要的限度造成重大损害，就不算过当。正当防卫造成的损害可以等于甚至大于被保护的合法权益；紧急避险造成的损害必须小于所保护的利益，否则即为过当。

5. 对行为主体的要求不同。紧急避险不适用于职务、业务上有特定责任的人员；正当防卫对行为主体没有限制。

☛ 第四节　其他违法阻却事由

一、法令行为

这是指基于法律、法规而实施的行为。例如，有权机构发行彩票并不构成赌博罪；将犯罪分子扭送至司法机关并不成立非法拘禁罪。

特别需要说明的是：人民警察执行职务的行为，是法令行为，而非正当防卫，不可适用特殊防卫制度。正当防卫是一种权利，而非义务。但对于警察来说，执行职务是义务，而非权利。对于人民警察执行职务的行为，应当严格加以限制。

二、正当业务行为

正当业务行为是指虽然没有法律、法规规定，但在社会生活中属于正当的业务行为。例如，体育竞技运动中对他人造成的伤害；医生进行必要检查的行为不构成猥亵犯罪。正当业务行为成立排除犯罪事由必须要求行为人遵守相关的业务规则。

三、被害人承诺的行为

对于侵害个人法益的行为，被害人的承诺在特定条件下可以否定行为的违法性，比如，经过女性同意的性行为就不是强奸。被害人承诺行为成立排除犯罪事由须具备以下条件：

1. 承诺者对被侵害的法益有处分的权限。承诺者无权处分社会利益,[1] 也无权处分重大的人身权利,[2] 如生命权不得处分,因此,对他人实施安乐死也构成故意杀人罪。一般认为,重大的身体健康权不得处分,但较轻的身体伤害(如轻伤)是可以处分的。

2. 承诺者必须有承诺能力。例如,不满 14 周岁的幼女就没有性承诺能力,即使得到其同意的性行为,也不能否定强奸罪的成立。

3. 承诺必须事先作出,事后承诺是无效的,否则国家的追诉权就会受到被害人意志的左右。

4. 经承诺的行为不能超出承诺的范围。例如,李某同意丁砍掉自己的小拇指,而丁却砍掉了李某的大拇指,丁的行为就成立故意伤害罪。

5. 承诺必须出于承诺者的真实意志,强迫下的承诺是无效的。比较复杂的是欺骗与承诺的关系,本书认为,只有在规范上具有实质意义的欺骗才可以否定承诺的效力。试想下列几组案件:①甲冒充某女丈夫与其发生性关系;②甲冒充有钱人与女方发生性关系;③甲冒充明星与某女粉丝发生关系;④甲冒充某女男友与之发生性关系;⑤甲假装能将某女被刑拘的丈夫"捞出"而与其发生关系;⑥甲医生欺骗女患者,以发生性行为是治疗的必备步骤为由与之发生性关系。

上述案件中,行为人是否构成强奸罪,这就涉及欺骗与同意的区分。何种欺骗能够否定同意的有效性?法益侵犯说(亦称法益关系错误说)认

---

[1] 参见"周某某非法行医案〔第 316 号〕",载最高人民法院刑事审判第一、二、三、四、五庭主编:《中国刑事审判指导案例 5:妨害社会管理秩序罪》,法律出版社 2012 年版,第 141 页。2002 年 10 月,被告人周某某在未取得医生执业资格和办理医疗机构执业许可证的情况下,在某市某区私设诊所擅自从事行医活动。2002 年 11 月 2 日 9 时许,周某某应孕妇蒋某某亲属之邀出诊为蒋接生。当晚 23 时许,周某某用手触摸检查后感到胎动,认为有生产迹象,遂给蒋肌肉注射催产素 1 支(1 毫升)。至次日凌晨,蒋仍未生产且腹部疼痛加剧并直冒冷汗,周又给蒋注射病毒灵 1 支、安乃静半支,蒋稍感平静。凌晨 6 时许,周某某用手触摸检查后告知蒋家胎儿孕妇均正常,可去医院作进一步检查并收取 80 元后离去。2002 年 11 月 4 日上午,蒋某某去重庆市红十字会医院检查,被诊断为:胎儿已死于腹中。该院随后对蒋某某进行了引产术。某市法医验伤所法医学尸体解剖鉴定结论认定,蒋某某的胎儿系在脐带、胎盘病变的基础上,因肌肉注射催产素 1 毫升引起强烈宫缩,导致胎儿在宫内窒息死亡。法院认为,周某某的行为构成非法行医罪。

[2] 参见"李邦祥拐卖妇女案〔第 229 号〕",载最高人民法院刑事审判第一、二、三、四、五庭主编:《中国刑事审判指导案例 3:侵犯公民人身权利、民主权利罪》,法律出版社 2012 年版,第 490 页。1994 年 4 月,"黄振仪"(在逃,真实姓名、身份不详)在广西柳州市汽车站以介绍工作为名,将从某县农村出来找工作的妇女刘某某、黄某某姆娌二人拐骗到刘景胜(同案被告人,已判刑)家。刘景胜伙同他人将黄某某卖给王某某为妻,在欲将刘某某卖给一名年龄较大的男人为妻时,由于刘某某哭闹不愿而未得逞。此后,刘景胜找到被告人李邦祥,商定以人民币 1700 元的价格将刘某某卖给李做小妾,并可随后付款。李邦祥将刘某某带回家中后,遭到了其妻的强烈反对,同时又得知刘某某已结婚,且已生育,遂表示要么将刘某某送回家,要么将其退回给刘景胜。刘某某因黄某某随其一道出来也被拐卖掉,既怕一人回家无法交代,又怕被送回刘景胜处被刘殴打,故要求李邦祥将其转卖他人。李遂将刘某某以人民币 1800 元转卖给刘振某为妻,所得款 1800 元除付刘景胜 1700 元外,剩余的 100 元自得。法院认为:被告人李邦祥明知刘某某系被拐卖的妇女,收买后又将其转卖给他人为妻的行为,构成拐卖妇女罪,判处其有期徒刑 5 年,并处罚金人民币 1000 元。

为，如果仅仅是关于同意动机的错误，该同意有效，如果同意人对法益放弃的种类、范围或者危险性发生认识错误时，这种同意无效。[1]

严格按照这种观点，上述案例都属于同意动机的错误，因为女方对性利益的处分本身并不存在误解。但是，将案例①排除在强奸以外明显与常识不符，所以，采法益关系错误说的论者也有的认为这属于强奸。[2]究其原因，应该是考虑到夫妻之间性事具有经常性，冒充丈夫往往意味着让女方处分性利益。然而，如果这种对法益关系错误说的补正是恰当的，那案例②③④⑤就一定不构成强奸吗？假定行为人知道女方特别拜金，一旦遇到有钱人就准备献身；或者行为人知道女方疯狂痴迷某明星，多次表示愿意为明星献身；或者男女朋友处于同居状态，经常发生性关系；或者行为人得知某女为了"捞出"其夫已多次献身，那么行为人的欺骗不也可以解释为与法益有密切关系的欺骗吗？另外，按照法益关系错误说，将案例⑥排除在强奸罪以外，也不符合人们的常理，且与我国司法实践相左。

单纯考察法益，很难解决欺骗与同意的关系，只有放在道德规范的视野中，上述案件才能得到妥善的解决。如果一种欺骗按照社会一般人的生活经验能够高概率地让他人处分利益，这种欺骗一般就属于实质性欺骗，进而导致同意无效。但是，是否属于实质性欺骗，还必须同时考虑道德规范的需要。法律要推行良善的价值观，不能和不道德的社会现实同流合污。在现实社会中，虽然有钱人、明星与女方发生关系很普遍，性贿赂和未婚同居更是司空见惯，但法律一定要倡导正确的伦理价值。在法律中必须坚持只有在婚姻关系内的性行为才是正当的，其他一切的性行为都是不正当的，都应推定为低概率事件。因此，案例①属于强奸，案例②~⑤都不能认定为强奸。至于案例⑥，甲的行为破坏了医疗群体的职业道德操守，应以强奸罪论处。另外，从被害人是否在伦理上值得谴责，上述6个案件也能得到很好的说明，在案例②~⑤中，被害人在伦理上都是应该谴责的，即便当今未婚同居现象甚为普遍，但任何一个同居者恐怕也羞于在大马路上向公众宣布自己与他人未婚同居吧？而案例①和⑥，被害人在伦理上没有可责性。

6. 行为人必须认识到承诺的存在。如果行为人没有认识到承诺的存在，即缺乏正当化的意思，其行为不可排除违法性。

7. 承诺不是对风险的承诺，而是对结果的承诺。对风险的承诺与对结果的承诺是两个不同的问题，[3]在互殴案件中，双方都知道打架有伤害的危险，但双方并未对结果有过承诺。女孩接受男子的邀请深夜去酒吧喝酒，也不意味着对性行为的承诺。

---

[1] [德] 罗克辛：《德国刑法学总论（第1卷）》，王世洲译，法律出版社2005年版，第376页。

[2] 张明楷：《刑法学》，法律出版社2011年版，第218页。

[3] 有学者把此现象称为自我答责，参见冯军："刑法中的自我答责"，载《中国法学》2006年第3期。

四、推定承诺

推定承诺，是指被害人并没有现实的同意，但是推定被害人如果知道事实真相的话，就会同意的情形。推定的承诺与被害人现实的承诺有紧密的联系，但又有很大的区别。

一般认为，推定承诺的损害，必须具备以下条件：①被害人自身没有现实的承诺，否则就是被害人承诺了。②推定存在着被害人承诺的可能性。这种推定以合理的一般人为基准，不以被害人的实际意思为基准。③必须存在现实的、需要立即处理的紧急事项。④必须出于救助被害人及其利益的目的。⑤推定承诺的损害，必须控制在社会相当性范围之内。[1]

五、自救行为

这是指法益受到侵害之人，在公权力救济不可能或明显难以恢复的情况下，依靠自己的力量来救济法益。例如，行为人的车被盗，次日在路上发现，于是将车抢回。自救行为所采取的救济手段应当具有适当性，所造成的侵害与救济的法益应当具有相当性。

在普通法系中，自救行为也被称为权利行使。比如美国《模范刑法典》对于财产性犯罪规定了"权利行使"这个一般性的辩护理由。"……如果行为人真诚地认为他对某种财产或服务具有取得或处置的权利"，就可否定财产犯罪的存在。同时，在敲诈勒索型的财产犯罪中，《模范刑法典》具体列举了揭露犯罪、暴露他人隐私、损害商誉等各种威胁手段，同时也明确指出：如果行为人真诚地认为采取上述行为，是为了索取相应的赔偿，那就属于积极的辩护理由。[2] 大陆法系也有相似的规定，如日本国的主流观点认为，财产犯罪所侵害的法益是占有权，因此只要采取敲诈手段，取得他人财产，就符合敲诈勒索的构成要件。但在满足下列三个条件的情况下，可以排除行为的违法性：①处于权利范围之内；②有实力行使的必要性；③社会通常观念看来手段具备相当性。[3] 日本最高裁判所有判例指出"相对于他人而拥有权利的人，只要其权利的实行是在权利的范围内，而且其方法没有超过社会观念上一般认为应予容忍的程度，就不产生任何违法的问题。但是，脱离上述范围、程度，就是违法的，认为其成立恐吓罪是相当的"。[4]

在财产犯罪中，权利行使是一种重要的辩护理由。比如我国刑法学界普遍认为，敲诈勒索罪是一种侵犯财产法益的犯罪，如果行为人拥有正当的权

[1]　赵秉志主编：《外国刑法原理（大陆法系）》，中国人民大学出版社 2000 年版，第 136 页。

[2]　The American Law Institute, *Model Penal Code and Commentaries* (*Part II Definition of Specific Crimes* §§ 220. 1 to 230. 5), Philadelphia, PA, p. 201.

[3]　[日]西田典之：《日本刑法总论》，刘明详、王昭武译，中国人民大学出版社 2007 年版，第 173 页。

[4]　[日]大塚仁：《刑法概说（各论）》，冯军译，中国人民大学出版社 2003 年版，第 270 页。

利基础，那么行使权利的行为就不成立敲诈勒索罪，但是错误的行权方式可能构成其他犯罪。[1] 2005 年 6 月 8 日《最高人民法院关于审理抢劫、抢夺刑事案件适用法律若干问题的意见》也规定："行为人为索取债务，使用暴力、暴力威胁等手段的，一般不以抢劫罪定罪处罚。构成故意伤害等其他犯罪的，依照《刑法》第 234 条等规定处罚。"只要存在正当的权利基础，权利行使就可以排除财产犯罪成立的可能，当然，如果手段行为不正当，则可以构成其他犯罪。

但问题在于，如何判断权利基础是否正当呢？

（一）法定权利和道德权利

对于利益受损的行为人，他有权利向侵权人主张赔偿，这种请求权如果为法律所认可，那么它就是一种法定权利，如果这种权利并不能合法有效地请求国家的强制执行，那它就是一种道德权利。法定权利与道德权利有交叉的部分，如果一种道德权利获得法律的认可，那它既是道德权利，也是法律权利。如果一种法定权利缺乏道德的支持，那它就是纯粹的法定权利，比如在历史上某些时代，奴隶主殴打奴隶的权利，[2] 领主对初夜权的主张等。

比如，在敲诈勒索罪中，如果利益受损的行为人有法定的权利去主张赔偿，这自然不构成犯罪。当前，这种法定权利一般都有道德上的支持。复杂的是，如果利益受损的行为人仅有道德权利，而无法定权利去主张赔偿，这是否构成敲诈勒索罪呢？

具体而言，这又可以被细分为两类：

1. 超过法律规定行使权利。比如甲女曾遭名人乙猥亵，后甲要求乙向其赔偿 100 万元，否则就要让此事路人皆知。（猥亵索赔案）甲作为被侵权人当然有权要求乙赔偿，但是赔偿 100 万元似乎超过了法律限度。

2. 缺乏法律规定行使权利。比如行为人发现妻子与他人通奸，非常生气，要求对方赔偿自己 5 万元家庭关系维护费，否则就要痛殴对方，他人无奈遂赔款了事。（通奸索赔案）在这类案件中，妻子通奸，丈夫并无法定的权利向第三人主张赔偿。[3]

根据法益理论，法益是法律所保护的生活利益。[4] 严格按照这种理论，上述两类行为都可能构成敲诈勒索罪。然而，权利的行使是一种私人自治的行为，法律没有必要干涉太多。如果正当权利仅限于法定权利的话，会有大

〔1〕 张明楷：《刑法学》，法律出版社 2016 年版，第 1018 页。

〔2〕 ［美］乔尔·范伯格：《刑法的道德界限（第 1 卷）——对他人的损害》，方泉译，商务印书馆 2013 年版，第 121 页。

〔3〕 在普通法系国家，法律曾经规定配偶对第三人可以提起通奸索赔。参考孙维飞："通奸与干扰婚姻关系之损害赔偿——以英美法为视角"，载《华东政法大学学报》2013 年第 3 期。对于通奸索赔案，我国不少司法机关都认为构成敲诈勒索罪。参考周玉文、王超才："强行索取通奸私了赔偿款行为的认定"，载《中国检察官》2012 年第 7 期。

〔4〕 张明楷：《刑法学》，法律出版社 2016 年版，第 62~63 页。

量行使权利的行为都会被犯罪化，司法也不可避免地会走向机械和僵化。

第一，在逻辑上，如果不考虑道德权利，仅仅将利益受损等同于对法定权利的侵犯，那么必然会导致循环论证：

问：如果拥有一种法律所保护的利益才可以提出合理的请求权，那么哪些利益是法律应该保护的呢？

答：法律选择去保护的利益。

问：法律为什么选择去保护这些利益？

答：因为这些利益对社会非常重要。

问：这些利益对社会为什么重要？

答：因为这是法律规定要保护的利益。

上述的一问一答形成了一种封闭的循环。如果不将利益受损视为对道德权利的侵犯，我们无法跳出这个闭路循环。道德权利是一种先于并独立于国家法律而发出的对人们的普遍期待，道德权利决定了法定权利的合理性。法益论者也注意到了这个问题，所以他们认为，法所保护的生活利益在实定法之前就已经存在，法对这种利益进行确认并加以保护，就使之上升为法益。问题在于，这种生活利益从何而来？它是凭空产生的吗？法律为什么要将这些生活利益上升为法益呢？如果不是道德规范的要求，生活利益根本无从产生，法律也就没有任何正当性的根据将其上升为法益。

第二，在实践上，法定权利的理论缺乏稳定性，最终会导致数额的滑坡。在猥亵索赔案中，如果行为人仅仅能够以法律规定的金额提出索赔，那么这个金额是多少呢？按照《侵权责任法》的规定，这种行为侵害了人格权，当事人可以提出精神赔偿，而精神赔偿的数额，法律并无明确规定，要根据具体情况加以确定。如果赔偿 10 万元是合理的，那么 10 万元多 1 元呢？如果 10 万元多 1 元也合理，那再多 1 元呢？按照这种逻辑，滑向 100 万元也不能说不合理。

第三，在后果上，法定权利说会导致司法的机械和僵化。按照法定权利说，在权利行使这个问题上，司法机关只需考虑法律规定，而无需考虑道德规范的要求，司法也就沦为只会执行立法者规定的机器人。这一方面会导致司法机关无法对立法的缺陷进行有效的制约，另一方面也使得司法机关会无视超法规违法阻却事由的客观存在。如前文所述，社会相当性的本质就是将道德规范作为违法阻却的实质根据，限制刑罚权的过分扩张，只有将道德规范作为违法阻却事由的实质根据，才能督促司法机关考虑社会生活的实际需要，顾念普罗大众的常情常感，避免司法的机械与僵化。

总之，只要行为人的权利请求是道德所认可的，具有道德上的合理性，这种行为就属于违法阻却事由，自然不构成敲诈勒索罪。

（二）主观权利或客观权利

权利本应是客观的，但在司法实践中，屡见不鲜的一种现象是：行为人真诚地相信自己利益受损，拥有索取赔偿的权利，但这种权利却在客观上缺乏相应的法律或道德基础。比如天价索赔案，行为人从燕京啤酒喝出一块玻璃碴，来到北京总部提出 5000 万元的天价索赔，否则就向媒体或消协告发。[1] 在这类案件中，行为人索赔金额明显超过法律和道德限度，但如果行为人真诚地相信自己可以提出这样的天价索赔，又该如何处理呢？

关于这个问题，英美法系历来存在主观主义与客观主义的争论。主观主义认为，应该根据行为人自身立场来衡量是否具备合理的权利基础，而客观主义则认为应该根据社会一般观念判断权利基础是否合理。英美两国主要采纳主观标准，而加拿大却采客观标准。英国 1968 年的《盗窃罪法》明确规定：如果行为人在主观上认为他有合理的理由主张权利，并且认为他所使用的威胁方法是强化其主张的适当方式，那就不构成敲诈勒索。比较著名的案例是 1972 年的莱蒙波特案（LAMBERT）。该案被告威胁与妻子有奸情的甲，如果甲愿意给付 250 英镑，他就可以视而不见，否则就要告知对方的妻子和所在公司（丈夫揭发奸情案）。根据《财产犯罪法》，法院作出判决，认为：权利主张是否合理应当根据行为人主观上是否真诚地认为可以主张这种权利，被告后被判无罪。[2] 美国《模范刑法典》使用的"真诚"（Honest）一词也表明其倾向于主观标准。但是加拿大却倾向于客观标准，以莱蒙波特案为例，学界普遍认为，甲的主张没有法律依据，故可入罪。[3]

英美法系的这种争论与其犯罪构成理论有关，英美法系的犯罪构成理论是一种双层结构，包括本体要件与辩护要件。正当化事由与可得宽恕事由的界限并不清晰，二者经常有模糊地带，这也是为什么美国《模范刑法典》干脆放弃了这种分类。正是因为界限的不清，英美法系在正当防卫、紧急避险等许多正当化事由都存在主观主义与客观主义的争论。以正当防卫为例，在普通法中，只有面临紧迫的人身危险，才可进行正当防卫。问题是危险的紧迫性如何判断，是按一般人的客观标准，还是按行为人的主观标准，一直都存在争论。[4]

在大陆法系的递进式的犯罪法体系中，权利行使可以看成一种违法阻却

[1] 参见杨猛："一颗玻璃碴，一场 5000 万索赔风波"，载《南都周刊》2009 年 9 月 1 日。

[2] A. T. H. Smith, *Property Offences*, London：Sweet&Maxwell（1994），p. 438.

[3] Winifered H. Holland, *The Law of Theft and Related Offences*, Ontario：Carswell（1998），p. 280.

[4] 著名的如美国的郭茨案（*People v. Goetz*）。1984 年 12 月 22 日，郭茨在纽约的地铁中，遭遇 4 名黑人青年，一名青年向其索要 5 美元，当时他们并未显示任何武器，而郭茨却开枪向 4 人射击，4 人后被抢救，3 人康复，但有 1 人瘫痪，脑部功能受损。郭茨的辩护理由是 4 人抢劫，法院后查明，郭茨曾在数年前遭人抢劫，故购枪防身。在庭审中，郭茨辩称，他有合理的理由认为自己面临着紧迫的人身危险，对于年轻人的暴力攻击，一般人都会像他那样开枪自卫。纽约州当时的刑法规定，只有当行为人合理相信（reasonably believe）存在人身重大伤害的危险，才可以使用严重暴力手段进行防卫。本案的争论焦点就是郭茨面临紧迫危险的主张是否合理。显然，如何按照客观标准，这种主张并不合理，而如果按照主观标准，考虑到郭兹的特殊经历，行为人的主张则是合理的。法院最后倾向于主观标准，郭兹未被追究刑事责任。See John Kaplan, Robert Weisberg, Guyora Binder, *Criminal Law：Cases and Materials*（5th edition），Aspen Publishers（2004），pp. 521~524.

事由。在大陆法系的三层次结构中，违法性与有责性的区分比较明确，因此基本不存在英美法系的类似争论。大陆法系普遍认为违法性是一种客观的一般判断，而有责性则是一种个别化的主观判断。判断权利基础是否合理，一般应该根据客观标准来判断是否符合社会相当性，如果行为人真诚地认为存在正当的权利基础，但却缺乏相应的客观基础，那就是假想的正当化，应该在责任论中进行讨论。

六、义务冲突

这是指同时存在两个或两个以上不能相容的义务，如果履行其中一个义务，就会导致无法履行其他义务。比如，在海边浴场中，同时有 2 位顾客溺水，但只有一名救生员，不可能同时援救 2 人，救生员救了 1 人，另 1 人溺水而亡。对此情况，救生员不构成犯罪。

本章重要知识回顾（表格版）

一、法定的违法阻却事由

	正当防卫	紧急避险
概念	正当防卫是指为了保护国家、公共利益、本人或者他人的人身、财产和其他权利免受正在进行的不法侵害，采取对不当侵害人造成损害的方法，制止不法侵害的行为。正当防卫行为不负刑事责任。	紧急避险是指为了使国家、公共利益、本人或者其他人的人身、财产和其他权利免受正在发生的危险，不得已对另一较小合法权益造成损害的行为。分洪是紧急避险的适例，紧急避险不负刑事责任。
相同点	1. 行为人主观上都有正当目的，主观意图都是为了使国家、公共利益、本人或他人的人身、财产和其他合法权益免受损害。防卫挑拨、互相斗殴不视为正当防卫。 2. 形式上两种行为都会给他人或社会造成一定损害，但实质上都被认为是有益于社会的行为。 3. 在法律性质方面，都是合法行为，不负刑事责任。 4. 二者起因相同，即存在现实的不法侵害或危险，否则构成假想防卫或假想避险。 5. 正当防卫与紧急避险的时机条件相同，是针对正在进行的（不法侵害）或正在发生的（危险），否则就是防卫不适时或避险不适时。 6. 两种行为都不能超过一定的限度，超过限度则为防卫过当或避险过当，应负刑事责任，但是应当减轻或者免除处罚。	

		正当防卫	紧急避险
不同点	1. 危险来源不同	不法行为的侵害：包括精神病人和未成年人的侵害	①不法行为的侵害 ②自然力破坏 ③动物侵袭 ④人的生理、病理原因所发生的侵袭行为
	2. 行为对象不同	不法侵害者本人，"正对不正"	第三人，"正对正"
	3. 实施条件不同	无相应的限制条件	只有在迫不得已情况下才可以实施
	4. "过当"的标准不同	造成的损害可以等于甚至大于被保护的合法权益，只有明显超过必要限度造成重大损害的才算过当。 对正在进行的行凶、杀人、抢劫、强奸、绑架以及其他严重危及人身安全的暴力犯罪，采取防卫行为造成伤亡不属于防卫过当，不负刑事责任，这称作特殊防卫权。	造成的损害必须小于所保护的利益，否则即为过当。
	5. 对行为主体的要求不同	对行为主体没有特殊限制	不适用于职务上、业务上负有特定责任的人员。例如，在救火现场，消防队员不能适用紧急避险。

二、其他违法阻却事由

法令行为	基于法律、法规而行使的行为。	如有权机构发行彩票并不构成赌博罪。
正当业务行为	虽然没有法律、法规规定，但在社会生活中属于正当的业务行为。业务行为成立排除犯罪事由要求行为人遵守相关的业务规则。	如体育竞技运动中对他人造成的伤害。

续表

被害人承诺的行为	对于侵害个人法益的行为，被害人的承诺在特定条件下可以否定行为的犯罪性，比如，经过女性同意的性行为就不是强奸。	①承诺者对被侵害的法益有处分的权限。如生命权不得处分，因此，对他人实施安乐死也构成故意杀人罪。 ②承诺者必须有承诺能力。如不满14岁的幼女就没有性承诺能力，即使得到她同意的性行为，也不能否定强奸罪的成立。 ③承诺必须事先作出，事后承诺是无效的，否则国家的追诉权就会受到被害人意志的左右。 ④经承诺的行为不能超出承诺的范围。 ⑤承诺必须是承诺人真实意思的表示。强迫和欺骗下的同意是无效的。欺骗必须是实质性欺骗，才可否定同意。例如，组织者出卖一个肾脏获15万元，欺骗提供者说只卖了5万元的，此处非实质性欺骗。
自救行为	法益受到侵害之人，在公权力救济不可能或明显难以恢复的情况下，依靠自己的力量来救济法益。自救行为所采取的救济手段应当具有适当性，所造成的侵害与救济的法益应当具有相当性。	例如，行为人的车被盗，次日在路上发现被盗车辆，于是将车抢回。

 本章二维码

第七章第一节
司法考试真题

正当防卫

紧急避险

其他违法阻却事由

第七章第二、三节
司法考试真题

第七章重要法条和
司法解释

第八章

责任阻却事由

第一节 责任概说

一种符合构成要件的行为，就可以推定其具有违法性和责任性。构成要件该当性和违法性的判断是一种客观的、一般人的判断。如果行为具备构成要件该当性、违法性，那么就要深入行为人的内心深处，进行有责性的判断。如果责任被排除，自然也就不构成犯罪。因此，判断行为人是否有责任阻却事由，这种责任判断显然是一种主观化的个别判断。这属于被告人所独知的事项，如果被告方提出这种抗辩，他必须承担优势证据的说服责任。

关于责任的本质，在刑法理论中也一直存在争论，不同的学说影响着对责任的理解。

一、心理责任论和规范责任论

心理责任论认为，故意和过失只是行为人的一种心理状态，只有在行为人与危害结果之间存在这种主观的心理联系时，才可追究行为人的刑事责任。规范责任论则认为，责任并非一种单纯的心理事实，必须从规范的角度对心理事实进行评价。只有当既具备故意、过失的心理要素，又能够期待行为人在具体情况下可以实施适法行为时，才能够在责任上进行否定评价。规范责任论是当前的主流观点，根据这种观点，责任既要考虑作为心理要素的故意和过失，也要考虑作为规范要素的期待可能性等因素。[1]

规范责任论是比较合理的，故意和过失并非一种单纯的心理事实，还必须从规范上进行理解。只有当行为人具有实施适法行为的可能性时，对其进行谴责才是有意义的。因此，如果行为人无法避免法律上的认识错误、不具备实施合法行为的期待可能性，都不能以犯罪论处。

---

[1] 我国还有学者主张功能责任论，具体可参见冯军："刑法中的责任原则——兼与张明楷教授商榷"，载《中外法学》2012年第1期。

二、道义责任论、社会责任论和法律责任论

关于责任非难的本质，另外一种重要的争论是道义责任论、社会责任论和法律责任论。

道义责任论是旧派的观点，这种立场认为：人具有自由意思，除了未达到一定的年龄，或者精神残缺的人以外，都能够根据理性作出抉择。因此，如果行为人根据其自由意思实施了犯罪行为，就应该受到道义的谴责。根据道义，国家可以对实施了犯罪行为的人进行惩罚，惩罚的轻重与犯罪行为应受道义谴责的程度相当。

社会责任论则是新派的观点，这种立场认为：人并没有自由意志，犯罪人是环境或生理因素的产物，具有必然性。鉴于犯罪人对社会有危险，因此，为了防卫社会应当对其施加惩罚。这也称为社会防卫论。社会防卫论很容易走向国家主义。按照这种观点，为了防卫社会，甚至可以惩罚仅有犯罪危险但没有犯罪的人。当前很少有学者主张此种观点。

法律责任论认为：责任非难是一种法律上的责难，而不是道德审判和伦理评价，因此，只能根据法律判断行为人是否具有责任。主张法益维护说的学者一般都采取这种观点。[1]但是，法律责任论和法益一样很容易导致立法的独断和司法的机械。如果不考虑道德规范的制约，凭空产生的法律如何确保它的正当性呢？如果仅仅按照法律的规定来进行责任判断，司法也就无法对立法进行任何有效的监督。

基于规范维护说，道义责任论虽然古老，但却是一种合理的观点。犯罪在本质上是一种在道德规范上值得谴责的行为。因此，犯罪与否不再是一个单纯的专业问题，普罗大众都有发声的权利，刑法不能超越社会良知的约束。如果犯罪不再根据罪犯在道义上的应受惩罚性来判断，那么犯罪与否就会成为一个纯粹的专业问题，只有专家才能发表意见。然而，相比民众，专家更容易被权力收买。在纳粹德国，就有许多刑法学者打着人道主义的名义，试图将犯罪与道义上的可责性完全剥离，将犯罪视为一种"疾病"，罪犯也就成了"病人"。既然犯罪和疾病被等量齐观，那么专家可以将任何让政府不满的行为冠以"疾病"的名义并对其实施强制性的"治疗"。对此，"病人"以及民众都无法质疑，因为专家使用的是"治疗""疾病"等专业概念。[2]在某种意义上，如果脱离道德规范的制约，法律责任论在实际后果上可能与社会责任论没有区别。

---

〔1〕 张明楷：《刑法学》，法律出版社 2016 年版，第 242~243 页。
〔2〕 参见 ［英］C.S. 路易斯著，罗翔译："论人道主义刑罚理论"，载《暨南学报（哲学社会科学版）》2013 年第 7 期。

第二节　责任能力的阻却

刑事责任能力是指主体构成犯罪和承担刑事责任所必需的辨认和控制自己行为的能力。不具备刑事责任能力的人不能被追究刑事责任，刑事责任能力减弱者，其刑事责任应相应地适当减轻。

一、年龄与责任能力

（一）无刑事责任年龄阶段

未满14周岁的人不构成犯罪，一般不负刑事责任。

（二）相对刑事责任年龄阶段

已满14周岁而未满16周岁的人仅对故意杀人、故意伤害致人重伤或者死亡、强奸、抢劫、贩卖毒品、放火、爆炸、投放危险物质8种犯罪负刑事责任。这里需要注意的是8种犯罪是指具体犯罪行为而不是具体罪名。已满14周岁不满16周岁的人实施《刑法》第17条第2款规定以外的行为，如果同时触犯了《刑法》第17条第2款规定的，应当依照《刑法》第17条第2款的规定确定罪名，定罪处罚。因此，如果年龄为15岁的孩子在绑架他人后杀死被绑架人的，可以直接对其定故意杀人罪。

（三）完全刑事责任年龄阶段

已满16周岁的人犯罪，应当负刑事责任，无论是故意犯罪还是过失犯罪，都应当承担刑事责任。

（四）减轻刑事责任年龄阶段

未满18周岁的人犯罪，应当从轻或减轻处罚，同时不能适用死刑。应当从轻或者减轻处罚，在我国刑法中只有两个，那就是一老（过失）一小。《刑法修正案（八）》增加了对老年人犯罪的从宽规定。已满75周岁的人故意犯罪的，可以从轻或者减轻处罚；过失犯罪的，应当从轻或者减轻处罚。同时，《刑法修正案（八）》还规定，审判的时候已满75周岁的人，不适用死刑，但以特别残忍手段致人死亡的除外。

（五）恶意年龄补足制度

《刑法修正案（十一）》吸收了恶意年龄补足制度，作为刑事责任年龄的一种例外性下调。

已满12周岁不满14周岁的人，对于特定的犯罪，经过特定的程序，应当负刑事责任。

这里的特定犯罪是犯故意杀人、故意伤害罪，致人死亡或者以特别残忍手段致人重伤造成严重残疾，同时要达到情节恶劣的程度。

特定的程序是指经最高人民检察院核准追诉的，应当负刑事责任。

在刑事责任年龄中，还需要注意几个问题：

1.《刑法》第17条规定的"周岁"，按照公历的年、月、日计算，从周岁生日的第 2 天起算。另外，应从行为时起算，而非从结果时计算年龄。

2. 对于没有充分证据证明被告人实施被指控的犯罪时已经达到法定刑事责任年龄且确实无法查明的，应当推定其没有达到相应的法定刑事责任年龄。相关证据足以证明被告人实施被指控的犯罪时已经达到法定刑事责任年龄，但是无法准确查明被告人具体出生日期的，应当认定其达到相应的法定刑事责任年龄。

3. 行为人在达到法定刑事责任年龄前后均实施了犯罪行为，只能依法追究其达到法定刑事责任年龄后实施的犯罪行为的刑事责任。行为人在年满 18 周岁前后实施了不同种犯罪行为，对其年满 18 周岁以前实施的犯罪应当依法从轻或者减轻处罚。行为人在年满 18 周岁前后实施了同种犯罪行为，在量刑时应当考虑对年满 18 周岁以前实施的犯罪，适当给予从轻或者减轻处罚。

4. 未达刑事责任年龄之人，虽不负刑事责任，但要责令他的家长或者监护人加以管教，必要时依法进行专门矫治教育。《刑法修正案（十一）》的规定与《预防未成年人犯罪法》保持一致，取消了收容教育制度，将其改为矫治教育制度。可见，这些人所实施的危害行为虽非犯罪行为，但系不法侵害，可以进行正当防卫。

5. 行为人主张实际年龄与身份证件年龄不符，实际年龄小于身份证件年龄，必须承担优势证据的说服责任。

二、生理与责任能力

刑事责任能力是指行为人对自己行为的辨认和控制能力。除了年龄要素，有些群体还可能由于生理等方面的特殊原因，导致刑事责任能力的丧失或减弱。

（一）精神病人

间歇性精神病人在精神正常的时候犯罪，应当负刑事责任，而且从法律规定看，其属于完全刑事责任能力人。如果其实施行为时精神不正常，不具有辨认或控制能力，则不负刑事责任。在行为时尚未完全丧失辨认或控制能力的精神病人犯罪的，属于限制刑事责任能力人，应当负刑事责任能力，但是可以从轻或者减轻处罚。[1]

---

[1] 参见"李典故意杀人案［第 49 号］"，载最高人民法院刑事审判第一、二、三、四、五庭主编：《中国刑事审判指导案例 3：侵犯公民人身权利、民主权利罪》，法律出版社 2012 年版，第 29 页。被告人李典因与被害人续某有经济纠纷而对续某怀恨在心。1996 年 4 月中旬的一天晚上 9 时许，被告人李典拿着尖刀来到续某家欲对续某实施报复，因续某不在家才作罢。同年 4 月 28 日下午 2 时左右，被告人李典再次携带尖刀到续某家，向午睡刚起的续某腹部连刺两刀后逃离现场。续某被送往医院抢救，因腹主动脉被扎断致失血性休克抢救无效而死亡。另查明，被告人李典先后于 1991~1996 年在河北省精神病防治院、解放军 256 医院被诊断为精神分裂症并住院治疗。1996 年 5 月 20 日，经过天泽市司法精神病鉴定委员会对李典进行司法精神病鉴定，认定李典实施犯罪行为时为精神分裂症不完全缓解状态，有部分责任能力。一审法院以故意杀人罪判处李典死刑立即执行，二审法院改判为死缓。另请参考"阿古敦故意杀人案［第 152 号］"，载最高人民法院刑事审判第一、二、三、四、五庭主编：《中国刑事审判指导案例 3：侵犯公民人身权利、民主权利罪》，法律出版社 2012 年版，第 69 页。

关于精神病人，还需注意以下问题：

1. 精神病人的鉴定必须由精神病专家经过法定程序确认，然后由司法工作人员进行最后判断。[1] 并非所有的精神病人都不负刑事责任，只有当某种精神病导致行为人完全丧失辨认能力或控制能力时，才不负刑事责任。精神病人由于患病程度不同，他们并不必然缺乏辨认能力或控制能力。精神病人的疾病成因很复杂，但一般可以归结为大脑某个部位的器质性损坏或发育不足。但是由于疾病成因和表现的复杂性，许多精神病人虽然在某些方面存在缺陷，但是在另外一些方面则完全可能是正常的，甚至还有可能优于一般人。[2] 因此，不能一律认为只要是精神病人就缺乏理解能力，更不能纯粹从医学角度来看待责任能力问题。精神病人是否有责任能力不是一个单纯的事实问题，而是一个需要规范判断的问题。

2. 注意精神病人在"不能辨认或者不能控制"自己的行为时造成危害结果的，不负刑事责任，而非"不能辨认和不能控制"，因此，只要丧失辨认能力或控制能力中的任何一种能力均可导致无刑事责任能力。

3. 根据 1994 年 5 月第一届中华医学会精神科学会通过的《CCMD-2-R 中国精神疾病分类方案与诊断标准》第 2 版的规定，痴呆（智力残疾）属于精神发育迟滞，它是一种特殊的精神疾病。[3]

4. 精神病人在无刑事责任能力时的侵害行为虽非犯罪行为，但也是不法行为，因此应当责令他的家属或者监护人严加看管和医疗，在必要的时候，由政府强制医疗。这种行为也是不法行为，可以对其进行正当防卫。

5. 精神病人必须是在犯罪行为时无辨认能力或控制能力的才无刑事责任能力，如果在犯罪时是正常人，但在犯罪后成为精神病人的，不能免除其刑事责任。

6. 行为人（比如间歇性精神病人）在精神正常时犯罪，实行犯罪过程中精神病发作，丧失责任能力，该如何处理？关于这个问题，至少有三种学说：①原因自由行为：行为人属于自陷危险，一般都按照故意犯罪的既遂处理；②行为一体论：将具有责任能力时的实行行为与陷入无责任能力的实行行为作为一个行为来处理；③作为因果关系的错误来处理：在陷入无责任能力状

---

[1] 参见"被告人李鹏盗窃案［第 950 号］"，载最高人民法院刑事审判第一、二、三、四、五庭主编：《刑事审判参考（总第 96 集）》，法律出版社 2014 年版，第 80 页。

[2] 如学者症候群（Savant Syndrome），它指是个人存在主要的心理疾病或严重的智能障碍，但拥有与他的障碍全然相对的，超过一般人的心理运作能力。依照其定义，又可包括白痴学者（Idiot Savant）和自闭学者（Autistic Savant）。前者［白痴学者一词系 100 多年前由英国医师兰登·道恩（Langdon Down）所创用］指个人存在严重的智能障碍，但拥有与他的障碍全然相对的、惊人的心理运作能力。而后者则是指个人存在主要的心理疾病、性格异常或情感障碍（如自闭症），但拥有与他的障碍全然相对的、惊人的心理运作能力。部分自闭症患者的认知能力甚至超出常人，具有极强的数字记忆能力、美术、音乐等特殊能力，此即为自闭学者。

[3] 参见中华医学会精神科学会、南京医科大学脑科医院编：《CCMD-2-R 中国精神疾病分类方案与诊断标准》，东南大学出版社 1995 年版。

态前，就已经存在犯罪的未遂，对行为人是否适用既遂的刑法，取决于无责任能力状态的出现是否对因果关系有重大偏离，如果有，那就不属于既遂。一般认为，在这类案件中，偏离不重大，所以一般都成立既遂。换言之，一般认为，对此类案件应追究故意犯罪既遂的责任。[1]

7. 以精神病作为辩护理由，被告方必须承担优势证据的说服责任。

（二）醉酒

醉酒的人虽然辨认能力或控制能力可能有所减弱，但这属于自招危险，一般不能减轻其刑事责任。需要注意的是，醉酒有两种：①生理性醉酒，即我们通常说的"喝醉酒"，这应负刑事责任。但在特殊情况下，也可以作为酌定的从宽情节加以考虑。[2] ②病理性醉酒，这是一种精神病，如果非自愿地导致这种疾病发作，不负刑事责任；但如果明知自己有此精神病，仍然自愿醉酒，这属于下文要讨论的原因自由行为，即虽然在行为时无辨认能力或控制能力，但导致这情况的原因是可控的（自由的），这属于自招风险，也要承担刑事责任。[3]

在英美法系中，醉酒一般可以区分为自愿醉酒和非自愿醉酒。前者是指行为人知道饮用的酒或毒品、药物可能导致醉态仍主动饮用从而导致的醉态；后者是指行为人没有意识到其所饮用的为酒类等物品及会导致的后果，在饮用后引起的醉态。比如，遵照医嘱而引起醉态，被告人误将致人醉态物认为非致人醉态物而引起醉态，他人在被告人饮料中掺入酒精而被告人不知引起醉态或未成年人被诱骗饮酒而陷入醉态，等等。非自愿醉酒可以免责，而自愿醉酒一般都不能免责。

---

[1] 张明楷：《刑法学》，法律出版社 2016 年版，第 306 页。

[2] 参见"房国忠故意杀人案［第 554 号］"，载最高人民法院刑事审判第一、二、三、四、五庭主编：《刑事审判参考（2009 年第 3 集·总第 68 集）》，法律出版社 2009 年版，第 1 页。参见"侯卫春故意杀人案［第 610 号］"，载最高人民法院刑事审判第一、二、三、四、五庭主编：《刑事审判参考（2010 年第 2 集·总第 73 集）》，法律出版社 2010 年版，第 11 页。

[3] 参见"彭嵛故意杀人案［第 431 号］"，载最高人民法院刑事审判第一、二、三、四、五庭主编：《中国刑事审判指导案例 3：侵犯公民人身权利、民主权利罪》，法律出版社 2012 年版，第 143 页。被告人彭嵛因服食摇头丸药性发作，在其暂住处持刀朝同室居住的被害人阮召森胸部捅刺，致阮召森抢救无效死亡。当晚 9 时许，被告人彭嵛到福建省宁德市公安局投案自首。经精神病医学司法鉴定认为，彭嵛系吸食摇头丸和 K 粉后出现精神病症状，在精神病状态下作案，评定为限制刑事责任能力。一审法院认为，被告人彭嵛故意非法剥夺他人生命，并致人死亡，其行为已构成故意杀人罪，但鉴于其有自首情节，可以从轻处罚，判处其无期徒刑，剥夺政治权利终身。一审宣判后，被告人彭嵛不服，提出上诉。其上诉理由和辩护人的辩护意见为：彭嵛作案时属于无刑事责任能力人，即使构成犯罪，也只构成过失致人死亡罪，且具有自首情节，被害人本身有过错，应对其从轻、减轻处罚。二审法院认为，吸毒是国家法律所禁止的行为，上诉人在以前已因吸毒产生过幻觉的情况下，再次吸毒而引发本案，其吸毒、持刀杀人在主观上均出于故意，应对自己吸毒后的危害行为依法承担刑事责任，其吸毒后的责任能力问题不需要作司法精神病鉴定。因此，上诉人及其辩护人认为上诉人作案时是无刑事责任能力人，要求重新进行司法精神病鉴定，以及认为上诉人仅构成过失致人死亡罪的辩解、辩护意见不能成立，不予采纳。另请参考"叶丹以危险方法危害公共安全案［第 919 号］"，载最高人民法院刑事审判第一、二、三、四、五庭主编：《刑事审判参考（2013 年第 5 集·总第 94 集）》，法律出版社 2014 年版，第 141 页。

（三）又聋又哑的人、盲人可以从轻或减轻、免除处罚

这些人由于生理上的原因，无法像正常人一样形成辨别是非的观念，因此可以从宽处罚。"又聋又哑的人"仅指既聋且哑的人，"盲人"仅指双目失明的人，所以通常指天生的聋哑人、盲人或从小就失聪、失明的人。如果生理因素对其是非辨认能力没有影响，则不宜从宽处理。[1]

三、原因自由行为

原因自由行为是指行为人实施行为时，虽然没有辨认能力或控制能力，但是能力丧失是因为自身罪过所致。原因自由行为与醉酒犯罪有密切的关系。

原因自由行为可以分为故意的原因自由行为和过失的原因自由行为。

（一）故意的原因自由行为

故意的原因自由行为是指行为人故意让自己陷入无责任能力状态，并决定利用自己的无责任能力状态追求一个犯罪行为的发生（直接故意）或放任一个犯罪行为的发生（间接故意）。对于这种现象，应当直接以故意犯罪论处。

（二）过失的原因自由行为

过失的原因自由行为是指行为人陷入无责任能力状态，预见自己有可能在无责任能力的状态下实施犯罪，但轻信能够避免，或者应当预见而没有预见陷入无责任能力状态可能出于故意也可能出于过失。如故意喝醉，但轻信自己不会去驾驶车辆，或者预见自己即便驾车也不会出事；再如因为身体状况不能喝酒，但疏忽大意喝酒，然后过失肇事。对此情况，应当以过失犯罪论处。

👉 第三节 法律认识错误

法律认识错误是指行为人对其行为是否为法律所禁止以及对法律概念的理解发生了错误认识。

法律认识错误，历史上早已有之。《晏子春秋》记载：齐景公爱槐树，下令官吏派人严加看护，下达法令，如有犯槐树者，处刑，如果将槐树弄伤，罪当处死。有人不知此令，酒醉后在槐树旁呕吐，"冒犯"槐树被抓。宰相晏子为此事劝谏景公，认为此人不知道法令，是无辜的，"刑杀不辜，谓之贼"，是国之大忌。景公接受晏子的意见，将此人释放，并废除伤槐之法。

伤槐一事涉及刑法上的认识错误，行为人在实施某种行为，并不知行为构成犯罪，在晏子看来，就不能治罪，这其实也是"不知者无罪"观念的另一种体现。然而，古罗马却有一个古老的法谚，"任何人不能以不知法而免责"。

---

[1] 参见"苏同强、王男敲诈勒索案［第469号］"，载最高人民法院刑事审判第一、二、三、四、五庭主编：《中国刑事审判指导案例4：侵犯财产罪》，法律出版社2012年版，第745页。

一、主要的学说观点

对于法律认识错误如何处理，学说上存在争论。学说上有违法性认识不要说、自然犯、法定犯区别说、严格故意说、准故意说、限制性故意说（可能性说）及责任说之争。[1]

1. 违法性认识不要说。违法性认识不要说认为，故意的成立不需要违法性的认识，因此，即使欠缺违法性的认识，只要存在对于犯罪事实的认识，就可以认定故意成立。这是从古罗马延续而来的一种古老学说。

2. 自然犯、法定犯区别说。该学说将犯罪区分为自然犯和法定犯，认为自然犯不以违法性认识为故意的必要条件，而法定犯必须以违法性的认识为必要条件。

3. 严格故意说。该学说认为，故意之成立，除需认识到犯罪事实，还应以对于行为的违法性具有现实的认识为必要，只要欠缺违法性认识的，就不能追究故意责任。

4. 准故意说。准故意说认为，故意的成立以对违法性的认识为必要条件；但另一方面，如果缺乏对违法性的认识是因过失所致，就应当对它和故意作同样的处理。换言之，法律过失本属于过失，应把它与故意同等看待，或把这种情况称为"法敌对性"。

5. 限制性故意说。限制性故意说主张故意的成立不以实际上具有违法性的认识为必要，只要有违法性认识的可能性即可。

6. 责任说。责任说认为，违法性的认识以及违法性的认识的可能性是独立于故意之外的责任要素。因此，违法性的认识与故意的成立无关。当这种认识错误无法避免时，产生责任阻却。当这种错误可以避免时，则可减轻责任。《德国刑法典》第17条的规定（行为人行为时没有认识其违法性，如该错误认识不可避免，则对其行为不负刑事责任；如该错误认识可以避免，则对其行为减轻其刑罚）可以看成这种学说的注脚。

二、责任说之提倡

传统的刑法理论大多采取古罗马立场，不知法、不免责。其理由在于：首先，公民有知法守法的义务，既然是一种义务，不知法本身就是不对，没有尽到一个公民应有的责任，岂能豁免其责？其次，如果允许这种免责理由存在，任何人犯罪，都可能以不知法来狡辩，法盲犯罪层出不穷，会给司法机关认定犯罪带来极大的困难。

上述论证有很强的功利主义和实用主义色彩，更直截了当地道出个中原委的是美国大法官霍姆斯：不知法不免责，是为了维护公共政策，因此可以

---

[1] 黄丁全："事实认识错误与法律认识错误：以日本实例见解为中心"，载《刑事法评论》1998年第2期。

牺牲个体利益。虽然有些犯罪人的确不知自己触犯法律，但如果允许这种免责理由，那将鼓励人们对法律的漠视，而不是对法律的尊重和坚守。[1]

这些辩解看似言之凿凿，但却与人们生活经验相抵触。如果说公民应当知悉法律，那法律一经颁布，就大功告成，任何人都应无条件服从，那为什么国家还要大张旗鼓地开展法制教育、普及法律知识？

要求公民知法守法，是一种国家主义的立场，要求治下小民乖乖听话，无论是否知道，只要国家颁布法律，你就有知晓的义务。有观点甚至认为，通过对在道德上无辜的人定罪，就能够促使其他人更好地了解自己所承担的法律义务。[2]显然，这和现代刑法所倡导的个人本位立场格格不入，怎能为了所谓的国家、社会利益，就完全牺牲无辜民众的自由。另外，人们之所以守法，更多是因社会习俗、道德规范的耳濡目染，不杀人、不盗窃、不奸淫，与其说是法律规定，还不如说是一种道德教化。

如果说在法律并不发达的古代社会，要求公民知法守法还有实现的可能性，那么在现代社会，如此繁杂多样、不断变化的法律，要求公民一一知悉，这简直就是不可能实现的任务，即使是法律专业的学生，也不可能知道所有的法律条文。法律所规定的珍贵动物、植物的种类，即便专事刑法研究的学者也无法周知。更何况，随着国际交流的增多，一国公民对另一国法律不太熟悉，也是常有之事。[3]

在法律认识错误问题方面，大陆法系的德国是走得最远、最为彻底的。

---

[1]　Joshua Dressler, *Understanding Criminal Law* (4th edition), Lexisnexis (2006), p. 181.

[2]　[美] 弗莱彻：《刑法的基本概念》，王世洲等译，中国政法大学出版社 2004 年版，第 200 页。

[3]　对待法律认识错误，英美法系最初基本上遵循古罗马传统，但后来有所松动。1949 年美国马里兰州的霍普金斯案（*Hopkins v. State*）是不知法不免责的经典案例，该案曾被广泛引证。当时，马里兰州出台法案，禁止牧师在旅馆、车站、码头、法院等地张贴主持婚礼的广告，变相攫取钱财，法律的目的是管束婚姻缔结，防止重婚的泛滥。但该法没有得到很好的实施。几位牧师贴广告之前，觉得不妥，特地咨询了当地司法部长，部长回复他们说行为并不违法。牧师们于是放心大胆地粘贴广告。后来这几名牧师因违反该法案被捕，在法庭上，他们以事先咨询过司法部长、不知行为违法为由进行辩解，但初审法院和上诉法院都拒绝这种辩解，认为即便咨询司法部长，对法律的认识错误也不能免责。同年，特拉华州也发生了一起相似的案件，法官却作出完全相反的判决。当时，特拉华州有位龙先生（*Long v. State*）想和妻子离婚，然后与他人结婚，但特拉华州的离婚程序比较繁琐，他特意咨询了当地一位知名的婚姻法律师。律师建议，可以先去其他州离婚，然后再回来结婚。按照这个建议，龙先生迅速赶往阿肯色州办完离婚手续，又返回到特拉华州准备结婚。为了稳妥，结婚之前，他再次向那位律师询问是否妥当，得到答案是肯定的。为其主婚的牧师觉得事有不妥，又一次独自请教那位律师，得到肯定答案后才放心地为龙先生主婚。不幸的是，律师的建议是错误的，特拉华州法律不承认其他州的离婚判决，龙先生被诉重婚。此案经 3 次审理，前两次龙先生都被认为有罪，理由是"不知法不免责"，但特拉华最高法院却推翻了前两次判决，认为龙先生重婚罪不成立。上述两个案件促发了人们对于传统规则的反思，人们开始觉得严格遵循"不知法不免责"的做法并不一定恰当，可能对被告太过严苛。1962 年美国法学会出台的模范刑法典对传统规则给出了一些例外，认为有两种情况可以免责：一种是"官方原因所导致的法律误解"（officially induced error of law），行为人之所以不知道法律，是因为听信了像司法判决、行政命令或者其他负有解释、执行法律职责的机关及其官员的意见；另一种是法律无从知晓，如法律尚未公布或者没有合理地生效。*Hopkins v. State*, 193 Md. 489, 69 A. 2d 456 (Md. 1950)；*Long v. State*, 5 Terry 262, 65 A. 2d 489 (Del. 1949).

1975 年《德国刑法典》第 17 条明确表明了自己的立场："行为人行为时没有认识到其违法性，如该错误认识不可避免，则对其行为不负责任。如该错误认识可以避免，则可减轻处罚。"

用可避免原则来处理法律认识错误可以最大限度地防止情与法的冲突，让人们合理安排行为。人们遵纪守法靠的是日积月累的道德教化，而不是空洞的法律说教，法律的指引功能最终要通过人类的日常行为规范来实现。人们不闯红灯，不是因为《道路交通安全法》如此规定，而是因为经过多年的教育和实践，红灯停、绿灯走已经成为我们的行为准则，但如果从小生长在边远山区，从未见过汽车，也没有见过红绿灯，很难想象此人初到城市会在红灯时停下脚步。

一般人的日常行为规则就是认识错误"可否避免"的判断标准。对于正常的城市人，如果乱闯红灯导致交通事故，然后说自己不知道这个交通规则，这说不过去，因为认识错误是可以避免的，但对于从未见过红绿灯的人来说，初犯这种错误，可能是无法避免的，没有必要处罚。但是，犯过一次错误，经制止再闯红灯，那就不能原谅。

哪些错误是可以避免的呢？对于像杀人、抢劫、强奸等古老的传统犯罪，任何人都不应出现错误认识，这些犯罪都具有明显的道德过错，认识错误是可以避免的，父亲杖毙横行霸道的儿子，以"不知道杀人违法"作为辩护，无论如何也不能接受，"禁止杀人"是人类最基本的行为禁忌，这个认识错误是任何人都应该避免的，否则社会秩序就会大乱。但是，对于一些新型的犯罪，尤其是缺乏明显道德过错的犯罪，如果普罗大众都很难避免出现认识错误，这种错误当然就可以否定行为人的罪责。

根据本书的犯罪构成理论，责任说具有一定的合理性。根据规范责任论，违法性认识是独立于故意以外的概念。当行为人具备对构成要件的认识，还应判断其是否具备对违法性的认识。当行为人具有违法性的认识，就应当实施合法的行为，否则就应追究其责任。因此，当行为人积极地认识到违法性时，其责任当然也大；在行为者没有积极地认识到违法性，但可能认识的情况下，虽然要作出符合自己意愿的决定比上述情况稍有困难，但毕竟具有了认识的可能性。所以，虽不能免于追责，但其责任要轻一些。如果行为人完全无法认识到其行为的违法性，对其归责是不公平的。[1]从证明责任的角度来看，一个符合构成要件的行为就可以推定其具备违法性和有责性，也可以自然推定其具备违法性的认识，因此，以缺乏违法性作为辩护理由必须由被告人承担提出责任和优势证据的说服责任。这种做法可以防止此类辩护理由的滥用，正如德国学者罗克辛所言：如果把违法性意识作为处罚国民的一般条件，就等于国家为轻率者、梦想家、狂嚣者和愚蠢者提供了违反法律的通

---

[1] 黄丁全："事实认识错误与法律认识错误：以日本实例见解为中心"，载《刑事法评论》1998 年第 2 期。

行证，就等于国家放弃了自己的生存权。[1]同时，这种做法也保障了被告人当有的合法权益。

三、常见的法律认识错误及其处理原则

（一）法律认识错误的类型

1. 误无罪为有罪。行为人误认为自己的合法行为是违法行为。这又被称为幻觉犯，这种错误不构成犯罪。

2. 对刑法概念的理解错误。对于某种事实是否属于刑法上的某个概念产生了错误认识。归类性错误（对事物法律归属的错误）一般可以认为属于这种错误。比如，将他人汽车轮胎的气放掉，但却不认为这是刑法上所说的"毁损"财物。显然，行为人知道自己在干什么，也知道毁损财物是法律所禁止的，但却不认为自己的行为属于刑法上的"毁损"。对于这种认识错误，如果一般人可以避免发生这种错误认识，就不影响故意的成立。换言之，行为人只要知道自己在干什么，至于其行为的法律属性，是由社会规范所决定的，而不取决行为人的自我认识。

比如，某游戏厅早上8点刚开门，甲就进入游戏厅玩耍，发现游戏机上有一个手机，甲马上装进自己口袋，然后逃离。事后查明，该手机是游戏厅老板打扫房间时顺手放在游戏机上的，但甲称其始终以为该手机是其他顾客遗忘的财物。在这个案件中，甲知道自己拿了并非自己的手机，但却误认为是"遗忘物"，这种对于财物属性的误认是一种归类性错误。按照刑法规定，"遗忘"在刚开门的网吧中的手机，应该被推定为网吧管理者无因保管的财物，因此，行为人的认识（即认为其他顾客遗忘在网吧中的财物属于"遗忘物"）与社会规范不符，该财物的性质属于"他人占有"，而非"遗忘物"，因此，甲的行为应当以盗窃罪定罪。

再如，甲以为生面粉加酒能致人死亡，欲在赵二的酒中投入生面粉，却误拿成砒霜，赵二后因故没有喝酒，故没有出现死亡结果。甲主观上认为自己在用生面粉加酒毒杀他人，或许他主观上认为自己在实施"故意杀人"行为，但这种用生面粉加酒"杀人"的方法按照刑法规范并非法律上的"故意杀人"，故甲的行为不构成故意杀人罪，由于没有出现死亡结果，所以也无法成立过失犯罪，故甲的行为不构成犯罪。

对于规范性构成要件要素，要区分为对事实基础和对评价事由的认识，对前者的认识是一种事实错误，而对后者的认识也是一种归类性错误。

3. 禁止错误。即违法性的认识错误，行为人误认为自己的行为不是刑法所规定的犯罪行为，而实际上刑法规定该行为是犯罪行为。这是一种对法律是否禁止某种行为出现的错误认识，这是一种主要的法律认识错误。

---

[1] ［德］克劳斯·罗克辛：《德国刑法学总论（第1卷）》，王世洲译，法律出版社2005年版，第246页。

（二）处理原则

根据规范责任说，法律认识错误一般不影响故意的成立，但是对于归类性错误和禁止错误，如果认识错误是无法避免的，则可以阻却责任；如果认识错误可以避免，则可减轻责任。

错误是否可以避免，应当根据道义责任论进行判断，如果一种错误在道义上不值得谴责，那么这种错误就是无法避免的，系责任阻却事由，可排除责任故意；如果一种错误在道义上值得谴责，那么这种错误就是可以避免的，无法排除责任故意。

作为一种责任阻却事由，可否避免应当是一种行为人主观内心的个别化的判断，而非客观外在的一般人的判断。一般认为，可以从以下三个方面来判断可否避免：①行为人本来有机会去思考或者询问自己的行为可能具有违法性；②行为人在存在这个机会时，没有努力去查明真相，或者没有进行充分的努力；③行为人在具备这个机会时，只是在非常狭窄的范围内来认识法（比如只是上网查阅资料），而未尽到足够的努力，如果他足够地尽力，是可以去避免发生这种认识错误的。[1]

总之，法律认识错误一般不妨碍犯罪故意的成立，除非这种认识错误是无法避免的，即没有违法性认识的可能性。当然，这种抗辩理由必须由被告人承担优势证据的说服责任。例如，甲男明知乙女只有 13 周岁，误以为只要征得了妇女的同意，没有强迫，即使是与幼女发生性关系也不犯法，于是在征得乙女的同意后与乙女发生了性行为。甲的行为属于法律认识错误，这种认识错误是可以避免的，不能排除故意的成立，构成强奸罪。又如，甲在从事生产经营的过程中，不知道某种行为是否违法，于是以书面形式向法院咨询，法院正式书面答复该行为合法。于是，甲实施该行为，但该行为实际上违反刑法。行为人已经努力去询问行为的合法性，也已尽到最大努力。这种认识错误是无法避免的。因此，甲不具备违法性认识的可能性，不成立故意犯罪。再如，甲发现其农田附近的山坡上长着类似兰草的"野草"，便在干完农活回家时顺手采了 3 株，被森林民警查获。经林业司法鉴定中心鉴定，甲非法采伐的兰草系兰属中的蕙兰，属于国家重点保护植物。如果甲不知道这属于国家重点保护植物，所在区域的一般人也不存在这种认识，那么就可以排除故意的成立。[2]

（三）认识程度

法律上的认识错误还涉及认识程度的问题，比如，认识到行为违法，但却不知是犯罪，这该如何处理？1990 年 10 月，一位黄姓教授，嫖娼时被抓，

---

[1]　[德] 克劳斯·罗克辛：《德国刑法学总论（第 1 卷）》，王世洲译，法律出版社 2005 年版，第 625 页。

[2]　对枪支的认识错误也是一种典型的归类性错误，属于法律认识错误，应当按照可避免原则进行处理。

此人身患梅毒，当时传播性病只是治安不法，而非犯罪，黄教授后被行政处罚，罚款 3000 元、行政拘留 15 天。1991 年 3 月，黄教授出国讲学 3 月。回国后，仍旧恶习不改，1991 年 10 月 1 日嫖娼时又被公安机关抓获。黄教授所料不及的是，1991 年 9 月 4 日全国人大常委会出台了《全国人民代表大会常务委员会关于严禁卖淫嫖娼的决定》，将传播性病规定为犯罪，后检察机关以此罪起诉黄教授。一审法院依据这个决定判处黄教授 4 年有期徒刑。黄教授提起了上诉，认为自己并不知道有性病嫖娼构成犯罪，二审法院采纳了他的辩解，撤销一审判决，判其无罪。[1]

在这个案件中，黄教授知道其行为是违法行为，但却不知道它已升格为刑事不法行为。类似案件应如何处理，学界颇多争议，有人认为，行为人只要知道行为违法就构成犯罪；还有人认为，必须达到对刑事违法程度的认识才可入罪。

从规范责任论的角度来看，前一种立场更为恰当。只要行为人认识到行为违法，那么就具备禁止性的认识，一般人就有义务不去实施这种行为，故不能排除故意的成立。

四、违法阻却事由的认识错误

违法阻却事由的认识错误，也被称为容许构成要件错误，关于其应当如何处理，在学说上存在重大争议。消极构成要件理论认为，违法阻却事由是不法构成要件的消极要素，因此，这种认识错误是对构成要件的错误，所以排除故意，而可能成立过失；严格责任论认为，这种错误不是构成要件错误，而是禁止错误，如果错误不可避免，可以排除责任，如果错误可以避免，则减轻处罚；限制责任论认为，这种错误可以类推适用构成要件错误，发生误认之人，"故意的不法"被排除，但可能成立过失犯罪；法律效果的限制责任论认为，这种错误既非构成要件错误，也非禁止错误，而是一种独立的错误类型。这种错误不影响构成要件故意，但可能排除故意的责任。[2]

我国刑法理论对假想正当化没有进行专门讨论，绝大多数学者只是在研究假想防卫的问题上涉及此类错误。我国刑法通说认为，假想防卫可以排除故意，在有过失的情况下，成立过失犯罪，如果没有过失，则为意外事件。因此，它与消极构成要件理论和限制责任论的处理结论是相似的。

但是，这种一概排除故意的处理结论并不能说明所有的假想正当化案件。比如，英国著名的摩根案件：被告人摩根是一位皇家海军官员，一晚，他与 3 位同事喝酒，酒后摩根邀请他们和自己妻子发生性行为。他对 3 位同事说，其妻对性很痴迷，但却喜欢假装正经，如果反抗，那是装的，她的真实想法是同意，而且暴力会让她更加兴奋。于是这 3 位男性不顾摩根妻子的强烈反

---

[1] 赵秉志主编：《刑法原理与实务》，高等教育出版社 2002 年版，第 749 页。

[2] 林东茂：《刑法综览》，中国人民大学出版社 2009 年版，第 193~196 页。

抗与她发生了性行为。最后这 3 位男性被控强奸,但他们坚称自己认为女方同意了。[1]在摩根案件中,3 位男性出现了对同意的认识错误,这是一种典型的假想正当化。如果排除故意,由于强奸罪不能由过失构成,那么 3 位男性都不构成犯罪。这种处理显然与人们的常识相抵触。另外,根据消极构成要件理论和限制责任论,这种错误一般是在不法层面所讨论的问题,由于强奸不存在过失不法的现象,因此,对男方的行为女方不能进行正当防卫,这种结论显然是荒谬的。

本书认为,违法阻却事由的认识错误也应该区分"事实错误"和"评价错误"。前者是对违法阻却事由的前提事实本身是否存在的错误认识,后者是对某种事实在法律上是否归属于(评价为)违法阻却的认识错误。

我国传统刑法理论所讨论的假想防卫一般都属于前者,比如,毒贩误认便衣警察为劫匪,对执法警察进行殴打,显然毒贩知道殴打警察是不对的,也知道警察的执法行为是正当的,但却误认为不存在警察的执法,显然,对于"劫匪"的不法侵害,是可以进行正当防卫。这是一种对违法阻却事由的前提,即是否存在不法侵害的认识错误,属于事实错误,可以排除故意,由于妨害公务罪没有过失犯罪,故不成立犯罪。

但是,如果毒贩知道便衣警察是警察,但却认为没有穿警服的警察没有执法权,这就属于对事实是否归属于违法阻却(正当防卫)的错误认识。行为人对事实本身没有错误认识,只是对事实的评价产生了错误认识,因此,这是一种法律认识错误,如果这种认识错误是一般人可以避免的,那么就不能排除行为人的故意。

需要说明的是,在事实错误中,行为人与法律规范的价值观并无差异,根据法律规范,对"劫匪"的不法侵害当然是可以进行正当防卫的;但是在评价错误中,行为人与法律规范的价值观有明显差异,按照法律规范,便衣警察有执法权,但行为人的认识却与此有重大差异。

又如,如果不法侵害还没有进行,但行为人却误认为不法侵害已经开始,对其进行正当防卫,这也是典型的事实错误,可以排除故意;但如果行为人知道不法侵害还没有开始,但却误认为先下手为强属于正当防卫,这显然就是评价错误,属于法律认识错误。

在摩根案件中,行为人知道女方正在反抗,但却误认为这种反抗不属于法律上的"不同意",这就如同约会强奸中,男方认为女方没有强烈反抗就属于"半推半就",这都是一种价值观的错误认识,属于评价错误,应当按照法律认识错误来处理。[2]但是,如果男方与"妻子"发生性行为,性事结束后发现是"妻子"的孪生妹妹,男方并没有出现价值观的误判,这只是一种事

---

[1] 罗翔:"论对同意的认识错误——以性侵犯罪中的假想同意切入",载《清华法学》2010 年第 1 期。

[2] 法律错误无法排除构成要件故意,因此这种行为依然是违法的,可以对其进行正当防卫。

实错误，可以排除故意。

第四节　责任过失的阻却

具备构成要件过失就应推定具备违法过失和责任过失，因此，在责任过失中，不宜考虑入罪要素，而应考虑责任阻却事由。在过失犯罪中，如果行为人的注意能力低于一般人，应当按照行为人的自身能力确定其注意义务。这是一种责任过失的阻却。比如，由于行为人是盲人或者偶然地在行为时非常疲劳等，而不具有一般人所具有程度的注意能力，因而现实地不能指望其遵守注意义务时，就可以否定其责任过失的存在。当然，这种情况是比较罕见的，所以，被告人提出此抗辩，要承担优势证据的说服责任。

当然，如果行为人的注意能力低于一般人是因为其自身的不当行为所导致的，这不能作为责任过失的阻却事由。例如，眼睛近视的驾驶员某日夜里驾驶汽车外出时忘记戴眼镜，又遇有薄雾，虽然非常小心地驾驶，但终因视力欠佳，以至于没有看到穿越公路的行人而相撞，造成行人死亡。[1]对于此案，行为人应当知道不戴眼镜达不到正常驾驶所要求的注意能力标准，因为自身的错误行为使得其驾驶时注意能力低于一般人，这不能否定过失的成立。

第五节　缺乏期待可能性

一、期待可能性的概念

期待可能性，是指根据具体情况，有可能期待行为人不实施违法行为而实施其他适法行为。如果完全缺乏期待可能性，则可以排除责任的成立，所以，缺乏期待可能性可谓一种责任阻却事由。期待可能性的基本理念是建立在法律不强人所难的观念上的。德国帝国法院的癖马案可以算是此理论的第一次运用。被告是一位被雇的马夫，因马有以尾绕缰的恶癖，非常危险，故要求雇主换掉该马，雇主不允，反以解雇相威胁。后被告驾驶马车在行驶过程中，马之恶癖发作，被告无法控制，致马狂奔，将一铁匠撞伤。检察官以过失伤害罪提起公诉，但原审法院宣告被告无罪，德国帝国法院也维持原判，驳回抗诉。其理由是：违反义务的过失责任，不仅在于被告是否认识到危险的存在，而且在于能否期待被告排除这种危险。被告因生计所逼，很难期待其放弃职业拒绝驾驭该马，故被告不负过失伤害罪的刑事责任。

我国的司法实践中也有期待可能性理论的体现。例如，在重婚罪中，有

---

〔1〕　林亚刚：“犯罪过失中的注意能力与注意义务之研究”，载《刑事法评论》2000 年第 1 期。

一些由于特殊原因引起的重婚行为，例如，遭受自然灾害外出谋生而重婚的；因配偶长期下落不明，造成家庭生活困难又与他人结婚的，可不以重婚罪论。这就是考虑到在这些情况下，妇女没有实施合法行为的期待可能性。

二、期待可能性的判断标准

1. 行为人标准说。行为人标准说认为，应当以行为人本人的能力为标准，判断在该具体行为情况下能否期待行为人采取其他的适法行为。

2. 平均人标准说。该说认为，要根据一般人处在行为人情形之下的情况来判断有无期待可能性，如果通常一般人可以实施合法行为，就认为该行为人有期待可能性；反之，则认为其没有期待可能性。

3. 国家标准说。该说立足于国家立场判断期待可能性的标准，认为必须依照国家意志的统一要求，以现今国家所实施的法规作为期待可能性的标准，以决定行为人能不能采取具体的适法行为。

本书认为，期待可能性是一种责任阻却事由，应当深入行为人的内心作个别化的判断，但也应该考虑道德规范的容忍程度。因此，道德规范修正下的行为人标准说是基本恰当的。如果行为人的本人见解是道德规范所容忍的，可以采取行为人标准，但如果行为人的确信明显违背道德规范的要求，比如，在确信犯的情况下，主张宗教极端组织的屠杀行为，这种确信明显违背道德规范，因此不能阻却责任。总之，缺乏期待可能性是一种非常罕见的现象，采取行为人标准说并不会破坏法秩序的统一。

本章重要知识回顾（表格版）

责任能力的阻却	1. 未满14周岁的人	不构成犯罪，一概不负刑事责任	完全无刑事责任能力	责令他的家长或者监护人加以管教，必要时由政府收容教养。
	2. 因精神病而不能辨认或控制自己行为的人			责令他的家属或者监护人严加看管和医疗，必要时由政府强制医疗。
	3. 已满14周岁而未满16周岁的人	仅对故意杀人、故意伤害致人重伤或者死亡、强奸、抢劫、贩毒、放火、爆炸、投毒等8种犯罪负刑事责任	相对刑事责任能力	①除8种以外，责令他的家长或监护人加以管教，必要时由政府收容教养。②应当从轻或减轻处罚。③不适用死刑。④这8种犯罪是罪行，而非罪名。注意包容犯、转化犯。

责任能力的阻却	4. 已满75周岁的人故意犯罪的	构成犯罪	减轻刑事责任能力	①故意犯罪的，可以从轻或者减轻处罚。②过失犯罪的，应当从轻或者减轻处罚。
	5. 已满16周岁而未满18周岁的人			①应当从轻或减轻处罚。②不适用死刑。
	6. 尚未完全丧失辨认或控制自己行为能力的精神病人			可以从轻或减轻处罚。
	7. 又聋又哑的人			
	8. 盲人			
	9. 间歇性的精神病人在精神正常时	构成犯罪	完全刑事责任能力	依刑法分则的规定处罚。
	10. 醉酒的人			
	11. 原因自由行为	故意或过失导致自己陷入无责任能力状态，应当追究刑事责任。		

责任能力的阻却	12. 间歇型精神病人在精神正常时犯罪，实行犯罪过程中精神病发作，丧失责任能力，该如何处理？ ①原因自由行为：行为人属于自陷危险，一般都按照故意犯罪的既遂处理。 ②行为一体论：将具有责任能力时的实行行为与陷入无责任能力的实行行为作为一个行为来处理。 ③作为因果关系的错误来处理：在陷入无责任能力状态前，就已经存在犯罪的未遂，对行为人是否适用既遂的刑法，取决于无责任能力状态的出现是否对因果关系有重大偏离，如果有，那就不属于既遂。一般认为，在这类案件中，偏离不重大，所以一般都成立既遂。

法律认识错误	1. 无罪认为有罪	如：行为人以为与现役军人的配偶通奸是犯罪，在实施通奸行为后自动投案。	此种情况下并无犯罪，更无刑事责任问题。
	2. 对处罚误解	行为人对自己实施的犯罪行为在罪名、罪数、量刑等方面有不正确的理解。	此种认识错误不影响定罪。
	3. 假想的无罪（违法性的认识错误）	行为人误认为自己的行为不是刑法所规定的犯罪行为，而实际上刑法规定该行为是犯罪行为。对此情况该如何处理，存在争论。	多数见解认为（原则），违法性的认识错误一般不妨碍犯罪故意的成立，（例外）除非这种认识错误是一般人无法避免的。

续表

缺乏期待可能性	期待可能性，是指根据具体情况，有可能期待行为人不实施违法行为而实施其他适法行为。如果完全缺乏期待可能性，则可以排除责任的成立，所以，缺乏期待可能性可谓一种责任阻却事由。

本章二维码

责任能力的阻却

第八章第一节
司法考试真题

法律认识错误、
期待可能性

第八章第二、三节
司法考试真题

第八章重要法条
和司法解释

第九章

犯罪的未完成形态

👉 第一节　未完成形态概述

一、完成形态和未完成形态

直接故意犯罪存在完成形态和未完成形态：完成形态即既遂，它是指完全实现了分则所规定的全部构成要件的行为；而未完成形态，包括犯罪未遂、犯罪中止、犯罪预备，它们都未能完全实现刑法分则所规定的全部构成要件，只是因为总则条文对分则的修正才具有可罚性。只有在直接故意犯罪中才存在未完成形态；在间接故意、过失犯罪中，不存在未完成形态，它们只有犯罪成立与否的问题，即是否成立既遂的问题。如果没有达到既遂，那就不构成犯罪。[1]

二、犯罪形态与犯罪阶段

一个标准的直接故意犯罪有如下几个阶段：起意阶段、预备阶段、实行阶段、实行后阶段。起意阶段没有刑法意义，它只是一种思想的流露。

---

[1]　参见"曹成金故意杀人案［第 132 号］"，载最高人民法院刑事审判第一、二、三、四、五庭主编：《中国刑事审判指导案例 3：侵犯公民人身权利、民主权利罪》，法律出版社 2012 年版，第 52 页。被告人曹成金与熊燕原有恋爱关系。2000 年 4 月，两人在广州分手后，曹两次来铜陵市找熊燕，要求其回江西，熊不愿意。2000 年 11 月 12 日下午 1 时许，曹携带被其锯短枪管、子弹已上膛的单管猎枪及 4 发子弹再次来到铜陵市，要求熊燕跟其回家，熊不肯。后熊燕约其朋友郑林、高翔、王琳等人一起在铜陵体育馆二楼台球室与曹成金见面，熊仍表示不愿随曹回江西。当日傍晚，熊燕与郑林等人离开体育馆，曹成金跟随其后，在淮河中路人寿保险公司门前路段，熊燕与郑林等人拦乘出租车欲离去时，曹成金阻拦不成，遂掏出猎枪威逼熊燕、郑林下车。郑林下车后趁曹不备，扑上抢夺曹的猎枪。曹急忙中对着郑林小腿内侧的地面扣动扳机，子弹打破了郑林的长裤，并在郑林的左膝内侧留下 3mm×5mm 表皮擦伤（轻微伤）。后公安人员赶到，将已被郑林等人制服的曹成金抓获。公诉机关认为被告人成立故意杀人罪（未遂），辩护人认为被告仅成立故意伤害罪。但法院认为被告人曹成金的行为不构成故意杀人罪和故意伤害罪，只构成非法持有枪支、弹药罪，判处其有期徒刑 5 年。

起意阶段和预备阶段的临界点是危害行为。在预备阶段中，如果出于意志以内的原因放弃犯罪，属于犯罪中止（预备中止）；如果出于意志以外的原因放弃犯罪，属于犯罪预备。预备阶段与实行阶段的临界点为"着手"。在实行阶段中，如果出于意志以外的原因放弃犯罪，属于犯罪未遂；如果出于意志以内的原因放弃犯罪，则属于犯罪中止（实行中止）。在实行后阶段，如果自动有效地防止犯罪结果的发生，也可以成立犯罪中止（实行后中止）。

可见，犯罪阶段是一个时间跨度概念，而犯罪形态则是在犯罪阶段中的一种静止状态，二者不能混淆。比如，预备阶段是时间概念，而犯罪预备却是一种静止的形态，在预备阶段中既存在犯罪预备，又存在犯罪中止。

形态之间是不可互逆的，成立中止之后就不可能成立未遂、预备和既遂，成立既遂之后也不能成立中止、未遂和预备。

第二节 犯罪预备

一、概念

犯罪预备是指为了犯罪，准备工具、制造条件，但由于行为人意志以外的原因而未能着手实行犯罪的情形。

二、特征

犯罪预备具有以下四个特征：

1. 主观上具有犯罪的目的。犯罪目的对于决定预备行为的性质具有非常重要的作用。例如，为了实施杀人犯罪，行为人购买刀具，这就是杀人的预备行为；如果购买刀具是为了实施抢劫，那就是抢劫的预备行为。因此，主观意图对行为的性质具有很大的主导作用。如果他没有犯罪的意图，买刀只是为了做饭，就是一个合法的行为。总之，一个行为是否成为犯罪的预备行为，取决于支配行为的犯罪意思。

2. 客观上有犯罪预备行为。犯罪预备行为是为了犯罪，准备工具、制造条件的行为。常见的预备行为有如下几种：①准备工具，如为杀人而买刀，为盗窃而配钥匙；②练习犯罪的手段，如练习射击技术；③进行犯罪前的调查，如踩点、了解被害人作息起居情况；④排除实行犯罪的障碍，如为了盗窃，先把看门的狗毒死；⑤前往犯罪现场或诱骗被害人去犯罪现场；⑥尾随和守候行为；⑦勾引共犯，其中也包括为了实施某种犯罪而组织犯罪集团，这种组织、参加犯罪集团的行为也是犯罪的一个预备行为。[1]

3. 事实上未能着手实行犯罪。犯罪预备必须在预备阶段停止下来，即行为人由于意志以外的原因而没能够“着手”。假如行为人已经着手犯罪，由于意志以外的原因没有既遂的，是犯罪未遂，不是犯罪预备。

4. 未能着手实行犯罪是由于行为人意志以外的原因。如果是出于意志以内的原因，则属于预备阶段的犯罪中止。

三、预备行为与犯意表示的区别

犯意表示是一种思想流露，还没有表现为行为，不属于刑法的打击范围。犯意表示一般是以口头、书面或者其他方法，将真实犯罪意图表现于外部的行为。例如，某人说：“我真恨某某人，我真想把他给杀了!”但是没有任何行动。这本身不是行为，不是犯罪预备。犯罪预备与犯意表示的最本质区别在于犯罪预备行为是为犯罪准备工具、制造条件，对实行犯罪起到促进作用，对法益构成了威胁；犯意表示并没有对实行犯罪起到促进作用，只是单纯流露犯意的行为，对法益没有现实的威胁。[2]

需要注意的是：虽然犯意表露是通过言语、文字的形式流露出来，但如果这种流露是为了实施某一个犯罪，即这种语言或文字的表露是为了实施某种犯罪而采取的预备行为，那就不是犯意流露。比如，某人为了犯罪，通过写信和

---

[1] 参见“黄斌等抢劫（预备）案［第139号］”，载最高人民法院刑事审判第一、二、三、四、五庭主编：《中国刑事审判指导案例4：侵犯财产罪》，法律出版社2012年版，第285页。1998年3月的一天，被告人黄斌邀被告人舒修银去外地抢劫他人钱财，并一同精心策划，准备了杀猪刀、绳子、地图册等作案工具，从湖南省芷江侗族自治县流窜到贵州省铜仁市伺机作案，并在该市购买了准备作案用的两双手套。3月20日晚7时许，黄斌、舒修银在铜仁汽车站以100元的价格骗租一辆车号为贵D-30306的豪华夏利出租车前往湖南省新晃侗族自治县，准备在僻静处对出租车司机吴某夫妇实施抢劫。当车行至新晃县后，二被告人仍感到没有机会下手，又以50元的价钱要求司机前往新晃县波洲镇。在波洲镇时，由于司机夫妇的警觉，向波洲镇镇政府报案，二被告人的抢劫犯罪未能着手实行。黄斌、舒修银被抓捕后，对其准备作案工具、图谋抢劫出租车的事实供认不讳。法院认为，二被告以非法占有为目的，准备以暴力手段抢劫他人驾驶的出租车，已构成抢劫罪。二被告人在准备工具、制造条件后，在准备实施犯罪时由于意志以外的原因而未能得逞，已构成犯罪预备。另请参考“白宇良、肖益军绑架［第570号］”，载最高人民法院刑事审判第一、二、三、四、五庭主编：《刑事审判参考（2009年第4集·总第69集）》，法律出版社2009年版，第48页。

[2] 参见“张正权等抢劫案［第467号］”，载最高人民法院刑事审判第一、二、三、四、五庭主编：《中国刑事审判指导案例4：侵犯财产罪》，法律出版社2012年版，第446页。2006年11月初，被告人张正权、张文普因经济紧张，预谋到偏僻地段对单身女性行人实施抢劫，并购买了尖刀、透明胶带等作案工具。11月6日至9日，张正权、张文普每天晚上携带尖刀和透明胶带到安吉县递铺镇阳光工业园区附近寻找作案目标，均因未找到合适的作案对象而未果。11月9日晚，张正权、张文普在伺机作案时提出如果遇到漂亮女性，就先抢劫后强奸，并通过手机游戏定输赢的方式确定张正权先实施强奸行为。11月11日晚，张正权、张文普纠集被告人徐世五参与抢劫作案，提出劫得的钱财三人平分，徐世五同意参与抢劫作案，但表示不参与之后的强奸犯罪。张正权即交给徐世五一把单刃尖刀。三人商定：发现作案目标后，由张文普、徐世五各持一把尖刀将被害人逼至路边，张正权用胶带将其捆绑后实施抢劫。当晚，三人寻找作案目标未果。11月12日晚，张正权、张文普、徐世五在递铺镇铜山桥附近寻找作案目标时被公安巡逻队员抓获。法院认定，三被告仅成立抢劫罪的犯罪预备，不成立强奸罪的犯罪预备。

电话邀请、联络、勾结共同犯罪人，商定犯罪计划、方案，这就不是犯意流露，而是实实在在的预备行为。有时，言语表示本身还是一种实行行为。例如，对他人口头威胁："你给我钱，否则就把你通奸的事情曝光。"这种语言就不再是犯意流露，而是一个敲诈勒索的威胁行为，还是犯罪的实行行为。总之，没有实际的准备行为，仅仅有犯意流露的，这不能算是犯罪。但是，人们通过语言、文字表示出来的东西并非都是犯意的流露，有可能本身就是一个犯罪行为，那么这种场合就应该认定为犯罪行为。

四、预备行为与实行行为的区别

实行行为是在实行阶段中的行为，而预备行为是在预备阶段中的行为，二者的临界点是"着手"。至于"着手"的判断，在下文中会仔细讨论。

五、处罚

根据《刑法》第22条第2款的规定："对于预备犯，可以比照既遂犯从轻、减轻处罚或者免除处罚。"

☞ 第三节 犯罪未遂

一、概念

《刑法》第23条第1款规定："已经着手实行犯罪，由于犯罪分子意志以外的原因而未得逞的，是犯罪未遂。"

二、未遂犯的处罚根据

关于未遂犯的处罚根据，在学说上有重大争议。具体来说，主要有如下代表性理论：[1]

1. 主观说。主观说认为，处罚未遂犯的理由在于行为人的行为已经体现了其反社会的危险性格。这种学说过分注重主观犯意，忽视了客观对主观的必要约束，在实践中也导致未遂和预备无法区分。所以，这种学说基本被抛弃。

2. 客观说。客观说的基本观点是：未遂犯的处罚根据在于发生构成要件结果的客观危险性或者法益侵害的客观危险性；即使认定存在犯罪意思，但如果没有发生结果的客观危险性，则不能作为未遂犯处罚。客观说又包括：①形式的客观说。该说认为，发生构成要件结果的现实危险性或者犯罪的现实危险性是未遂犯的处罚根据；而是否具有上述现实危险，则应以刑法规定的构成要件为基准进行形式上的判断。②实质的客观说。实质的客观说认为，

---

[1] 陈兴良："客观未遂论的滥觞：一个学术史的考察"，载《法学家》2011年第4期。

对法益侵害的客观的危险是对未遂犯的处罚根据；而是否具有上述危险，则应从实质上进行判断。③综合说。该说认为，未遂犯的危险要从形式和实质两个方面来加以考虑。

3. 折中说。折中说认为，未遂犯的处罚根据首先是实现犯罪的现实危险性，其次必须考虑行为人的主观内容。德国刑法理论的通说"印象说"就是折中说的一种代表。这种学说认为，未遂犯的处罚依据，应是行为人敌对的法律意识，这种法的敌对意识在客观上动摇了民众的法安全感和对法秩序的信任。"印象说"是基于刑罚一般预防理论建立的，该理论认为，刑罚的目的在于强化民众对法秩序的忠诚和信任。[1]事实上，如果肯定主观构成要件要素的存在，客观说的"综合说"与"印象说"也有类似之处。既然在构成要件方面存在构成要件故意的内容，那么综合形式和实质两方面来认定未遂的危险，自然也需考虑行为人的主观认识。

基于规范维护说，本书赞同"印象说"，只有当符合构成要件的行为体现了行为人的法的敌对意识，并足以动摇民众的法安全感和对法秩序的信任，才能以未遂犯论处。这种学说也与我国传统的主客观相统一学说有相似之处。

根据"印象说"，在认定未遂犯的危险时，要注意以下三点：

第一，判断的素材。在认定未遂犯的危险时，既要考虑客观行为，也要考虑行为人的主观认识。事实上，如果不考虑行为人的主观意思，客观说所谓的"危险性"根本是无法判断的。以开枪行为为例，如果以杀人之故意开枪，这是故意杀人罪的实行行为，如果只是出于恶作剧而开枪，那根本就不存在故意杀人的实行行为。再如，故意杀人的实行行为与故意伤害的实行行为，也必须考虑行为人的主观心态。所以，未遂犯的"危险性"在考虑客观行为的同时还考察其主观心态。[2]

第二，判断的标准。在认定危险时，应当以一般人的认识能力为基准，不应以科学方法作为判断的基准。因为刑罚是针对一般人的威慑，而非针对科学家的威慑。

第三，判断的时间。在认定危险时，应当以行为当时为判断之时间点，不应以行为后裁判时为判断的时间点。

三、特征

(一) 已经着手实行犯罪

着手是犯罪实行行为的起点。根据"印象说"，着手可以从主观和客观、形式和实质两个角度进行判断：①行为人开始实施了分则条文规定的行为，体现他的法的敌对意识；②对法秩序有现实侵害的紧迫性，足以动摇民众的

---

[1] [德] 乌尔斯·金德霍伊泽尔：《刑法总论教科书》，蔡桂生译，北京大学出版社 2015 年版，第 286 页。

[2] 陈子平：《刑法总论》，中国人民大学出版社 2009 年版，第 267 页。

法安全感。不同的犯罪，其实行行为是不同的，所以着手的特点也不一样。即使是相同的犯罪，由于方式或场合的不同，"着手"的表现形式也有所不同。比如，同样是故意杀人罪，枪杀和刀杀的着手标准就不一样。在枪杀的情况下，一般认为举枪瞄准、正要扣动扳机的时候是杀人的着手。在刀杀的场合，一般认为举刀要砍的时候是杀人的着手，因为此时才对法秩序有现实侵害的紧迫性。

（二）犯罪未得逞

"未得逞"不等于不发生任何损害结果，它是指没有具备刑法分则条文规定的某一犯罪构成的全部要件，这是未遂和既遂区别的关键。如果由于意志以外的原因没有完全实现分则所规定的犯罪构成的全部要件，这就是未遂；如果完全实现了，就是犯罪既遂。

关于犯罪未得逞，一般可以概括为以下三类：

1. 结果犯。以法定的危害结果是否发生作为犯罪是否得逞的标志。例如，故意杀人罪，刑法分则规定以死亡结果发生作为完成的标志，如果行为人实施了故意杀人行为，但被害人未死，就属于犯罪未遂。

2. 具体危险犯。以是否发生了法定的具体危险状态作为犯罪是否得逞的标志。这在危害公共安全的犯罪中比较常见，如放火罪、爆炸罪、投放危险物质罪、破坏交通工具罪、破坏交通设施罪、破坏电力设备罪、破坏易燃易爆设备罪和破坏广播电视、公用电信设施罪等。这里需要说明的是：具体危险犯中的危险是一种司法机关必须加以证明的具体危险，这种具体危险是可以验证的。例如，破坏交通工具罪中的交通工具倾覆、毁坏的危险，如果行为人刚开始动手破坏就被抓，根本没有产生具体危险，则只能成立犯罪未遂。

3. 行为犯。以行为是否完成作为犯罪是否得逞的标志，它基本上等同于抽象危险犯。例如，生产、销售有毒、有害食品罪，只要实施完生产、销售有毒、有害食品的行为，无论是否出现了危害结果，都构成既遂。这里必须说明的是：很多人往往认为行为犯没有未完成形态，一有行为就达既遂，这其实是对行为犯的误解。行为犯从着手到行为完成也是有一个时间的，在这个阶段中当然可以成立犯罪中止和犯罪未遂。

（三）由于意志以外的原因而没有既遂

这是未遂犯和中止犯的区别。"意志以外的原因"是指并非出于行为人的意愿而是遭遇客观障碍，从而被迫停止于既遂之前。比较常见的意志以外的原因有：①被害人强烈的反抗，例如抢劫时反而被被害人打昏。②第三人的出现、制止、抓获，如警察的制止。③自身能力的不足，例如晕血，杀人时一见血就晕倒了。④自然力的破坏，如放火时突然下雨无法点着目的物。⑤认识错误。如对象的错误、工具的错误而没有能够既遂的，如把男人当成女人予以强奸的。

四、犯罪未遂的种类

(一) 实行终了的未遂与未实行终了的未遂

根据犯罪人自认为的犯罪行为是否实施完毕，将犯罪未遂分为实行终了的未遂和未实行终了的未遂。实行终了的未遂，是指犯罪人自以为把完成犯罪所必要的行为都已实行完毕，但却没有能够既遂的情形。例如，行为人在他人碗里投毒然后离去，但被害人在吃饭时，饭被狗打翻，而被害人未吃。从行为人的主观想法来看，他认为其犯罪行为已经实施完毕了。未实行终了的未遂，是指犯罪人还未将他欲实施犯罪所必需的全部行为实施终了，就归于未遂的情形。比如正在杀人时被抓获。

这两种未遂的分类标准根据的是犯罪人的主观想法，以犯罪人自认为是否实施完毕为标准，但是犯罪人的主观想法不能超越犯罪构成的限制。例如，行为人杀人后想碎尸，正在实施碎尸行为时就被警察抓获，这就不能认为是未实施终了的未遂，而应是故意杀人罪的既遂。

(二) 能犯未遂与不能犯未遂

我国刑法通说认为，以犯罪行为实际上能否达到既遂状态为标准，可分为能犯未遂与不能犯未遂。能犯的未遂，就是有既遂可能，只是由于遇到了意志以外的原因而没有既遂。不能犯的未遂，是指犯罪在具体情况下根本就不可能既遂的情况。不能犯未遂可以分为两种情况：一是工具不能犯的未遂；二是对象不能犯的未遂。

一般认为，不能犯分为绝对不能犯和相对不能犯，绝对不能犯不可罚，不成立犯罪；但相对不能犯则成立未遂，属于可罚的不能犯。迷信犯是一种公认的绝对不能犯，但其他的不能犯如何区分绝对与相对，则有较大争议。

根据不同的未遂犯认定依据，有以下不同的立场：

1. 抽象的危险说。该说以行为人认识的情况为基础，然后根据社会上一般人的认识来判断。如果行为人认识的情况是真实的，是否对法秩序有侵犯的危险，还需根据一般人的认识来判断。如果一般人认为行为人的行为有可能实现犯罪意图的，就成立未遂犯（相对不能犯）；反之，没有可能实现犯罪的，就成立不可罚的不能犯（绝对不能犯）。

2. 具体的危险说。该说以行为人认识的情况为基础，根据行为时社会上一般人的认识以及行为人的特别认识来判断是否有侵犯法秩序的危险。有危险的，成立未遂犯（相对不能犯）；无危险的，成立不可罚的不能犯（绝对不能犯）。

3. 客观的危险说。该说的宗旨主要是在行为发生后，即事后再通过科学的因果法则，由社会上一般人针对当时的情况，去客观评价行为人的行为是否具有法益侵害的危险性。有危险性的，成立未遂犯（相对不能犯）；无危险性的，就成立不可罚的不能犯（绝对不能犯）。

显然，如果在未遂犯的根据上采取印象说，那么抽象危险说是恰当的。

根据这三种观点，我们来分析下列案例：

案例一：行为人误将尸体当活人而向其开枪，如果根据当时的情况，社会上一般人也会认为该尸体有可能是活人的。

案例二：行为人误将白糖当毒药投毒杀人。

案例三：行为人认为啤酒加白糖本身能毒死人，在他人啤酒中投放白糖。

案例四：行为人知道李四有糖尿病，故在李四的食物中投放大量白糖试图让李四的病情加重，但李四后未吃饭。

抽象危险说以行为人认识的情况为基础，也就是说，如果行为人认识的情况是真实的，一般人是否觉得有危险。显然，在案例一、二中，如果行为人认识的事实是真实的（枪杀活人，投毒杀人），一般人都会觉得有危险，故都成立未遂犯。事实上，按照抽象危险说，除了迷信犯以外，几乎所有的不能犯都属于相对的不能犯，应以未遂犯论处。案例三是典型的迷信犯。迷信犯是公认的绝对不能犯，它的本质是行为人对手段与结果的因果法则产生了误解，是对规律的误解。根据行为人的认识，用啤酒加白糖毒人，一般人不可能感受到危险，故不成立犯罪，不可罚。

根据具体危险说，在案例一中，行为人所认识到的事实是枪杀活人，如果在行为时，一般人也会把被害人当成活人，显然有侵犯法秩序的危险，故为可罚的未遂犯。但是如果在行为时，一般人都会把被害人当成死人，则不可罚。在案例二中，一般人不会把白糖当成砒霜，故从一般人的角度，没有侵犯法秩序的危险，因此不可罚。在案例三中，显然也没有危险，不可罚。

但是，如果仅仅按照一般人标准，案例四无法得到处理，所以具体危险说进行了修正，认为在这种情况下，如果根据行为人的特别认识，一般人也认为存在危险，那么就应该认为存在危险，故案例四具有可罚性。

根据客观危险说，危险的判断应当按照事后的科学法则来判断，显然，在上述四个案件中，从事后的科学法则来看，都不可能侵犯法秩序，故都不可罚。事实上，按照这种观点，所有的不能犯几乎都是绝对不能犯，不构成犯罪。

抽象危险说与客观危险说针锋相对，而具体危险说则是一种折中立场。由于我国刑法规定了犯罪预备，无论是采纳客观危险说，还是具体危险说，都会导致整个刑法体系的崩溃。比如，甲深夜潜入乙家，发现乙正在睡觉，意图奸淫，便扑在乙身上强脱其衣。乙惊醒后大声喝问，甲发现乙是男人，慌忙逃跑被抓获。按照客观危险说，甲的行为不构成犯罪；按照具体危险说，要从行为时按照一般人的观点来判断，行为人是否有可能认识到对方是男性，如果一般人都会觉得对方是男性，则不构成犯罪，如果一般人都会觉得对方是女性，则构成未遂。然而，如果甲到乙女家实施强奸，乙女不在家。按照现行刑法的规定，甲构成强奸罪的犯罪预备。显然，无论按照具体危险说还是客观危险说所得出的甲不构成犯罪的结论，都会导致犯罪预备在事实上的取消。

根据本书的立场，抽象危险说是比较恰当的，这也是我国司法实践中普遍采纳的学说。根据抽象危险说，只有迷信犯是绝对不能犯，不可处罚，而其他不能犯则是相对不能犯，应该以未遂论处。[1]

五、刑事责任

犯罪未遂，可以比照既遂犯从轻或减轻处罚。

第四节　犯罪中止

一、概念

犯罪中止是指在犯罪过程中，自动放弃犯罪或者自动有效地防止犯罪结果发生的形态。

二、中止犯的处罚根据

1. 刑事政策论。该说认为，基于刑事政策，对中止犯不处罚，鼓励行为人在既遂之前放弃犯罪，也即"架设后退的黄金桥"。无论是从一般预防角度考虑，还是从特殊预防的角度考虑，对中止犯都应减免刑罚。对于中止犯的减免，是从政策角度对其的奖赏。

2. 法律说。该说认为，中止犯或是一种违法减轻事由，或是一种责任减轻事由，或是一种违法责任减轻事由。[2]

本书认为，刑事政策说和违法责任减轻说都有其合理的成分。首先，故意是主观违法要素，当行为人放弃故意，其违法性自然减轻；其次，从中止的自愿放弃角度而言，其责任性有所减轻；最后，行为人减弱了法的敌对意思，无论从一般预防的目的考虑，还是从特殊预防的目的考虑，都应当从宽处理。因此，关于中止的认定，既要从客观一般人的角度考虑违法性减少和一般预防的需要，又要深入行为人内心深处，从主观个别化的角度考虑责任减少和特殊预防的需要。

---

[1] 参见"胡斌、张筼筼等故意杀人、运输毒品（未遂）案［第37号］"，载最高人民法院刑事审判第一、二、三、四、五庭主编：《中国刑事审判指导案例3：侵犯公民人身权利、民主权利罪》，法律出版社2012年版，第14页。被告人胡斌将韩某杀害后，将被害人的尸体肢解为5块，套上塑料袋后分别装入2只印有"球形门锁"字样的纸箱中，再用印有"审藤饲料"字样的编织袋套住并用打包机封住。嗣后，胡斌以内装"毒品"为名，唆使张某帮其将2只包裹送往南京。张某按照胡斌的旨意，从余姚市乘出租车驶抵南京，将2只包裹寄存于南京火车站小件寄存处。后因尸体腐烂，案发。法院认为：胡斌为贪图钱财而谋杀被害人，并肢解尸体，其行为已构成故意杀人罪，且手段残忍、情节严重，依法应予严惩；张某明知是"毒品"仍帮助运往异地，已构成运输毒品罪，但因意志以外的原因而犯罪未得逞，系未遂，应依法从轻处罚。

[2] 参见陈兴良：《刑法总论》（2008年增修版），中国人民大学出版社2009年版，第291~295页。张明楷："中止犯减免处罚的根据"，载《中外法学》2015年第5期。

三、中止的特征

（一）中止的及时性

犯罪中止必须发生在犯罪过程中，即自开始实施犯罪预备行为到犯罪既遂之前（预备阶段[1]、实行阶段、实行后阶段都可成立中止）。需要注意如下几个问题：

1. 犯罪既遂以后不成立中止。[2]例如，某人盗窃之后非常后悔，又把原物返还的，只能算犯罪后的悔罪表现，不能成立犯罪中止。

2. 未遂之后不可能再成立中止。在犯罪阶段停下来，就不会再向前发展，因此，如果在犯罪过程中遭遇客观障碍，行为明显地告一段落归于未遂的，就不再成立中止。例如，丙对仇人王某猛砍 20 刀后离开现场。2 小时后，丙为寻找、销毁犯罪工具回到现场，见王某仍然没有死亡，但极其可怜，即将其送到医院治疗。丙的行为不属于犯罪中止，而是犯罪未遂。

3. 自动放弃可重复加害的行为，成立中止。比如，甲欲杀死乙，第一发子弹击中乙腿部，第二发子弹打中乙的腹部，乙随即倒地，痛苦不堪，甲见状，未再继续开枪。在这种情况下，数个枪击的举动都属于一个整体的故意杀人行为，在这个行为过程中自动停止，是可以成立犯罪中止的。自动放弃可重复加害行为与未遂之后不能成立中止的区别在于：前者行为并未中断，开枪行为与事后的放弃行为没有时空的阻断；而后者在行为的发展进程中有明显的时空阻断。

（二）中止的有效性

犯罪中止必须没有发生标志既遂的犯罪结果。行为人虽然自动放弃犯罪或者自动采取措施防止结果发生，但如果发生了作为既遂标志的犯罪结果，就不成立犯罪中止。

1. 在未实行终了的情况下（预备阶段和实行阶段），自动放弃犯罪行为。由于犯罪行为还没有实行终了，因此，只要消极地不再继续犯罪，就可以避免结果发生，成立犯罪中止，这种中止是消极中止。

2. 在实行终了但犯罪结果还未发生的情况下（实行后阶段的中止），由于行为和结果有一段时间差，此时如果要成立中止，必须积极地防止犯罪结果的发生，这种中止是积极中止。

---

[1] 另请参见"夏洪生抢劫、破坏电力设备案［第 643 号］"，载最高人民法院刑事审判第一、二、三、四、五庭主编：《刑事审判参考（2010 年第 5 集·总第 76 集）》，法律出版社 2011 年版，第 1 页。2007 年 1 月 28 日，被告人夏洪生伙同张金宝（同案被告人，已判刑）预谋抢劫出租车司机。当日 15 时许，二被告人携带卡簧刀在黑龙江省五常市山河镇骗乘周喜章驾驶的捷达牌出租车，要求周将车开往五常市朝阳区四合屯。行至五常市杜家镇时，周喜章拒绝前行，要求二被告人下车。二被告人担心立即实施抢劫可能被人发觉，遂下车步行至杜家镇开发村综合商店。法院认为此抢劫行为属于预备阶段的中止。

[2] 参见"俞志刚绑架案［第 496 号］"，载最高人民法院刑事审判第一、二、三、四、五庭主编：《中国刑事审判指导案例 3：侵犯公民人身权利、民主权利罪》，法律出版社 2012 年版，第 481 页。

例如：妻子为毒死丈夫，投毒之后见丈夫非常痛苦，于是将丈夫送往医院，但到医院时，丈夫已经死亡。这就不是中止，而是犯罪既遂。

3. 采取的防止措施必须具备有效性。在积极中止的情况下，必须采取积极措施防止结果发生，这种积极措施必须是在经验法则上可以高概率防止结果发生的措施。比如，甲欲放火烧毁邻居的房子，点火之后，感到害怕，于是对邻居大叫："我放火了，请赶快灭火。"然后慌忙逃离现场，后邻居及时将火扑灭。[1]火并非行为人扑灭，故此措施并非有效措施，甲不成立犯罪中止。再如，李四给妻子投毒，见其万分痛苦，遂拨打120急救电话，但在救护车赶来之前逃跑，后医生赶到，将妻子救活，但妻子成了植物人。叫救护车的行为属于积极措施，故李四成立犯罪中止。

比较复杂的是在中止行为之后出现了介入因素，由于介于因素导致了犯罪结果。对此情况，应当区分介入因素是否独立导致结果的发生。若介入因素独立导致结果发生，为中止。否则，应当成立既遂。比如，妻子投毒后，送丈夫去医院，路上遭遇堵车，导致无法及时送往医院，此介入因素并未独立导致结果的发生，在社会观念上，丈夫仍然可看成是被妻子毒死的，故送医院的措施不具备有效性；如果妻子将丈夫送往医院，路上遭遇车祸，丈夫被他人撞死，在此案件中，丈夫并非被毒死，而是被撞死，妻子送丈夫去医院的措施应当视为有效措施，成立中止。在这种情况下，显然无法判断如果送往医院是否能够防止结果的发生，存在疑问时，应当作出有利于行为人的推定，故此情况下也应推定是有效措施，成立犯罪中止。

表 9-1　中止的有效性

行为类型	主观意愿	客观结果	性质
消极行为（单纯放弃）	自愿放弃	未出现既遂结果	中止
		出现既遂结果	既遂
积极行为（采取积极措施防止结果发生），积极措施必须是在经验法则上可以高概率防止结果发生之措施	自愿放弃	未防止结果发生	1. 若介入因素独立导致结果发生，为中止 2. 若介入因素并非独立导致结果发生，为既遂
		防止结果发生	中止

（三）中止的自动性

中止必须是自动放弃犯罪，是行为人在认为能够完成犯罪的情况下，出于本人意志，自动停止犯罪。自动性是犯罪中止与犯罪预备、犯罪未遂的最大区别。

在刑法理论中，关于中止"自动性"的认定，学说林立，各有利弊。由于在性侵犯罪中常有中止认定的困惑，兹举数例：

---

[1]　张明楷：《刑法学》，法律出版社 2011 年版，第 345 页。

例 1：行为人开始实施暴力性侵，因女方正值生理期，行为人放弃奸淫（生理期案）。

例 2：行为人雇佣钟点工，见其年轻貌美，遂将其按倒在床上，意欲奸淫，钟点工与其周旋，让其先去洗澡，不要着急，行为人上当，前去洗澡，钟点工于是逃走并报警（钟点工案）。

例 3：行为人黑夜中欲暴力奸淫某女，发现女方脸部被硫酸泼过，于是放弃（硫酸案）。

上述案件中，都要求理论界提供认定中止自动性的合适标准。

关于中止"自动性"的判断标准，比较有代表性的理论有"心理学理论"和"规范回转说"。前者的代表人物是德国刑法学家弗兰克，"能达目的而不欲"是中止，"欲达目的而不能"是未遂。行为人在没有心理强迫下放弃犯罪，属于自动中止；而在强大的心理压力下放弃犯罪，则属于被迫放弃，不能认定为犯罪中止。后者则从规范的角度来认定行为人是否属于自愿放弃，代表人物是德国刑法学家罗克辛。这种理论认为，尽管危害行为在客观上还能够实施，但当存在不利状态时，如果从一名普通的理性罪犯的眼光来看，再实施行为是不理智的，那么这就属于被迫放弃，而非自动中止。[1]只有行为人的行为表现为从犯罪道路上的回转，体现为"对合法性的回归"时，才能被评判为自动中止。[2]

"心理学理论"是一种比较古老的标准，它有两个主要的缺点：①只考虑

---

〔1〕 参见"李官容抢劫、故意杀人案［第 611 号］"，载最高人民法院刑事审判第一、二、三、四、五庭主编：《刑事审判参考（2010 年第 2 集·总第 73 集）》，法律出版社 2010 年版，第 17 页。被告人李官容因急需用钱而预谋对其认识的被害人潘荣秀（女，时年 20 岁）实施抢劫后杀人灭口。2008 年 6 月 19 日 20 时许，李官容以一同到龙岩玩为由将潘荣秀骗上车。20 日凌晨，在上杭县庐丰畲族乡安乡大桥附近，李官容停车，用绳子将潘荣秀绑在座位上，对潘荣秀实施抢劫。20 日 4 时许，李官容用绳子猛勒潘荣秀的脖子致其昏迷，并用绳子将潘荣秀的手脚捆绑后扔到汽车后备厢。李官容在回上杭县城途中发觉潘荣秀未死，遂打开后备厢，先用石头砸潘荣秀的头部，后用随身携带的小剪刀刺潘荣秀的喉部和手臂，致潘荣秀再次昏迷。20 日 6 时许，李官容恐潘荣秀未死，在上杭县临城镇城西村"诚意食杂礼品经营部"购买一把水果刀，并将车开到杭永公路绿蒙牛场旁的汽车训练场准备杀害潘荣秀。苏醒后的潘荣秀挣脱绳索，乘李官容上厕所之机，打开汽车后备厢逃至公路上向过路行人曾庆攀呼救，曾庆攀用手机报警。李官容见状即追赶潘荣秀，并用水果刀捅刺潘荣秀的腹部，因潘荣秀抵挡且衣服较厚致刀柄折断而未能得逞。李官容遂以"你的命真大，这样做都弄不死你，我送你去医院"为由劝潘荣秀上车。潘荣秀上车后，李官容又殴打潘荣秀。当车行驶到上杭县紫金公园门口时，李官容开车往老公路方向行驶，潘荣秀在一加油站旁从车上跳下向路人呼救。李官容大声说："孩子没了不要紧，我们还年轻，我带你去医院。"以搪塞路人，并再次将潘荣秀劝上车。李官容威胁潘荣秀不能报警，否则继续杀她，潘荣秀答应后，李官容遂送潘荣秀去医院。途中，潘荣秀要回了被抢的手机、银行卡等物，并打电话叫朋友赶到医院。20 日 8 时许，李官容将潘荣秀送入上杭县医院治疗，并借钱支付了 4000 元医疗费。经鉴定，潘荣秀的伤情程度为轻伤。法院认为：被告人李官容的行为已构成抢劫罪和故意杀人罪，应依法数罪并罚。李官容在实施故意杀人犯罪的过程中，在主观上并没有自动放弃杀人的故意，而是在客观上：已是白天，路上行人多，潘荣秀有反抗能力，李官容在担心路人已报警、罪行已败露的情况下，被迫停止犯罪，属于犯罪未遂，可以比照既遂犯从轻或者减轻处罚。

〔2〕 王世洲：《现代刑法学（总论）》，北京大学出版社 2011 年版，第 232 页。

行为人的心理压力，而不考虑其是否在内心具有"回转"和"向合法性的回归"，与犯罪中止的理论基础不相一致；②难以在实践中做到前后一致，比如行为人担心被捕而放弃，这到底是受到强迫性心理的阻碍还是在进行机遇和风险的权衡，这并不好判断。上文中的"生理期案""钟点工案""硫酸案"，心理学理论也很难作出判断。

"规范回转说"也有缺点，它最大的问题在于"理性罪犯"这个标准本身也很不好确定，很难找到"典型的"罪犯。[1]虽然如此，但它比心理学理论的标准更具明确性。人的心理状态是很难知晓的，就以"生理期案"为例，行为人的放弃出于何种心理状态，是厌恶恶心，还是担心害怕，甚或怜悯，这其实很难认定，在很多时候，还是必须借助司法人员的规范判断。另外，中止的一个重要理论根据是刑罚目的，根据刑罚目的的理论，在行为人通过中止表现出自己并不具有很强的犯罪意志和自己已经回归到尊重法律的状态之后，特殊预防和一般预防就都失去了意义。因此，法律应该放弃对尚未既遂的行为进行制裁。无论是为了预防行为人将来犯罪，还是为了对其他人进行威吓，或者为了重新建立被损害的法律秩序，对中止者进行惩罚都没有必要。显然，"规范回转说"所主张的从犯罪"回转"和对"合法性的回归"正是这种刑罚目的理论的体现。

本书认为，对于中止的自动性，可以结合主观心理说和规范回转说（心理规范回转说）。换言之，只有当行为人出于自愿的心理放弃犯罪，才可成立中止，而这种自愿的心理不是一种单纯的事实，而是具有规范评价的事实，只有当这种心理事实体现了向合法秩序的回归，才可认定为自愿放弃。这其实是对行为人的主观心理事实进行规范评价，在这种规范评价中，只有从规范上看，行为人具有向"合法性回归"的决心，才能成立中止。

因此，关于中止自动性的判断可以遵循两个步骤：

第一步，根据主观心理说，只有行为人主观上认为可以继续犯罪，但放弃犯罪的，才可能成立中止。如果行为人主观上认为无法继续犯罪，虽然在客观上还可以继续犯罪，但这显然不成立中止，比如，甲盗窃保险柜，他误认为保险柜中没有钱，所以放弃，但事实上保险柜里有很多钱，这不成立中止。

第二步，在此基础上，从规范的角度来看，行为人的放弃是否在向合法秩序回归。也即根据理性犯罪人标准，由司法人员对行为人是否有从犯罪"回转"的"合法性回归"进行规范评价。这其实是对行为人的主观心理事实进行规范评价，在这种规范评价中，只有从规范上看，行为人具有向"合法性回归"的决心，才能成立中止。

在"钟点工案"中，行为人表面上放弃了暴力行为，但他并没有尊重被害人的性自治权，未向合法秩序回归。行为人认识到被害人仍处于不同意中，只是试图采取一种更为便捷的方式来侵犯对方的性自治权，当然不能认定为中止。

---

〔1〕 王世洲：《现代刑法学（总论）》，北京大学出版社2011年版，第234页。

相似的一个案件是张某强奸案：某日晚，被告人张某在北京市某地酒后使用暴力将回家途中的朋友谯某拽至一10米深的死胡同内，将其压倒在地欲与其发生性关系，在扭打过程中，谯某假意对被告人说："别在这儿，去你家好吗？"此时张某酒醒觉得此事不好，便松开谯某，谯某趁机起身离开，张某跟在后面，从东向西，向被害人家走，在走出胡同口约10米远的大路上，谯某见一路人，大喊救命，遂事发。

在这个案件中，张某最初知道女方的不同意，但当女方对张某说"去你家"这种语言时，由于双方的熟人关系，一个理性的罪犯有可能认为女方的心态已经从不同意转化为同意。一般人都应该知道：在前往张某家的路途中，被害人很容易逃脱，因此，在规范上，张某的放弃体现了对被害人性自治权的尊重，有"合法性回归"的决心，应当认定为犯罪中止。

在"生理期案"中，虽然很难判断生理期对于一般的强奸犯罪人是否属于大的客观障碍，但从规范的角度来看，放弃与处于生理期的女性发生性行为在客观上不仅避免女性的性自治权受到进一步的侵犯，也保护了女性的生理健康。在医学上，与处于生理期的女性发生性行为对于女性的身体是有重大伤害的，而对男性只有心理上的影响，因此，从规范的角度考虑，这种案件应当认定为犯罪中止。

在"硫酸案"中，女方丑陋的相貌是否会吓阻一般的犯罪分子，这也不太好判断，但规范回转说可以提供很好的解答。规范评价并不完全等同于一般人的观念，它必须超越世俗偏见，承载法律所追求的价值。如果将此案判定为犯罪未遂，这势必在暗示女方的相貌对于行为人是否实施性侵犯行为有着至关重要的作用，这是对相貌丑陋女子的污名化，是对她们的二次伤害，同时也迎合了某些人所谓"红颜祸水"的偏见，对相貌秀丽之女子也是一种亵渎。

再讨论几个疑难案件：

某日凌晨3时许，被告人刘某在回家的途中，见两人骑自行车过来。被告人刘某顿生歹意，将坐在后面的张某从自行车上拽下，按翻在地，欲行强奸，被害人张某认出刘某后，说："我认识你，你要敢，我就报案。"刘某闻言遂起身逃走，强奸未成（遭遇熟人而放弃强奸案）。在此案件中，理性犯罪人会如何行为呢？是担心熟人的告发而停止犯罪，还是干脆一不做二不休，杀人灭口，这也许很难判断。但从防止犯罪人铤而走险、实施更为严重的犯罪（杀人灭口）这个角度出发，在法规范上将其评价为存在"合法性回归"是恰当的。

再如，甲欲射杀仇人乙，在瞄准"乙"时，突然发现被瞄准的并非"乙"，而是丙，于是放弃（对象错误放弃案）。在此情况下，甲并未在向合法秩序回归（一个理性的犯罪人同样也不会开枪，甲并未在朝着尊重生命的法秩序回归），所以依然成立犯罪未遂。

根据心理规范回转说，常见的自动放弃的情况有：①真诚悔悟，良心发现而停止。②因被害人的哀求、对被害人怜悯、第三人的劝说而停止。③因为敬畏而放弃，如害怕宗教报应。④基于嫌弃厌恶而放弃。⑤基于非即时的法律后果而放弃（如害怕事后被抓）。⑥发现被害人是熟人而放弃，但若为关系极其密切之人，一般为未遂。

四、中止的处罚

《刑法》第 24 条第 2 款规定："对于中止犯，没有造成损害的，应当免除处罚；造成损害的，应当减轻处罚。"例如，妻子为毒死丈夫，投毒之后见丈夫非常痛苦，于是将丈夫送往医院，后丈夫被抢救活了，但却成了植物人。这是故意杀人罪的犯罪中止，应当减轻处罚，而非故意伤害罪的既遂。因为行为人的本意是想杀害丈夫，而非伤害丈夫。

关于中止的处罚，还应注意下列问题：

1. 中止的转化。比如，行为人实施强奸行为，因女方怀孕，行为人改实施猥亵行为。这其实是两个不同的犯罪，强奸罪成立中止，由于没有造成损害，应当免除处罚；但强制猥亵妇女罪成立既遂。

2. 中止犯的"造成损害"必须达到刑法评价的严重程度，换言之，必须具备某种轻罪的既遂标准。之所以这么认定，这是由中止的本质所决定的。比如，甲仅仅对被害人造成了轻微伤，这是不构成犯罪的。但如果甲在伤害他人时，良心发现，放弃犯罪，但之前的伤害结果仅造成轻微伤。比较这两个案件，在客观上，二者的结果是相同的；在主观上，甲虽然曾经有过故意伤害的意图，但他完全放弃了这种主观构成要素。由于我国《刑法》规定，没有造成损害结果的中止应当免除处罚，所以，在规范上可以视为这种主观构成要素所造成的法敌对意思已经完全消除。因此，这两个案件在处理上应当完全相同，如果认为后者的处罚比前者要重，这无法体现对中止犯的奖赏，也与罪刑相当原则相矛盾。因此，在后案中，由于轻微伤不属于犯罪，故不是"造成损害"的中止，而是没有造成损害的中止，但如果造成了轻伤的结果，则属于"造成损害"的中止，应当减轻处罚。[1]

---

〔1〕 参见"朱高伟强奸、故意杀人案［第 611 号］"，载最高人民法院刑事审判第一、二、三、四、五庭主编：《刑事审判参考（2010 年第 1 集·总第 72 集）》，法律出版社 2010 年版，第 78 页。被告人朱高伟与被害人陈某（女，20 岁）系租房邻居。2005 年 8 月 2 日 23 时许，朱高伟路过陈某住处，见陈某独自在房内睡觉，遂产生强奸念头，并准备了老虎钳及袜子各一只。次日凌晨 1 时许，朱高伟用老虎钳将陈某住处防盗窗螺丝拧下，从窗户进入室内，将袜子塞入陈某嘴内，又从室内拿了一根绳子将陈捆绑，并将陈拖至隔壁自己住处内实施了奸淫。后朱高伟又将陈某捆绑，因害怕陈报警，便用手掐、毛巾勒其颈部，意图灭口，因发现陈某面部恐怖，心生畏惧，不忍心下手，遂解开被害人手脚上的绳子，逃离现场（对被害人掐脖、勒颈的行为造成了被害人颈部勒痕等轻微伤）。一审法院认为，朱高伟已经成立强奸罪，同时在故意杀人犯罪中，已着手实施，自动放弃犯罪，属犯罪中止，结合朱高伟的犯罪情节及危害程度，应当减轻处罚。故被告人朱高伟以强奸罪，判处有期徒刑 6 年；以故意杀人罪，判处有期徒刑 3 年，决定执行有期徒刑 8 年。朱高伟提出上诉，二审法院认为，朱高伟在着手实施故意杀人犯罪过程中，自动放弃犯罪，构成犯罪中止，其故意杀人行为没有给被害人造成实际损害，故对其故意杀人犯罪应当免除处罚。据此，依法改判上诉人朱高伟犯强奸罪，判处有期徒刑 6 年；犯故意杀人罪，免予刑事处罚，决定执行有期徒刑 6 年。

3. "造成损害"的行为必须是中止前的犯罪行为，而不是中止行为本身所导致的。例如，甲给妻子投毒，见其万分痛苦，将其送往医院，由于超速驾驶撞向翻护栏，妻子因此受重伤。在本案中，甲的肇事行为是一个独立的介入因素，独自导致了重伤结果，应当单独评价，与之前的投毒行为无关。因此，如果没有证据证明之前的投毒行为已经导致轻伤以上结果，甲投毒杀人的行为就属于没有造成损害的中止。[1]

4. 重罪的中止犯因"造成损害"而构成轻罪的既遂犯时，是应该直接认定为重罪的中止犯（造成损害结果），还是属于重罪的中止犯与轻罪既遂犯的想象竞合，对此也存在争议。[2]本书认为，这应该区分轻罪与重罪的关系，如果轻罪是重罪的必经阶段，那么应当直接认定为重罪造成损害的中止犯。比如，甲使用暴力强奸妇女，在奸淫之前实施了猥亵行为，后来放弃奸淫行为的，甲无需再认定为强制猥亵妇女罪，只属于强奸罪的造成损害结果的中止。又如，甲故意杀害他人，造成他人重伤后自动放弃犯罪，这也只属于故意杀人罪的造成损害结果的中止，不能再认定为故意伤害罪或故意杀人罪的未遂。但如果轻罪并非重罪的必经阶段，比如，以破坏窗户之方法伤害他人，在未击中他人之后中止犯罪，由于故意毁坏财物并非故意伤害的必经阶段，二者没有法律上的吸收关系，因此应该直接认定为故意毁坏财物罪与故意伤害罪犯罪中止的想象竞合。[3]同时，故意毁坏财物的损害结果与故意伤害无关，因此，故意伤害的中止属于没有造成损害结果的中止，而非"造成损害结果"的中止。

本章重要知识回顾（表格版）

	特征	处罚	其他
犯罪预备	1. 主观上有犯罪的故意。 2. 客观上实施了准备工具、制造条件的预备行为。 3. 事实上未能着手实行犯罪。	可以比照既遂犯从轻、减轻或免除处罚。	1. 制造条件包括以下几种： （1）准备犯罪手段，例如练习扒窃技术。 （2）为实行犯罪进行事先调查，例如窥测犯罪地点、了解被害人行踪。 （3）事先清除实行犯罪的障碍，例如事先将被害人的狗毒死。 （4）勾引他人参加犯罪。 2. 在认定犯罪预备时，必须把犯罪预备与犯意表示区别开来。犯意表示仅仅是犯罪意图的表露，例如扬言杀人等，还不属于为犯罪制造条件的行为。

---

〔1〕　张明楷："中止犯中的'造成损害'"，载《中国法学》2013 年第 5 期。
〔2〕　张明楷："中止犯中的'造成损害'"，载《中国法学》2013 年第 5 期。
〔3〕　参见陈子平：《刑法总论》，中国人民大学出版社 2009 年版，第 300~301 页。

	特征	处罚	其他
犯罪预备	4. 停止是由于行为人意志以外的原因。	可以比照既遂犯从轻、减轻或免除处罚。	3. 在认定犯罪预备时，还必须把犯罪的预备行为与实行行为区别开来，例如，杀人、抢劫、强奸等暴力犯罪中的尾随行为、守候行为或寻找被害人的行为，应视为犯罪预备行为。
犯罪未遂	1. 已经着手实行犯罪，着手的标志：①行为人实施了分则条文规定的行为。②对法益有现实侵害的紧迫性。 2. 犯罪未得逞。 3. 未得逞是由于行为人意志以外的原因——"欲达目的而不能"。	可以比照既遂犯从轻或减轻处罚。	1. 以犯罪行为实行终了与否为标准可分为： （1）实行终了的未遂。例如，甲为了毒死妻子，在妻子的饭里放入毒药。但在吃饭时妻子发现饭有异味，将饭倒掉，幸免于死。 （2）未实行终了的未遂。例如，杀人犯正举刀要杀人，被他人将手腕抓住，致使其杀人未遂。 2. 以犯罪行为实际上能否达到既遂状态为标准分为： （1）能犯未遂。例如，以刀杀人，将人砍伤后被行人抓住，如果不被抓住，完全有可能把人杀死。 （2）不能犯未遂。不能犯未遂又可以分为两种情况：①工具不能犯的未遂；②对象不能犯的未遂。例如，误以兽为人而开枪射击，不可能达到杀人既遂。 3. 根据不同未遂犯理论根据，对不能犯的处理，有不同的立场： （1）抽象的危险说（通说）。该说以行为人认识的情况为基础，然后根据社会上一般人的认识来判断，如果行为人认识的情况是真实的，是否对法秩序有侵犯的危险。如果一般人认为行为人的行为有可能实现犯罪意图的，就成立未遂犯（相对不能犯）；反之，没有可能实现犯罪的，就成立不可罚的不能犯（绝对不能犯）。 （2）具体的危险说。该说以行为人认识的情况为基础，根据行为时社会上一般人的认识和行为人特别的认识来判断是否有侵犯法秩序的危险。有危险的，成立未遂犯（相对不能犯）；无危险的，成立不可罚的不能犯（绝对不能犯）。 （3）客观的危险说。该说的宗旨主要是在行为发生后，即事后再通过科学的因果法则，由社会上一般人针对当时的情况，去客观地评价行为人的行为是否具有法益侵害的危险性。有危险性的，成立未遂犯（相对不能犯）；无危险性的，就成立不可罚的不能犯（绝对不能犯）。
犯罪中止	1. 必须发生在犯罪过程中，即自开始实施犯罪预备行为到犯罪既遂之前（中止的及时性）。	没有造成损害的，应当免除处罚；	1. 根据犯罪中止的时间可分为： （1）预备阶段的中止。例如，准备凶器要去杀人，后内心悔悟了，打消了杀人的意念，中断了杀人预备活动，因而未着手实行杀人行为。

续表

	特征	处罚	其他
犯罪中止	2. 必须彻底停止犯罪或者有效地防止犯罪结果发生（中止的有效性）。行为人应当采取积极措施防止结果发生，这种积极措施必须是在经验法则上可以高概率防止结果发生之措施。 3. 由于行为人意志以内的原因自动中止（中止的自动性）。	造成损害的，应当减轻处罚。	（2）实行阶段的中止。例如，在杀人过程中，已经将被害人砍伤，见被害人痛苦呻吟的惨状，产生了怜悯之心，中止了杀人行为。 2. 根据中止及时性的特征，以下两种行为不能视为犯罪中止： （1）犯罪既遂以后自动返还原物。例如，盗窃犯已经把财物偷回家，但又后悔，把原物给被害人送回去。 （2）犯罪未遂后主动抢救被害人。例如，杀人犯砍了被害人一刀，未砍死，邻居阻止了其继续行凶，这时，杀人犯有后悔之意，主动协同邻居将被害人护送到医院抢救，使其得救。 3. 自动性的判断分为两个步骤：①心理说（能达目的而不欲）；②规范回转说（向合法秩序回归）。 4. 常见的中止： （1）真诚悔悟，良心发现而停止。 （2）因被害人的哀求、对被害人怜悯、第三人的劝说而停止。 （3）因为敬畏而放弃，如害怕宗教报应。 （4）基于嫌弃厌恶而放弃。 （5）基于非即时的法律后果而放弃（如害怕事后被抓）。 （6）发现熟人而放弃（但若为关系极其密切之人，一般为未遂）。 5. 造成损害的认定：只有当行为符合某种重罪的中止犯的成立条件，同时构成了某种轻罪的既遂犯时，才能认定为中止犯的"造成损害"；"造成损害"的行为必须是中止前的犯罪行为，而不应是中止行为；重罪的中止犯因"造成损害"而构成轻罪的既遂犯时，不论轻罪与重罪是何种关系，均应认定重罪的中止犯。

 本章二维码

未完成罪概说、 犯罪预备	犯罪未遂	犯罪中止	第九章司法 考试真题	第九章重要法条 和司法解释

第十章

共同犯罪

👉 第一节　共同犯罪概说

我国《刑法》第 25 条第 1 款规定："共同犯罪是指 2 人以上共同故意犯罪。"共同犯罪有最广义、广义和狭义之分。最广义的共同犯罪包括必要共犯、任意共犯和拟制共犯。必要共犯必须由 2 人以上共同实施，如聚众斗殴罪。任意共犯一人也能单独实施，如故意杀人罪。广义的共同犯罪包括作为任意共犯的共同正犯和教唆犯、帮助犯。狭义共犯则是与正犯相对应的一个概念，它只包括教唆犯和帮助犯。拟制共犯是一种非实行行为的实行化，即在刑法分则中将帮助行为和教唆行为独立成罪。

一、必要共犯和任意共犯

任意共犯一人也能单独实施，其处罚依据是刑法总则共同犯罪条款对分则条文的修正，为修正之构成要件。必要共犯必须 2 人以上共同实施，它并不属于总则所说的共同犯罪。必要共犯包括对向犯和多众犯。对向犯是指以存在 2 人以上相互对向的行为为要件的犯罪，如贿赂罪、重婚罪等。对于对向犯而言，由于每个行为人都有独立的目的，因此行为人仅就其行为负责。对向犯的意义在于：当一行为人由于某种事由导致犯罪不成立时，并不妨碍相对人犯罪的成立。例如，行贿人必须为谋取不正当利益进行行贿才构成行贿罪，但若为谋取正当利益进行行贿，行贿人不构成行贿罪，但受贿人仍构成受贿罪。同样，在出售、购买假币罪中，当警察伪装成购买者出于侦破需要向出售者购买假币时，购买者由于职务行为的正当性阻却其行为之违法性，但这并不妨碍出售者构成出售假币罪。[1] 又如，出售者向未达刑事责任年龄之人出售假币，购买者由于缺乏责任能力而不构成犯罪，但这并不妨碍出售者构成出售假币罪。而多众犯是指多数人以实施同一目标的行为为要件的犯

---

[1]　当然，这有可能属于警察圈套，而排除出售者的可责性。但是若出售者原本就是假币贩子，只是在警察的引诱下贩卖了更多的假币，则一般不能排除行为的犯罪性，笔者指的即这种情况。具体参见储槐植：《美国刑法》，北京大学出版社 1996 年版，第 129~132 页。

罪，如聚众犯罪和集团犯罪（组织、领导、参加恐怖组织罪）。

对于对向犯，要注意共同对向犯与片面对向犯的区分：共同对向犯中所对向的双方都被刑法规定为犯罪，而片面对向犯中只有一方被规定为犯罪。前者又包括两种情况：①双方罪名相同，如重婚罪，无论是重婚者（有配偶而与他人重婚），还是相婚者（无配偶而与他人重婚），都构成重婚罪；②双方的罪名不同，比如受贿罪与行贿罪。对于后一种情况，要注意不能把双方按相同罪名处理，对向一方并非另外一方的共同犯罪（任意共犯），比如不能把行贿者看成受贿罪的帮助犯或教唆犯。

片面对向犯只有一方构成犯罪，比如销售假药罪，销售者构成犯罪，购买者不构成犯罪。片面对向犯不是共同犯罪。一般认为，不能把所对向一方看成另一方的共同犯罪（任意共犯），如购买假药者并非销售假药行为人的帮助犯。

在多众犯中，首要分子不一定是主犯，比如，在聚众犯罪中，有时只处罚首要分子，如《刑法》第 291 条规定的聚众扰乱公共场所秩序、交通秩序罪，只处罚首要分子。如果首要分子只有一个，那就根本不属于总则所规定的共同犯罪（任意的共同犯罪），自然也就无所谓主犯一说。

二、正犯与共犯

正犯是与狭义共犯（教唆犯和帮助犯）相对应的一个概念。关于共犯与正犯的区分标准，存在多种学说。多数见解认为，应当以构成要件为标准来区分共犯与正犯，正犯是实施了符合构成要件行为的人；亲自直接实施构成要件行为的是直接正犯；把他人作为工具加以利用，但在法律上可以评价为与亲手实施具有相同性质的是间接正犯。共犯则是指没有亲手实施符合构成要件的行为，只是通过教唆或帮助正犯的方式来参与正犯的行为。[1]根据这种标准，正犯是一种实行犯，共犯则是通过正犯的实行行为来参与犯罪的非实行犯，对于共犯的处罚依据显然是一种修正的构成要件。

三、共同犯罪的本质

关于共同犯罪的本质，有犯罪共同说和行为共同说的争论。

（一）犯罪共同说

犯罪共同说主张，2 人以上共同实施符合同一构成要件的行为才可成立共同犯罪，这又可以分为严格的犯罪共同说和部分犯罪共同说。前者认为同一构成要件行为必须在罪名上完全相同；而后者认为如果构成要件有重合部分，可以在重合部分肯定共同犯罪的成立。比如，甲以盗窃之意图，乙以抢劫之意图，两人共同实施犯罪，按照严格的犯罪共同说，二人不成立共同犯罪，但按照部分犯罪共同说，由于盗窃和抢劫在盗窃的范围内有重合部分，故二人可以在盗窃的范围内成立共同犯罪。部分犯罪共同说是当前的主流观点。

---

[1] ［日］大谷实：《刑法讲义总论》，黎宏译，中国人民大学出版社 2008 年版，第 363 页。

（二）行为共同说

行为共同说认为，只要 2 人以上共同实施行为，即便各自的意图不同，也可以成立共同犯罪。根据行为共同说，甲以伤害的故意，乙以强奸的故意，二人一同殴打某女，甲乙可以成立共同犯罪。

这几种学说对大部分案件的处理结论是相同的，但是对某些案件的处理则有不同，兹举几例：

案例一：甲以伤害之意，乙以杀人之意，共同殴打丙，致丙死亡。

案例二：甲以放火之意，乙以杀人之意，共同放火，导致丙死亡。

案例三：甲、乙二人上山打猎，甲从望远镜中发现其共同之仇人丙正在草丛中休息，于是告诉乙抓住机会开枪。乙误以为草丛中之物体为猎物，于是开枪射击，导致丙死亡。[1]

根据严格犯罪共同说，这三个案件中，甲、乙都不成立共同犯罪。在案例一中，如果没有证据证明甲、乙对死亡结果有相当因果关系，则甲、乙对死亡结果都无法承担既遂的责任。

根据部分犯罪共同说，在案例一中，故意伤害与故意杀人在伤害的范围内是重合的，所以，可以肯定二人在故意伤害罪的范围内成立共犯，故无论死亡结果是谁造成的，二人对死亡结果都承担责任，故甲最终可以认定为故意杀人罪的既遂，乙可以认定为故意伤害罪（致人死亡）。在案例二中，放火罪与故意杀人罪在故意杀人的范围内有重合部分，故二人在故意杀人罪的范围内成立共犯，二人对死亡结果都要承担责任，最终甲构成放火罪（致人死亡），乙构成故意杀人罪。在案例三中，故意杀人和过失致人死亡没有重合部分，故不成立共同犯罪，甲属于故意杀人罪的间接正犯，乙如果有过失，成立过失致人死亡罪。

根据行为共同说，这三个案件中，甲乙都成立共同犯罪。在案例一中，甲构成故意杀人罪，乙构成故意伤害罪；在案例二中，甲构成放火罪（致人死亡），乙构成故意杀人罪；在案例三中，甲构成故意杀人罪，乙可能构成过失致人死亡罪。

显然，严格犯罪共同说所得出的结论并不合理，但部分犯罪共同说和行为共同说的处理结论基本上是相似的。然而，行为共同说认为，故意和过失也可以成立共同犯罪，这与我国的立法不符，我国《刑法》明确规定，共同过失不以共同犯罪论处。同时，行为共同说也突破了构成要件对共同犯罪必要的限制与指引作用，并不可取。有鉴于此，本书采取部分犯罪共同说。

根据部分犯罪共同说，只要 2 人以上就部分犯罪具有共同的行为与共同的故意，那么在重合范围内，可以成立共同犯罪。在此前提下，又可分别定罪。

归纳而言，部分犯罪共同说存在如下几种情况：

1. 法条重合。这主要指的是法条竞合关系，当刑法的两个条文之间存在法条竞合的关系时，其条文所规定的犯罪便存在重合性质。例如，盗窃罪和

---

〔1〕 黎宏："共同犯罪行为共同说的合理性及其应用"，载《法学》2012 年第 11 期。

盗窃枪支罪在盗窃罪的范围内重合。

2. 规范重合，当两种犯罪的性质相同，那么在规范上，重罪与轻罪在轻罪的范围内重合，能够在重合范围内成立共同犯罪。例如，故意杀人罪和故意伤害罪，绑架罪与非法拘禁罪，抢劫罪与抢夺罪，抢劫罪与敲诈勒索罪。[1]

3. 在转化犯的情况下，如果数人共同实施了转化前的犯罪行为，而部分犯罪人实施了转化行为，但他人不知情的，应就转化前的犯罪成立共同犯罪。例如，甲乙二人共谋去丙家盗窃，甲偷次卧室，乙偷主卧室，并约好偷完后在甲家分赃，甲窃得 10 000 元财物，离去。乙在主卧，窃得现金 10 000 元，准备离去时，被丙发现，后乙将丙打成轻伤。由于《刑法》第 269 条规定，犯盗窃、诈骗、抢夺罪，为窝藏赃物、抗拒抓捕或者毁灭罪证而当场使用暴力或者以暴力相威胁的，应依照《刑法》第 263 条（抢劫罪）的规定定罪处罚。因此，乙的行为构成抢劫罪，而甲并没有抢劫的故意，因此不构成抢劫罪。但是根据部分犯罪共同说，甲乙的盗窃罪是重合的，故二人在盗窃罪的范围内成立共同犯罪。因此甲的盗窃数额是 20 000 元，二人应当分别定罪，甲构成盗窃罪，乙构成抢劫罪。

第二节 共同正犯

一、共同正犯的概念和成立条件

共同正犯是指 2 人以上出于共同的故意，共同实施实行行为。共同正犯的成立有三个条件：

1. 2 人以上。这里所说的"人"，既包括自然人，也包括单位。因此，单位与单位、自然人与自然人、自然人与单位都可以成立共同正犯。

2. 共同犯罪的故意。共同犯罪的故意是一种意思联络，它有两个因素：①认识因素，它是指共同正犯不仅认识到自己在故意实施犯罪，而且还认识到有其他犯罪人和自己一起共同配合实施犯罪。②意志要素，即共同正犯明知共同犯罪行为会造成危害社会的结果，仍然希望或放任结果的发生。这种共同犯罪的故意，使他们之间的行为彼此联系、相互配合。

共同犯罪的故意只需有概括故意即可，不需要有非常明确具体的故意。例如，甲在被害人卧室偷了 5 万元，但对在客厅偷窃的丁说只偷了 3 万元。即便丁一分钱都未偷到，其盗窃数额仍是 5 万元，此即所谓的"部分行为之整体责任"。

3. 共同犯罪的行为。各共同正犯的行为都是指向同一目标，彼此联系、互相配合，形成一个犯罪行为整体，彼此对对方的行为有因果影响力，这种影响力既包括物理性的影响力，也包括心理上的影响力，而且应该以符合同

---

[1] 参考"李彬、袁南京等绑架案"，载《最高人民法院公报》2008 年第 8 期。

一个构成要件为前提。如果双方的构成要件没有重合，则无法成立共同犯罪。

二、不构成共同正犯的几种情况

1. 过失的共同正犯。这是指 2 人以上共同过失犯罪，虽然外表上有共同行为，但行为人无共同犯意的交流。例如，甲、乙为搬运工人，共同负责从高处将一块巨石丢往下方，因不注意而砸死路过之行人。甲、乙的行为就是过失的共同正犯，应根据各人过失犯罪的情况分别认定为过失致人死亡罪，不需要以共同犯罪论处。

由于共同过失在现行刑法中不属于共同犯罪，因此，不能适用部分行为之整体责任的理论，要对各行为人分别定罪量刑。[1] 根据疑罪从无原则的运用，如 2 人出于共同过失致人死亡，但无法查明死亡结果是 2 人中何人所为的，在法律中就只能推定 2 人中的任何一人的行为都没有造成死亡结果，因此 2 人都不构成犯罪。

2. 故意犯与过失犯。这是指过失犯罪人与故意犯罪人的行为相互连接或联系，因为其相互之间无共同故意，也无意思联络，不成立共同犯罪。例如，看守所值班武警擅离职守，重大案犯趁机脱逃。

3. 同时正犯。这是指 2 人以上同时以各自行为侵犯同一对象，但彼此之间无意思联络的情况，即使有相同的犯罪故意，但却无共同故意。同时犯只在各自实行的犯罪行为的范围内负刑事责任。[2] 例如，甲、乙二人趁商店失

---

〔1〕 参见"蒋勇、李刚过失致人死亡案〔第 450 号〕"，载最高人民法院刑事审判第一、二、三、四、五庭主编：《中国刑事审判指导案例 3：侵犯公民人身权利、民主权利罪》，法律出版社 2012 年版，第 212 页。被告人蒋勇、李刚受人雇佣驾驶的农用车与徐维勤驾驶的农用车对向相遇，双方为了让道问题发生争执并扭打。尔后，徐维勤持手机打电话，蒋勇、李刚以为徐维勤纠集人员，即上车调转车头欲驾车离开现场。徐维勤见状，即冲上前拦在蒋勇农用车前方，并抓住右侧反光镜，意图阻止蒋勇、李刚离开。蒋勇、李刚将徐维勤拉至车后，由李刚拉住徐维勤，蒋勇上车驾驶该车，并以约 20 公里的时速缓慢行驶。后李放开徐跳上该车的后车厢。徐维勤见状迅速追赶，双手抓住该车的右侧护栏欲爬上该车。蒋勇在驾车过程中，从驾驶室的后视窗看到徐维勤的一只手抓在右侧护栏上，但未停车。李刚为了阻止徐维勤爬进车厢，将徐维勤的双手沿护栏扳开。徐维勤因双手被扳开而右倾跌地且面朝下，被该车的右后轮当场碾轧致死。该车开出十余米时，李刚拍打驾驶室车顶，将此事告知了蒋勇，并下车先行离开。蒋勇见状将农用车开到厂里后逃离无锡，后被公安机关抓获。同年 8 月 18 日，李刚向公安机关投案并如实供述了上述犯罪事实。法院认为，蒋勇、李刚并无共同的致害故意，只是由于对预见义务和避免义务的违反而造成致害的结果，其行为均符合过失致人死亡罪，分别判处被告蒋勇有期徒刑 4 年 6 个月，被告人李刚有期徒刑 3 年 6 个月。

〔2〕 参见"吕卫军、曾鹏龙运输毒品案〔第 374 号〕"，载最高人民法院刑事审判第一、二、三、四、五庭主编：《中国刑事审判指导案例 5：妨害社会管理秩序罪》，法律出版社 2012 年版，第 239 页。2005 年 6 月 5 日 0 时许，被告人吕卫军、曾鹏龙各自随身携带海洛因，从曲靖火车站乘上昆明开往北京西的 T 62 次旅客列车，准备到湖南娄底。当日下午 1 时许，列车运行到贵阳至凯里区间时，二被告人被该次列车乘警查获，分别从被告人吕卫军所穿的皮鞋内和所系的皮带内缴获了海洛因 46.6 克，从被告人曾鹏龙所穿的皮鞋内缴获了海洛因 41.2 克（均由公安机关依法处理）。法院认为，被告人吕卫军、曾鹏龙的行为已分别构成运输毒品罪。公诉机关提供的证据不能证实二被告人有共同运输毒品的主观故意和客观行为，因此不能成立共同犯罪。

火之机，不谋而合地同时到失火地点窃取商品。但如果二人有共谋，则不成立同时犯，而属于共犯。例如，甲发现某商店失火后，便立即叫乙："现在是趁火打劫的好时机，我们一起去吧！"乙便和甲一起跑到失火地点，窃取了商品后各自回到自己家中。这就是典型的共同犯罪。

4. 实行过限行为。这是指在共同犯罪过程中，有的共同正犯超出了共同犯罪故意的范围，单独地实施其他犯罪，由于其他共犯对此缺乏共同故意，故应由行为人单独承担超出共同犯罪故意范围部分的责任。例如，甲、乙将某女骗来，准备卖掉，在拘禁过程中，甲在找买主外出时，乙将某女强奸。甲、乙虽然在拐卖妇女罪的基本犯罪构成中成立共同犯罪，但乙的强奸行为是一种实行过限，他应独立对拐卖妇女罪的加重情节承担责任，甲对此加重情节不承担责任。

三、共谋的共同正犯

共谋的共同正犯是指仅参与共谋，未参与犯罪实行行为，但仍以共同正犯负责的共犯形式。比如，甲、乙二人共谋相约于某日晚共同前往丙家盗窃，并为此准备了必要的作案工具。但届时，乙因肚子不舒服未能前往，甲独自一人盗窃成功。在本案中，甲、乙均为共同正犯。

关于共谋的共同正犯，多数学者持肯定态度，但对其理论根据则众说纷纭。从表面上来看，共谋者乙并未实施实行行为，如何能以正犯论处呢？如果坚持正犯与共犯的形式区分说（以构成要件作为区分标准），本书认为，间接正犯类似说是一种比较有说服力的观点。这种观点认为，共谋正犯类似于间接正犯，在共谋者之间存在一种相互利用的关系，各共谋者亦都扮演重要角色，分担各自的任务，具有正犯性。[1]我国传统刑法理论中的组织犯就是一种典型的共谋正犯。

👉 第三节 间接正犯

间接正犯，也就是间接实行犯，它是指利用不成立共犯的第三人实行犯罪。严格来说，间接正犯并没有实行行为，它只是利用他人的实行行为，但由于与他人缺乏共同的犯罪故意，不成立共犯，而由利用者对被利用者的行为独立负责。如甲利用幼童或精神病人实施犯罪行为，实行者其实是没有刑事责任能力之人，所以在法律中把利用者拟制为实行犯，即间接正犯。

---

[1] 陈子平：《刑法总论》，中国人民大学出版社 2009 年版，第 375 页。

一、间接正犯的类型

1. 利用无刑事责任能力人实施犯罪。[1]

2. 利用他人的合法行为。比如让邮递员将炸药寄给他人。行为人并未实施故意杀人罪的实行行为，真正的实施者（递包者）是邮递员，但邮递员的行为是合法的；但如果因此就不追究行为人的责任显然是不合常理的，因此，可将其视为间接正犯，独立对故意杀人罪承担责任，邮递员对于行为人而言只是一个工具。再如，利用他人的正当防卫、紧急避险等正当化行为而犯罪的。[2]

3. 利用他人的过失行为。例如，医生指示护士打毒针，护士有过失。由于故意和过失不成立共同犯罪，而医生也没有真正的实行行为，但护士的过失行为其实是医生故意杀人的工具，因此，医生属于故意杀人罪的间接正犯，护士独立构成医疗责任事故罪。

4. 利用有故意的工具。这又可以包括三类：①利用非重合的他罪的故意。例如日本的屏风案：甲唆使乙向丙家的屏风射击，因为甲知道丙在屏风后面，对此乙并不知情，乙射击，屏风被打碎，丙也中弹身亡。甲、乙在故意毁坏财物罪的范围内成立共同犯罪。乙构成故意毁坏财物罪和过失致人死亡罪的想象竞合，丙成立故意杀人罪的间接正犯，甲的行为既可以视为利用有过失的工具（利用他人的过失致人死亡行为），又可以看成是利用他人的故意行为（利用故意毁坏财物的行为）。②利用有特殊目的的工具。比如，甲将头痛粉冒充海洛因欺骗乙，让乙出卖，然后二人分钱。乙出卖后获得4000元。但是还未分赃，被公安机关查获。关于本案，由于诈骗罪需要有非法占有的目的，但乙并无这种目的，因此，甲与乙不可能成立共同犯罪，乙只是甲用于诈骗的一个有故意的工具，甲成立诈骗罪的间接正犯。又如，甲欲通过传播淫秽物品来牟利，其向乙隐瞒牟利目的，利用乙传播淫秽物品。因为乙没有牟利目的，因而只构成传播淫秽物品罪，而甲则构成传播淫秽物品牟利罪的间接正犯，二人在传播淫秽物品罪范围内成立共同犯罪。③在身份犯的情况下，

---

[1] 参见最高人民法院刑事审判第一、二庭主编：《刑事审判参考（2001年第5辑·总第16辑）》，法律出版社2001年版，第75页。

[2] 参见"谭荣财、罗进东强奸、抢劫、盗窃案［第495号］"，载最高人民法院刑事审判第一、二、三、四、五庭主编：《中国刑事审判指导案例3：侵犯公民人身权利、民主权利罪》，法律出版社2012年版，第427页。被告人谭荣财、罗进东与赖洪鹏（另案处理）在阳春市春城镇东湖烈士碑水库边，持刀对在此谈恋爱的蒙某某、瞿某某（女）实施抢劫，抢得蒙某某230元、瞿某某60元，谭荣财、罗进东各得分得80元。抢劫后，谭荣财、罗进东、赖洪鹏用皮带反绑蒙某某双手，用黏胶粘住蒙的手腕，将蒙的上衣脱至手腕处，然后威逼瞿某某脱光衣服、脱去蒙的内裤，强迫二人进行性交给他们观看。蒙因害怕，无法进行。谭荣财等人又令蒙对瞿某某实施猥亵行为，蒙某某趁谭荣财等人不备，挣脱皮带跳进水库并呼叫救命，方才逃脱。一审法院认为二被告构成强奸罪，但二审法院认为二被告构成强制猥亵妇女罪。本书认为，二被告利用了蒙某的紧急避险行为，属于间接正犯，成立强奸罪（间接正犯）的未遂和强制猥亵侮辱妇女罪（间接正犯）的既遂，应该数罪并罚。

利用无身份的工具。比如，国家工作人员利用不知情的非国家工作人员来收受贿赂，国家工作人员成立受贿罪的间接正犯。

5. 利用他人的不为罪的行为。这包括利用他人的无罪过行为（不可抗力和意外事件），还包括利用他人的其他不为罪行为，如唆使未成年人自杀。

二、间接正犯的着手

关于间接正犯的着手标准，存在以下三种观点：第一种观点认为，被利用者行为的着手就是间接正犯的着手；第二种观点认为，利用者行为的着手是间接正犯的着手，而不以被利用者的行为为转移；第三种观点认为，间接正犯的着手不可一概而论，应区别对待：在一般情况下应以利用者行为的着手为间接正犯的着手，但在利用有故意的工具的情况下，则应以被利用者的着手为间接正犯的着手。[1]

本书认为，对于间接正犯而言，利用行为本身就被视为实行行为，当利用者开始这种利用行为时，就已经进入实行行为。因此，第二种观点是恰当的。

三、间接正犯的限制

一般认为，无身份者不能成立身份犯的间接正犯，这可以看成对间接正犯的限制。间接正犯是正犯的一种，而非（狭义）共犯，故当缺乏身份时，就不应成立正犯，而只能成立共犯。例如，非国家工作人员在国家工作人员不知情的情况下，利用国家工作人员职务便利，为他人谋利并收受财物，非国家工作人员不构成受贿罪的间接正犯。

第四节 正犯与共犯

狭义的共犯包括帮助犯和教唆犯，它们是与正犯相对应的概念。

一、共犯的基本理论

（一）共犯独立说与共犯从属说

1. 共犯独立说。该说认为，共犯具有独立的可罚性，共犯的成立并不需要正犯着手实行犯罪。比如，甲为乙杀人提供刀具，即便乙在预备阶段停止犯罪，对甲也可以帮助犯处罚（提供刀具案）。这种学说过于强调行为人的主观恶性，当前鲜有论者主张此说。

2. 共犯从属说。该说认为只有当正犯着手实施犯罪，共犯才有成立的可能。在提供刀具案中，由于乙未着手实施犯罪，故甲的帮助行为不构成犯罪。

---

〔1〕 陈兴良："间接正犯：以中国的立法与司法为视角"，载《法制与社会发展》2002 年第 5 期。

这种学说是一种比较主流的观点。[1]

然而，共犯对正犯的从属，从属到何种程度，这也是一个值得讨论的问题。大致说来，理论上有夸张从属说、极端从属说、限制从属说、最小从属说四种学说。①夸张从属说认为，共犯的可罚性除了必须从属于正犯的构成要件、违法性、有责性之外，还必须从属于正犯的加重、减轻情节。②极端从属说认为，共犯的可罚性必须从属于正犯的构成要件、违法性及有责性。③限制从属说认为，共犯的可罚性只需从属于正犯的构成要件与违法性，而不必要求正犯具有有责性。④最小从属说认为，共犯的可罚性只需从属于正犯的构成要件，而不必要求正犯具有违法性、有责性。其中，限制从属说为多数人所接受。[2]

运用不同学说对下列案件进行处理，结论会有所不同：

案例一：甲利用乙的正当防卫将丙杀害。

案例二：甲教唆 15 岁的乙实施盗窃。

案例三：15 岁的少年甲让 16 岁的少年乙为其盗窃望风。

案例四：甲委托医生动手术将患阑尾炎的儿子的阑尾切掉的。

根据极端从属说，共犯对正犯在构成要件、违法性及有责性上都是从属的。上述四案均非共犯，在案例一、二中，甲属于间接正犯；但在案例三中，由于甲未达刑事责任年龄，阻却有责性，其行为不构成犯罪，故乙的行为也不构成犯罪；在案例四中，甲不构成犯罪。显然，根据这种学说，对于案例三的处理并不合理。

根据最小从属说，共犯只需从属于正犯的构成要件即可成立共犯，故在案例一、二中，甲均成立共犯；在案例三中，甲、乙在盗窃罪的构成要件中成立共犯，但甲出现责任阻却事由，不成立犯罪，乙构成盗窃罪；在案例四中，虽然医生因为职务行为阻却违法性，但父亲也可成立故意伤害罪。这种学说虽然妥善地解决了案例三的处理，但在案例四中得出的结论显然是荒谬的。

根据限制从属说，共犯从属于正犯的构成要件和违法性，无需对有责性从属。违法是连带的，而责任是个别的。根据这种观点，在案例一中，甲属于间接正犯；在案例二中，甲、乙在盗窃罪的构成要件和违法性层面上成立共犯，但乙出现责任阻却事由，故甲单独对盗窃罪承担责任；在案例三中，

---

[1]　反对意见请参见刘明祥："论我国刑法不采取共犯从属性说及利弊"，载《中国法学》2015 年第 2 期。

[2]　参见"李尧强奸案［第 280 号］"，载最高人民法院刑事审判第一、二、三、四、五庭主编：《中国刑事审判指导案例 3：侵犯公民人身权利、民主权利罪》，法律出版社 2012 年版，第 401 页。2000 年 7 月某日中午，被告人李尧伙同未成年人申某某（1986 年 11 月 9 日出生，时龄 13 周岁）将幼女王某（1992 年 5 月 21 日出生）领到香坊区幸福乡东柞村村民张松岭家的玉米地里，先后对王某实施轮流奸淫。2000 年 11 月 2 日，因被害人亲属报案，李尧被抓获。法院最终认为，被告人李尧伙同他人轮奸幼女，其行为已构成强奸罪，且系轮奸，判处其有期徒刑 6 年。

甲、乙也在盗窃罪的构成要件和违法性层面上成立共犯，但甲出现责任阻却事由，故乙单独对盗窃罪承担责任；在案例四中，医生的违法阻却事由也及于甲，故甲不构成犯罪。

比较而言，限制从属说是比较合理的。

（二）共犯的处罚依据

关于共犯的处罚根据，刑法理论的通说是因果共犯论，也即共犯通过正犯的实行行为，造成了法益的侵害。一般认为，直接引起法益侵害的是正犯，介入正犯行为间接引起法益侵害的是共犯。[1]

二、帮助犯

帮助犯是在共同犯罪中，基于帮助正犯的故意，实施帮助行为。

（一）帮助犯的成立条件

1. 存在正犯的行为。根据共犯从属说，只有当正犯着手实施犯罪时，帮助犯才有成立的可能。

2. 在主观上，有帮助正犯的故意。这种故意是指：认识到正犯在实施犯罪，仍然希望或放任通过自己的帮助行为促进正犯行为的顺利进行。过失帮助不成立共犯。根据部分犯罪共同说，帮助犯的认识只要和正犯的认识有重合部分，那么在重合部分就可以成立共同犯罪。比如，甲为乙的盗窃提供帮助，但事实上却在帮助乙的抢劫，甲在盗窃的范围内成立帮助犯。

3. 在客观上，帮助行为必须是实行行为以外的行为，对实行行为起促进作用。[2]这种促进作用只要求具有帮助可能性即可，不要求实际起到帮助作用。帮助行为包括物理性帮助和心理性帮助，前者如提供凶器、排除障碍，后者如改进作案方法、撑腰打气、呐喊助威。比如，甲实施盗窃，乙为其望风，但甲

---

[1] 参见 [日] 大谷实：《刑法讲义总论》，黎宏译，中国人民大学出版社 2008 年版，第 364 页。

[2] 参见"于爱银、戴永阳故意杀人案 [第 388 号]"，载最高人民法院刑事审判第一、二、三、四、五庭主编：《中国刑事审判指导案例 3：侵犯公民人身权利、民主权利罪》，法律出版社 2012 年版，第 132 页。被告人于爱银因与丈夫阚继明关系不睦，2000 年外出济南打工，并与被告人戴永阳相识，后二人非法同居。其间，二人商定结婚事宜。于爱银因离婚不成，便产生使用安眠药杀害丈夫的念头，并将此告知了戴永阳。2001 年 8 月，于爱银因母亲有病，同戴永阳一起回到成武县大田集镇家中。8 月 13 日上午，于爱银与其 10 岁的儿子及戴永阳在田集药店买安眠药未果。下午，三人回到家中，于爱银又以给戴永阳介绍对象为名，到秦淮药店买了 6 片安眠药后回家，乘其丈夫外出买酒之际将安眠药碾碎，并告诉戴永阳要乘机害死其丈夫阚继明。当晚，于爱银与丈夫阚继明及其儿子和戴永阳一起喝酒、吃饭，待阚继明酒醉后，于爱银乘机将碾碎的安眠药冲兑在水杯中让阚继明喝下。因阚继明呕吐，于爱银怕药物起不到作用，就指使戴永阳将她的儿子带出屋外。于爱银用毛巾紧勒酒醉后躺在床上的丈夫的脖子，用双手掐其脖子，致其机械性窒息死亡。戴永阳见阚继明死亡后，将于爱银勒丈夫用的毛巾带离现场后扔掉。次日凌晨，二被告人被抓获归案。法院认为，被告人于爱银的行为构成故意杀人罪，判处死刑立即执行。被告人戴永阳明知于爱银杀死其丈夫，不但不加阻止，反而听从于爱银的指使，将于爱银的儿子带离现场，以便于爱银顺利实施犯罪；在被害人死亡后，又将作案用的毛巾带走，二人共同逃离现场，毁灭罪证。被告人戴永阳的行为符合共同犯罪的构成要件，其行为已构成故意杀人罪，系从犯，应予从轻处罚，判处有期徒刑 10 年。

并没有遇到任何困难，顺利地窃取了他人的财物。在此案中，乙的帮助行为至少对甲有心理性促进，所以乙成立帮助犯。如果乙主观上意欲帮助，但在客观上却对正犯没有物理性或心理性的促进作用，那就成立帮助犯的未遂。

（二）事前通谋的事后帮助

事前通谋的事后窝藏、包庇、窝赃、销赃行为，成立共同犯罪。当然，如果事前只是单纯知情，并未参与通谋，事后提供帮助的，不能成立共同犯罪。[1]如果事前没有通谋，事后提供帮助，[2]也只单独成立掩饰、隐瞒犯罪所得、犯罪所得收益罪，窝藏、包庇罪或者洗钱罪，等等。

事前通谋的事后帮助对实行犯的实行行为至少存在心理上的促进作用，因此，以共同犯罪论处是恰当的。比较复杂的是：如果是在盗窃实行犯不知情的情况下，与销赃人事先约定，事后出资收购赃物的行为是否应该以盗窃罪的共犯论处呢？对此，由于行为人的帮助销赃行为在客观上对实行行为没有心理和物理上的促进作用，只是在实行行为结束之后才起到了帮助作用，因此，行为人不应以盗窃罪的共同犯罪论处，而只能论之以掩饰、隐瞒犯罪所得罪。[3]

（三）中立的帮助行为

中立的帮助行为是指日常生活或者业务行为中的惯常现象，但也可能对正犯的实行行为起到促进效果的帮助形式。比如，餐饮店为组织卖淫者提供饭食，五金店销售刀具给犯罪分子。对于这类帮助行为，应当根据社会相当性的理论来判断其可罚性。一般说来，大部分的中立帮助行为都不应以犯罪论处。

三、教唆犯

教唆犯，即造意犯，它是指以授意、怂恿、劝说、利诱或者其他方法故意唆使他人犯罪的人。

（一）教唆犯的成立条件

1. 教唆犯所教唆的对象一般是达到刑事责任年龄、具有刑事责任能力的人，否则，一般不成立教唆犯而成立间接正犯，比如，唆使 5 岁的孩子盗窃。需要说明的是：教唆者所教唆的人，虽然未达刑事责任年龄，但具备规范上的辨认能力和控制能力，也可成立教唆犯。比如，教唆 15 岁的少年盗窃。

---

〔1〕 参见"冉国成、冉儒超、冉鸿雁故意杀人、包庇案［第 254 号］"，载最高人民法院刑事审判第一、二、三、四、五庭主编：《中国刑事审判指导案例 3：侵犯公民人身权利、民主权利罪》，法律出版社 2012 年版，第 94 页。

〔2〕 有人将此行为称为连累犯。

〔3〕 参见"马俊、陈小灵等盗窃、隐瞒犯罪所得罪［第 483 号］"，载最高人民法院刑事审判第一、二、三、四、五庭主编：《中国刑事审判指导案例 4：侵犯财产罪》，法律出版社 2012 年版，第 591 页。基本案情如下：马某与他人通谋，决定在他人盗窃后为其销赃。但因经费短缺，所以告知陈某有人会盗窃财物，让其准备钱款去收购赃物，后马某通知陈某在他人盗窃结束之后去收购赃物。法院最终认为陈某不成立盗窃罪的共犯。

2. 在客观上，有教唆他人犯罪的行为。教唆行为在客观上创造了他人的犯罪意图。

3. 在主观上，有教唆他人犯罪的故意。这种故意必须认识到自己的教唆行为可能创造了他人的犯罪意图。如果行为人没有教唆他人犯罪的故意，仅仅是因为说话不注意，客观上引起了他人犯罪的意念，这属于过失教唆，不能认定为教唆犯。

（二）教唆未遂

《刑法》第 29 条第 2 款规定，如果被教唆人没有犯被教唆之罪的，对于教唆犯，可以从轻或者减轻处罚。这种情况属于教唆未遂。

对于教唆未遂的处理，刑法理论有两种观点：①共犯从属说。非实行犯（教唆犯、帮助犯）必须从属于实行犯，只有实行犯进入实行阶段（着手后），对于非实行犯才可以进行处罚。②共犯独立说。教唆犯是共犯从属说的例外，具有独立性，只要行为人实施教唆行为，即使被教唆者未达到所教唆罪的既遂，一律认定为教唆未遂，也即教唆本身没有成功。

我国传统的观点采共犯独立说。例如：①张三教唆李四杀人，但李四在预备阶段中止犯罪。②张三教唆李四杀人，但李四拒绝。③张三教唆李四杀人，但李四却实施了盗窃。按照这种观点，张三均成立教唆未遂，但按照共犯从属说，张三不构成犯罪。

上述两种观点都认为：①甲教唆乙杀人，乙着手实行犯罪，但最终未达既遂，可以适用教唆未遂的从宽条款；②甲教唆乙实施 A 罪，但乙实施了 B 罪，如果 A、B 有重合部分，甲可以在重合部分成立教唆既遂。

共犯独立说可能导致处罚范围的无限扩大，比如，甲在聚会时明知朋友开车前来依然劝酒，虽然朋友拒绝饮酒，按照共犯独立说，甲仍构成危险驾驶罪的教唆未遂。本书不采纳这种观点。本书认为，无论是帮助犯，还是教唆犯，都应遵循共犯从属说。

（三）教唆犯的罪名

对于教唆犯，应当根据教唆的内容定罪，没有"教唆罪"这个罪名。教唆他人盗窃的，定盗窃罪；教唆他人杀人的，定故意杀人罪。

（四）教唆犯与帮助犯的区别

教唆犯的本质是创造犯意，而帮助犯的本质是强化犯意。对于已经具备犯意的人进行劝说和鼓励，都属于帮助犯。如果帮助行为减弱了犯意，则不宜以犯罪论处。比如，甲决定要盗窃 2 辆汽车，乙劝甲只盗窃 1 辆，乙的行为就不构成犯罪。[1]

（五）教唆犯的特殊现象

1. 未遂的教唆。教唆者明知被教唆者无法达到既遂，仍然唆使他人犯罪，这属于未遂的教唆。比如，甲明知丙不在床上，仍劝乙往丙的床上开枪。对

---

[1] 林东茂：《刑法综览》，中国人民大学出版社 2009 年版，第 180 页。

此情况，有多种观点。本书认为，教唆者主观上有创造他人犯罪的意图，这种意图可以是基本犯罪构成，也可以是像未遂这样的修正的犯罪构成。教唆者客观上实施了教唆的行为，并且让被教唆者进入了实行阶段，故应当以故意杀人罪未遂的教唆论处。

陷害教唆是一种比较特别的未遂的教唆，是指教唆人出于陷害他人的目的，以使他人的实行行为以未遂而告终的意思，教唆他人实行犯罪的行为。对于教唆者，也应以所教唆罪的未遂来处理。

比较复杂的一种现象是：教唆者认为其所教唆的行为无法导致既遂结果，但客观上却导致了既遂结果。比如，甲教唆乙向丙的水杯中投毒 5 克，甲认为这无法达到致死量，但乙投毒后，客观上导致丙死亡。对此情况也有多种观点，本书认为这其实是一种认识错误，如果甲有故意伤害的意图，由于在客观上也发生了伤害致人死亡的结果，所以对甲可以直接以故意伤害罪（致人死亡）处理，而乙则构成故意杀人罪。但如果甲没有伤害的意图，则只能构成过失致人死亡罪。[1]

2. 间接教唆。间接教唆即教唆教唆犯，比如，甲教唆乙去唆使丙故意杀害丁，如果丙实施了杀人行为，对于甲应当肯定其教唆犯的成立。当然，这种理论可能会导致共犯处罚的无限扩张，比如教唆教唆教唆犯，对此应当给予必要的限制。其中一个重要的限制就是看初始的教唆行为和最后的结果之间是否存在法律上的相当因果关系。

3. 对不作为犯的教唆。所谓教唆不作为，是指教唆他人实施不作为犯罪。例如，甲教唆幼儿母亲不要救助落水的幼儿，从而致使幼儿死亡的行为。对此案件，由于作为义务（保证人）可以视为一种身份，因此，无身份者可以成立有身份者的共犯（教唆犯、帮助犯），教唆有作为义务的人不履行作为义务与教唆他人实施作为行为在构成要件上具有等价值性，应当肯定教唆犯的成立。

比较复杂的是：唆使他人放弃道德上的救助义务是否构成犯罪。比如，被害人丙被车撞成重伤，司机逃逸，路人乙见状欲将丙送医救助，但旁边经过的甲因丙与自己有仇，遂劝乙放弃。丙后因无人救助而死亡。在此案中，如果乙已经开始救助，这可以视为自愿接受行为，可以引发作为义务，在此情况下，乙如果单纯地放弃（没有降低危险），乙可以成立不作为犯罪，故甲也可成立教唆犯。但如果乙还未开始救助，在此情况下，乙的放弃不构成犯罪，故对甲也很难以犯罪论处。

第五节　共同犯罪人的责任

我国刑法将共同犯罪人分为主犯、从犯、胁从犯和教唆犯。这既考虑了

---

[1]　参见［日］大谷实：《刑法讲义总论》，黎宏译，中国人民大学出版社 2008 年版，第 395~396 页。

作用分类法，又考虑了分工分类法。所谓作用分类法，就是考虑共同犯罪人在共同犯罪中的作用，将其分为主犯、从犯、胁从犯。所谓分工分类法，就是按照共同犯罪人在共同犯罪中的分工，将其分为正犯与共犯，正犯即实行犯，而共犯（狭义共犯）是非实行犯，包括帮助犯、教唆犯。实行犯有可能是主犯，也可能是从犯或胁从犯；帮助犯不可能是主犯，但有可能是从犯或胁从犯；教唆犯有可能是主犯，也可能是从犯。

一、主犯

主犯是指在共同犯罪中起主要作用的犯罪分子，通常包括三种人：

1. 集团犯罪的首要分子，就是组织、领导犯罪集团的人。犯罪集团是指3人以上为共同实施犯罪而组成的较为固定的犯罪组织。有两种犯罪集团是刑法分则专门规定的：一是恐怖活动组织，二是黑社会性质组织。

2. 其他起主要作用的犯罪分子。

3. 聚众性犯罪的首要分子。这里要注意的是：如果刑法分则明确规定对某聚众性犯罪仅仅处罚首要分子而不处罚其他参加者时，如果首要分子只有一个，就不存在所谓的主犯问题，因此，聚众性犯罪的首要分子并非一定都是主犯。

对于共同犯罪中的主犯，要坚持部分行为之整体责任，也就是说，作为主犯，他的行为虽然只是共同犯罪的一部分，但是他承担的责任却是全部责任。

具体来说，对于犯罪集团的首要分子，应当按照集团所犯的全部罪行处罚。但是必须要说明的是：如果犯罪集团的参与者实施了明显超出首要分子概括故意的行为，根据共同犯罪的定义，对这些行为，首要分子不应承担责任。例如，盗窃集团的首要分子，对成员所实施的全部盗窃行为都要承担责任，因为他有盗窃的概括故意，但是对成员所实施的强奸、故意杀人行为就不应承担责任。其他主犯，应当对其所组织、指挥、参与的全部罪行负刑事责任。

二、从犯

从犯是指在共同犯罪中起次要或者辅助作用的犯罪分子。

从犯通常有两种：①起次要作用的实行犯；②本人没有实行行为，仅仅是提供帮助的帮助犯。帮助犯一般是从犯，实行犯如果起的作用较小的，也可以是从犯。区分主犯和从犯是根据作用之大小来划分的，因此，没有主犯的情形下，当然不可能有从犯。

从犯的刑事责任，是"应当从轻、减轻或者免除处罚"。从犯具有一定的独立性，因此不能够说"应当比照主犯从轻、减轻或者免除处罚"。试想，如果主犯未满18周岁，而从犯是成年人，如果从犯要比照主犯从宽，那么对未成年人的从宽处罚也可及于从犯，这是不合情理的。

三、胁从犯

胁从犯是指被胁迫参加犯罪的人。对于胁从犯，应当减轻或者免除处罚。注意：受引诱参加犯罪的人不是胁从犯，胁从犯只能是被胁迫参加的。另外，胁从犯也可能转化为主犯，例如，某人起初被胁迫，但后来却积极主动参与犯罪，就可直接以主犯论处。

四、教唆犯

对于教唆犯，应当按照他在共同犯罪中的作用处罚。如果起主要作用的，按主犯处罚；如果起次要作用的，按照从犯处罚。

教唆不满 18 周岁的人犯罪，从重处罚。这也应该包括间接正犯的情况。

☞ 第六节　特殊的共同犯罪

一、承继的共同犯罪

承继的共同犯罪又称事中共犯，是指在行为人实施犯罪的过程中，他人在行为人知情的情况下参与进来，实施犯罪。事中共犯包括事中实行犯和事中帮助犯。

事中共犯与事后独立实施犯罪的界限何在呢？这个界限一般是犯罪行为是否实行终了。如果犯罪行为已经实行终了，他人再参与犯罪，那就不是共同犯罪，而应单独定罪。如果犯罪行为还未达终了，则可成立共同犯罪。例如，甲从某厂的车间偷了大量的机器零件，搬到厂外的树林中，由于东西太重，于是找车，这时遇见了司机乙，乙也知道是赃物，甲于是让乙帮忙将东西拉走。在此案中，由于盗窃行为已经既遂（被害人失去了对财物的控制），因此，乙的行为就不属于共同犯罪，而应独立评价为掩饰、隐瞒犯罪所得、犯罪所得收益罪（《刑法》第 312 条）。

但是，如果所参与的犯罪是继续犯，犯罪虽然已经既遂，但由于其不法状态和不法行为仍然处于继续过程中，则此时的加入行为也可以成立共同犯罪。例如，甲将乙绑架并关在自己家中，被前来串门的丙看见，甲于是让丙给乙妻子打电话勒索赎金。绑架罪是行为犯，因此甲将乙绑架的行为已经构成既遂，但同时绑架罪是继续犯，在既遂之后，绑架的不法行为和不法状态仍然处于继续过程中，因此，丙的行为也可构成绑架罪的共同犯罪。

关于承继的共犯，还要注意后行为人对于参与前的犯罪行为承担刑事责任的范围问题。一般认为，如果前行为是单一行为，那么后行为人虽然是在实施犯罪过程中介入的，仍应当对全部犯罪承担责任。如果前行为是复合行为（如结果加重犯），那么后行为人只对其介入行为承担责任。例如，甲将丙绑架后，向丙的妻子丁勒索财物。由于丁没有按时交付赎金，甲将丙打成重伤，此时，甲的朋友乙来找甲，得知实情后，乙与甲一起向丁勒索财物，丁迫于无奈，只好在约定地点将 10 万元交给了甲、乙二人，二人回来准备释放丙时，发现丙因伤势过重，流血过多已经死亡。甲、乙成立绑架罪的共犯，甲对丙的死亡负责，乙对死亡结果不承担责任。

二、结果加重犯的共同犯罪

对于大部分结果加重犯而言，其构造是故意的基本犯加过失的加重犯，比如，故意伤害致人死亡，对于伤害结果，行为人的主观心态是故意，但对于死亡结果，行为人的主观心态则是过失。如果共同犯罪人对基本犯罪构成存在共同故意，但对加重结果持过失心态，对加重结果是否要承担责任呢？由于我国刑法不承认过失共同犯罪，《刑法》第 25 条规定，共同犯罪必须由 2 人以上共同故意实施，因此，如果肯定结果加重犯的共同犯罪，似乎与《刑法》第 25 条的规定相抵触。

对于这个问题，要注意到结果加重犯本身就是一种特殊现象，行为人对加重结果并不需要明知，因此，只要共同犯罪人都具备对基本构成要件的明知，即便对加重结果仅有认识可能性（过失），也宜对加重结果承担责任。所以，结果加重犯的共同犯罪是应当肯定的。

关于结果加重犯的共同犯罪，一般可以分为以下几种情况：

1. 基本犯为故意，加重犯为故意或过失[1]。共同犯罪人对基本犯有共同故意，如果双方对加重犯都有故意，自然可以成立结果加重犯。但如果一方有故意，但另一方仅有过失，仍应肯定结果加重犯共同犯罪的成立。比如，甲、乙二人预谋抢劫，甲望风，乙进屋抢劫，不料主人拼死反抗，乙将主人打成重伤。甲、乙二人成立抢劫罪的共犯，都要对重伤结果承担结果加重犯的责任。虽然甲对被害人的重伤只持过失的心态，乙对重伤持故意的心态，但由于故意和过失并非对立关系，而是补充关系，因此，可以认为故意重伤和过失重伤在过失致人重伤的范围内是重合的。所以，甲的行为可以看成故意的基本犯和过失的加重犯的结合，由于法律将此过失结果规定为抢劫罪的结果加重犯，因此，甲的行为属于抢劫致人重伤。

2. 基本犯为故意，加重犯为过失。一方行为人在基本犯以外实施了超越过失加重犯的行为被单独评价为故意犯罪，而另一方行为人只对加重犯存在过失，对此，也应当肯定另一方行为人对加重结果承担刑事责任。比如，甲向乙提议"报复"丙，乙同意，二人进而共同对丙实施暴力，造成丙死亡。事后查明，甲具有杀人的故意，而乙仅具有伤害的故意。在这种场合下，甲与乙在故意伤害的范围内成立共同犯罪，甲对丙的死亡持故意的心态，乙对

---

[1] 这也可以称为结合犯，如果把标准的结果加重犯看成故意犯和过失犯的结合，其实结果加重犯就是一种结合犯。

丙的死亡持过失心态。因此，乙对死亡结果承担构成故意伤害致人死亡的责任。[1]比如，甲、乙预谋盗窃儿童拐卖，甲望风，乙在偷盗儿童过程中被孩子母亲发现，遂将孩子母亲杀害，将婴儿抱出，后二人将此婴儿卖给他人。[2]在此案中，乙的杀人行为已经超越了拐卖儿童罪的加重结果（造成被拐卖的妇女、儿童或者其亲属重伤、死亡或者其他严重后果），应当评价为故意杀人罪，但是甲对死亡结果仅有过失。按照部分犯罪共同说，故意杀人和过失致人死亡在过失致人死亡的范围内是重合的，因此，甲的行为也属于故意的基本犯（拐卖儿童）和过失的加重犯（过失致人死亡），故甲的行为属于拐卖儿童罪的结果加重犯。

必须说明的是：在共同犯罪中，对于特定的加重结果是否承担共同犯罪的责任，这取决于法律是否将此结果规定为结果加重犯。比如，甲、乙二人预谋盗窃，甲望风，乙进屋行窃，不料被主人发现，乙将主人打成重伤。甲、乙二人在盗窃的范围内成立共犯，但由于法律并未规定盗窃致人重伤这种结果加重犯，故甲只构成盗窃罪，对重伤结果不承担责任。

三、单位犯罪的共同犯罪

在单位犯罪中，直接负责的主管人员及其他直接责任人员，与该单位本身不成立共同犯罪，其单位内部直接参与实施犯罪的人之间也不是共同犯罪的关系，而是作为单位有机整体内部诸要素相互联系、相互作用的关系。但是单位与其他单位，单位与自然人是可以成立共同犯罪的。

四、片面共同犯罪

片面共同犯罪是指参与同一犯罪的人中，一方认识到自己是在和他人共同犯罪，而另一方没有认识到有他人和自己共同犯罪。片面共同犯罪可能存在三种情况：①片面的共同实行犯，即实行的一方没有认识到另一方的实行行为。例如，乙正欲对丙实施抢劫行为时，甲在乙不知情的情况下，使用暴力将丙打伤，乙得以顺利实施抢劫行为。②片面的教唆犯，即被教唆者没有意识到自己被教唆的情况。例如，甲与丙有仇，故意让乙看到乙妻手机中其妻与丙亲热的图片，乙以为是自己无意看到的，立即产生杀人故意，将丙杀死。③片面的帮助犯，即实行的一方没有认识到另一方的帮助行为。例如，甲明知乙正在追杀丙，由于其与丙有仇，便暗中设置障碍

---

[1] 参见"陈卫国、余建华故意杀人案［第 408 号］""王兴佰、韩涛、王永央故意伤害案［409 号］"，载最高人民法院刑事审判第一、二、三、四、五庭主编：《中国刑事审判指导案例 3：侵犯公民人身权利、民主权利罪》，法律出版社 2012 年版，第 141、347 页。

[2] 参见"吕锦城故意杀人、拐卖儿童、黄高生贩卖儿童案［第 728 号］"，载最高人民法院刑事审判第一、二、三、四、五庭主编：《刑事审判参考（2011 年第 5 集·总第 82 集）》，法律出版社 2012 年版，第 32 页。

物将丙绊倒，从而使乙顺利地杀害丙。[1]对于上述情况，刑法理论上都存在较大的争议。有人否认片面共犯的概念，认为片面共犯不成立共同犯罪；有人肯定片面共犯的概念，认为所有的片面共犯都成立共同犯罪；有人只承认片面教唆犯与片面帮助犯；有人仅承认片面帮助犯。我国刑法理论大多肯定片面帮助犯。

需要说明的是：成立片面帮助犯，帮助者不仅要在主观上有帮助的故意，在客观上也必须起到了实际帮助作用（物理和心理上的促进作用）。

五、非实行行为实行化

刑法分则规定的是实行行为，对非实行行为的处罚依据的是修正的构成要件（总则对分则的修正）。在刑法理论中，共犯行为和预备行为都属于非实行行为。但是在刑法分则中，可能会把某些非实行行为单独规定为犯罪，使它变成刑法分则规定的实行行为，我们把这称为非实行行为的实行化。

（一）非实行行为实行化的种类

1. 预备行为的实行化。这是将某些犯罪的预备行为予以既遂化。如组织、领导、参加恐怖组织罪以及组织、领导、参加黑社会性质组织罪。为了实施杀人、绑架等恐怖活动，或者为了实施抢劫、绑架等具有黑社会性质的活动，成立犯罪集团本身是一种预备行为，但现在刑法将其既遂化，如果实施了组织、领导、参加恐怖活动组织或黑社会性质组织行为，又实施了故意杀人等行为，就应该以两罪数罪并罚。

对于预备行为的实行化，既然属于一种新的实行行为，那么这种实行行为本身也存在预备、未遂、中止等未完成形态。但是对于这种刑罚扩张事由，在适用上要非常慎重。

2. 共犯行为的实行化。这在刑法分则中更为普遍。例如，煽动分裂国家（《刑法》103条第2款：煽动分裂国家、破坏国家统一的……）其实就是将分裂国家罪的教唆行为实行化了；又如，协助组织卖淫（《刑法》第358条第4款：协助组织他人卖淫的，处5年以下有期徒刑，并处罚金；情节严重的，处5年以上10年以下有期徒刑，并处罚金）本是组织卖淫罪的帮助犯，但刑法将其独立成罪，实行化了。再如，提供伪造、变造的出入境证件罪（《刑法》第320条：为他人提供伪造、变造的护照、签证等出入境证件……处5年以下有期徒刑，并处罚金……）也是将偷越国（边）境罪的帮助犯实行化了。

（二）共犯行为的实行化与共犯从属说

共犯行为的实行化可以看成一种拟制正犯。它最大的问题在于可能会导致刑罚的过分扩张，比如，帮助恐怖活动罪本是组织、领导、参加恐怖组织罪的帮助犯，但被独立成罪，于是就会出现帮助恐怖活动罪的帮助犯是否构

---

[1] 张明楷：《刑法学》，法律出版社2011年版，第392页。

成犯罪的问题。同理，准备实施恐怖活动罪本是组织、领导、参加恐怖组织罪的犯罪预备，但被独立成罪，于是准备实施恐怖活动罪是否会有未遂或预备形态也将成为要考虑的问题。

对此，主流观点认为，既然非实行行为已经被正犯化，那就是一个独立的罪名，当然可以适用预备、未遂等未完成形态的规定。

此处重点要讨论的是：拟制正犯是否还需遵循共犯从属说？当实际之实行犯未进入实行阶段，拟制正犯是否可以处罚？[1]

从表面上看，拟制正犯似乎具有完全的独立性，比如，辩护人、诉讼代理人帮助毁灭、伪造证据罪，律师帮助当事人毁灭、伪造证据，当事人本身不构成犯罪，但帮助者可独立构成此罪。但问题在于：根据共犯的限制从属性理论，违法是连带的，责任是个别的，被帮助者不构成犯罪是因为缺乏期待可能性这种责任免除事由。在违法性层面，帮助者和被帮助者仍然成立共犯。又如，教唆他人吸毒罪、引诱卖淫罪，虽然吸毒者和卖淫者不构成犯罪，但这也是一种责任阻却事由，吸毒和卖淫都是违法行为，但是这类自损行为在责任上是没有必要惩罚的。然而，教唆或帮助者与吸毒和卖淫者在违法性层面上也是成立共犯的。

需要讨论的问题是：如果被帮助者根本就没有进入毁灭、伪造证据的实行阶段，或者当律师引诱证人作伪证，而证人未能着手作伪证，律师是否还可入罪？或者教唆他人吸毒，而他人根本没有去吸毒，教唆者是否构成犯罪呢？

立法者对拟制正犯的规定，很大程度上是为了实现罪刑均衡，它属于共犯量刑规则的例外。比如《刑法》第 107 条的资助危害国家安全犯罪活动罪，如果按照相应的危害国家安全罪的帮助犯论处[2]，此行为可能处刑太重，立法者遂作出拟制正犯之特别规定。再如，《刑法》第 322 条的偷越国（边）境罪，其最高刑仅为 1 年有期徒刑，但如果运送他人偷越国（边）境、组织他人偷越国（边）境的行为只按照偷越国（边）境的共犯论处，显然处刑太轻，所以就出现了拟制正犯的规定。因此，拟制正犯并未改变总则的共犯理论，它改变的只是量刑规则。事实上，在某些情况下，如果拟制正犯本身不足以实现罪刑均衡，反而要通过共犯理论进行弥补。比如《刑法》第 392 条规定的介绍贿赂罪，此罪的刑罚明显太低，最高刑仅为 3 年有期徒刑，为了对贿赂犯罪进行有效打击，当行为人在行贿者和受贿者之间穿针引线，情节严重的，应当根据其从属于受贿人还是行贿人，以受贿罪或行贿罪的共犯与介绍贿赂罪按想象竞合原则从一重罪处理，才能实现罪刑均衡。

---

〔1〕 不同意见可以参见张明楷：《刑法学》，法律出版社 2016 年版，第 428~429 页。

〔2〕 即背叛国家罪，分裂国家罪，煽动分裂国家罪，武装叛乱、暴乱罪，颠覆国家政权罪，煽动颠覆国家政权罪。

其实，在刑法分则中，除了拟制正犯，还有不少的共犯例外也必须遵循总则关于共同犯罪的成立条件。比如，必要共犯中的聚众犯罪，成立聚众犯罪除了"多人以上"这个条件外，参与者还都应具备共同的犯罪故意。例如，《刑法》第 242 条第 2 款规定的聚众阻碍解救被收买的妇女、儿童罪，虽然法律只处罚首要分子，但如果首要分子只有一人，而其他所有参加者都受到首要分子欺骗，误认为被收买儿童系首要分子超生的孩子，解救人员是前来没收孩子的计生人员，由于共同犯罪人缺乏共同犯罪故意，此行为就不能认定为聚众阻碍解救被收买儿童罪。如果首要分子指示他人实施暴力对抗解救人员，首要分子可以单独构成妨害公务罪，其他参与者属于假想防卫。

因此，拟制正犯也必须遵循共犯的基本理论，只有当实行犯进入实行阶段，拟制正犯才可被处罚。如果被帮助者没有着手毁灭、伪造证据，证人未能进入伪证的实行阶段，律师和诉讼代理人都不能以犯罪论处。

本书观点面临的主要挑战是刑法分则中的煽动型犯罪。煽动型犯罪是一种特殊的拟制正犯，例如，《刑法》第 103 条煽动分裂国家罪，第 105 条煽动颠覆国家政权罪，第 120 条之三煽动实施恐怖活动罪，第 249 条煽动民族仇恨、民族歧视罪，第 278 条煽动暴力抗拒法律实施罪，第 373 条煽动军人逃离部队罪，等等。有学者认为，煽动型犯罪是典型的举动犯，只要一有煽动之举动，即可以犯罪既遂论处。这种观点是一种典型的"存在即合理"的论证模式，本书不以为然。煽动是比教唆更为广泛的概念，在当前的司法实践中，它已经逐渐成为遏制言论自由的杀手锏。煽动型犯罪是主观归罪之模式，完全无视犯罪所应该具备的实质侵害性。正如美国最高法院布兰代斯大法官在"惠特尼诉加利福尼亚州案"中所指出的："对社会危险的恐惧，不能成为打压言论自由和集会自由的正当借口。言论的一大职能，就是将人们从非理性恐惧的桎梏中解脱出来。要想证明限制言论的正当性，必须存在合理的根据，证明一旦施行言论自由，将导致恶劣后果。同时，还必须合情合理地令人相信，这些危险迫在眉睫……"[1]本书倾向认为，对于煽动型犯罪应该悉数废止，煽动行为如果符合教唆犯特征，可直接以相应犯罪的教唆犯处理。[2]

---

[1] ［美］安东尼·刘易斯：《批评官员的尺度——〈纽约时报〉诉警察局长沙利文案》，何帆译，北京大学出版社 2011 年版，第 107 页。

[2] 美国 1798 年也曾通过《防治煽动法》，但不到 4 年，该法即被废止，杰弗逊总统上任后，废除了所有因《防治煽动法》入狱的人。杰弗逊曾说："我释放了所有因《防治煽动法》而被关押、起诉的人，因为我始终认为，而且现在也持此观点，这部法律根本是无效之法，它就好比国会命令我们匍匐在地，对着一个金质偶像顶礼膜拜，并且让我们时刻监视，揪出那些拒不从命者。而我现在做的，就是把那些拒绝搞偶像崇拜，而被丢进火坑的人，迅速抢救出来。"转引自［美］安东尼·刘易斯：《批评官员的尺度——〈纽约时报〉诉警察局长沙利文案》，何帆译，北京大学出版社 2011 年版，第 79 页。

▶ 第七节 共同犯罪的复杂问题

一、共犯与身份

1. 真正身份犯的共同犯罪。真正身份犯也即定罪身份犯，只有具备此身份的人才能成立此罪的实行犯（直接正犯和间接正犯），没有此身份的人不能成立实行犯，但可构成共犯（教唆犯和帮助犯）。比如贪污罪是真正身份犯，国家工作人员才能构成实行犯，但非国家工作人员可以成立共犯，而不能独立构成贪污罪。

另外一个问题是：双方都是身份犯的情况，共同犯罪应当如何处理？司法实务采主犯决定说定罪处罚。《最高人民法院关于审理贪污、职务侵占案件如何认定共同犯罪几个问题的解释》第3条规定："公司、企业或者其他单位中，不具有国家工作人员身份的人与国家工作人员勾结，分别利用各自的职务便利，共同将本单位财物非法占为己有的，按照主犯的犯罪性质定罪。"[1]这个解释具有一定的合理性，但如果无法区分主从犯，又该如何处理呢？本书认为，对此可以按照想象竞合原理，以两种身份犯从一重罪论处。

2. 不真正身份犯的共同犯罪。不真正身份犯即量刑身份犯，如未成年人的身份可以导致从宽处罚。这种身份只及于自身，不及于共同犯罪人。比如，国家机关工作人员与非国家机关工作人员一起非法拘禁他人，由于《刑法》第238条规定，国家机关工作人员非法拘禁他人的，从重处罚。因此，对于非法拘禁罪而言，国家机关工作人员就属于一种不真正的身份，这种身份不能及于非国家机关工作人员。同样，像自首、立功、累犯等量刑情节也只能及于自身，不能对其他共同犯罪人适用。

二、共同犯罪与犯罪形态

共同犯罪与犯罪形态常常交织在一起，从而导致十分复杂的情况。一般来说，共同犯罪与预备、未遂和既遂的关系比较简单。比如，二人以上为了实施犯罪而准备工具，但由于意志以外的原因未能着手，均成立犯罪预备；[2]二人以上已经着手实施犯罪，但由于意志以外的原因未得逞，均成立犯罪未遂；二人已经着手犯罪，但仅有部分人导致结果发生，根据"部分行为之整体责任"，所有人都成立既遂。但是，共同犯罪与中止之间的关系则非

---

[1] 参见"苟兴良等贪污、受贿案［第30号］"，载最高人民法院刑事审判第一、二、三、四、五庭主编：《中国刑事审判指导案例6：贪污贿赂罪·渎职罪·军人违反职责罪》，法律出版社2012年版，第6页。

[2] 学说上存在预备的共同正犯是否构成犯罪的争论。参见陈子平：《刑法总论》，中国人民大学出版社2009年版，第383页。

常复杂。

共犯中的中止，是指一名共犯者在犯罪过程中中止犯罪而从共犯关系中脱离。由于成立犯罪中止必须具备有效性，即需有效地防止犯罪结果的发生，因此，若要有效地脱离共犯，行为人不仅主观上要有脱离的意思，客观上还要有脱离的行为，这种行为必须"消灭"或"切断"自己对共同犯罪的作用或影响，消除其因果力的影响。否则，单独的脱离仍然不能成立中止，根据"部分行为之整体责任"，如若他人成立既遂，脱离人仍应成立既遂。[1]

1. 行为人不仅要切断对共犯的物理性影响，还需切断对共犯的心理性影响。

（1）行为人的单独脱离行为，若没有向其他共犯者表示，并得到他们的明示认可，这很难消灭对共犯的心理性影响，因此不成立犯罪中止。比如，甲与乙共谋次日共同杀丙，但次日甲因腹泻未能前往犯罪地点，乙独自一人杀死丙。又如，甲和乙合谋盗窃一电器仓库，由乙先配制一把"万能钥匙"，数日后，乙将配制的钥匙交给甲，二人约定当晚 12 点在仓库门口见面后盗窃。晚上，乙因害怕案发后受惩，未到现场。而甲如约到现场后，因未等到乙，便用"万能钥匙"打开库房，窃得手提电脑 2 部，价值人民币 2 万元，销赃后得赃款 13 000 元。事后甲分 3000 元给乙，乙推脱后分文未取。在这两个案件中，脱离者的脱离行为并没有消除其对共犯的心理性影响，因此都成立既遂。

（2）行为人如果消除了对共犯的物理性影响，只有当其对共犯不再有正面的心理促进作用时，才可视为切断了心理性影响。比如，甲知道孙某想偷车，便将盗车钥匙给孙某，后又在孙某盗车前要回钥匙，但孙某用其他方法盗窃了轿车。在此案中，甲已经消除了他对共犯的物理性影响。同时，甲取回车钥匙不仅对孙某没有正面的心理促进，反而会有负面的心理影响，故可以单独成立犯罪中止。

（3）对于教唆犯而言，单纯劝阻被教唆者不要继续犯罪，如果被教唆者

---

[1]　参见"黄土保等故意伤害案［第 199 号］"，载最高人民法院刑事审判第一、二、三、四、五庭主编：《中国刑事审判指导案例 3：侵犯公民人身权利、民主权利罪》，法律出版社 2012 年版，第 258 页。被告人黄土保唆使洪伟利用女色教训朱环周。黄答应先付人民币 2 万元，事成后再付人民币 2 万元。洪伟收钱后，即着手寻觅机会利用女色来引诱朱环周，但未能成功。于是，洪伟打电话给黄土保，提出不如改为找人打朱环周一顿，黄土保表示同意。之后，洪伟以人民币 1 万元的价值雇佣被告人林汉明去砍伤朱环周。后黄土保因害怕打伤朱环周可能会造成的法律后果，又于 7 月初两次打电话给洪伟，明确要求洪伟取消殴打朱环周的计划，同时商定先期支付的 2 万元充抵黄土保欠洪伟所开饭店的餐费。但洪伟应承后却并未及时通知林汉明停止伤人计划。林汉明再找来 3 人，准备了两把菜刀，将朱环周砍致重伤。事后，洪伟向黄土保索要未付的人民币 2 万元。法院认为，考虑到黄某在共同犯罪中的教唆地位和作用，因此，其个人放弃犯意的行为不能认定为犯罪中止。另可参考"张烨等强奸、强制猥亵妇女案［第 128 号］"，载最高人民法院刑事审判第一、二、三、四、五庭主编：《中国刑事审判指导案例 3：侵犯公民人身权利、民主权利罪》，法律出版社 2012 年版，第 379 页。

不听从劝阻，仍然继续犯罪，教唆者显然不成立犯罪中止。因为教唆犯创造了被教唆者的犯意，单纯的劝阻并没有消除对法益的危险。如果教唆者采取强力阻止被教唆者犯罪、报告警察去抓捕被教唆者、告诉被害人逃跑等，教唆犯方可单独成立犯罪中止。

对于帮助犯而言，帮助犯也必须切断对共犯的物理性和心理性的促进作用，才可成立犯罪中止。

2. 如果主观上无脱离之意，但客观上产生脱离之效果，则可以成立犯罪未遂。如甲欲到张三家盗窃，请熟悉张三家的乙帮其绘制一张地形图，乙详细地为甲绘制了一幅图纸，但甲误入李四家，发现与乙所提供的图纸完全不同，心中大骂乙。甲只能靠自己行窃，后窃得 3 万元财产。在此案中，乙主观上希望帮助甲的盗窃行为，但在客观上产生了脱离的效果，没有起到帮助作用，乙的行为属于盗窃罪的犯罪未遂。

3. 脱离者成立犯罪中止，对其他共犯者没有影响，其他共犯者仍可成立各种犯罪形态。[1]这里要说明的是：如果脱离者本人是实行犯，假设他成立中止导致整个犯罪未能既遂，那么其他非实行犯可能成立各种未完成形态，但必须从属于实行犯所处的阶段。例如，王某（男）与周某（女）长期通奸。王为了达到与周结婚的目的，与周共同谋害其丈夫赵某。王提出由他提供毒药，由周趁赵吃饭时，把毒药放在赵碗内，将赵毒死。周虽然同意，并已把王提供的毒药准备好，但她有一个 3 岁的女儿，顾虑会把孩子毒死，于是没有按照计划实行。后王欲继续通奸，遭到拒绝，周揭发了王的罪行。在这个案件中，周某自动放弃了犯罪，成立犯罪中止，但是这对王某而言是一种意志以外的原因，但由于周某的中止发生在预备阶段，因此，王某的行为成立犯罪预备。又如，金某欲杀宋某，让宋某为其送信，并暗地命其表弟覃某带刘、黄二人（均系劳改释放人员）在途中将宋某干掉。覃某闻言色变，说此举恐有杀身之虞，劝金某放弃。金某诡称只要覃某将自己的一亲笔信带给刘、黄二人，并随其找到宋某，不必覃某动手。覃某默许，于是金某当着

---

[1] 参见"王元帅、邵文喜抢劫、故意杀人案［第 242 号］"，载最高人民法院刑事审判第一、二、三、四、五庭主编：《中国刑事审判指导案例 3：侵犯公民人身权利、民主权利罪》，法律出版社 2012 年版，第 345 页。被告人王元帅主谋并纠集被告人邵文喜预谋实施抢劫。某日 10 时许，二人携带事先准备好的橡胶锤、绳子等作案工具，在北京市密云县鼓楼南大街骗租杨某某（女，29 岁）驾驶的松花江牌小型客车。当车行至北京市怀柔区大水峪村路段时，经王元帅示意，邵文喜用橡胶锤猛击杨某某头部数下，王元帅用手扼掐杨的颈部，致杨昏迷。二人抢得杨某某驾驶的汽车及诺基亚牌 8210 型移动电话机 1 部、寻呼机 1 个等物品，共计价值人民币 42 000 元。王元帅与邵文喜见被害人杨某某昏迷不醒，遂谋划用挖坑掩埋的方法将杨某某杀死灭口。杨某某佯装昏迷，趁王元帅寻找作案工具、不在现场之际，哀求邵文喜放其逃走。邵文喜同意掩埋杨时挖浅坑、少埋土，并告知掩埋时将杨某某的脸朝下。王元帅返回后，邵文喜未将杨某某已清醒的情况告诉王。当日 23 时许，二人将杨某某运至北京市密云县金叵罗村朱家峪南山的土水渠处。邵文喜挖了一个浅坑，并向王元帅称其一人埋即可，便按与杨某某的事先约定将杨掩埋。王元帅、邵文喜离开后，杨某某爬出土坑获救。经鉴定，杨某某所受损伤为轻伤（上限）。法院最终认为，被告人邵文喜的行为构成故意杀人罪的犯罪中止，王元帅构成故意杀人罪的犯罪未遂。

覃某面写了信，并给覃 3 万元，打发覃某上路。覃某在途中将金某的信交给刘、黄二人，假说自己另有急事，一切事由可由刘、黄二人与金某直接联络，遂于中途下车。刘、黄二人寻至宋某，欲施毒手，经宋某苦苦哀求并许以重金，遂放过宋某。二人返回后谎称事毕，各从金某处得"赏金"1 万元。在这个案件中，实行犯是刘、黄，金某是教唆犯，覃某是帮助犯，实行犯刘、黄二人在被害人的哀求下放弃了犯罪，属于犯罪中止，这对金某、覃某而言都是意志以外的原因，由于实行犯已经着手实施犯罪，属于实行阶段的中止，因此，金某和覃某都成立犯罪未遂。

三、共同犯罪与认识错误

共同犯罪的认识错误非常复杂，这涉及共犯理论与错误理论的交叉部分。由于共犯理论本身就有许多理论争议，错误理论也有法定符合说、具体符合说和抽象符合说的争议，所以二者的交叉部分就显得更为复杂。

（一）正犯中的认识错误

1. 同一个构成要件中的错误（具体错误）。

（1）对象错误。甲、乙二人以杀人之意图朝丙开枪，致其死亡，后来才发现被害人是丁。无论按照法定符合说，还是具体符合说，甲、乙均成立故意杀人罪的既遂。

（2）打击错误。甲、乙二人以杀人之意图朝丙开枪，没有击中丙，乙误击中旁边的丁，致其死亡。按照法定符合说，甲、乙均构成故意杀人罪的既遂。按照具体符合说，甲、乙在故意杀人罪的未遂中成立共犯，同时，乙还单独构成过失致人死亡罪。

2. 不同构成要件中的认识错误（抽象错误）。这主要出现在打击错误中，比如，甲、乙共谋杀害在博物馆工作的丙，二人潜入博物馆的同时向丙各开一枪，甲击中丙身边的国家重点保护的珍贵文物，造成文物毁损的严重后果；乙未击中任何对象。不同构成要件中的认识错误有法定符合说和抽象符合说的争议，因为抽象符合说鲜有人支持，故本书只讨论法定符合说。根据法定符合说，甲、乙在故意杀人的未遂中成立共同犯罪，其中，甲还单独成立过失毁坏文物罪，两罪为想象竞合，应当从一重罪论处。

（二）共犯中的认识错误

共犯中的认识错误主要表现在教唆犯中。

1. 同一构成要件中的错误。

（1）对象错误。当甲教唆乙杀丙时，乙误认丁为丙，将其杀害。按照教唆独立说，只要实施教唆，就具备了可罚性，教唆者的着手与被教唆者的着手可以分别评价。因此，这种错误都产生于教唆者着手之后，对于教唆者而言，这都属于打击错误。根据法定符合说，甲成立故意杀人罪的教唆既遂；但根据具体符合说，甲成立教唆未遂。

　　根据教唆从属说，仅当被教唆人着手犯罪，教唆者才有处罚的必要。换言之，教唆者与被教唆者的着手是同时发生的。当甲教唆乙杀人，若乙出于对象错误将丁杀害，由于此错误产生于教唆者教唆着手之时，故为对象错误，无论按照法定符合说还是具体符合说，甲成立故意杀人罪之教唆既遂。

　　需要说明的是：根据教唆从属说，教唆者并不从属于实行犯的认识错误。教唆犯与实行犯的认识错误应当分别讨论。比如，甲教唆乙杀丙，但甲误将丁指认为丙，乙后将丁杀害。在此案中，乙并无认识错误，但甲显然出现了认识错误。

　　（2）打击错误。如果甲教唆乙杀人，乙出于打击错误将丙杀害，由于乙的错误发生于着手之后，这种错误自然也产生于教唆着手之后，故为打击错误。按照法定符合说，甲仍构成故意杀人罪（教唆）既遂。但按照具体符合说，甲成立故意杀人罪（教唆）未遂，乙成立故意杀人罪（未遂）和过失致人死亡罪的想象竞合。

　　（3）教唆犯与帮助犯的认识错误。甲主观上想教唆乙犯罪，但乙早有犯罪意图，所以，甲客观上只起到了帮助作用。对此案件，由于教唆的本质是创造犯意，帮助的本质是强化犯意，故教唆和帮助在帮助的范围内重合。

　　2. 不同构成要件中的认识错误。如果甲教唆乙实施 A 罪，但乙却实施了 B 罪，如果两罪有重合部分，那么甲在重合的犯罪构成中成立教唆既遂。如果两罪没有重合部分，教唆从属说和教唆独立说会得出不同的结论。根据教唆从属说，甲不构成犯罪；但根据教唆独立说，甲属于教唆未遂。

　　（三）其他共同犯罪中的认识错误

　　1. 教唆犯与间接正犯。甲以为乙才 10 岁，教唆其盗窃，但乙已经 16 岁，或者甲以为乙已满 16 岁，教唆其盗窃，但乙才 10 岁。在这两个案件中，就属于教唆犯与间接正犯的认识错误。由于教唆犯和间接正犯在利用他人犯罪这个方面有重合之处，可以把间接正犯视为特殊的教唆犯。在这两个案件中，甲主观上是唆使他人犯罪，在客观上也起到了利用的效果。因此，主客观在教唆犯中重合，甲成立教唆犯的既遂。

　　2. 间接正犯与帮助犯。甲主观上想帮助他人犯罪，但客观上起到了间接正犯的效果。比如，咖啡店店主李四某日突生杀害王五之念，并将有毒饮料交给店员张三保管，对张三说："如果王五下次来店，你就将此有毒饮料递给我。"时隔多日，王五来到咖啡店，张三以帮助犯的故意将有毒饮料递给李四，但李四此时完全忘了饮料有毒的事情，在缺乏杀人故意的情况下将有毒饮料递给王五喝，导致王五死亡。[1]间接正犯和帮助犯在帮助犯的强化犯罪中是重合的，因此张三的行为成立故意杀人罪（帮助犯）的既遂。

----

〔1〕 张明楷："共犯对正犯故意的从属性之否定"，载《政法论坛》2010 年第 5 期。

市章重要知识回顾（表格版）

一、共同犯罪的基本理论

<table>
<tr>
<td rowspan="5">最广义共同犯罪</td>
<td rowspan="2">必要共犯</td>
<td>必要共犯必须 2 人以上共同实施，如聚众斗殴罪。必要共犯的处罚依据是基本构成要件，直接依据分则的规定，它并不属于总则所说的共同犯罪。</td>
<td>对向犯：包括共同对向犯与片面对向犯，前者是所对向的双方都被刑法规定为犯罪，这属于共同犯罪；后者是只有一方被规定为犯罪，这不属于共同犯罪。</td>
</tr>
<tr>
<td></td>
<td>多众犯：如聚众犯，要注意首要分子与主犯的关系。若在共同犯罪中，多人构成犯罪，首要分子一定为主犯；但若仅首要分子一人构成犯罪，首要分子就非主犯。如《刑法》第 242 条。</td>
</tr>
<tr>
<td>任意共犯</td>
<td colspan="2">任意共犯一人也能单独实施，如故意杀人罪，处罚依据是总则共同犯罪对分则条文的修正，为修正之构成要件。</td>
</tr>
<tr>
<td>拟制共犯</td>
<td colspan="2">拟制共犯是非实行行为的实行化，刑法分则规定的是实行行为，对非实行行为的处罚依据是修正的构成要件。在刑法理论中，共犯行为属于非实行行为。但是在刑法分则中，可能会把某些非实行行为单独规定为犯罪，使它变成刑法分则规定的实行行为，我们把这称为非实行行为的实行化。</td>
</tr>
<tr>
<td rowspan="3">广义共同犯罪</td>
<td>任意共犯中的共同实行犯（共同正犯）</td>
<td colspan="2">正犯是实施了符合构成要件行为的人，亲自直接实施构成要件行为的是直接正犯；把他人作为工具加以利用，但在法律上可以评价为与亲手实施具有相同性质的是间接正犯。根据这种标准，正犯是一种实行犯。</td>
</tr>
<tr>
<td>任意共犯中的非实行犯（共犯）</td>
<td colspan="2">共犯是指没有亲手实施符合构成要件的行为，只是通过教唆或帮助正犯的方式来参与正犯的行为的人（教唆犯、帮助犯）。共犯是通过正犯的实行行为来参与犯罪的非实行犯，对共犯的处罚依据显然是一种修正的构成要件。</td>
</tr>
<tr>
<td>部分犯罪共同说</td>
<td colspan="2">这种学说认为，只要 2 人以上就部分犯罪具有共同的行为与共同的故意，那么在重合犯罪内，可以成立共同犯罪。但在此前提下，又可分别定罪。
常见的重合：①法条竞合；②规范的重合，如故意杀人与故意伤害；③转化犯，如《刑法》第 269 条的转化型抢劫。</td>
</tr>
</table>

续表

狭义共同犯罪	与正犯相对应的一个概念，包括教唆犯和帮助犯。	
不构成共同犯罪的几种情况	1. 共同过失犯罪	指2人以上共同过失犯罪。虽然外表上有共同行为，但行为人无共同犯意的交流。
	2. 故意犯与过失犯	指过失犯罪人与故意犯罪人的行为相互连接或联系，因为其相互之间无共同故意，也无意思联络，不成立共同犯罪，由过失犯罪人与故意犯罪人分别对其行为负责。例如，看守所值班武警擅离职守，重大案犯趁机脱逃。
	3. 同时犯	指2人以上同时以各自行为侵犯同一对象，但彼此之间无意思联络的情况。即使有相同的犯罪故意，但却无共同故意，构成同时犯，应只在各自实行的犯罪行为的范围内负刑事责任。例如，甲、乙二人趁商店失火之机，不谋而合地同时到失火地点窃取商品。
	4. 故意内容没有重合的共同行为	指2个以上行为人共同实施的犯罪行为，如果行为人的故意内容及其行为的整体性质没有重合，因其缺乏相同的故意，不成立共犯，由行为人各自对其行为负责。
	5. 超出共同故意范围的犯罪	指在共同犯罪过程中，有的共犯者超出了共同犯罪故意的范围，单独地实施其他犯罪，由于其他共犯者对此缺乏共同故意，而由行为人单独承担超出共同犯罪故意范围部分的责任。例如，甲教唆乙盗窃丙女的财物，乙除实施盗窃行为之外，还强奸了丙女，甲对此毫不知情。甲、乙二人固然成立盗窃罪的共同犯罪，但不成立强奸罪的共同犯罪。
	6. 单位犯罪	是指单位作为一个整体而实施的犯罪，其单位内部直接参与实施犯罪的人之间在性质上不属于共同犯罪。

二、间接正犯

定义	间接实行犯，是指利用不成立共犯的第三人实行犯罪。严格来说，间接正犯并未有实行行为，它只是利用他人的实行行为，但由于与他人缺乏共同的犯罪故意，故不成立共犯。
类型	①利用无刑事责任能力人实施犯罪。 ②利用他人的合法行为。比如，让邮递员将炸药寄给他人；再如，利用他人的正当防卫、紧急避险等正当化行为而犯罪的。 ③利用他人的过失行为。例如，医生指示护士打毒针，护士有过失。 ④利用有故意的工具。这又可以包括三类：第一类是利用非重合的他罪的故意。第二类是利用有特殊目的的工具。第三类是在身份犯的情况下，利用无身份的工具。比如，国家工作人员利用不知情的非国家工作人员来收受贿赂，国家工作人员成立受贿罪的间接正犯。 ⑤利用他人的不为罪的行为。这包括利用他人的无罪过行为（不可抗力和意外事件），还包括利用他人的其他不为罪行为，如唆使未成年人自杀。

三、正犯与共犯

共犯从属说	只有当正犯着手实施犯罪，共犯才有成立的可能。	共犯的可罚性只需从属于正犯的构成要件与违法性，而不必要求正犯具有有责性。	
共犯的处罚依据	通说是因果共犯论，即共犯人通过正犯的实行行为，造成了法益的侵害。一般认为，直接造成法益侵害的是正犯，介入正犯行为间接造成法益侵害的是共犯。		
帮助犯	在主观上，有帮助正犯的故意。	根据部分犯罪共同说，帮助犯的认识只要和正犯的认识有重合部分，那么在重合范围内就可以成立共同犯罪。	比如，甲为乙的盗窃提供帮助，但事实上却在帮助乙的抢劫，甲在盗窃的范围内成立帮助犯。
	在客观上，帮助行为必须是实行行为以外的行为，对实行行为起促进作用。	这种促进作用只要求具有帮助可能性即可，不要求实际起到帮助作用。帮助行为包括物理性帮助和心理性帮助。	如果主观上意欲帮助，但在客观上却对正犯没有物理性或心理性的促进作用，那就成立帮助犯的未遂。
	事前通谋的事后帮助。	事前通谋的事后窝藏、包庇、窝赃、销赃行为，成立共同犯罪。当然，如果事前只是单纯知情，并未参与通谋，事后提供帮助的，不能成立共同犯罪。如果事前没有通谋，事后提供帮助，也只单独成立掩饰、隐瞒犯罪所得、犯罪所得收益罪、窝藏罪、包庇罪或者洗钱罪等。	
	中立的帮助行为。	中立的帮助行为是指日常生活或者业务行为中的惯常现象，但也可能对正犯的实行行为起到促进效果。对于这类帮助行为，应当根据社会相当性的理论来判断其可罚性。一般来说，大部分的中立的帮助行为都不应以犯罪论处。	
教唆犯：又名造意犯，指以授意、怂恿、劝说、利诱或者其他方法故意唆使他人犯罪的人	教唆犯所教唆的对象一般是达到刑事责任年龄、具有刑事责任能力的人，否则一般不成立教唆犯，而成立间接正犯，比如唆使5岁的孩子盗窃。		
	需要说明的是：教唆者所教唆的人，虽然未达刑事责任年龄，但具备规范上的辨认能力和控制能力，也可成立教唆犯。比如教唆15岁的少年盗窃。		
	在主观上，有教唆他人犯罪的故意。这种故意必须认识到自己的教唆行为可能创造了他人的犯罪意图。		
	在客观上，有教唆他人犯罪的行为。教唆行为在客观上创造了他人的犯罪意图。		
	《刑法》第29条第2款规定，如果被教唆人没有犯被教唆之罪的，对于教唆犯可以从轻或者减轻处罚。这种情况属于教唆未遂。①共犯从属说。非实行犯（教唆犯、帮助犯）必须从属于实行犯，只有实行犯进入实行阶段（着手）后，对于非实行犯才可以进行处罚。②共犯独立说。教唆犯是共犯从属说的例外，具有独立性，只要行为人实施教唆行为，被教唆者未达到所教唆罪的既遂，一律认定为教唆未遂，即教唆本身没有成功。		
	我国传统的观点采共犯独立说。例如：①张三教唆李四杀人，但李四在预备阶段中止犯罪。②张三教唆李四杀人，但李四拒绝。③张三教唆李四杀人，但李四却实施了盗窃。按照共犯独立说，张三均成立教唆未遂。但按照共犯从属说，张三不构成犯罪。		

续表

	上述两种观点都认为：①甲教唆乙杀人，乙着手实行犯罪，但最终未达既遂，可以适用教唆未遂的从宽条款；②甲教唆乙实施 A 罪，但乙实施了 B 罪，如果 A、B 有重合部分，甲可以在重合部分成立教唆既遂。 教唆不满 18 周岁的人犯罪，从重处罚。这包括间接正犯。
教唆犯和帮助犯的区别	教唆犯的本质是创造犯意，而帮助犯的本质是强化犯意。对于已经具备犯意的人进行劝说和鼓励，属于帮助犯。

四、共同犯罪人的种类

	含义	在共同犯罪中所起作用
主犯	组织、领导犯罪集团进行犯罪活动或在共同犯罪中起主要作用的犯罪分子。	①组织领导作用。 ②组织、策划、指挥作用。 ③在实行共同犯罪中起主要作用。
从犯	在共同犯罪中起次要或辅助作用的犯罪分子。	①次要作用：指犯罪分子虽直接参加实施了犯罪行为，但罪行较轻，情节不严重，没有造成严重后果。 ②辅助作用：指犯罪分子在共同犯罪中为共同犯罪创造条件，提供方便，辅助犯罪的实行。
胁从犯	被胁迫参加犯罪的犯罪分子。	在共同犯罪中，起与从犯相同的次要辅助作用。
教唆犯	教唆他人实行犯罪的人，即制造他人犯罪意图，促使他人下犯罪决心的人。主观上有教唆的故意，客观上实施了教唆的行为。	①在共同犯罪中起主要作用； ②在共同犯罪中起次要辅助作用。
分类方法	同时考虑作用分类法和分工分类法。所谓作用分类法，就是考虑共同犯罪人在共同犯罪中的作用，将其分为主犯、从犯和胁从犯；所谓分工分类法，就是按照共同犯罪人在共同犯罪中的分工，将其分为正犯与共犯，正犯即实行犯，而共犯（这是狭义共犯概念，而广义的共犯概念包括所有共同犯罪人）是非实行犯，包括帮助犯和教唆犯。	

五、特殊的共同犯罪

承继的共犯	又称事中共犯，是指在行为人实施犯罪的过程中，他人在行为人知情的情况下参与进来，实施犯罪。事中共犯包括事中实行犯和事中帮助犯。	
	事中共犯与事后独立犯罪的界限	区分标准：犯罪行为是否实行终了。如果是状态犯，那么前行为既遂，行为即终了。如果是继续犯，既遂后行为并未终了，其间加入，也可成立共犯。

续表

承继的共犯	承担刑事责任的范围问题	一般认为，如果前行为是单一行为，那么后行为人虽然是在实施犯罪过程中介入的，仍应当对全部犯罪承担责任。如果前行为是复合行为（如结果加重犯），那么后行为人只对其介入行为承担责任。
结果加重犯的共同犯罪	对于大部分结果加重犯而言，其构造是故意的基本犯加过失的加重犯，比如故意伤害致人死亡，对于伤害结果，行为人的主观心态是故意，但对于死亡结果，行为人的主观心态则是过失。因此，共同犯罪人只要对基本犯罪构成存在共同故意，即便共同犯罪人对加重结果持过失之心态，也宜对加重结果承担责任。	
片面共同犯罪	片面共同犯罪是指参与同一犯罪的人中，一方认识到自己是在和他人共同犯罪，而另一方没有认识到有他人和自己共同犯罪。我国刑法理论大多肯定片面帮助犯。例如，甲明知乙正在追杀丙，由于其与丙有仇，便暗中设置障碍物将丙绊倒，从而使乙顺利地杀害丙。	
共犯与身份	真正身份犯	即定罪身份犯，只有具备此身份的人才能成立此罪的实行犯（正犯）；没有此身份的人不能成立实行犯，但可构成共犯（非实行犯，如教唆犯和帮助犯）。另外一个问题是，如果双方都是特殊身份犯，这主要集中在职务侵占罪与贪污罪的共同犯罪问题上，司法实务采主犯决定说。
	不真正身份犯	即量刑身份犯，如未成年人的身份可以导致从宽处罚。这种身份只及于自身，不及于共同犯罪人。
共犯的脱离与中止	共犯者在犯罪途中中止继续犯罪，而从共犯关系中脱离。由于成立犯罪中止必须具备有效性，即需有效地防止犯罪结果的发生，因此若要有效地脱离共犯，行为人必须"消灭"或"切断"自己对共同犯罪的作用或影响。否则，单独的脱离仍然不能成立中止，根据"部分行为之整体责任"，如若他人成立既遂，脱离人仍应成立既遂。	
	行为人不仅要切断对共犯的物理性影响，还需切断对共犯的心理性影响。①行为人的单独脱离行为，若没有向其他共犯者表示，并得到他们的明示认可，这无法消灭对共犯的心理性影响，因此不成立犯罪中止。例如，甲与乙共谋次日共同杀丙，但次日甲因腹泻未能前往犯罪地点，乙独自一人杀死丙（2002 年司考多选）。②行为人如果消除了对共犯的物理性影响，只有当其对共犯不再有正面的心理促进作用后，才可视为切断了心理性影响。例如，丁知道孙某想偷车，便将盗车钥匙给孙某，后又在孙某盗车前要回钥匙，但孙某用其他方法盗窃了轿车（2011 年司法试题）。又如，甲与乙共谋盗窃汽车，甲将盗车所需的钥匙交给乙。但甲后来向乙表明放弃犯罪之意，让乙还回钥匙。乙对甲说："你等几分钟，我用你的钥匙配制一把钥匙后再还给你。"甲要回了自己原来提供的钥匙。后乙利用自己配制的钥匙盗窃了汽车（价值 5 万元）。	
	如果主观上无脱离之意，但客观上产生脱离之效果，那可以成立犯罪未遂。例如，乙欲盗汽车，向甲借得盗车钥匙。乙盗车时发现该钥匙不管用，遂用其他工具盗得汽车。乙属于盗窃罪既遂，甲属于盗窃罪未遂（2013 年试题）。	
	脱离者成立中止，对其他共犯者没有影响，其他共犯者仍可成立各种犯罪形态。这里要说明的是：如果脱离者本人是实行犯，假设他成立中止导致整个犯罪未能既遂，那么其他非实行犯可能成立各种未完成形态，但必须从属于实行犯所处的阶段。	

续表

| 认识错误 | 同一个构成要件中的错误。对于同一个构成要件中的认识错误，按照法定符合说，并不影响故意的成立。 |
| | 不同构成要件中的错误。对于不同构成要件中的认识错误，也应按照法定符合说，看能否在构成要件的重合部分实现主客观相统一。 |

 **本章二维码**

共同犯罪的
基本理论

第十章第一、二节
司法考试真题

间接正犯

正犯与共犯

第十章第三、四节
司法考试真题

共同犯罪人的
刑事责任

特殊的共同
犯罪

第十章第五、六节
司法考试真题

共同犯罪的其他
复杂问题

第十章第七节
司法考试真题

第十章重要法条
和司法解释

第十一章

罪数理论

第一节　罪数的基本原理

罪数形态主要涉及的问题是对同一行为人所实施的行为是认定为一罪还是数罪。在刑法理论中，罪数理论是非常复杂和混乱的一块领域。《刑法》及相关司法解释也有大量关于罪数的特别规定。

一、罪数的分类

关于罪数的分类，有许多理论，我国传统的罪数理论将罪数分为下列三类：

1. 实质的一罪，包括继续犯、想象竞合犯和结果加重犯。
2. 法定的一罪，包括结合犯与集合犯。
3. 处断的一罪，包括连续犯、牵连犯和吸收犯。

二、罪数的判断标准

（一）主要的学说

关于罪数的判断标准，在刑法理论中，主要有下列四种学说：

1. 行为标准说。这种理论认为，一罪还是数罪的认定应当以行为的个数为标准。行为人实施一行为，为一罪；实施数行为，为数罪。比如，甲一次开枪打死 2 人，因为只有一个行为，所以是一罪。

2. 法益标准说。这种理论认为，犯罪的本质是对法益的侵害，所以，判断是一罪还是数罪，应以侵害法益的个数为标准。侵害一法益是一罪，侵害数法益是数罪。

3. 犯意标准说。这种理论认为，判断罪数应以犯罪意思为标准，行为人基于一个犯罪意思实施犯罪的，是一罪；基于数个犯罪意思实施犯罪的，是数罪。

4. 构成要件标准说。此说认为，判断罪数只能以构成要件为标准。一次符合构成要件的行为，是一罪；数次符合构成要件的行为是数罪。

我国传统的判断标准是构成要件标准说，行为符合几个构成要件就应评价为几个犯罪。然而，构成要件标准说最大的问题在于：它所得出的结论往往不符合司法实践的需要。比如，甲开枪射杀乙，同时把乙身上价值昂贵的衣服损毁，按照构成要件标准说，甲的行为符合两个构成要件，但这种情况是典型的想象竞合犯，在司法实践中都以一罪论处。再如，甲盗窃枪支后又持有枪支，这也符合两个构成要件，但在司法实践中都只以盗窃枪支罪论处。

（二）综合说之提倡

因此，本书试图综合上述诸多理论，在构成要件标准说的基础上考虑行为说和法益说。

具体说来，关于罪数的判断可以遵循下列步骤：

步骤一：构成要件标准，即看其行为符合几个构成要件，符合一个构成要件的就是一罪，符合两个或者两个以上构成要件的就是数罪。

步骤二：综合考虑行为和法益这两个维度。一个行为侵犯一个法益，这自然只能以一罪论处。当一个行为侵犯数个法益，原则上也应该评价为一罪。因为如果评价为数罪，这与数行为侵犯数法益的评价相同，不符合罪刑均衡原则。[1]当数个行为侵犯一个法益（如吸收犯），也不应数罪并罚。只有当数行为侵犯数个法益，才可数罪并罚。[2]

步骤三：法律是否有特别规定。如果法律有特别规定，当然从其规定，比如，在绑架过程中故意杀人，按常理来说，这符合两个构成要件，且数行为侵犯数法益，但法律将其规定为一罪，自然只能以一罪处理。

（三）几个需要说明的问题

1. 行为与法益个数的判断。那么如何判断行为的多寡、法益的单复呢？对于前一个问题，本书比较赞同德国联邦最高法院对行为单一的见解，即所谓的自然的行为单一。也就是说，如果不同的行为部分是基于同一意志决定，且时间和空间又如此紧密地联系，以至于它被一个与之无关的观察者认为是一个行为，那么，一个事件过程的表面上可分离的数个组成部分应当被视为一个单一的行为。它包括以下几个要素：①个别的举动在时间和空间上有衔

---

[1] 事实上，有不少国家对于一行为侵犯数法益（想象竞合）认为应当数罪并罚，如我国澳门刑法规定，一行为符合数个不同的罪状为数罪，实行数罪并罚。比较特殊的是意大利刑法，该国以往对想象竞合（观念的竞合）与实质竞合都采并科原则，随后修改为限制加重的处罚原则，即按"数罪中处刑最重的刑罚，再加重该刑罚的1/3"。巴西刑法与意大利刑法类似，虽对想象竞合犯适用吸收原则，但是最高刑可提高1/6~1/2。笔者认为，对想象竞合采用限制加重原则应当是比较公正的，它既能够体现对侵害数法益的多重评价要求，又能把想象竞合与实质竞合区别开来，因为毕竟想象竞合是一行为，实行数罪并罚也许过于严苛。但是，由于我国在总则上并无加重处罚一说，因此，我们暂且认为一行为侵犯数法益只能以一罪论处。参考罗翔："吸收犯之再认识"，载《中国刑事法杂志》2003年第5期。

[2] 参见黄荣坚：《刑法问题与利益思考》，月旦出版社1995年版，第347~350页。

接关系；②各个举动具有实施的同一性；③必须基于单一的行为意思将数举动针对一个行为客体；④被害人数对是否构成行为单一，并无必然的影响，但若涉及个人专属法益的侵害，则只有各个举动针对同一法益所有人为之，才可视为自然的单一行为。[1]比如，在同一场合下对一个人实施的数次伤害行为就是一个自然的单一行为。

在对法益的个数进行判断的时候，应当区分公法益与私法益。由于公法益属于国家或者社会，因此，它的性质总是单一的，如盗窃两次国家秘密的行为所侵害的法益只有一个，即国家的保密制度。对于私法益而言，由于它一般专属于本人，如生命、身体、自由、名誉、贞操等，那么一般只能以法益享有者之个数确定侵害法益的多寡。如果行为人杀害了两人或者侮辱了两人，那么他所侵害的法益也就是两个。另外，同一人之数个专属法益也应当被视为数个法益，如行为人用奸淫的方法侮辱某人，那么行为人所侵害的就是被害人的贞操权与名誉权这两个法益。比较复杂的是财产权，它既可以属于公法益，也可以属于私法益。因此，侵害财产权的法益衡量标准是没有必要区分公私法益的。另外，也不能以财产所有人的个数来判断所侵害的财产权个数，比如，行为人在对某人实施盗窃行为时，不仅窃取了他的财产，还窃取了暂归他保管的别人的财产，甚或国家财产，那么行为人侵害的是一个法益，还是数个法益呢？在这种情况下，应该以财产监督权之个数作为判断财产法益个数的标准，而不能以财产所有权作为标准。因此，在上述情况下，行为人所侵害的仅为一个监督权，即侵害了一个法益。

2. 几个例外规定。

（1）高度伴随行为。对于经验法则上高度伴随的行为，无论是将其评价为一个行为，还是评价为数个行为，根据社会观念，其一般都不宜以数罪论处。比如，杀人之后毁尸灭迹，盗窃之后的销赃。因此，如果数行为之间在经验法则上具有高度的伴随性，即便侵犯了数法益，也不宜数罪并罚，这可以看成数行为数法益之数罪并罚的例外。

（2）可被切割的行为。一般来说，一个行为不能数罪并罚，但如果该行为可被完整地切割为数个构成要件，并且侵犯了数个法益，这一般都应数罪并罚。比如混合走私行为，在一起走私案中，走私的物品有毒品、枪支和假币。虽然这是一个行为，但该行为可被完整地切割为数个不同的构成要件，故应该数罪并罚。这可以看作一行为不并罚的例外。

---

[1] 参见高金桂："论刑法上之法条竞合问题"，载《罪与刑——林山田教授六十岁生日祝贺论文集》，台湾五南图书出版有限公司1998年版，第174页。

☞ **第二节　实质的一罪**

一、继续犯

（一）继续犯的定义

继续犯又称持续犯，它是指犯罪行为与不法状态在一定时间内处于持续状态的犯罪。非法拘禁罪是最典型的继续犯，在非法拘禁既遂后，非法拘禁的行为和侵犯他人人身自由的不法状态一直处于持续过程中。

（二）特征

1. 犯罪行为和不法状态同时继续。继续犯的关键之处就在于：不法行为和不法状态不可分离。与继续犯相对应的概念是状态犯，状态犯的不法状态也处于持续过程中。例如，在盗窃罪既遂之后，对财产占有的状态一直处于持续过程中。但状态犯与继续犯最大的区别在于：状态犯在既遂之后，不法行为就没有了，只有不法状态处于持续过程；而继续犯中的不法行为和不法状态须臾不离。

2. 犯罪既遂后，犯罪状态仍然持续。

3. 一个行为，一个罪过。

4. 行为侵犯了同一具体的法益。

（三）常见的继续犯

1. 侵犯人身权利的某些犯罪，例如，非法拘禁罪，绑架罪，拐卖妇女、儿童罪，重婚罪。

2. 持有型犯罪。

3. 不作为的犯罪往往具有继续犯的特点，例如，遗弃罪，拒不执行判决、裁定罪，逃避服役罪。

（四）继续犯的意义

1. 继续犯是单纯的一罪。尽管犯罪既遂后，犯罪行为还在继续，但仍然是一罪。

2. 追诉时效从犯罪行为结束之日起计算。例如，某人 1999 年结婚，2000 年又与他人结婚，2004 年与原妻离婚，2007 年案发被抓。在计算重婚追诉时效时，应该从 2004 年开始，而不能从 2000 年开始计算。

3. 行为时间的确定。继续犯的行为所存续的继续期间都认为是犯罪发生的时间。例如：甲 15 岁时拘禁他人，17 岁时将他人释放，认为其在 15～17 岁之间都有犯罪行为，属于年满 16 周岁的犯罪行为，应当负刑事责任。而一般的犯罪行为不具有这种持续性。例如：甲 15 岁时盗窃，无论其持有赃物到何时，都认为是在不满 16 周岁时的盗窃行为，不负刑事责任。

4. 继续犯跨越新旧两法的，一律从新法。

二、想象竞合犯

（一）想象竞合犯的定义

想象竞合犯是指一行为同时触犯了数罪名的罪数形态。例如，行为人开一枪击中他人，致人当场死亡，子弹穿过他人身体后又把另一人打成重伤，此时，行为人的一行为同时触犯故意杀人罪和过失致人重伤罪。

（二）特征

1. 行为人实施了一个行为。

2. 同时触犯数罪名。

想象竞合犯最常见的例子是行为人盗窃电力设施的，同时构成盗窃罪和破坏电力设备罪。又如，丙为杀人而盗窃枪支，未及实施杀人行为就被抓获，丙的行为就构成故意杀人（预备）罪与盗窃枪支罪的想象竞合。在刑法中，想象竞合的立法例很多，《刑法》第 329 条第 3 款就是其中一例。该条文规定，犯抢夺、窃取国家档案罪；擅自出卖、转让国家档案罪，同时又构成本法规定的其他犯罪的，依照处罚较重的规定定罪处罚。

（三）处罚

对于想象竞合犯，从一重罪论处，即按照所触犯罪名中的一个重罪处罚。但是，如果行为可被完整地切割，该犯罪行为是可以数罪并罚的。如《刑法》第 204 条规定，行为人在缴纳税款后，又以骗取出口退税的方法，骗取所缴纳的税款的，构成逃税罪；骗取税款超过所缴纳的税款部分，依照骗取出口退税罪处理。对这两个罪要实施数罪并罚。

三、法条竞合

（一）法条竞合的定义

法条竞合是指一行为触犯数法条，而数法条之间存在着包容或者交叉关系的情况。比如，故意泄露国家秘密罪和故意泄露军事秘密罪是包容关系的法条竞合，绑架罪与故意杀人罪是交叉关系的法条竞合。法条竞合的本质是法条之间存在着交叉或包容的关系。

（二）法条竞合的类型

1. 包容关系。如《刑法》第 266 条规定的诈骗罪与《刑法》第 192～198 条规定的 8 种金融诈骗罪，前者与后者在概念上呈现出一种包容与被包容的关系。它们在对法益的保护上是同一的，诈骗罪所要保护的是公私财产的监督权，而特殊的金融诈骗罪所要保护的也是公私财产的监督权。换句话说，对金融诈骗所要保护的法益的侵害必然会造成对诈骗罪法益的侵害，这是因为金融诈骗罪的构成要素已经包含了诈骗罪描述的全部要素，此外还增加了一些要素。立法者用数个法条来对诈骗行为进行规定，并没有确定另一个与普通的诈骗罪平行的新的法益侵害类型，它只是在相同的法益侵害行为之上再考虑其他一些不同的参考因素来调整基本法益上的特殊法益。我们不能说诈骗罪和金融诈骗罪分属于侵犯财产罪与破坏社会主义市场经济秩序罪，因此二者就侵害了不同的法益。实际上它们所要保护的基本法益都是公私财产的监督权，只不过金融诈骗罪所保护的公私财产监督权较普通诈骗罪而言，要更为特殊一点。正如精神病人相比一般人有其他很多特征，但是我们并不能以此否认精神病人也是人。因此，当行为人实施金融诈骗时，虽然同时也构成诈骗罪，但是我们只能以一个罪名来评价。

2. 交叉关系。比如，《刑法》第 382 条规定的贪污罪与《刑法》第 264 条规定的盗窃罪，由于在贪污罪的构成要素中已经明确把国家工作人员监守自盗、侵犯国家财产监管权的行为规定为贪污，第 382 条罪状所描述的监守自盗情况也已经涵盖了盗窃罪的所有要素，二者在对国家财产监管权的保护上是同一的，因而也不具有数次评价的必要。再如，《刑法》第 114 条规定的放火罪与《刑法》第 232、234、275 条分别规定的故意杀人罪、故意伤害罪、故意毁坏财物罪也存在这种法条明示的交叉关系。例如，在放火造成人员伤亡的情况下，《刑法》第 114 条已经明确表明不再适用《刑法》第 232 条，只以放火罪一罪论处。因为第 114 条和第 232 条在对人的生命权的保护上是同一的。

（三）想象竞合与法条竞合的区别

想象竞合与法条竞合的区别可以表现为两点：①在形式上，前者是罪名在事实上的交叉，因此导致一行为触犯数罪名。任何两个犯罪在事实上都有可能交叉，进而形成想象竞合；但法条竞合必须是犯罪在法律上的交叉或包容。例如，盗窃商业秘密的行为，同时又构成盗窃罪，这就属于法条竞合，因为《刑法》第 219 条的表述是："……以盗窃、利诱、胁迫或者其他不正当手段获取权利人的商业秘密的……"显然，侵犯商业秘密罪与盗窃罪在法律上有明显的交叉。盗窃数额较大的、正在使用中的通讯设备的，同时构成盗窃罪与破坏公用电信设施罪，它们在法律上并没有交叉，而只是一种事实上的交叉，所以属于想象竞合，应从一重罪论处。②在实质上，法条竞合的特别法可以涵盖普通法之法益，从而实现法益的全面保护，而想象竞合的重法并不能涵盖轻法的法益。

（四）法条竞合的处理

对于法条竞合，应该采取特别法优于普通法的处理原则。但是，在刑法中也有例外，采取重法优于轻法原则，这种例外通常是因为按照特别法优于普通法的原则处理不符合罪刑均衡原则。比如《刑法》第 149 条第 2 款，生产、销售伪劣产品罪与其他 8 种特殊的生产、销售伪劣商品犯罪虽然是存在包容关系的法条竞合，但依照处罚较重的规定定罪处罚。

（五）常见的法条竞合

常见的法条竞合包括：合同诈骗罪与贷款诈骗罪；重婚罪与破坏军婚罪；传播淫秽物品牟利罪与传播淫秽物品罪、组织播放淫秽音像制品罪；过失致人死亡罪与医疗事故罪、重大责任事故罪、交通肇事罪、失火罪、过失投放危险物质罪等；包庇罪与包庇黑社会性质组织罪、包庇毒品犯罪分子罪；

等等。

（六） 法条竞合的兜底作用

所谓法条竞合的兜底作用，是指当两个法条存在逻辑上的竞合关系时，其中一法条（通常是特别法）由于某种障碍无法适用，如果法律没有排斥性的规定（排斥普通法的适用），有竞合关系的另一个法条就可以作为补充法进行兜底适用，以维系公民对法律的尊重和信任。[1]

法条竞合的兜底作用来源于刑法解释中的当然解释，它是在形式解释论的基础上考虑实质解释论的要求。[2]比如，相对刑事责任年龄人绑架并杀害被绑架人的，其之所以要负刑事责任，就是因为在逻辑和形式上，故意杀人罪与绑架罪存在交叉关系。当绑架罪由于《刑法》第 17 条第 2 款有关刑事责任的规定无法适用时，作为补充法的第 232 条（故意杀人罪）当然要起兜底作用。此外，从实质角度来说，绑架杀人行为在社会危害性上也不轻于故意杀人罪。如果未能注意到两个法条在逻辑上的关系，仅仅根据实质解释认可事理上的当然性，认为相对刑事责任年龄人要对绑架杀人行为承担绑架罪的刑事责任，则是错误的，其思维逻辑显然无法摆脱类推的嫌疑。

法条竞合的兜底作用是形式解释论的体现，它并非理论上的假设，而是具有法律上的依据。《刑法》第 149 条第 1 款规定：生产、销售本节第 141 条至第 148 条所列产品，不构成各该条规定的犯罪，但是销售金额在 5 万元以上的，依照本节第 140 条的生产、销售伪劣产品罪定罪。显然，生产、销售伪劣产品罪与其他 8 种特殊的生产、销售伪劣商品犯罪存在从属关系的法条竞合，在一般情况下，特殊的生产、销售伪劣商品行为应当以特殊犯罪论处，但是当这 8 种特殊犯罪行为由于某种障碍不构成该罪，那么作为普通法的生产、销售伪劣产品罪就可以作为补充法予以兜底使用，以维系公民对法律的尊重和信任。《刑法》第 149 条第 1 款的规定属于刑法中的"注意规定"。它只是提醒司法官员注意，以免他们忽略这一逻辑关系，但其并没有改变相关法律的规定，在没有这些规定的情况下，也可根据形式解释论得出同样的结论。

运用法条竞合的兜底作用可以在不突破法律规定的情况下填补法律漏洞，满足人们对法律的期待，不至于造成一种严重的不公，影响人们对法律的信任和尊重。《刑法》第 17 条第 2 款所列举的 8 种犯罪与不少犯罪存在法条竞合关系。例如，抢劫罪与抢劫枪支、弹药罪；故意杀人、故意伤害致人重伤或者死亡与决水罪、破坏交通工具罪、劫持航空器等危害公共安全的犯罪或者绑架罪、拐卖妇女儿童罪等其他在法定构成要件中包括了故意致人死亡、致人重伤的犯罪；强奸罪与拐卖妇女、儿童罪，组织卖淫罪，强迫卖淫罪；等等。对于《刑法》第 17 条第 2 款所规定的 8 种犯罪以外的其他犯罪，虽然

---

〔1〕 参见罗翔："论法条竞合的兜底作用"，载《法律适用》2006 年第 7 期。
〔2〕 反对意见请参考陈兴良："形式解释论的再宣示"，载《中国法学》2010 年第 4 期。

相对刑事责任年龄人不能直接构成，但如果其他犯罪与这 8 种犯罪存在法条竞合关系，那么这 8 种犯罪就可以作为补充法予以兜底适用。例如，相对刑事责任年龄人绑架后杀害被绑架人的，虽然不构成绑架罪，但是却可以兜底适用相竞合的故意杀人罪。[1]只有这样，才可以在坚持罪刑法定原则的基础上，满足人们对于法律的期待。

正确认识法条竞合的兜底作用显然有助于罪刑法定原则在司法层面上的贯彻执行。运用这种理论还可以解决贪污罪与盗窃罪在犯罪成立标准上的不平衡，摆脱法律中残余的"刑不上大夫"思想，恢复人们对于法律的信心。一直以来，贪污罪的犯罪成立标准时常为人所诟病。按照司法解释的规定，贪污的数额起点至少为 10 000 元[2]，但是盗窃罪的数额起点则远低于贪污罪的起点。显然，国家工作人员监守自盗的社会危害性明显要大于普通公民实施的盗窃行为，但其刑罚待遇却完全相左。这显然不利于国家严厉打击贪污贿赂犯罪的刑事政策的实施，也严重影响了人们对法律的尊重和信任。为了解决这个问题，必须正确认识法条竞合的兜底作用。贪污罪和盗窃罪属于交叉关系的法条竞合。根据《刑法》第 382 条的规定，国家工作人员利用职权便利窃取公共财产的行为属于贪污。正是由于《刑法》第 382 条的特殊规定，国家工作人员监守自盗这种盗窃行为才变成了贪污罪。因此，盗窃罪与贪污罪存在法律上的交叉，盗窃罪可以看成贪污罪的补充法，当第 383 条由于数额要求而无法适用时，有竞合关系的第 264 条（盗窃罪）就可以作为补充法予以兜底适用，以满足人们对法律的期待。如果国家工作人员监守自盗在 10 000 元以上，当然可以贪污罪论处，如果监守自盗金额不满 10 000 元，但符合盗窃罪的数额要求，那么这种行为虽然不构成贪污罪，但却可以盗窃罪论处。[3]

---

[1] 最高人民检察院在 2003 年 4 月 18 日发布的《最高人民检察院关于相对刑事责任年龄的人承担刑事责任范围有关问题的答复》中指出："相对刑事责任年龄的人实施了刑法第 17 条第 2 款规定的行为，应当追究刑事责任的，其罪名应当根据所触犯的刑法分则具体条文认定。对于绑架后杀害被绑架人的，其罪名应认定为绑架罪。"但《最高人民法院关于审理未成年人刑事案件具体应用法律若干问题的解释》第 5 条规定："已满 14 周岁不满 16 周岁的人实施刑法第 17 条第 2 款规定以外的行为，如果同时触犯了刑法第 17 条第 2 款规定的，应当依照刑法第 17 条第 2 款的规定确定罪名，定罪处罚。"

[2] 根据 2016 年 4 月发布的《最高人民法院、最高人民检察院关于办理贪污贿赂刑事案件适用法律若干问题的解释》，贪污在 3 万元以上不满 20 万元的，应当认定为《刑法》第 383 条第 1 款规定的"数额较大"。贪污数额在 1 万元以上不满 3 万元，具有特定情形的，应当认定为《刑法》第 383 条第 1 款规定的"其他较重情节"，也可构成贪污罪。

[3] 然而，根据 2016 年 4 月发布的《最高人民法院、最高人民检察院关于办理贪污贿赂刑事案件适用法律若干问题的解释》，贪污在 3 万元以上不满 20 万元的，一般只能判处 3 年以下有期徒刑或者拘役，并处罚金。但是，按照 2013 年《最高人民法院、最高人民检察院关于办理盗窃刑事案件适用法律若干问题的解释》，盗窃 3 万元到 10 万元以上，属于盗窃数额巨大，其量刑幅度是 3 年以上 10 年以下有期徒刑。显然，有关贪污贿赂的司法解释将导致贪污与盗窃之间的刑罚严重失衡。同时，这也将导致贪污 9000 元（如果按照盗窃罪论处）与贪污 1 万元以上，也许前者的处罚会更重。

需要说明的是：如果法条中有明确的排斥性规定来排斥普通法的适用，那么就不能适用法条竞合的兜底作用。比如，交通肇事致一人重伤的，按照司法解释，这种行为不构成交通肇事罪，但是否可以构成过失致人重伤罪呢？由于《刑法》第235条明确规定："本法另有规定的，依照规定。"显然，这个法条就排斥了在特殊情况下依然适用普通法的可能，故不能适用法条竞合的兜底作用，所以这种行为不构成犯罪。

四、结果加重犯

（一）结果加重犯的定义

结果加重犯是指故意实施一个基本犯罪构成要件的行为，由于发生了严重结果而加重其法定刑的情况。例如，故意伤害罪，其基本犯罪构成是发生轻伤结果，但如果发生重伤结果，就要适用加重刑罚。

（二）特征

1. 犯罪人必须实施了基本犯罪行为。

2. 在基本犯罪行为外发生了特定的加重结果。

3. 基本犯罪与加重犯罪间存在因果关系，例如，某人实施了强奸行为后女方自杀，这就不属于强奸致人死亡。[1]

4. 行为人对加重结果在主观上有罪过。如果行为人对结果既无故意也无过失，那就不是结果加重犯。

5. 加重结果必须有法律的明确规定，这是结果加重犯与想象竞合的一个重要区别。例如，侮辱罪、诽谤罪、遗弃罪和强制猥亵妇女、儿童罪都不存在结果加重犯，因为法律没有规定加重结果。暴力干涉婚姻自由罪存在结果加重犯，但法律所规定的加重结果是"致使被害人死亡"，因此，如果仅仅是致使被害人重伤，就不属于结果加重犯。这种情况可以根据想象竞合犯理论来处理，如果行为人出于故意致人重伤，成立暴力干涉婚姻自由罪和故意伤害（致人重伤）罪的想象竞合，从一重罪论。如果是出于过失致人重伤，成立暴力干涉婚姻自由罪和过失致人重伤罪的想象竞合，从一重罪论处。

（三）常见的结果加重犯

故意伤害致人重伤、死亡的；抢劫致人重伤、死亡的；强奸致人重伤、死亡的；非法行医致人重伤、死亡的；非法拘禁致人重伤、死亡的；虐待致

---

〔1〕 参见"王国全抢劫案［第477号］"，载最高人民法院刑事审判第一、二、三、四、五庭主编：《中国刑事审判指导案例4：侵犯财产罪》，法律出版社2012年版，第190~193页。2005年3月19日17时许，王某以找保姆为名，将被害人张某骗至郑州市管城区南曹乡七里河村东航海路与机场高速桥东南角的公共绿地处，王某将随身携带的三唑仑片放入娃哈哈AD钙奶中并骗张某饮用，趁张某服药后神志不清之机，抢走张某200余元现金。在强行摘取被害人耳环时，遭张某反抗，王某对其面、胸、腹部进行殴打，并用双手掐其脖子，抢走黄金耳环一对。次日上午10时许，张某的尸体在该绿地东南边的水沟里被发现。经法医鉴定，张某系被他人扼颈后溺水致窒息而死亡。法院认为，王某构成抢劫致人死亡。

人重伤、死亡的；暴力干涉婚姻自由致人死亡的；拐卖妇女、儿童造成被拐卖的妇女、儿童或者其亲属重伤、死亡或者其他严重后果的；放火、爆炸、投放危险物质、破坏交通工具、破坏交通设施、破坏电力设备等造成人身伤亡或者重大财产损失的；等等。

（四）结果加重犯与转化犯的区别

在罪数理论中，有一种罪数叫作转化犯，它是由于出现了某种结果或情节，而转化为另一种犯罪。例如，《刑法》第 269 条规定，犯盗窃、诈骗、抢夺罪，为窝藏赃物、抗拒抓捕或者毁灭罪证而当场使用暴力或者以暴力相威胁的，依照抢劫罪的规定定罪处罚。转化犯又包括情节转化犯和结果转化犯，第 269 条的规定就是情节转化犯；《刑法》第 247 条规定的刑讯逼供、暴力取证致人伤残、死亡的，以故意杀人、故意伤害罪定罪，这就是结果转化犯。

结果加重犯与转化犯都是由于法律的特别规定而形成的，但其区别在于：前者是在本罪中加重刑罚，而后者是转化为他罪。

☞ 第三节　法定的一罪

一、集合犯

集合犯是指犯罪构成预定了数个同种类的行为的犯罪。集合犯主要包括常习犯、职业犯与营业犯。犯罪构成预定由具有常习性的行为人反复多次实施行为的，称为常习犯；犯罪构成预定将一定的犯罪作为职业或业务反复实施的，称为职业犯；犯罪构成预定以营利为目的反复实施一定犯罪的，称为营业犯。我国刑法中没有规定常习犯。营业犯与职业犯具有相同点：①都要求行为人在主观上具有反复、多次实施犯罪行为的意思。②都将犯罪行为作为一种业务、职业而反复多次实施。③都不要求行为人将犯罪行为作为唯一职业。④都不要求具有不间断性。营业犯与职业犯的关键区别在于：刑法是否要求行为人主观上具有营利目的。《刑法》第 303 条所规定的"以赌博为业的"行为，属于营业犯；《刑法》第 336 条规定的非法行医罪，属于职业犯。

对于集合犯，法律规定将数行为作为一罪处理，按独立一罪予以定罪量刑。

二、结合犯

结合犯是指原为刑法上数个独立的犯罪，依照法律的规定，结合成为一个犯罪的情况，如：甲罪＋乙罪＝丙罪。一般认为，我国刑法没有结合犯。

三、包容犯

包容犯与结合犯类似，它是我国刑法中特有的一种罪数现象。

所谓包容犯，是指行为人在实施某一犯罪行为的过程中，又出现了另一罪行，但后者被前者包容，成为前罪的加重处罚情形。其公式是：甲罪+乙罪=特殊的甲。包容犯实质上属于数罪，但法律上将其规定为一罪，即法定的一罪。

（一）比较常见的包容犯

1. 绑架并杀害或故意伤害人质并致人重伤、死亡的，为绑架罪的加重情节犯（《刑法》第239条）。

2. 拐卖妇女又奸淫被拐卖的妇女的，定拐卖妇女罪（《刑法》第240条）。

3. 拐卖妇女又强迫、诱骗被拐卖的妇女卖淫的，定拐卖妇女罪（《刑法》第240条）。

4. 组织他人偷越国（边）境又非法拘禁被组织者的，定组织他人偷越国（边）境罪（《刑法》第318条）。

5. 组织、运送他人偷越国（边）境使用暴力抗拒检查的，定组织他人偷越国（边）境罪、运送他人偷越国（边）境罪（《刑法》第318、321条）。

6. 走私、贩卖、运输、制造毒品时，武装掩护的，或者以暴力抗拒检查、拘留、逮捕情节严重的，定走私、贩卖、运输、制造毒品罪（《刑法》第347条）。

7. 承担资产评估、验资、验证、会计、审计、法律服务等职责的中介组织的人员，索取他人财物或者非法收受他人财物，故意提供虚假证明文件，情节严重的，以提供虚假证明文件罪论处，不实行数罪并罚（《刑法》第229条）。

（二）包容犯的未完成罪

包容犯是将两个犯罪在法律上视为一个犯罪的加重情节，因此其未遂和中止的现象也比较特别。

1. 包容犯的未遂。比如，行为人在拐卖过程中对被拐妇女实施强奸，但突发癫痫未能得逞。对于这类案件，如果法律没有特别规定，应当直接以加重犯的未遂处理，即在加重量刑幅度内比照既遂犯从轻或减轻处罚。

但是，如果法律有特别规定，已经对此未遂现象作出了独立的规定，则直接按照相应的规定处理即可。比如，在绑架过程中杀害被绑架人未遂，造成重伤结果。由于《刑法修正案（九）》对于绑架罪的加重犯修改为："犯前款罪，杀害被绑架人的，或者故意伤害被绑架人，致人重伤、死亡的，处无期徒刑或者死刑，并处没收财产。"显然，杀害行为无论导致死亡还是重伤结果，都应当直接适用这个条款，而不应再适用未遂犯的规定。但是，如果杀害行为仅造成轻伤结果，则应在此加重量刑幅度内按照未遂犯论处。

2. 包容犯的中止。比如，行为人在拐卖过程中对被拐妇女实施强奸，但女方正值生理期，行为人放弃，鉴于基本犯罪构成（拐卖妇女）已经实施，故属于造成损害结果的中止，应该在加重刑罚幅度内减轻处罚。

第四节　处断的一罪

一、连续犯

（一）连续犯的定义

连续犯是指基于一个犯罪故意连续实施数个性质相同的行为，触犯同一罪名的情况，比如连续性的贪污行为。

（二）连续犯的特征

1. 行为人在主观上基于同一的或者概括的犯罪故意。

2. 客观上实施了性质相同的数个行为，而继续犯是一个犯罪行为。

3. 在时间上数行为具有连续性。

4. 在法律上数行为触犯了同一个罪名。

（三）连续犯的意义

1. 犯罪行为有连续状态的，追诉时效从行为终了之日起计算。

2. 连续犯的犯罪行为跨越新旧两法，一律从新法。

（四）连续犯的处罚

连续犯应以一罪论处，刑法分则有许多连续犯的规定。例如，数额犯采取的都是累加计算制度；又如，《刑法》第318条规定的多次组织他人偷越国（边）境的；再如，《刑法》第263条规定的"多次抢劫"。连续犯按照法律规定的一罪及相应的法定刑处罚。

二、吸收犯

（一）吸收犯的定义

吸收犯是指行为人的某个犯罪行为是其他犯罪行为当然或盖然性（可能性很大）的经过过程或者当然或盖然性的结果，被其他犯罪行为吸收，而不独立成罪的情况。比如，盗窃枪支而后私藏的行为，私藏枪支是盗窃枪支当然性的结果，私藏行为为盗窃枪支行为所吸收，只定盗窃枪支罪一罪。

（二）特征

1. 实施了数个犯罪行为。如果只有一个行为，是不可能出现吸收犯的。

2. 数个行为必须触犯数个罪名。如果触犯的是同一罪名，不可能是吸收犯，而有可能是连续犯。

3. 数行为具有吸收关系，即前行为是后行为发展的必经阶段，后行为是前行为的当然或盖然性的结果。一般认为，吸收犯包括3种情况：①重行为吸收轻行为，如伪造货币罪后又出售或运输的，由于伪造货币后很有可能（盖然性）会出售或运输假币，因此，后行为为前行为所吸收，只以重罪伪造货币罪论处；②主行为吸收从行为，如在共同犯罪中，行为人分别起了主要作用、次要作用，主犯就吸收了从犯；③实行行为吸收预备行为，如非法获取国家秘密后又向境外提供的，为境外非法提供国家秘密罪就吸收了非法获取国家秘密罪。

4. 侵害的法益是相同的。吸收犯之所以不能数罪并罚，最重要的原因就在于前行为和后行为所侵害的法益是相同的。

（三）吸收犯的处理原则及主要情况

吸收犯的处理原则是重罪吸收轻罪，不能数罪并罚。比较常见的吸收犯有：伪造货币后又出售、运输伪造的货币的，以伪造货币罪一罪从重处罚；非法购买增值税专用发票或者购买伪造的增值税专用发票又虚开或者出售的，分别依照虚开增值税专用发票罪、出售伪造的增值税专用发票罪、非法出售增值税专用发票罪定罪处罚，非法购买增值税专用发票、购买伪造的增值税专用发票罪被吸收（《刑法》第208条第2款）；假冒注册商标后又销售该假冒注册商标的商品的，只定假冒注册商标罪，销售假冒注册商标的商品罪被吸收；侵犯著作权后又销售该侵权复制品的，只定侵犯著作权罪，销售侵权复制品罪被吸收。

三、不可罚之后行为

（一）不可罚之后行为的定义

在刑法理论中，存在不可罚之后行为，它与吸收犯比较相似，其处理结论也是一样的，都不能数罪并罚。它是指在状态犯的过程中，对不法状态的利用可能又成立其他犯罪，但只以前行为定罪，后行为不可罚。最典型的是实施财产犯罪后销赃，只成立财产犯罪一罪，销赃行为不可罚。

（二）特征

1. 前提是状态犯。只能在状态犯的情况下，才可能发生不可罚之后行为的问题。

2. 侵害法益是不同的。前后行为所侵犯的法益是不同的，后行为所侵犯的法益一般是比较轻微的法益。如果前后行为侵犯法益相同，那可能是吸收犯，而非不可罚之后行为。比如，盗窃枪支后又持有枪支，这是典型的吸收犯。盗窃之后进行销赃，由于销赃行为侵犯了司法机关的正常秩序，这才是不可罚之后行为。

这里需要注意的是：如果后行为侵害了新的严重法益，那就必须数罪并罚。例如，盗窃毒品后又贩卖的、盗窃假币后又出售的、盗窃文物后又倒卖的，由于后行为已经侵害新的严重法益，所以应以盗窃罪和贩卖毒品罪、出售假币罪、倒卖文物罪实施数罪并罚。

3. 后行为符合他种犯罪构成。后行为必须符合他种犯罪的某个构成要件才能成立不可罚之后行为，如果后行为本身不构成犯罪，也就无所谓不可罚。比如，盗窃某人食品而后消费的，由于对食品的自然消费并非犯罪行为，因此也就无所谓不可罚之后行为。

4. 主体必须相同。后行为乃行为人利用前行为的不法状态所实施的行为。如果行为人盗窃财物后，第三人毁损了财物，那么第三人的毁损行为就不能属于后行为，应当独立定罪。

另外，如果行为人没有参与前行为的实施，而仅仅对后行为予以教唆、帮助或共同实施，对于前行为的实施者而言，后行为不可罚，但是对于没有参与前行为的行为人而言，则应以后行为之罪将其评价为共同犯罪。比如，行为人盗窃财物后，在第三人的帮助下进行销赃，虽然行为人的销赃行为无需评价，但是对于第三人的销赃行为则构成独立的犯罪。

5. 前后数行为具有经验法则上的伴随性。不可罚之后行为属于数行为侵犯数法益，但由于数个行为在经验法则上高度伴随，很难期待前行为人不伴随实施后行为，所以一般没有必要进行数罪并罚。

四、牵连犯

（一）牵连犯的定义

牵连犯是指犯罪的手段行为或者结果行为与目的行为或者原因行为分别触犯不同罪名的情况。比如，以伪造公文的方法（手段行为）骗取财物（目的行为）；又如，在挪用公款以后（原因行为）又实施非法活动（结果行为）。

（二）特征

1. 数个行为必须触犯不同罪名，侵犯不同法益。

2. 数行为之间为目的行为与手段行为或原因行为与结果行为的关系。

3. 必须出于一个犯罪目的。

（三）牵连犯与吸收犯的区别

1. 吸收犯的前后行为的联系较之牵连犯更为紧密，因为吸收犯的后行为是前行为当然或盖然的发展结果。

2. 牵连犯的前后两罪所侵害的法益大多是不同的，而吸收犯的前后行为所侵害的法益是相同的。因此，吸收犯不可能数罪并罚，而牵连犯却经常性地被数罪并罚（尤其是法益不同的情况）。例如，盗窃枪支而后私藏的，之所以不是原因和结果的牵连，而是吸收犯，最重要的原因就在于前后行为所侵害的法益是相同的。但是，为了杀人而盗窃枪支，就并非吸收犯，因为盗窃罪所侵害的是财产权，而杀人行为侵犯了生命权，因此这属于牵连犯。

（四）牵连犯与数罪的区别

牵连犯必须是在一个犯罪目的支配下实施了数个具有牵连关系的行为，如果在前行为实施之后基于新的目的而实施了后行为，就不属于牵连犯，而是两个独立的犯罪。例如，盗窃枪支后杀人，如果偷枪就是为了杀人，那可以说是牵连犯，但如果开始并不存在杀人的意图，在盗窃枪支后才产生杀人的意图，那就是成立两个独立的犯罪。

（五）牵连犯的处理原则

在理论上，牵连犯采取从一重罪处理原则。在法律上还有其他处理原则，如直接规定以一罪从重论处或数罪并罚。事实上，在法律和司法解释中，越来越倾向于对牵连犯实施数罪并罚。一般来说，当牵连犯的目的行为与手段行为在经验法则上具有高度的伴随性，从一重罪处断才可以被接受。但当二者的伴随性不强时，一般都应当数罪并罚。

第五节　法律和司法解释的特别规定

对于符合数个构成要件的行为，应当从行为和法益这两个维度分析是否应当数罪并罚。一般来说，一行为侵犯一法益是典型的一罪，一行为侵犯数法益也只能以一罪论处（如想象竞合），数行为侵犯一法益也是一罪（如吸收犯），只有当数行为侵犯数个法益，才可能数罪并罚。但是，如果数行为之间在经验法则上具有高度的伴随性，如不可罚之后行为，即便侵犯了数法益，也不宜数罪并罚，这可以看成数行为数法益数罪并罚的例外。

将以上法律或司法解释规定不进行数罪并罚的情况总结如下：

一、想象竞合的规定（一行为侵犯数法益）

1. 犯抢夺、窃取国有档案罪，同时又构成其他犯罪的，依照处罚较重的规定定罪处罚（《刑法》第 329 条第 1、3 款）。

2. 犯擅自出卖、转让国有档案罪，同时又构成其他犯罪的，依照处罚较重的规定定罪处罚（《刑法》第 329 条第 2、3 款）。

3. 根据司法解释，使用破坏的手段盗窃数额较大财物，又毁坏大量财物的，以盗窃罪从重处罚。

4. 根据司法解释，实施生产、销售伪劣商品犯罪，同时又构成侵犯知识产权、非法经营等罪，应当从一重罪论处。

5. 抗税行为同时妨害公务或致人伤害的，以抗税罪一罪处罚。但如果致人重伤或死亡，则应转化为故意伤害或故意杀人罪。

二、数行为具有高度伴随性，以一罪处理

1. 盗窃信用卡并使用的，以盗窃罪论处（《刑法》第 196 条第 3 款）。

2. 伪造货币并出售、运输伪造的货币的，以伪造货币罪一罪从重处罚（《刑法》第 171 条第 3 款）。

3. 根据司法解释，行为人购买假币后使用，构成犯罪的，以购买假币罪定罪，从重处罚。

4. 从私拆、毁弃邮件从中窃取财物的，以盗窃罪一罪从重处罚（《刑法》第 253 条第 2 款）。

5. 为走私而骗购外汇的，为骗购外汇而伪造有关公文的，如果实施了走私行为的，以走私罪一罪处罚。如果尚未实施走私行为的，以骗购外汇罪一罪处罚。

6. 司法解释规定，在诬告陷害后又作伪证的，依照处罚较重的规定处理。

三、法律规定的转化犯

1. 非法拘禁他人，故意使用暴力殴打致被拘禁人重伤、死亡的，以故意

杀人罪、故意伤害罪论处。

2. 刑讯逼供致人伤残、死亡的，以故意杀人罪、故意伤害罪论处。

3. 虐待被监管人造成重伤、死亡的，以故意杀人罪、故意伤害罪论处。

4. 聚众斗殴造成重伤、死亡的，以故意杀人罪、故意伤害罪论处。

5. 非法组织卖血、强迫卖血致人重伤的，以故意伤害罪论处。

6. 在盗窃、诈骗、抢夺过程中使用暴力、威胁的，转化为抢劫罪。

7. 携带凶器抢夺的，以抢劫罪论处。

四、法律（或司法解释）规定应当数罪并罚的情况

以下各例中，除第4点外，均属于数行为侵犯数法益的情况，其中大部分属于牵连犯。

1. 组织他人偷越国（边）境，运送他人偷越国（边）境，对被组织人、被运送人有杀害、伤害、强奸、拐卖等犯罪行为，或者对检查人员有杀害、伤害等犯罪行为的，依照数罪并罚的规定处罚（《刑法》第318条第2款、第321条第3款）。

2. 以暴力、威胁方法抗拒缉私的，以走私罪和妨害公务罪，依照数罪并罚的规定处罚（《刑法》第157条第2款）。需要说明的是：除了走私毒品罪，以及组织、运送他人偷越国（边）境罪中使用暴力抗拒检查的，属于这些罪的加重情节外，其他所有犯罪，如果又有妨碍公务的，均应以各该罪与妨害公务罪实行数罪并罚。例如，生产、销售伪劣产品又暴力抗拒工商人员的检查的，应以生产、销售伪劣产品罪和妨害公务罪实行数罪并罚。

3. 犯保险诈骗罪，投保人、被保险人故意造成财产损失的保险事故，骗取保险金，或者投保人、受益人故意造成被保险人死亡、伤残或者疾病，骗取保险金，同时构成其他犯罪的，依照数罪并罚的规定处罚（《刑法》第198条第2款）。

4. 纳税人缴纳税款后，采取假报出口或者其他欺骗手段，骗取国家出口退税款的，以逃税罪定罪处罚；骗取税款超过所缴纳的税款部分的，以骗取出口退税罪定罪处罚，数罪并罚（《刑法》第204条第2款）。这是想象竞合犯数罪并罚的特例。

5. 犯组织、领导、参加恐怖组织罪，并实施杀人、爆炸、绑架等犯罪的，数罪并罚（《刑法》第120条第2款）。

6. 收买被拐卖的妇女，又强奸被收买的妇女的，数罪并罚；收买被拐卖的妇女、儿童，又有非法拘禁、伤害、侮辱等犯罪行为的，数罪并罚（《刑法》第241条第2~4款）。

7. 组织、领导、参加黑社会性质的组织，或者境外的黑社会组织的人员到中国境内发展组织成员，又有其他犯罪行为的，依照数罪并罚的规定处罚（《刑法》第294条第4款）。

8. 司法解释规定，行为人通过伪造国家机关公文、证件担任国家工作人

员职务以后，又利用职务上的便利实施侵占本单位财物、收受贿赂、挪用本单位资金等行为，构成犯罪的，应当分别以伪造国家机关公文、证件罪和对应的贪污罪、受贿罪、挪用公款罪等追究刑事责任，实行数罪并罚。

9. 根据司法解释，挪用公款后又使用挪用的公款实施犯罪的，数罪并罚。

10. 根据司法解释，行为人出售、运输假币构成犯罪，同时又使用假币的，数罪并罚。

本章重要知识回顾（表格版）

一、实质的一罪

	概念	特征	实质	举例
继续犯（持续犯）	是指犯罪行为与不法状态在一定时间内处于持续状态的犯罪。	①一个行为，一个故意。②持续性地侵害同一具体的社会关系。③在犯罪既遂后，犯罪状态仍然持续。④犯罪行为在相当长的时间内不间断地持续存在。⑤犯罪行为与不法状态同时继续，而不仅仅是不法状态继续。	①只构成一罪，按刑法分则确定相应的法定刑。②追诉期限从行为终了之日起算。	非法拘禁罪、重婚罪、非法持有毒品罪。
结果加重犯	是指故意实施一个基本构成要件的犯罪行为，发生了比基本构成要件的结果更严重的犯罪，刑法加重其法定刑的情况（需法条明文规定）。	①犯罪人必须实施了基本犯罪行为。②基本犯罪行为造成了特定的加重结果。③基本犯罪与加重犯罪间存在因果关系。④行为人对加重结果在主观上有罪过。⑤刑法就发生的加重结果加重了法定刑。	①只认定为一罪。②根据加重的法定刑处罚。	①犯故意伤害罪，又致人死亡的，结果加重处罚（10年以上有期徒刑到死刑）。②侮辱、诽谤，遗弃，强制猥亵、侮辱，抢夺罪不存在结果加重犯，因为法律没有规定这些罪名的加重结果。③暴力干涉婚姻自由罪存在结果加重犯，但法律所规定的加重结果是"致使被害人死亡"。

续表

	概念	特征	实质	举例
想象竞合犯	是指基于一个犯意，实施一个犯罪行为，同时侵犯数个犯罪客体，触犯数个罪名的情况。	①须出于一个行为，一个罪过。②一个行为须触犯数个罪名。③数个罪名之间不存在逻辑上的从属或交叉关系，这是想象竞合与法条竞合的区别。	①只构成一罪。②按行为所触犯的数罪名中最重的罪名予以定罪量刑（从一重罪处罚）。	①甲开一枪，打死乙，打伤丙。②一人盗割动力电线，触犯盗窃罪和破坏电力设备罪两个罪名。
法条竞合犯	是指一个行为同时符合数个法条规定的犯罪构成，但从数个法条之间的逻辑关系来看，只能适用其中一个法条，当然排除适用其他法条的情况。	①实施一个犯罪行为。②触犯数法条规定的数个罪名。③数个罪名之间存在逻辑上的从属或交叉关系。	特别法优于普通法的处理原则。但是，在刑法中也有例外，即采取重法优于轻法原则。如《刑法》第149条第2款。	①诈骗罪与保险诈骗罪、合同诈骗罪。②绑架罪与故意杀人罪。绑架罪中包含故意杀人的内容。
	与想象竞合犯的区别	①形式上：想象竞合是罪名在事实上的交叉，因此导致一行为触犯数罪名，任何两个犯罪在事实上都有可能交叉，从而形成想象竞合，但法条竞合必须是犯罪在法律上的交叉或包容。②实质上：想象竞合的法益不重合，而法条竞合的法益重合，特殊法可以涵盖普通法法益的保护。		

二、法定的一罪

	概念	特征	实质	举例
集合犯	集合犯是指犯罪构成预定了数个同种类的行为的犯罪。主要包括常习犯、职业犯与营业犯。	犯罪构成预定由具有常习性的行为人反复多次实施行为的，称为常习犯；犯罪构成预定将一定的犯罪作为职业或业务反复实施的，称为职业犯；犯罪构成预定以营利为目的反复实施一定犯罪的，称为营业犯。	法律规定将数行为作为一罪处理，按独立一罪予以定罪量刑。	①《刑法》第303条所规定的"以赌博为业的"行为，属于营业犯。②《刑法》第336条规定的非法行医罪，属于职业犯。

续表

	概念	特征	实质	举例
结合犯	是指原为刑法上数个独立的犯罪，依照法律的规定，结合成为一个犯罪的情况。	甲罪+乙罪=丙罪	法律上只认为是一罪，以所结合的新罪论处。	我国刑法上没有典型的结合犯。包容犯类似结合犯。
包容犯	是指行为人在实施某一犯罪行为的过程中，又出现了另一罪行，但后者被前者包容，成为前罪的加重处罚情形。	甲罪+乙罪=特殊的甲罪。	包容犯实质上属于数罪，但法律上将其规定为一罪，即法定的一罪。	如绑架并杀害或故意伤害人质致人重伤、死亡的，为绑架罪的加重情节犯（《刑法》第239条）。

三、处断的一罪

	概念	特征	实质	举例
连续犯	是指行为人基于同一或概括的犯罪故意，连续实施数个独立犯罪行为，触犯同种罪名的犯罪。	①数次实施的犯罪行为都具有独立性。②数次犯罪行为均触犯同种罪名。③数行为是基于同一或概括的犯罪故意。④数行为间有连续性。	①数行为。②刑法上按一罪论处，一般按一罪名从重处罚。③追诉期限从行为终了之日起算。	①某人闯入仇家连杀5人。②在贪污罪、盗窃罪、偷税罪及走私罪的相关章节中的一些犯罪也可以是连续犯。
吸收犯	是指事实上存在数个不同的行为，其一行为吸收其他行为，仅成立吸收行为一个罪名的犯罪。	①具有数个独立的符合犯罪构成的犯罪行为。②数个行为必须触犯不同罪名。③数行为之间具有吸收关系，即前行为是后行为发展的必经阶段，后行为是前行为发展的当然结果。	①数行为侵犯一法益。②只能以一罪论处，原则是重行为吸收轻行为，主行为吸收从行为，实行行为吸收预备行为。	①伪造货币后又出售或运输伪造的货币的。②入室抢劫，抢劫罪吸收非法侵入住宅罪。

续表

	概念	特征	实质	举例
牵连犯	是指犯罪的手段行为或者结果行为，与目的行为或者原因行为分别触犯不同罪名的情况。	①具有数个独立的符合犯罪构成的犯罪行为。②数个行为必须触犯不同罪名。③数行为之间为目的行为与方法行为或原因行为与结果行为的关系。	①数行为侵犯数法益。②在法律和司法解释中，越来越倾向于对牵连犯实施数罪并罚。一般来说，当牵连犯的目的行为与手段行为高度伴随，才可考虑从一重罪处断，否则都应该数罪并罚。	①伪造公文证件，用来组织他人出国。②强奸妇女后因害怕被害人报案而将其非法拘禁。

四、罪数的处理总原则

行为标准	实施的是一个行为还是多个行为，如果是多个行为，是否具有经验上的伴随性。	一行为不可能数罪并罚，多行为如具有伴随性，一般也不可能数罪并罚。
法益标准	侵害的法益是一个法益还是数个法益，如果侵害数个严重法益，一般都应数罪并罚。	
法律标准	法律有特别规定，从其规定	

 本章二维码

罪数形态概说
实质的一罪

法定的一罪
处断的一罪

第十一章司法
考试真题

第十一章重要法条
和司法解释

第三部分

后果论

第十二章

刑罚的本质

一、刑罚的概念与特征

刑罚是刑法规定的由国家审判机关依法对罪犯适用的、限制和剥夺其某种权益的、最为严厉的强制措施。刑罚是犯罪行为最主要的法律后果。我国刑罚具有以下主要特征：

（一）刑罚的严厉性

刑罚是最严厉的惩罚措施，它不仅可以剥夺犯罪分子的财产权、人身权，甚至还可以剥夺其生命。

（二）刑罚的法定性

罪刑法定原则不仅要求罪之法定，也要求刑之法定。刑罚必须由刑法事先明文规定，在我国，只有最高立法机关才有权制定刑罚罚则，其他任何国家机关都无权规定犯罪行为、制定刑罚方法。

（三）刑罚的专属性

这种专属性体现在四个方面：①刑罚的适用对象是专属的，只能对构成犯罪的自然人或者单位适用刑罚。②刑罚的适用权限是专属的，只能由代表国家行使审判权的人民法院予以适用，其他任何国家机关、企业、事业单位、人民团体和个人都无权适用刑罚。③刑罚的适用程序是专属的，必须依据刑事诉讼法规定的诉讼程序、通过裁判的形式进行。不经过刑事诉讼程序，即使是法定的刑罚适用机关，也不能对犯罪分子适用刑罚制裁。④刑罚的执行机关是专属的，对犯罪分子依法适用的刑罚，必须由特定的刑罚执行机关来执行。在我国，根据有关法律规定，刑罚执行机关只能是监狱、法院和公安机关，而且每一执行机关的执行范围也是法定的。

二、刑罚权

刑罚权是国家对犯罪人实行刑罚惩罚的国家权能，它包括制刑权、求刑权、量刑权和行刑权：①制刑权是创制刑罚的权力，属于立法权的一种，包括确立刑罚的体系及与其相配套的刑罚制度，设置具体罪行的法定刑，对现行立法中的刑种、法定刑以及刑罚制度进行修改、补充或者废止，使之更加完善等。②求刑权是指对犯罪嫌疑人、被告人提起诉讼，请求审判机关对其依法适用刑罚的权力。在我国，求刑权主要由代表国家的检察机关行使，表现为公诉的形式，但在少数情况下，求刑权也可以由个人即刑事被害人行使，表现为自诉的形式。③量刑权即刑罚裁量权，是由审判机关根据求刑权而决定对刑事被告人是否适用刑罚以及适用何种刑罚的权力。④行刑权是指刑罚执行机关对犯罪人依法执行刑罚的权力。

、

三、刑罚的正当化根据

刑罚是一种最严厉的制裁措施，它存在的根据何在？

从古希腊开始，就有两种争论：一种观点认为因为有了犯罪，所以才产生了刑罚；而另一种观点认为，为了取缔犯罪，所以需要刑罚。前者立足既往，认为罪犯实施犯罪本身就应受到惩罚，惩罚具有道德上的正当性，即报应主义思想。而后者关注将来，认为惩罚是为了预防犯罪，对社会有积极的作用，此乃功利主义思想。

（一）报应主义

报应主义的代表人物是德国哲学家康德。他认为，人在自由意志的选择下，避善从恶实施犯罪，从道义的立场上必须承担责任。因为理性的人必须接受内心道德法则的自律，自律是理性的自己给自己下达的命令，是一种不可违背的绝对命令。违反绝对命令，必须要承担道义上的责任。这位终身未婚的大哲学家，行动如同时钟一样富有规律。在他墓碑上铭刻着这样一段话：有两种东西，我们愈是时常反复地思索，它们就愈是给人的心灵灌注时时翻新、有加无已的赞叹和敬畏——它们就是我们头上无比灿烂的星空和心中神圣的道德法则。

对犯罪的惩罚是一种不可违背的绝对命令，为了申明这种报应主义立场，康德举了一个例子。假定在海岛上有一个公民社会，经过所有成员的同意，他们决定解散，彼此分开，散居世界各地。但如果监狱里还有最后一名谋杀犯，那必须在处死他以后，才能执行解散决定。因为必须让每个人都知道自己的言行有应得的报应，也不应把有血债的人留给人民。如果不这样做，所有人将被认为共同参与了谋杀，这是对正义的公开违反。

1. 报应主义可以满足人们的复仇情感。任何人受到侵害，都会希望罪犯受到惩罚，这种愤怒的情感是人性使然，具有道德上的正当性。如果不通过刑罚抚慰这种受到伤害的情感，那么人们就会采用私力救济来追寻正义。

2. 报应主义可以保持社会道德平衡。尊重他人的生命、自由和财产，这是任何社会的基本规则。人们有义务通过自律来保证遵规守纪。要保证自己的权益不受侵犯，就必然要共同遵守规则，"己所不欲、勿施于人"，整个社会的道德水平也就呈现出一种高水平状态。但如果有人跳出规则之外，实施犯罪，未承担义务却获得利益，这就打破了道德均势。所以，必须对其进行惩罚，才能重新保持社会的道德平衡[1]。这有点像黑格尔的否定之否定原则。黑格尔也是报应主义的巨擘，他的一段名言是："犯罪行为不是最初的东西、肯定的东西，刑罚是作为否定加于它的。相反的，它是否定的东西，所以刑罚不过是否定的否定。"[2]黑格尔的意思是说：犯罪是对法的否定，所以，犯罪又被称为不法行为，而法是不允许被否定的，所以，要通过刑罚来对犯罪（不法）行为进行否定，即否定之否定，从而使得法得以在更高层次上升华。用黑格尔的话来说，这叫做"自在的正义"，也就是刑法通过否定之否定得到体现，获得了正义的自我实现。

3. 报应主义也体现了对犯罪人的尊重。犯罪人出于自由意志选择犯罪，自然也就预见了其行为的后果，对他的惩罚是对他理性选择的尊重。黑格尔把这称为"自为的正义"，由于犯罪是犯罪人选择的结果，因而刑法也可以合乎逻辑地从犯罪人的行为中引申出来，获得合理性。关于犯罪的自我选择性，黑格尔也有一段名言："刑罚包含着犯罪自己的法，所以处罚他，正是因为尊敬他是理性的存在。如果不从犯人行为中去寻求刑罚的概念和尺度，他就得不到这种尊重。"[3]换句话说，既然犯罪人在实施犯罪前已经预知犯罪的后果，如果不惩罚他，这不就是对他们的侮辱吗？"我和另外两个人一起杀人，他们都判死刑了，凭什么不判我死刑，这不是看不起我吗？"

4. 报应主义也是对被害人的尊重。任何人都希望获得他人的尊重，犯罪人实施犯罪，无视他人的人格和尊严，通过行为表明自己凌驾于社会与众人之上。刑罚的使命就在于纠正他的这种错误思想，通过对他的惩罚，恢复被害人被践踏的尊严。

（二）功利主义

功利主义的巨匠以英国哲学家边沁为代表，他的名言是："正确的行为是那些能够给最大多数人带来最大幸福的行为。"在边沁看来，法律应当以最小的社会痛苦来追求社会福利的最大化。在一个理想的社会，给人造成痛苦的犯罪和刑罚都是不应该存在的。

然而，毕竟我们没有生活在黄金时代，总有一些人会实施犯罪。对这些犯罪人施加刑罚是为了预防更多的犯罪。边沁认为，犯罪和刑罚都会给社会带来痛苦，用刑罚之痛去抵制犯罪之痛，这叫以毒攻毒。如果刑罚之痛小于犯罪之痛，但却能防止更多的犯罪，那么刑罚就是正当的。比如，刑罚对社会造成了三个当量的痛苦，而它却遏制了多于三个当量痛苦的犯罪，那么这种刑罚就是合理的。如果刑罚不足以遏制犯罪，那这种刑罚就纯粹是一种浪费，它比多余的刑罚更为有害。边沁举了一个形象的例子加以说明：这就像

————————

〔1〕 See Joshua Dressler, *Understanding Criminal Law*, Fourth edition, Lexis Nexis（2006），pp. 12～13.

〔2〕 ［德］黑格尔：《法哲学原理》，范扬、张企泰译，商务印书馆1961年版，第100页。

〔3〕 ［德］黑格尔：《法哲学原理》，范扬、张企泰译，商务印书馆1961年版，第104页。

医生给患者做手术，让病人遭罪但却毫无成效，还不如不做手术[1]。

在功利主义者看来，人都有趋利避害的本能，在实施行为之前，人们会权衡利弊，比较犯罪带来的快乐与可能遭受的刑罚的痛苦。如果结论是刑罚之痛大于犯罪之乐，那么他们就不会去实施犯罪。[2]

功利主义有两种主张：一是一般预防，二是特殊预防。

一般预防也就是所谓的杀鸡骇猴，对犯罪人施加惩罚是为了威吓社会公众，让他们不要以身试法，这其实是将犯罪人以外的所有人视为潜在的犯罪人。

特殊预防针对的是犯罪人本人，防止他们将来再次犯罪。特殊预防至少可以在三个方面得到实现：①让罪犯身陷深牢大狱，把他们与社会隔离开来，不致再危害社会。②罪犯曾遭受的刑罚的痛苦也提醒他们在出狱之后要奉公守法，否则其必将再次身陷囹圄，痛苦不堪。③矫正刑，它强调对罪犯的教育改造，通过刑罚让他们洗心革面、重新做人。

（三）两者的争论

功利主义和报应主义的争论延续了数百年，一时也很难说清，孰是孰非。

报应主义对功利主义提出了严厉的批评：

第一，对于一般预防，报应主义认为，这是把罪犯当作实现其他目的的工具，是对罪犯人格的亵渎。而功利主义对此大加批评，不以为然。他们认为，任何人的权利都可能被限制。社会的进步与每个人息息相关，犯罪分子是社会中的一员，他也可以从社会的进步中获益，因此他不是单纯的工具。

第二，功利主义有冤枉无辜的风险。这主要是针对一般预防而言的，按照一般预防的观点，刑罚可以任意让无罪之人成为替罪羊，以威慑大众。

功利主义对此加以指责但不好直接反驳，不过他们认为这类案件应该很少发生。而且，最后如果公众知悉真相，从而失去对司法的信任，这比当初威慑公众的社会效果要糟糕得多。从这个角度来说，这种做法本身就不符合功利主义[3]。

第三，对于特殊预防，尤其是其中的矫正刑思想，报应主义认为不切实际。关于矫正刑，一般认为，不良的社会环境是导致犯罪的主要原因，罪犯只是暂时生病的病人，国家不应该惩罚作为不良社会环境产物的犯罪人，而应当通过刑罚来教育和改造犯罪人，使其自身得到改造，重返市民生活。但是报应主义认为，既然家庭、学校、宗教等各种方式都无法劝阻罪犯实施犯罪，那么有什么理由认为他们能在监狱中被矫正呢？同时，罪犯在出狱之后，再犯率居高不下的状况也表明：矫正刑只是一种空想，在现实社会中很难实

---

[1] See Joshua Dressler, *Understanding Criminal Law*, Fourth edition, Lexis Nexis（2006），p. 31.

[2] See Joshua Dressler, *Understanding Criminal Law*, Fourth edition, Lexis Nexis（2006），p. 9.

[3] See Joshua Dressler, *Understanding Criminal Law*, Fourth edition, Lexis Nexis（2006），p. 15.

现[1]。

对于报应主义的指责，功利主义毫不示弱，他们反唇相讥：

第一，报应是无效的。功利主义认为，如果惩罚本身不能增进社会福利，那这种刑罚是没有意义的，刑罚的目的本应为增进社会福利，而不是给社会带来痛苦。这种指责其实是立场问题：功利主义向后看，用结果来证明手段的对错；而报应主义向前看，其并不考虑结果，只看行为本身是否正确，只要犯罪人实施了犯罪，在道义上就必须受到惩罚。

第二，报应是感性的。功利主义批评报应主义是远古社会复仇情绪的延续，其过于感性，而理性不足。

对于这些批评，报应主义的回应是：感性本身是具有道德力量的。道德在很大程度上来源于人们的感性评价。比如，富有同情心是一种良好的道德品质，人们在感性评价上也会肯定这种道德品质。同样，人们对于犯罪分子的愤怒，是一种完全正常的感性评价。人们的愤怒表明：犯罪侵犯了我们的权利，这种行为必须受到应有的惩罚。这种愤怒在道德上是完全正当的，它表明我们对自身和被害人权利的尊重[2]。

（四）综合主义

报应主义和功利主义的观点各有利弊，当前几乎没有哪个国家采取绝对的报应主义或者功利主义，而通行于世的是综合主义，也就是将两者结合起来、优势互补。而这两种思潮也在论战中不断得以调整，以适应新的情况。

虽说综合主义是取各家之长，但它总应有个主次之分。本书认为，惩罚的根据必须是报应，功利只是刑罚的目的。只有当人实施犯罪，才能施以刑罚。无论能够实现多么美妙的社会效果，都不能突破"无罪不罚"这个最基本的底线。另外，即便罪犯丧失犯罪能力，他也应该受到最低限度的惩罚。比如，劫匪为了生计而实施抢劫，但在被捕前却抽中巨奖；又如，某人性欲亢奋，实施强奸，但后来却遭遇车祸，丧失性功能。按照特殊预防的思路，这些人今后再无可能实施类似犯罪，没有必要浪费刑罚；按照一般预防的思路，完全可以假装宣判，向社会公示这些人已经受到惩罚，而实际上让他们逍遥法外，这也可起到威慑作用。[3]但这些做法显然是不恰当的，因为它违反了正义的基本要求。

刑罚起源于远古时代的同态复仇，它必然带有感性的成分，虽说它需要理性的补充，但这并不意味着感性就毫无意义。惩罚必须要满足社会公众最基本的正义情感，绝不能让无辜者含冤受屈，让有罪者逍遥法外。民众朴素的正义情感，是刑罚的首要基石。

如今有许多刑法学者倡导人道主义的刑罚理论，认为报应主义是一种复

---

[1] See Joshua Dressler, *Understanding Criminal Law*, Fourth edition, Lexis Nexis (2006), p.29.

[2] See Joshua Dressler, *Understanding Criminal Law*, Fourth edition, Lexis Nexis (2006), p.16.

[3] See Joshua Dressler, *Understanding Criminal Law*, Fourth edition, Lexis Nexis (2006), p.59.

仇，是野蛮和不道德的。该理论认为，罪犯只是一种病态，需要接受治疗，于是惩罚就变成了治疗。然而，对犯罪人所施加的措施，即便称之为"治疗"，也和以往被称为刑罚的措施具有同样的强制性。在人道主义刑罚理论看来，"应受惩罚性"这个概念应当从刑罚中予以剥离。我们只需要考虑如何矫正罪犯或者制止他人犯罪。当我们根据"应受惩罚性"来考量刑罚的正当性时，那么刑罚就是一个道德问题。法学也是一种关于权利与义务的科学，法律在原则上不能超越社会良知的约束，每个人都有权利就此发表看法。但是，当我们以"预防"和"矫正"来替换"应受惩罚性"这个概念时，那么，也只有技术专家可以对此作出判断。于是，人道主义刑罚理论将审判的权力从法官转移至技术专家之手。公众朴素的良知有权对法官进行批评，但对这些专家却无能为力，专家根本不使用诸如"权利"或"正义"这些范畴。他们认为，既然古老的惩罚观念已被抛弃，那么所有的报复性动机也应剔除。既然犯罪和疾病被等量齐观，就意味着被我们的专家冠之以"疾病"的心理情况可以犯罪来对待，并对其实施强制性的治疗措施。因此，如果一种让政府不满的行为，即便与道德罪刑无关，人本不应被剥夺自由，政府也可对其"治疗"，而人却无法辩解，因为我们的专家根本就不使用"应受惩罚性"和"刑罚"这种概念，而是以疾病和矫正取而代之。比如，有一些心理学专家已经将宗教视为精神疾病。当这种特别的精神疾病让政府觉得不满意，如何去阻止政府实施"矫正"呢？虽然这种矫正明显是强制性的，却披着人道主义的外衣，并不使用让人胆战心惊的"逮捕"之名，而使用"治疗"这种"优雅"的手段。[1]事实上，在德国和意大利，这两个"预防刑"和"矫正刑"的诞生之地，法西斯专政曾经极大地利用了这种所谓的"科学"大行残暴之事。

"预防刑"的后果更为可怕。当惩罚一个人是为了将其作为对其他人进行威慑的范例，只是把他作为实现他人目的的工具，这本身就是一种非常邪恶的事情。如果刑罚的正当化基础不再是应受惩罚性，而是预防的有效性，那么惩罚罪犯也就没有必要要求他一定要实施犯罪。对于任何一个现代国家而言，当前想要在审判中作假，这是轻而易举的事情。所以，正如C. S. 路易斯所言：只有当仁慈生长于正义岩石的缝隙中，才能开花。若将其移植到人道主义的泥沼，它将变成食人草，而其可怕之处更甚，因为它依然顶着可爱绿植的名字。[2]

因此，刑罚的根据只能是报应，否则刑罚的道德基础将完全坍塌。但是不可否认的是，在这个基础之上，刑罚可以追求积极的目的，在报应的基础

---

[1] 参见 ［英］C. S. 路易斯著，罗翔译："论人道主义刑罚理论"，载《暨南学报（哲学社会科学版）》2013年第7期。

[2] 参见 ［英］C. S. 路易斯著，罗翔译："论人道主义刑罚理论"，载《暨南学报（哲学社会科学版）》2013年第7期。

上，刑罚可以具有预防和改造目的。

四、刑罚的目的

在报应的基础上，应当考虑功利的需要，感性需要理性的引导和补充。

刑罚首先要实现一般预防的功能，通过对罪犯的惩罚，约束公众的行为，使他们不敢铤而走险。当代的一般预防理论，已经从以往的消极预防走向了积极预防，它不再将社会公众视为潜在的犯罪人，不再纯粹地把他们作为恐吓的对象，而是将他们当作守法公民，通过对罪犯的惩罚来强化人们的守法意识。人是社会性的生物，其行为经常会受到他人行为的影响。心理学家津巴杜（Philip G. Zimbardo）做了一个实验，他将车停在斯坦福大学校园内，在前几周的时间里，车都没出什么问题。后津巴杜用锤子把车的挡风玻璃砸了，此后，很多人都自发地加入砸车行列，最后车几乎报废。从这个实验中，津巴杜得出结论：一辆置于公众场合的被砸车辆，会将人们毁坏财物的犯罪倾向释放出来。按照津巴杜的理论，人们在很大程度上是受到周边环境的影响而实施犯罪，法律要通过惩罚犯罪创造一个良好的守法环境，而这种环境会进一步强化人们的守法意识（社会影响理论）。创造守法环境，要求法律更多地关注社会治安，如打架斗殴、寻衅滋事等。这些犯罪行为看似微小，但却是人们经常可以看见的，因此会强有力地影响人们的行为举止。

美国纽约的净化治安运动就是这种理论的实践表现，从1993年起，纽约警方开始集中治理社会治安问题，如肆意毁财、恶意行乞、随意小便、卖淫嫖娼等，结果在短短几年之内，极大降低了恶性案件的发生率。据2004年的统计数据，与1993年相比，谋杀率降低了近40%，抢劫率降低了30%，夜盗率降低了25%[1]。有人把这种治安治理行动描述成"破窗效应"，一扇破窗会导致更多的窗户损毁，因为破窗的存在会让人觉得砸窗户没什么大不了的。同理，肆意毁财、卖淫嫖娼等行为的存在，会降低人们的社会约束感，人们会觉得社会中很少有人遵规守纪，同时也会让人感觉社会没有能力推行基本价值[2]。

另外，刑罚还要考虑特殊预防的需要。根据报应主义，可以设计出罪刑的基本关系，如轻罪轻刑、重罪重刑、无罪不刑，在这个框架内，则要按照主观上人身危险性的不同，分配不同的刑罚。比如抢劫罪，其基本刑罚幅度是3年以上15年以下有期徒刑，这是根据报应主义确定的，在这个幅度内，就可以综合考虑罪犯的悔罪表现、平时表现、是否惯犯等各种因素，对其施加不同的刑罚。

矫正刑思想是特殊预防的重要部分，它闪烁着人性的关怀。在报应主义的基础上，应当考虑矫正刑的思想，矫正刑主要体现在刑罚的执行过程中。

---

〔1〕 See Wayne R. LaFave, *Criminal Law*, Fourth edition, West Group 2003, p. 34.

〔2〕 See Wayne R. LaFave, *Criminal Law*, Fourth edition, West Group 2003, p. 35.

罪犯不是野兽，他不应被社会所抛弃，监狱等各类行刑机构应当创造各种条件，将罪犯改造成守法公民，让他们重回社会。虽然有许多数据显示监狱在矫正罪犯方面的低效与无能，很多罪犯在出狱之后，还是会重操旧业，但这并非监狱矫正制度本身的失败，而是由于社会缺乏足够的宽容去接纳失足者。犯人出狱之后，缺乏学历，缺乏技能，无法养家糊口，到处遭人歧视，其在迫不得已的情形下，只能再次犯罪，我们能就此把责任全推给监狱吗？因此，为了更好地矫正罪犯，必须有良好的社会接纳体系，让罪犯在接受惩罚之后，能踏上重回社会的康庄大道。

 **本章二维码**

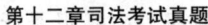

第十二章司法考试真题　　　第十二章重要法条和司法解释

第十三章

刑罚体系

刑罚可以分为主刑和附加刑。主刑是只能独立适用的主要刑罚方法，它不能附加适用，对一种罪行一次只能适用一个主刑。主刑包括管制、拘役、有期徒刑、无期徒刑、死刑。附加刑是指补充主刑适用的刑罚方法，又称从刑，它既可作为主刑的附加刑予以适用，又可独立适用。但是需要注意的是：按照罪刑法定原则，附加刑中的没收财产是不可以单独适用的，因为没有任何条文规定了单独适用没收财产。

☞ 第一节　主刑

一、管制

管制是对罪犯不予关押，但限制其一定的自由，依法实行社区矫正的刑罚方法。管制是主刑中最轻的刑种，其特征如下：

1. 管制适用的对象都是罪行较轻、人身危险性较小，不需要被关押以执行刑罚的犯罪分子。

2. 管制对犯罪分子不予关押，在社会上服刑。

3. 管制限制犯罪分子一定的自由。犯罪分子自由被限制，这主要包括：遵守法律、行政法规，服从监督；未经执行机关批准，不得行使言论、出版、集会、结社、游行、示威自由的权利；按照执行机关的规定报告自己的活动情况；遵守执行机关关于会客的规定；离开所居住的市、县或者迁居，应当报经执行机关批准。同时，法院在对被告人判处管制时，可以根据犯罪情况，禁止犯罪分子在执行期间从事特定活动，进入特定区域、场所，接触特定人，等等。但是，被判处管制的犯罪分子，在劳动中应当实行同工同酬。

4. 管制的期限较短。管制的期限为3个月以上2年以下，数罪并罚时不得超过3年。管制的刑期从判决执行之日起计算；判决执行前先行羁押的，羁押1日折抵刑期2日。管制期满时，执行机关应即向本人和其所在单位或者居住地的群众宣布解除管制。如果同时附加剥夺政治权利的，同时应宣布恢复其政治权利。

5. 由社区矫正部门对其实行社区矫正。《刑法修正案（八）》将管制刑的执行机关由公安机关调整为社区矫正机构，由于管制是一种开放性的刑罚执行方法，故管制离不开社区的参与和群众的监督。

二、拘役

拘役是短期剥夺犯罪分子人身自由、就近实行关押改造的刑罚方法。在我国刑罚体系中，拘役是介于管制与有期徒刑之间的一种主刑，是较轻的一个刑种。拘役的特征如下：

1. 拘役的适用对象是犯罪性质比较轻微但仍需被关押执行的犯罪分子。

2. 拘役是短期的剥夺自由刑。拘役剥夺了犯罪分子的自由，这与管制有着明显区别。但这种剥夺的期限较短，拘役的期限为1个月以上6个月以下，数罪并罚时不得超过1年。拘役的刑期从判决执行之日起计算，判决执行以前先行羁押的，羁押1日折抵刑期1日。

3. 拘役由公安机关就近执行。一般由公安机关在就近的拘役所、看守所或者其他监管场所予以执行。在执行期间，被判处拘役的犯罪分子每月可以回家1~2天；参加劳动的，可以酌量发给报酬。

三、有期徒刑

有期徒刑是剥夺犯罪分子一定期限的人身自由，并在监狱内执行刑罚、强制进行教育改造的刑罚方法。有期徒刑在我国是适用最广的一种刑罚方法，可谓名副其实的主刑。其具有以下主要特点与内容：

1. 有期徒刑的适用对象的广泛性。有期徒刑是我国刑罚中适用范围最为广泛的一种刑罚方法，可以适用于各种犯罪。

2. 有期徒刑是跨度很广的剥夺自由刑。监狱是执行有期徒刑的最主要场所。另外，根据《刑事诉讼法》的规定，对于被判处有期徒刑的罪犯，在被交付执行前，剩余刑期在3个月以下的，也可以由看守所代为执行。有期徒刑的期限为6个月以上15年以下，数罪并罚的一般不超过20年，但总和刑期在35年以上的，最高不超过25年。有期徒刑的刑期从判决执行之日起开始计算，判决执行以前先行羁押的，羁押1日折抵刑期1日。

3. 有期徒刑对犯罪分子实行劳动改造和教育改造。对于被判处有期徒刑的犯罪分子，不是消极地实行关押和监禁，而是通过生产劳动和积极教育的方式，使犯罪分子改过自新，实现特殊预防的目的。

四、无期徒刑

无期徒刑是剥夺犯罪分子终身自由，并在监狱内执行刑罚、强制进行教育改造的刑罚方法。无期徒刑是剥夺自由刑中最严厉的刑罚方法，在所有刑罚方法中，其严厉性仅次于死刑。根据我国刑法的规定，无期徒刑有以下主要特点与内容：

1. 无期徒刑的适用对象，只能是那些罪行严重、但尚不必判处死刑而又需要与社会永久隔离的犯罪分子。无期徒刑介于有期徒刑和死刑之间。

2. 无期徒刑是剥夺犯罪分子终身自由的刑罚方法。判决前的先行羁押期间不存在折抵刑期的问题。当然，并非所有的被判处无期徒刑的犯罪分子都会被终身关押。被判处无期徒刑的犯罪分子，在服刑期间的表现符合法定条件的，可以适用减刑、假释。

3. 无期徒刑对犯罪分子实行劳动改造。这一点与有期徒刑基本相同。

五、死刑

死刑是剥夺犯罪分子生命的刑罚方法，包括死刑立即执行和缓期二年执行两种情况。我国死刑的基本政策是限制死刑，坚持少杀、慎杀。死刑立即执行由人民法院执行。

《刑法修正案（八）》《刑法修正案（九）》在刑罚论上的重要修改，就是进一步限制死刑，《刑法修正案（八）》取消了13个经济性非暴力犯罪的死刑，《刑法修正案（九）》取消了9个死刑罪名。同时，为了实现限制死刑的政策，也提高了生刑的严厉性，减少生刑与死刑之间的悬殊。

（一）对死刑的限制

1. 条件上的限制。《刑法》第48条明文规定，死刑只应适用于罪行极其严重的犯罪分子。联合国《公民权利与政治权利国际公约》第6条第2款也规定，在未废除死刑的国家，只能对最严重的犯罪判处死刑。联合国经济及社会理事会《关于保护面对死刑的人的权利的保障措施》进一步规定："这应理解为最严重的罪行之范围不应超出具有致命的或者其他极其严重之结果的故意犯罪。"关于"其他极其严重的后果"，联合国经济与社会理事会秘书长在关于死刑的第六个五年报告《死刑与贯彻〈保证面对死刑的人的权利的保障措施〉》中对此阐述为："致命的或其他极其严重的后果的含义倾向于暗示着这样的犯罪应该是危及生命的犯罪。在这个意义上，危及生命是行为的一种极为可能的犯罪。"但在我国刑法中，决定最高刑为死刑的非暴力犯罪仍然不少，从这个意义上来说，非暴力犯罪适用死刑与《公民权利和政治权利国际公约》的精神明显相背离。在限制死刑这条道路上，我们还有很长的路要走。

2. 对象上的限制。犯罪时不满18周岁的人和审判时怀孕的妇女不适用死刑。这需要注意的是：①不适用死刑是指既不能判处死刑立即执行，也不能判处死缓。②"审判时"应当作扩张解释，它指的是从侦查羁押时起至判决执行时的刑事诉讼全过程。在这个过程中，不管是怀孕的，还是人工流产或自然流产的，都被视为孕妇，不能对其判处死刑。如果因被告人怀孕，未予羁押，在其生产结束之后再进行羁押的，也不可判处死刑。[1]③犯罪时怀孕但审判时没有怀孕的妇女是可以判处死刑的。需要注意的是，如果流产的妇女因为另外一个事实被起诉的，则有可能适用死刑。例如，甲因为故意杀人被逮捕，在羁押期间流产，流产后在看守所实施故意伤害行为的，对其故意伤害行为有可能适用死刑。

《刑法修正案（八）》增加了一种对象限制：审判的时候已满75周岁的人，不适用死刑，但以特别残忍手段致人死亡的除外。需要说明的是：75周岁以上的老人犯罪并非一律免死，如果采取特别残忍手段致人死亡的，是可以判处死刑的。[2]另外，法律规定的是：审判时已满75周岁的人，不适用死刑。犯罪时已满75周岁的，自然也不适用死刑。所以可以笼统地说，审判时、犯罪时的老人和未成年人原则上都不适用死刑。

3. 程序上的限制。不得违反法定程序适用死刑。

（1）管辖限制。死刑案件只能由中级以上人民法院进行一审。

（2）死刑除依法由最高人民法院判决的以外，都应该报请最高人民法院核准。这里要注意：如果最高人民法院作为一审或二审法院，就无需再对死刑进行核准了。

4. 执行上的限制。保留死缓制度，对死刑进行限制。另外，死刑的执行采取枪决或注射等方法执行，不能够任意采用死刑执行方法。

（二）死刑缓期执行

死缓不是独立的刑种，只是死刑适用的制度。

1. 条件。死缓一般适用于罪当处死，但不是必须立即执行的犯罪分子。因此，死缓也必须符合"罪行极其严重"的条件。

2. 死缓的有关机关。死缓在监狱等场所执行，其核准权隶属于高级人民法院或最高人民法院。

---

[1] 参见"张怡懿、杨礜故意杀人案［第240号］"，载最高人民法院刑事审判第一、二、三、四、五庭主编：《中国刑事审判指导案例3：侵犯公民人身权利、民主权利罪》，法律出版社2012年版，第81~83页。章桂花与张怡懿系母女。张怡懿与同学杨礜关系较亲密，因杨礜多次向张怡懿借钱后不还，引起章桂花不满，遂到杨家干涉，并阻止张怡懿与杨礜交往。两人遂共谋杀害章桂花。同年8月23日晚，张怡懿在上海市永兴路595弄某某号家中给其母章桂花服下安眠药，趁章桂花昏睡之际，将杨礜提供的胰岛素注入章体内。因章桂花不死，张怡懿又用木凳等物砸章桂花的头部。次日中午，杨礜至张怡懿家，见章桂花仍未死亡，即与张怡懿共同捆绑章的手，张怡懿用木凳猛砸章桂花的头部，被害人章桂花终因脑损伤而死亡。嗣后，张怡懿、杨礜两人取走章的存折、股票磁卡等，由杨礜掩匿。张怡懿购买水泥，并将章桂花的尸体掩埋于家中阳台上。10月8日，公安机关在对犯罪嫌疑人张怡懿采取强制措施后，又查证杨礜涉嫌参与共同杀人。但其时杨礜正怀孕，故未对其采取相应的强制措施。10月20日，杨礜产下一男婴并将其遗弃（此情节因证据原因未予指控），公安机关遂于10月30日将其刑事拘留。公诉人认为，杨礜在审判时已分娩，不应视为"审判时怀孕的妇女"，可以适用死刑。法院认为，对杨礜仍可视为"审判时怀孕的妇女，不适用死刑"。同时，因张怡懿系限定刑事责任能力的精神病人，对张怡懿从轻处罚。故判处二被告故意杀人罪，处无期徒刑，剥夺政治权利终身。
[2] 参见"胡金亭故意杀人案［第830号］"，载最高人民法院刑事审判第一、二、三、四、五庭主办：《刑事审判参考（2013年第1集·总第90集）》，法律出版社2013年版，第40页。

3. 死缓的处理办法。死缓的考验期为 2 年，对判处死缓的犯罪分子，有三种处理办法：①在死刑缓期执行期间，没有故意犯罪，2 年期满后减为无期徒刑；②在死刑缓期执行期间，如果确有重大立功表现，2 年期满后减为 25 年有期徒刑；③根据《刑法修正案（九）》的规定，在死刑缓刑执行期间，如果故意犯罪，情节恶劣的，报请最高人民法院核准后执行死刑[1]；对于故意犯罪未执行死刑的，死刑缓期执行的期间重新计算，并报最高人民法院备案。根据《刑法修正案（九）》的修改，在死缓期间，故意犯罪必须达到情节恶劣的程度才能撤销死缓、执行死刑。但如果故意犯罪没有达到情节恶劣的程度，虽然不立即执行死刑，根据数罪并罚的吸收原则，死缓可以吸收新判处的刑罚，但死缓期间要重新计算。

4. 死缓的限制减轻条款。《刑法修正案（八）》增加了死缓的限制减刑条款："对被判处死刑缓期执行的累犯以及因故意杀人、强奸、抢劫、绑架、放火、爆炸、投放危险物质或者有组织的暴力性犯罪被判处死刑缓期执行的犯罪分子，人民法院根据犯罪情节等情况可以同时决定对其限制减刑。"[2]注意：这 8 种犯罪不包括故意伤害罪和贪污贿赂犯罪，因此对这两类犯罪，判处死缓的，不得限制减刑。

根据《刑法》第 78 条的规定，人民法院决定限制减刑的死刑缓期执行的犯罪分子，缓期执行期满后依法减为无期徒刑的，其减刑后实际执行的刑期不能少于 25 年；缓期执行期满后依法减为 25 年有期徒刑的，不能少于 20 年。

需要说明的是：对于累犯以及因故意杀人等犯罪被判处死缓的犯罪分子是否限制减刑，是由人民法院根据情况决定的，而非一律要限制减刑。

5. 死缓期间的计算。死刑缓期执行的期间从判决确定之日起计算，先前羁押的，不折抵刑期。这里所说的判决确定之日，是指从判决或裁定核准死刑缓期二年执行的法律文书宣告或送达之日起计算。而死刑缓期执行减为有期徒刑的刑期，从死缓执行期满之日起计算，而不是从裁定之日起开始计算。

---

[1] 参见"陈黎明故意伤害案［第 775 号］"，载最高人民法院刑事审判第一、二、三、四、五庭主办：《刑事审判参考（2012 年第 3 集·总第 86 集）》，法律出版社 2013 年版，第 19 页。

[2] 参考"王志才故意杀人案"，最高人民法院指导案例 4 号，载最高人民法院刑事审判第一、二、三、四、五庭主编：《中国刑事审判指导案例 3：侵犯公民人身权利、民主权利罪》，法律出版社 2012 年版，第 795 页。被告人王志才与被害人赵某某（女，殁年 26 岁）在山东省潍坊市科技职业学院同学期间建立恋爱关系。2005 年，王志才毕业后参加工作，赵某某考入山东省曲阜师范大学继续专升本学习。2007 年赵某某毕业参加工作后，王志才与赵某某商议结婚事宜，因赵某某家人不同意，赵某某多次提出分手，但在王志才的坚持下，二人继续保持联系。2008 年 10 月 9 日中午，王志才在赵某某的集体宿舍里再次谈及婚恋问题，因赵某某明确表示二人不可能在一起，王志才感到绝望，愤而产生杀死赵某某然后自杀的念头，即持赵某某宿舍内的一把单刃尖刀，朝赵的颈部、胸腹部、背部连续捅刺，致其失血性休克死亡。次日 8 时 30 分许，王志才服农药自杀未遂，被公安机关抓获归案。王志才平时表现较好，归案后如实供述自己罪行，并与其亲属积极赔偿，但未与被害人亲属达成赔偿协议。一审法院认定被告人王志才犯故意杀人罪，判处死刑，剥夺政治权利终身。宣判后，王志才提出上诉。二审法院以故意杀人罪改判被告人王志才死刑，缓期 2 年执行，剥夺政治权利终身，同时决定对其限制减刑。

6. 《刑法修正案（九）》规定的终身监禁。《刑法修正案（九）》增加了终身监禁条款。对犯贪污、受贿罪，被判处死刑缓期执行的，人民法院根据犯罪情节等情况可以同时决定在其死刑缓期执行二年期满依法减为无期徒刑后，终身监禁，不得减刑、假释。

终身监禁不是独立的刑种，它是对罪该处死的贪腐罪犯的一种不执行死刑的刑罚执行措施，是死刑的一种替代性措施。它不同于传统的无期徒刑，因为无期徒刑在符合条件时是可以减刑和假释的，而终身监禁是不得减刑和假释的。同时，并非所有判处死缓的贪污受贿犯罪都要"终身监禁"，是否"终身监禁"，应由人民法院根据犯罪情节等情况来决定。此外，人民法院是在判处死缓的同时决定终身监禁，而不是在死缓执行二年期满以后减刑的"同时"作出决定。另外，按照《刑事诉讼法》的规定，死缓犯是不得暂予监外执行的，因此，终身监禁的罪犯，既不得减刑、假释，也不得暂予监外执行。[1]

第二节 附加刑

一、罚金

罚金是人民法院判处犯罪分子向国家缴纳一定数额金钱的刑罚方法。

（一）罚金的适用方式

罚金有四种适用方法：

1. 选处罚金。罚金和主刑并列，可判也可不判。比如《刑法》第 275 条规定的故意毁坏财物罪。

2. 单处罚金。只能判处罚金，不能判处其他刑罚。对单位的处罚即属此类。

3. 并处罚金。在判处主刑的同时附加适用罚金刑。当刑法规定"并处"罚金时，人民法院在对被告人判处主刑时，必须依法处以罚金；而若规定"可以并处"时，人民法院可以根据情况决定是否判处罚金，此时其具有一定的自由裁量权。

4. 并处或单处罚金。既可在判处主刑时附加罚金刑，也可只单处罚金。如《刑法》第 244 条规定的强迫劳动罪。

根据司法解释，犯罪情节较轻，适用单处罚金不致再危害社会并具有下列情形之一的，可以依法单处罚金：

（1）偶犯或者初犯。

（2）自首或者有立功表现的。

---

〔1〕 雷建斌主编：《〈中华人民共和国刑法修正案（九）〉释解与适用》，人民法院出版社 2015 年版，第 222 页。

（3）犯罪时不满 18 周岁的。

（4）犯罪预备、中止或者未遂的。

（5）被胁迫参加犯罪的。

（6）全部退赃并有悔罪表现的。

（7）其他可以依法单处罚金的情形。

（二）罚金的数额

刑法规定三种方式：

1. 没有规定确定的数额。在这种情况下，罚金的最低数额不能少于 1000 元。但对未成年人犯罪应当从轻或者减轻判处罚金，罚金的最低数额不能少于 500 元。

2. 规定了相当确定的数额。如《刑法》第 196 条规定的信用卡诈骗罪（有下列情形之一，进行信用卡诈骗活动，数额较大的，处 5 年以下有期徒刑或者拘役，并处 2 万元以上 20 万元以下罚金……）。

3. 以违法所得或犯罪涉及的数额为基准，处以一定比例或者倍数的罚金。如《刑法》第 228 条规定的非法转让、倒卖土地使用权罪。

（三）罚金数额的确定原则

确定罚金数额要根据犯罪情节，即根据犯罪手段、对象、后果、时间、地点等要素决定。此外，根据司法解释，除犯罪情节外，还应考虑犯罪人的经济状况与承受力，否则判处罚金将无法执行。

（四）罚金的缴纳方式

1. 一次或分期缴纳。根据规定，应自判决发生法律效力第 2 日起最长不超过 3 个月缴纳。

2. 强制缴纳。期满不缴纳的，要强制缴纳。

3. 随时缴纳。对于不能全部缴纳罚金的，人民法院一旦发现被执行人有可以执行的财产时，应随时追缴。

4. 延期或减免缴纳。对于犯罪分子由于遭到不可抗拒的灾祸，按原判决的罚金缴纳确有困难，经人民法院裁定，可以延期缴纳、酌情减少或免除缴纳。《刑法修正案（九）》在两个方面对此项进行了调整：一是在程序上，必须经过人民法院的裁定；二是在实体上，增加了延期缴纳这种形式。对于犯罪分子由于遭到不可抗拒的灾祸，按原判决的罚金缴纳确有困难，经犯罪分子申请，人民法院查证属实后，可以延期缴纳、减少或免除缴纳。这里的"困难"，主要指：罪犯因遭受火灾、水灾、地震等灾祸而丧失财产[1]；罪犯因重病、伤残等而丧失劳动能力；需要罪犯抚养的近亲属患有重病，需支付巨额医药费等，确实没有财产可供执行的情形，等等。

---

[1]　参见"法院裁定终结执行被执行人龙金罚金案［第 596 号］"，载最高人民法院刑事审判第一、二、三、四、五庭主办：《刑事审判参考（2010 年第 1 集·总第 72 集）》，法律出版社 2010 年版，第 1 页。

（五）罚金刑的执行机关

罚金刑和没收财产属于财产刑，都由第一审人民法院执行。

（六）民事优先原则

承担民事赔偿责任的犯罪分子同时被判处罚金，其财产不足以全部支付的，或者被判处没收财产的，应当先承担对被害人的民事赔偿责任。

二、剥夺政治权利

剥夺政治权利是指剥夺犯罪分子参加国家管理和政治活动权利的刑罚方法。剥夺政治权利由公安机关执行。

（一）剥夺权益

1. 选举权和被选举权。一般而言，这里的"选举权和被选举权"应该只限于选举各级人民代表大会代表和国家机关领导人员，但是根据《村民委员会组织法》第13条的规定，被剥夺政治权利的人没有村民委员会主任、副主任和委员的选举权和被选举权。因此，被剥夺政治权利的人，既不能选举村民委员会成员，也不能当选村民委员会成员。

2. 六大政治自由。言论、出版、集会、结社、游行、示威自由的权利。这里需要注意的是：出版自由被剥夺，并非指其丧失著作权，出版权只是著作权中的一个内容。

3. 担任国家机关职务的权利。

4. 担任国有公司、企业、事业单位和人民团体领导职务的权利。

（二）适用对象

1. 应当剥夺政治权利：判处死刑、无期徒刑的，应当附加剥夺政治权利终身；对危害国家安全的罪犯，应当附加剥夺政治权利。但是对于外国人和无国籍人，尽管其被判处死刑或无期徒刑，也无法剥夺其政治权利。

2. 可以剥夺政治权利：对于故意杀人、强奸、放火、爆炸、投毒、抢劫等严重破坏社会秩序的犯罪分子，可以附加剥夺政治权利。另外，《最高人民法院关于对故意伤害、盗窃等严重破坏社会秩序的犯罪分子能否附加剥夺政治权利问题的批复》规定："……对于故意伤害、盗窃等其他严重破坏社会秩序的犯罪，犯罪分子主观恶性较深、犯罪情节恶劣、罪行严重的，也可以依法附加剥夺政治权利。"

3. 独立适用：依据刑法分则的规定，对较轻的犯罪可独立适用剥夺政治权利。当法律规定主刑与剥夺政治权利之间可以选择适用时，若选择剥夺政治权利，就不能再适用主刑。

（三）刑期及起算

1. 判处死刑、无期徒刑附加剥夺政治权利终身的，刑期从判决发生法律效力之日起计算。

2. 对有期徒刑、拘役附加剥夺政治权利的，期限为1年以上5年以下，从主刑执行完毕或假释之日起算。在主刑执行期间，犯罪分子当然没有政治权利，但如果是被判处有期徒刑、拘役、管制而没有附加剥夺政治权利的犯罪分子，其在执行期间仍然享有政治权利。比如，某人被判有期徒刑 10 年，附加剥夺政治权利 3 年，其实际上有 13 年没有政治权利。另外，要特别注意的是：假释犯是从"假释之日"起计算剥夺政治权利的期限，而非"假释期满"之日。

3. 独立判处的剥夺政治权利，从判决执行之日起计算，其期限也为 1 年以上 5 年以下。

4. 判处管制附加剥夺政治权利的，期限与管制相同，二者同时执行。

5. 死刑缓期执行或无期徒刑减为有期徒刑的，剥夺政治权利的期限要改为 3 年以上 10 年以下，从有期徒刑执行完毕或假释之日起算。

三、没收财产

没收财产指将犯罪分子个人所有财产的一部分或全部强制无偿收归国有的刑罚方法。没收财产，由人民法院执行；必要时，可会同公安机关执行。需要注意的是：没收的是犯罪人合法所有的并且没有用于犯罪的财产，它不同于追缴犯罪所得财物。

（一）没收财产的范围

"没收财产"可以没收犯罪分子个人所有财产的全部或一部分，但不能株连他人，因此，法律只允许没收犯罪分子个人所有的财产，不得没收其家属所有的财产。同时，从人道主义的角度考虑，应当为犯罪分子个人及其扶养的家属保留必需的生活费用。

（二）没收财产的适用方式

1. 与罚金选择并处。在判处主刑的同时，附加适用没收财产或罚金。例如，《刑法》第 195 条规定的信用证诈骗罪，"……数额特别巨大或者有其他特别严重情节的，处 10 年以上有期徒刑或者无期徒刑，并处 5 万元以上 50 万元以下罚金或者没收财产"。在判处主刑后，就可以根据情况并处罚金或没收财产。根据相关规范性文件，对法律规定主刑有死刑、无期徒刑和有期徒刑，同时并处罚金或没收财产的，如决定判处死刑的，只能判处没收财产；判处无期徒刑的，可以并处没收财产，也可并处罚金；判处有期徒刑的，只能并处罚金。

2. 应当并处。在判处主刑的同时，必须并处没收财产。比如，《刑法》第 383 条规定的贪污罪，"贪污数额特别巨大，并使国家和人民利益遭受特别重大损失的，处无期徒刑或者死刑，并处没收财产"。

3. 可以并处的，由人民法院选择适用。如《刑法》第 383 条规定的贪污罪，"贪污数额特别巨大或者有其他特别严重情节的，处 10 年以上有期徒刑或者无期徒刑，并处罚金或者没收财产"。

（三）没收财产与正当债务的偿还

《刑法》第 60 条规定："没收财产以前犯罪分子所负的正当债务，需要以没收的财产偿还的，经债权人请求，应当偿还。"这里需要注意以下条件：

1. 必须是犯罪分子在没收财产前所负的债务（而非在立案前）。

2. 必须为正当债务，赌债等非法债务不予以保护。

3. 必须经债权人提出请求，并查证属实。

4. 只限于在没收财产的数额内按一定次序偿还。

四、驱逐出境

驱逐出境是指强迫犯罪的外国人或无国籍人离开中国国境的刑罚方法。驱逐出境，由公安机关执行。它仅对外国人、无国籍人适用。另外，驱逐出境既可以独立适用，也可以附加适用。附加适用时须待主刑执行完毕，才能执行驱逐出境。

第三节　社区矫正

社区矫正，是一种不使罪犯与社会隔离并利用社区资源对罪犯进行教育改造的方法，是所有在社区环境中管理教育罪犯方式的总称。国外较常见的社区矫正方式有：缓刑、假释、社区服务、暂时释放、中途之家、工作释放、学习释放等。

社区矫正是与监禁矫正相对的行刑方式，是指将符合社区矫正条件的罪犯置于社区内，由专门的国家机关在相关社会团体和民间组织以及社会志愿者的协助下，在判决、裁定或决定确定的期限内，矫正其犯罪心理和行为恶习，并促使其顺利回归社会的非监禁刑罚执行活动。社区矫正是积极利用各种社会资源、整合社会各方面力量，对罪行较轻、主观恶性较小、社会危害性不大的罪犯或者经过监管改造、确有悔改表现、不致再危害社会的罪犯，在社区中进行有针对性的管理、教育和改造工作，它是当今世界各国刑罚制度发展的趋势。

一、社区矫正的适用范围

根据 2003 年 7 月 10 日发布的《最高人民法院、最高人民检察院、公安部、司法部关于开展社区矫正试点工作的通知》的规定，社区矫正的适用范围主要包括下列 5 种罪犯：

1. 被判处管制的。

2. 被宣告缓刑的。

3. 被暂予监外执行的，具体包括：

（1）有严重疾病需要保外就医的；

（2）怀孕或者正在哺乳自己婴儿的妇女；

（3）生活不能自理，适用暂予监外执行不致危害社会的。

4. 被裁定假释的。

5. 被剥夺政治权利，并在社会上服刑的。

在符合上述条件的情况下,对于罪行轻微、主观恶性不大的未成年犯、老病残犯,以及罪行较轻的初犯、过失犯等,应当作为重点对象,适用上述非监禁措施,实施社区矫正。

二、社区矫正的主导机关

根据最高人民法院、最高人民检察院、公安部、司法部《社区矫正实施办法》的规定,司法行政机关负责指导管理、组织实施社区矫正工作。在《刑法修正案(八)》之前,管制、缓刑、假释都是由公安部门负责执行的,但在《刑法修正案(八)》生效后,这些都不再由公安部门负责执行,而由社会矫正的负责机关来执行。

三、社区矫正的禁止令

《刑法修正案(八)》规定,对于判处管制和缓刑的犯罪分子,可以同时适用禁止令,禁止犯罪分子在管制执行期间、缓刑考验期限内从事特定活动,进入特定区域、场所,接触特定的人。[1]

(一)禁止令的内容

禁止令包括三项内容:禁止从事特定活动;禁止进入特定区域、场所;禁止接触特定的人。在判处禁止令时,可以禁止犯罪分子从事其中一项或几项内容。

1. 特定活动的禁止。

(1)个人为进行违法犯罪活动而设立公司、企业、事业单位或者在设立公司、企业、事业单位后以实施犯罪为主要活动的,禁止设立公司、企业、事业单位。

(2)实施证券犯罪、贷款犯罪、票据犯罪、信用卡犯罪等金融犯罪的,禁止从事证券交易、申领贷款、使用票据或者申领、使用信用卡等金融活动。

(3)利用从事特定生产经营活动实施犯罪的,禁止从事相关生产经营活动。

(4)附带民事赔偿义务未履行完毕,违法所得未追缴、退赔未到位,或者罚金尚未足额缴纳的,禁止从事高消费活动。

(5)其他确有必要禁止从事的活动。

---

[1] 参考"董某某、宋某某抢劫案",最高人民法院指导案例 14 号,载最高人民法院编:《最高人民法院指导性案件(第一批~第九批)》,人民法院出版社 2015 年版,第 45 页。被告人董某某、宋某某伙同王某某(未达到刑事责任年龄)在平顶山市某社区内,持刀对被害人张某某和李某某实施抢劫,劫得现金 5 元及手机一部。后几人将手机卖掉,所得赃款用于网吧消费。法院经审理查明,案发前,被告人董某某、宋某某经常出入网吧与游戏机房,二人沉迷游戏并缺乏消费资金来源是诱发二人实施犯罪的主要原因。法院作出判决,认定被告人董某某、宋某某犯抢劫罪,分别判处有期徒刑 2 年 6 个月,缓刑 3 年,并处罚金人民币 1000 元。同时,禁止董某某、宋某某在 36 个月内进入网吧、游戏机房等娱乐场所。

2. 特定区域、场所的禁止。

（1）禁止进入夜总会、酒吧、迪厅、网吧等娱乐场所。

（2）未经执行机关批准，禁止进入举办大型群众性活动的场所。

（3）禁止进入中小学校区、幼儿园园区及周边地区，确因本人就学、居住等原因，经执行机关批准的除外。

（4）其他确有必要禁止进入的区域、场所。

3. 接触特定人士的禁止。

（1）未经对方同意，禁止接触被害人及其法定代理人、近亲属。

（2）未经对方同意，禁止接触证人及其法定代理人、近亲属。

（3）未经对方同意，禁止接触控告人、批评人、举报人及其法定代理人、近亲属。

（4）禁止接触同案犯。

（5）禁止接触其他可能遭受其侵害、滋扰的人或者可能诱发其再次危害社会的人。

（二）禁止令的期限

禁止令的期限，既可以与管制执行、缓刑考验的期限相同，也可以短于管制执行、缓刑考验的期限。但判处管制的，禁止令的期限不得少于 3 个月；宣告缓刑的，禁止令的期限不得少于 2 个月。

判处管制的犯罪分子在判决执行以前先行羁押以致管制执行的期限少于 3 个月的，禁止令的期限不受前述规定的最短期限的限制。被宣告禁止令的犯罪分子被依法减刑时，禁止令的期限可以相应缩短，由人民法院在减刑裁定中确定新的禁止令期限。禁止令的执行期限，从管制、缓刑执行之日起计算。

（三）违反禁止令的后果

判处管制的犯罪分子违反禁止令，或者被宣告缓刑的犯罪分子违反禁止令尚不属情节严重的，由负责执行禁止令的社区矫正机构所在地的公安机关依照《治安管理处罚法》第 60 条的规定处罚。

被宣告缓刑的犯罪分子违反禁止令，情节严重的，应当撤销缓刑，执行原判刑罚。原作出缓刑裁判的人民法院应当自收到当地社区矫正机构提出的撤销缓刑建议书之日起 1 个月内依法作出裁定。人民法院撤销缓刑的裁定一经作出，立即生效。

（四）禁止令的执行机关

禁止令由司法行政机关指导管理的社区矫正机构负责执行。

第四节　非刑罚处罚方法

非刑罚处罚方法是指对于免予刑罚处罚的犯罪人，给予刑罚以外的处罚方法。《刑法》第 37 条规定："对于犯罪情节轻微不需要判处刑罚的，可以免予刑事处罚，但是可以根据案件的不同情况，予以训诫或者责令具结悔过、赔礼道歉、赔偿损失，或者由主管部门予以行政处罚或者行政处分。"

一、几个概念的区分

（一）赔偿损失和赔偿经济损失

《刑法》第 36 条第 1 款规定："由于犯罪行为而使被害人遭受经济损失的，对犯罪分子除依法给予刑事处罚外，并应根据情况判处赔偿经济损失。"这是在刑事附带民事赔偿中，对犯罪人既判刑又判赔偿。

而"赔偿损失"的前提性条件是免予刑罚处罚，也即只赔钱、不判刑。

（二）免予刑事处罚和免除处罚

两者的共同点都是定罪免刑，但其区别在于法律依据不同：前者的依据是《刑法》第 37 条，而后者的依据是其他条文。前者可以适用于所有犯罪，只要"犯罪情节轻微"就可能导致"免予刑事处罚"；而后者适用于一定的法定情节，必须是法律明确规定"免除处罚"的情形。在"免于刑事处罚条款"中存在最大争议的问题是：这是一种独立的免除刑罚事由，还是其他具体的免除处罚情节的概括性规定。我国刑法通说采取前一种观点。根据这种观点，如犯罪分子犯罪既遂之后有悔改表现，但又不属于中止情形，此时如果考虑他"犯罪情节轻微"，就可以作出"免予刑事处罚"的决定。

另一种观点认为，这个条文并非独立的免除刑罚事由，它只是一种概括性规定。[1]这种观点认为，我国《刑法》规定了 16 种具体免除刑罚的事由，《刑法》第 37 条只是对这 16 种情节的概括性规定而已，它并未创设一种原则性的免除刑罚事由。

本书采取后者的观点，如果把《刑法》第 37 条当作一种独立的免除刑罚事由，那么整个刑罚裁量体系将会失去平衡与制约，也会给司法腐败大开方便之门。[2]比如我国《刑法》第 63 条第 2 款规定："犯罪分子虽然不具有本法规定的减轻处罚情节，但是根据案件的特殊情况，经最高人民法院核准，也可以在法定刑以下判处刑罚。"这个条款被称为"酌定减轻"，其必须经过最高人民法院的核准。但是，如果将《刑法》第 37 条当作一种独立的免除刑罚事由，那么今后所有的"酌定减轻"都可以采取《刑法》第 37 条规定的"免予刑事处罚"，从而绕开最高人民法院的核准程序。

二、职业禁止

《刑法修正案（九）》增加了禁止从事相关职业的规定："因利用职业便利实施犯罪，或者实施违背职业要求的特定义务的犯罪被判处刑罚的，人民法院可以根据犯罪情况和预防再犯罪的需要，禁止其自刑罚执行完毕之日或

---

[1]　张明楷：《刑法学（上）》，法律出版社 2016 年版，第 633～634 页。

[2]　在著名的雷阳案中，涉案人员就是因为此条被"免于刑事处罚"。参见京丰检公诉刑不诉〔2016〕201 号。

者假释之日起从事相关职业，期限为 3 年至 5 年。被禁止从事相关职业的人违反人民法院依照前款规定作出的决定的，由公安机关依法给予处罚；情节严重的，依照本法第 313 条的规定定罪处罚。"

关于这个条款，要注意下列四点：

1. 适用条件。行为人必须是因为利用职业便利实施犯罪，或者实施违反职业要求的特定义务的犯罪被判处刑罚。比如，金融机构工作人员利用职务便利违法发放贷款的。

2. 适用根据。法院在作出职业禁止的决定时，既要考虑已经犯下的罪行，还要考虑再犯的可能性。换言之，要同时兼顾报应和预防的需要。

3. 适用期限。职业禁止从刑罚执行完毕之日或者假释之日起开始计算，期限为 3~5 年。其他法律、行政法规对其从事相关职业另有禁止或者限制性规定的，从其规定。比如按照《证券法》规定，对于某些证券犯罪，可以规定终身从业禁止。

4. 执行机关和后果。职业禁止的决定由人民法院作出，如果违反职业禁止的决定，公安机关应依法给予处罚。情节严重的，构成拒不执行判决、裁定罪。

本章重要知识回顾（表格版）

一、刑罚的体系

	主刑	附加刑
种类	管制、拘役、有期徒刑、无期徒刑、死刑	罚金、剥夺政治权利、没收财产、驱逐出境
含义	指对犯罪分子独立适用的主要刑罚方法，又称基本刑。	指补充主刑适用的刑罚方法，又称从刑。
特点	①主刑只能独立适用，不能附加适用。②对一种罪行一次只能适用一个主刑。	既可作为主刑的附加刑适用，又可独立适用。

二、主刑（共 5 种。注意：死缓不是独立刑种，而是死刑的一种执行方式）

	剥夺权益	适用对象	执行机关和场所	期限	刑期计算	待遇
管制 ★★	限制自由刑	罪行较轻，人身危险性较小，	对判处管制的犯罪分子，依法实行社区矫正。	3 个月以上 2 年以下；数罪并罚时不超过 3 年。	从判决执行之日起计算，判决执行前先行羁押的，	劳动中实行同工同酬 （1）限制自由的内容包括： ①遵纪守法； ②按照执行机关规定报告自己的活动情况；

续表

	剥夺权益	适用对象	执行机关和场所	期限	刑期计算	待遇
管制 ★★		需要给予刑事处罚但又不必关押的刑事犯罪分子。			羁押2日折抵刑期1日。管制期满执行机关应向有关群众宣布解除管制。	③遵守执行机关关于会客的规定； ④离开所居住的市、县或迁居，应报执行机关批准； ⑤未经执行机关批准，不得行使言论、出版、集会、结社、游行、示威自由的权利。 （2）社区矫正。 禁止令：判处管制，可以根据犯罪情况，同时禁止犯罪分子在执行期间从事特定活动，进入特定区域、场所，接触特定的人。
拘役 ★	短期剥夺自由刑	罪行较轻，但又必须实行短期关押的犯罪分子。	由公安机关在拘役所就近执行。	1个月以上6个月以下；数罪并罚时不超过1年。	从判决执行之日起计算，判决执行前先行羁押的，羁押1日折抵刑期1日。刑满释放之日为判决书确定的刑期终止之日。	劳动中酌量发给报酬，每月可回家1~2天。
有期徒刑 ★	剥夺自由刑	既可适用罪行较重，又可适用罪行较轻的犯罪分子。	由公安机关将该罪犯交付监狱执行，但如果在交付执行前，剩余刑期在3个月以下的，由看守所执行。	6个月以上15年以下，有期徒刑总和刑期不满35年的，最高不能超过20年；总和刑期在35年以上的，最高不能超过25年。	同上	强制劳动改造，完全无偿。

续表

	剥夺权益	适用对象	执行机关和场所	期限	刑期计算	待遇
无期徒刑★	剥夺自由刑（终身）	罪行严重，需要与社会永久隔离，又不必判处死刑。	由监狱机关在监狱执行。	终身	从判决确定之日起计算，判决执行前先行羁押日期不予折抵刑期。	强制劳动改造，完全无偿。
死刑	生命（立即执行）	罪行极其严重，危害特别严重，情节特别恶劣的犯罪分子	由法院在特定地点执行。	（1）死刑复核程序：死刑除依法由最高人民法院判决的以外，都应当报请最高人民法院核准 （2）不适用死刑的三种情况：①犯罪时不满18周岁的人；②审判时怀孕的妇女；③审判的时候已满75周岁的人，不适用死刑。		
	生命（但附条件）即死缓制度	罪当处死，但不是必须立即执行的犯罪分子	由监狱在监狱等场所执行。	1.死缓的核准权：由高级人民法院或最高人民法院判决或核准。 2.死缓二年期满之后的处理： （1）没有故意犯罪，二年期满后，减为无期徒刑。 （2）有重大立功，二年期满后，减为25年有期徒刑。 （3）有故意犯罪情节恶劣的，报请最高人民法院核准后执行死刑——经核准执行死刑（不管是否二年期满）。 ①但在二年期满后，尚未裁定减刑前故意犯罪的，不能执行死刑，除非新罪也应判处死刑。 ②对于故意犯罪未执行死刑的，根据数罪并罚的吸收原则，死缓可以吸收新判处的刑罚，死刑缓期执行的期间重新计算，并报最高人民法院备案。 3.死缓期间的计算： （1）死刑缓期执行的期间从判决确定之日起算（无折抵一说）。 （2）死缓减为无期徒刑的，刑期自死缓执行期满之日起算。 （3）死缓减为有期徒刑的，刑期从死刑缓期执行期满之日起算。 4.死缓的限制减刑。对被判处死刑缓期执行的累犯以及因故意杀人、强奸、抢劫、绑架、放火、爆炸、投放危险物质或者有组织的暴力性犯罪被判处死刑缓期执行的犯罪分子，人民法院根据犯罪情节等情况可以同时决定对其限制减刑。		

续表

剥夺权益	适用对象	执行机关和场所	期限	刑期计算	待遇
死刑					①对于是否限制减刑，法院有自由裁量权 ②效果：人民法院依照本法第50条第2款规定限制减刑的死刑缓期执行的犯罪分子，缓期执行期满后依法减为无期徒刑的，不能少于25年，缓期执行期满后依法减为25年有期徒刑的，不能少于20年。

三、附加刑（4种）

罚金	概念	指人民法院判处犯罪分子向国家缴纳一定数额金钱的刑罚方法。罚金由人民法院执行。
	规定方式	①限额罚金制。 ②倍比罚金制。 ③无限额罚金制。 ④倍数罚金制。
	适用方式	①单科式：刑法规定的单科罚金主要适用于单位犯罪。例如，在《刑法》第387条规定的单位受贿罪和第393条规定的单位行贿罪中，都规定对单位判处罚金。在这种情况下，罚金只能单独适用。 ②选科式：例如，《刑法》第275条规定，犯故意毁坏财物罪的，数额较大或者有其他严重情节的，处3年以下有期徒刑、拘役或者罚金。在这种情况下，罚金作为一种可选择的法定刑，只能单独适用，不能附加适用。 ③并科式：例如，犯《刑法》第326条规定的倒卖文物罪的，处5年以下有期徒刑或者拘役，并处罚金；情节特别严重的，处5年以上10年以下有期徒刑，并处罚金。在这里，罚金只能附加适用，不能单独适用。 ④复合式：例如，《刑法》第216条规定，假冒他人专利，情节严重的，处3年以下有期徒刑或者拘役，并处或者单处罚金。在这种情况下，罚金既可以附加适用，也可以单独适用。究竟是并处还是单处罚金，须根据犯罪分子所犯罪行的情节轻重确定。
	缴纳方式	①限期一次缴纳：一般适用于罚金数额不大或数额较大但缴纳不困难的情形。 ②限期分期缴纳：适用于罚金数额较大，一次缴纳有困难的情形。 ③强制缴纳：适用于判决指定期限届满后，罪犯有能力缴纳而不缴纳情形。 ④随时追缴：适用于罪犯不能全部缴纳罚金，人民法院在任何时候发现被执行人有可以执行的财产的，应当随时追缴情形。 ⑤延期或减免缴纳：适用于犯罪分子由于遭到不可抗拒的灾祸，按原判决的罚金缴纳确有困难，经人民法院裁定，可以延期缴纳、酌情减少或免除缴纳。《刑法修正案（九）》在两个方面对此项进行了调整：一是在程序上，必须经过人民法院的裁定；二是在实体上，增加了延期缴纳这种形式。适用于犯罪分子由于遭到不可抗拒的灾祸，按原判决的罚金缴纳确有困难，经犯罪分子申请，人民法院经查证属实后，可以延期缴纳、减少或免除缴纳。

续表

罚金	缴纳方式	这里的"困难"主要指：罪犯因遭受火灾、水灾、地震等灾祸而丧失财产；罪犯因重病、伤残等而丧失劳动能力；需要罪犯抚养的近亲属患有重病，需支付巨额医药费等确实没有财产可供执行的情形。			
剥夺政治权利	概念	指剥夺犯罪分子参加国家管理和政治活动权利的刑罚方法。剥夺政治权利，由公安机关执行。			
	内容	①选举权和被选举权。 ②言论、出版、集会、结社、游行、示威自由的权利。 ③担任国家机关职务的权利。 ④担任国有公司、企业、事业单位和人民团体领导职务的权利。			
	适用原则	①依刑法分则的规定，独立适用剥夺政治权利。 ②对主刑为死刑立即执行、死刑缓期执行、无期徒刑的犯罪分子，应当剥夺政治权利终身。 ③对危害国家安全的犯罪分子应当附加剥夺政治权利。 ④对故意杀人、强奸、放火、爆炸、投毒、抢劫等严重破坏社会秩序的犯罪分子，可以附加剥夺政治权利。			
	刑期及起算	1. 独立适用剥夺政治权利	期限为1年以上5年以下。	从判决执行之日起计算。	
		2. 主刑为管制	剥夺政治权利期限与管制期限相同。	从判决执行之日起同时起算，同时执行，管制期满解除管制，政治权利同时恢复。	
		3. 主刑为拘役、有期徒刑	期限为1年以上5年以下。	从有期徒刑、拘役执行完毕之日起或自假释之日起算，剥夺政治权利的效力及于主刑执行期间。	
		4. 主刑为死刑（包括死缓）、无期徒刑	应当剥夺政治权利终身，只要判处死刑、无期徒刑，即应附加剥夺政治权利终身。	以判处死刑（含死缓）、无期徒刑宣告附加剥夺政治权利的判决或裁定发生法律效力之日起开始。	
		5. 无期徒刑减为有期徒刑	期限相应减为3~10年。	从减刑后的有期徒刑执行完毕或假释之日起起算，剥夺政治权利效力及于减刑后有期徒刑期间。	
		6. 死缓减为有期徒刑	期限相应减为3~10年。	从减刑后的有期徒刑执行完毕或假释之日起起算，剥夺政治权利效力及于减刑后有期徒刑期间。	
		7. 死缓减为无期徒刑	其附加剥夺政治权利，期限不变，仍为终身。	不存在起算问题。	

续表

	概念	指将犯罪分子个人所有财产的一部分或全部强制无偿收归国有的刑罚方法。没收财产，由人民法院执行；必要时，可会同公安机关执行。
没收财产	范围	①可以没收全部或一部分。 ②只准没收犯罪分子个人所有的财产，不得没收其家属所有的财产。 ③应当为犯罪分子个人及其扶养的家属保留必需的生活费用。
	正当债务的偿还条件	①必须是犯罪分子在没收财产前所负的债务。 ②必须为正当债务。 ③必须经债权人提出请求，并查证属实。 ④必须只限于在没收财产的数额内按一定次序偿还。
	适用方式	①选科式。 ②并科式。
驱逐出境	概念	指强迫犯罪的外国人或无国籍人离开中国国境的刑罚方法。驱逐出境，由公安机关执行。
	适用	①仅对外国人、无国籍人适用。 ②驱逐出境既可独立适用，也可以附加适用。附加适用时须待主刑执行完毕，才能执行驱逐出境。

四、非刑罚处理方法（4类）

1. 训诫。2. 责令具结悔过。3. 责令赔礼道歉。		
建议由主管部门予以行政处罚或者行政处分		
承担民事赔偿责任	判处赔偿经济损失：适用于被判处刑罚的犯罪分子。	民事赔偿优先原则：如果承担民事赔偿责任的犯罪分子，同时被判处罚金，其财产不足以全部支付的，或被判处没收财产的，应当先承担对被害人的民事赔偿责任。
	责令赔偿损失：适用于犯罪情节轻微而免予刑事处罚的犯罪分子。	
4. 职业禁止	"因利用职业便利实施犯罪，或者实施违背职业要求的特定义务的犯罪被判处刑罚的，人民法院可以根据犯罪情况和预防再犯罪的需要，禁止其自刑罚执行完毕之日或者假释之日起从事相关职业，期限为3年至5年。被禁止从事相关职业的人违反人民法院依照前款规定作出的决定的，由公安机关依法给予处罚；情节严重的，依照本法第313条的规定定罪处罚。"	
	（1）适用条件。行为人必须是因为利用职业便利实施犯罪，或者实施违背职业要求的特定义务的犯罪被判处刑罚。比如金融机构工作人员利用职务便利违法发放贷款的。 （2）适用根据。法院在作出职业禁止的决定时，既要考虑已经犯下的罪行，还要考虑再犯的可能性。换言之，要同时兼顾报应和预防的需要。	

续表

4. 职业禁止	（3）适用期限。职业禁止从刑罚执行完毕之日或者假释之日起开始计算，期限为3~5年。其他法律、行政法规对其从事相关职业另有禁止或者限制性规定的，从其规定。比如按照《证券法》规定，对于某些证券犯罪，可以规定终身从业禁止。 （4）执行机关和后果。职业禁止的决定由人民法院作出，如果违反职业禁止的决定，公安机关应依法给予处罚。情节严重的，构成拒不执行判决、裁定罪。 （5）禁止从事相关职业无溯及力。

 本章二维码

管制、拘役、有期徒刑、无期徒刑　　　　死刑　　　　附加刑、社区矫正

第十四章

刑罚的裁量

刑罚的裁量简称量刑，它是人民法院在行为人的行为构成犯罪的情况下，确定犯罪人应当承担的刑法后果、确定犯罪的刑罚种类、刑罚幅度、刑罚条件（如是否可以缓刑）。

👉 第一节　量刑的原则和种类

一、量刑的指导原则

我国《刑法》第61条规定："对于犯罪分子决定刑罚的时候，应当根据犯罪的事实、犯罪的性质、情节和对于社会的危害程度，依照本法的有关规定判处。"这是关于量刑的法定原则。根据这一规定，我国刑法的量刑的法定原则可以概括为：以事实为根据，以法律为准绳。

1. 以事实为根据。事实包括案件中客观存在的能够表明罪行轻重和刑事责任大小的一切主客观事实情况，既包括犯罪的事实，也包括犯罪性质、情节和对社会的危害程度。

2. 以法律为准绳。量刑以法律为准绳，具体而言，主要是遵守这两方面的规定：①刑法总则中关于刑罚原则、制度、方法及其适用条件的一般规定。例如，对预备犯、中止犯、未成年犯罪人，共同犯罪中的主犯、从犯、教唆犯、胁从犯的处罚原则；有关自首、立功、累犯、缓刑、数罪并罚等制度；有关从重、从轻、减轻以及免除刑罚处罚等的规定。②刑法分则中有关各种具体犯罪的法定刑及其量刑幅度的具体规定。刑法分则对每一具体犯罪都规定了法定刑，除少数犯罪只有一个法定刑幅度外，大多数犯罪都有2个或者2个以上的法定刑幅度。在对实施了不同具体犯罪的犯罪分子裁量刑罚时，必须按照刑法分则所确定的法定刑进行。在一个罪有几个法定刑幅度的情况下，应按照与具体犯罪情况相对应的量刑幅度予以量刑。

二、法定情节

法定情节，是指刑法明文规定的、量刑时必须要考虑的各种事实情况。

（一）总则常见的法定量刑情节

1. 应当从轻或减轻处罚：已满 14 周岁不满 18 周岁的人犯罪的；已满 75 周岁的人过失犯罪的。

2. 应当减轻或免除处罚：防卫过当；避险过当；胁从犯。

3. 可以从轻、减轻或免除处罚：盲人、又聋又哑的人犯罪；预备犯（可以比照既遂犯从轻、减轻处罚或者免除处罚）。

4. 应当从轻、减轻或免除处罚：这在刑法中只有一个——从犯。

5. 可以从轻或减轻处罚：一般立功；教唆未遂；尚未完全丧失辨认或者控制自己行为能力的精神病人犯罪的；未遂犯（可以比照既遂犯从轻、减轻处罚）；已满 75 周岁的人故意犯罪的；自首的。

6. 应当从重处罚：累犯；教唆不满 18 周岁的人犯罪的。

7. 可以减轻或者免除处罚：重大立功。

8. 可以从轻处罚：没有法定自首情节，但如实供述自己罪行的。

9. 可以减轻处罚：因如实供述自己罪行，避免特别严重后果的。

10. 应当免除处罚：没有造成损害的中止犯。

11. 可以免除处罚：犯罪较轻且自首的。

12. 应当减轻处罚：造成损害的中止犯。

13. 可以免除处罚或减轻处罚：在国外犯罪，已在外国受过刑罚处罚的。

（二）分则常见的法定量刑情节

1. 武装掩护走私的，从重处罚（《刑法》第 157 条）。

2. 伪造货币并出售或者运输伪造的货币的，以伪造货币罪从重处罚（《刑法》第 171 条第 3 款）。

3. 奸淫不满 14 周岁的幼女的，以强奸论，从重处罚（《刑法》第 236 条第 2 款）。

4. 非法剥夺他人人身自由（非法拘禁罪），具有殴打、侮辱情节的，从重处罚（《刑法》第 238 条第 1 款）。

5. 国家机关工作人员利用职权犯非法拘禁罪的，从重处罚（《刑法》第 238 条第 4 款）。

6. 国家机关工作人员犯诬告陷害罪的，从重处罚（《刑法》第 243 条第 2 款）。

7. 司法工作人员滥用职权犯非法搜查罪的，从重处罚（《刑法》第 245 条第 2 款）。

8. 司法工作人员刑讯逼供或者暴力取证致人伤残、死亡的，以故意伤害罪、故意杀人罪从重处罚（《刑法》第 247 条）。

9. 邮政工作人员私自开拆、隐匿、毁弃邮件、电报，从中窃取财物的，以盗窃罪从重处罚（《刑法》第 253 条第 2 款）。

10. 冒充人民警察招摇撞骗的，以招摇撞骗罪从重处罚（《刑法》第 279 条第 2 款）。

11. 司法工作人员犯妨害作证罪，帮助当事人伪造、毁灭证据罪的，从重处罚（《刑法》第 307 条第 3 款）。

12. 利用、教唆未成年人走私、贩卖、运输、制造毒品，或者向未成年人出售毒品的，从重处罚（《刑法》第 347 条第 6 款）。

13. 引诱、教唆、欺骗或者强迫未成年人吸食、注射毒品的，从重处罚（《刑法》第 353 条第 3 款）。

14. 因走私、贩卖、运输、制造、非法持有毒品罪被判过刑，又犯毒品犯罪的，从重处罚（《刑法》第 356 条）。

15. 有关单位的主要负责人，利用本单位的条件，组织、强迫、引诱、容留、介绍他人卖淫的，从重处罚（《刑法》第 361 条第 2 款）。

16. 制作、复制淫秽的电影、录像等音像制品组织播放的，从重处罚（《刑法》第 364 条第 3 款）。

17. 向不满 18 周岁的未成年人传播淫秽物品的，从重处罚（《刑法》第 364 条第 4 款）。

18. 挪用特定款物如救灾、救济、抢险、防汛、优抚、扶贫、移民款物归个人使用的，从重处罚（《刑法》第 384 条第 2 款）。

19. 犯受贿罪索贿的，从重处罚（《刑法》第 386 条）。

20. 行贿人在被追诉前主动交代行贿行为的，可以从轻或者减轻处罚（《刑法》第 390 条第 2 款）。

三、酌定情节

酌定情节是指人民法院从审判经验中总结出来的，在刑罚裁量时可以灵活掌握酌情适用的情况。这主要包括：①犯罪的动机；②犯罪的手段；③犯罪的时间、地点；④犯罪结果；⑤犯罪对象；⑥犯罪分子的一贯表现；⑦犯罪后的态度；⑧前科；等等。

四、量刑情节的种类

量刑情节有从重处罚、从轻处罚、减轻处罚、免除处罚等情形。

1. 从重处罚。在法定刑幅度内，适用相对于没有从重处罚情节的情况较重的刑罚。

2. 从轻处罚。在法定刑幅度内，适用相对于没有从轻处罚情节的情况较轻的刑罚。

需要注意的是，从重处罚并不意味着一定在法定刑的"中间线"以上判处刑罚，从轻处罚也不意味着在法定刑的"中间线"以下判处刑罚。正确的做法是：先暂时排除犯罪人所具有的从重、从轻处罚情节，综合考虑犯罪的事实、性质、情节及对社会的危害程度，根据刑法估量应当判处什么刑罚，再考虑从重情节与从轻情节，从而确定应当宣告的刑罚。

3. 减轻处罚。即在法定刑以下（不含本数）判处刑罚。减轻处罚有两种：

（1）法定的减轻处罚情节。这又分为两种情况：

第一，在刑法分则条文规定的刑罚只有一个量刑幅度的情况下，减轻处罚就是判处低于该条文规定的量刑幅度最低刑的刑罚。

第二，在刑法分则条文规定的刑罚有几个量刑幅度的情况下，减轻处罚就是判处低于与犯罪人所犯之罪具体相对应的该条文规定的量刑幅度最低刑的刑罚。

《刑法修正案（八）》规定，本法规定有数个量刑幅度的，应当在法定量刑幅度的下一个量刑幅度内判处刑罚。比如，《刑法》第 227 条第 2 款规定，倒卖车票、船票，情节严重的，处 3 年以下有期徒刑、拘役或者管制，并处或者单处票证价额 1 倍以上 5 倍以下罚金。甲倒卖火车票，其犯罪情节应判处 3 年以下有期徒刑。现若有减轻处罚情节，应该减为拘役，而不能直接减为管制。

（2）法外减轻处罚。犯罪分子虽然不具有法定的减轻处罚情节，但根据案件的特殊情况，经最高人民法院核准也可以在法定刑以下判处刑罚。法外减轻处罚不能跨档减，只能逐级减。

4. 免除处罚。即对犯罪人作有罪宣告，但免除其刑罚。

五、量刑情节的竞合

如果犯罪人有数个量刑情节，应当分别予以考虑，而不能任意改变量刑情节的功能。比如，犯罪人具有几个从轻情节，那应该对犯罪人在法定幅度内数次从轻处罚，而不能减轻处罚；相应地，如果有数个从重情节，也不能对其加重处罚；如果犯罪人既有从宽情节，又有从严情节，则应先考虑从严情节，再考虑从宽情节。

六、量刑的基本方法

最高人民法院《关于常见犯罪的量刑指导意见》规定：量刑时，应在定性分析的基础上，结合定量分析，依次确定量刑起点、基准刑和宣告刑。

1. 量刑步骤。

（1）根据基本犯罪构成事实在相应的法定刑幅度内确定量刑起点。

（2）根据其他影响犯罪构成的犯罪数额、犯罪次数、犯罪后果等犯罪事实，在量刑起点的基础上增加刑罚量确定基准刑。

（3）根据量刑情节调节基准刑，并综合考虑全案情况，依法确定宣告刑。

2. 调节基准刑的方法。

（1）具有单个量刑情节的，根据量刑情节的调节比例直接调节基准刑。

（2）具有多个量刑情节的，一般根据各个量刑情节的调节比例，采用同向相加、逆向相减的方法调节基准刑；具有未成年人犯罪、老年人犯罪、限制行为能力的精神病人犯罪、又聋又哑的人或者盲人犯罪、防卫过当、避险过当、犯罪预备、犯罪未遂、犯罪中止、从犯、胁从犯和教唆犯等量刑情节的，先适用该量刑情节对基准刑进行调节，在此基础上，再适用其他量刑情节进行调节。

（3）被告人犯数罪，同时具有适用于各个罪的立功、累犯等量刑情节的，先适用该量刑情节调节个罪的基准刑，确定个罪所应判处的刑罚，再依法实行数罪并罚，决定执行的刑罚。

3. 确定宣告刑的方法。

（1）量刑情节对基准刑的调节结果在法定刑幅度内，且罪责刑相适应的，可以直接确定为宣告刑；如果具有应当减轻处罚情节的，应依法在法定最低刑以下确定宣告刑。

（2）量刑情节对基准刑的调节结果在法定最低刑以下，具有法定减轻处罚情节，且罪责刑相适应的，可以直接确定为宣告刑；只有从轻处罚情节的，可以依法确定法定最低刑为宣告刑；但是根据案件的特殊情况，经最高人民法院核准，也可以在法定刑以下判处刑罚。

（3）量刑情节对基准刑的调节结果在法定最高刑以上的，可以依法确定法定最高刑为宣告刑。

（4）综合考虑全案情况，独任审判员或合议庭可以在 20% 的幅度内对调节结果进行调整，确定宣告刑。当调节后的结果仍不符合罪责刑相适应原则的，应提交审判委员会讨论，依法确定宣告刑。

（5）综合全案犯罪事实和量刑情节，依法应当判处无期徒刑以上刑罚、管制或者单处附加刑、缓刑、免刑的，应当依法适用。

第二节 累犯

累犯可以分为一般累犯和特别累犯。

一、一般累犯

一般累犯是指因故意犯罪被判处有期徒刑以上刑罚，并在刑罚执行完毕或赦免后 5 年内再犯应当判处有期徒刑以上刑罚之故意犯罪的犯罪人。

其构成条件有：

1. 前罪和后罪都是故意犯罪。

2. 前、后罪都应当被判处有期徒刑以上刑罚。

3. 后罪发生在前罪刑罚执行完毕或赦免后 5 年内。这里的刑罚执行完毕指的是主刑执行完毕，附加刑是否执行完毕，不影响累犯的成立。被假释的罪犯在考验期内犯罪的，不构成累犯。对于被假释的罪犯，要从假释期满之日起计算，而非从假释之日起计算 5 年。因为只有在假释期满后，刑罚才执行完毕。比较复杂的是：在假释考验期间直至期满后连续实施犯罪的，能否成立累犯。虽然连续犯罪中有一部分罪行是在假释考验期结束之后所犯，但对于在假释期间犯罪的，要撤销假释，前罪的余罪仍需执行，故这不属于"前罪刑罚已经执行完毕"的情形，故不成立累犯。[1]

另外，被判处缓刑的罪犯，在缓刑考验期内犯罪的，也不构成累犯。在缓刑考验期结束后，再犯罪的，也不成立累犯。因为缓刑结束后，原判刑罚根本就没有执行，也就谈不上刑罚执行完毕一说。

4. 消极条件：过失犯罪和不满 18 周岁的人犯罪不适用累犯。只要有一个罪是在 18 周岁前实施的，就不成立累犯。

二、特别累犯

特别累犯是指因犯危害国家安全罪、恐怖活动犯罪、黑社会性质的组织犯罪受过刑罚处罚，在刑罚执行完毕或赦免后的任何时候再犯上述任一类罪的犯罪人。

1. 前、后罪都是危害国家安全犯罪、恐怖活动犯罪、黑社会性质的组织犯罪。

2. 后罪发生在前罪刑罚执行完毕或赦免以后，且不论刑罚轻重和间隔长短。

另外，如果前罪是危害国家安全罪、恐怖活动犯罪、黑社会性质的组织犯罪，且被判处有期徒刑以上刑罚，而后罪是三类犯罪以外的其他故意犯罪，只要符合时间条件，也可以成立一般累犯。例如，某乙犯间谍罪被判有期徒刑，在刑罚执行完毕后的第 2 年又犯抢劫罪，乙成立一般累犯。

三、处罚

1. 应当从重处罚。
2. 对累犯不得适用缓刑和假释。

四、毒品再犯

《刑法》第 356 条规定，因走私、贩卖、运输、制造、非法持有毒品罪被判过刑，又犯本节规定（毒品犯罪）之罪的，从重处罚。

此条并不属于总则规定的累犯，因此它无需受到时间条件的限制。但是，如果既是累犯又是毒品再犯，对其不能适用假释和缓刑的规定。

---

[1] 参见"丁立军强奸、抢劫、盗窃［第 202 号］"，载最高人民法院刑事审判第一、二、三、四、五庭主编：《中国刑事审判指导案例 3：侵犯公民人身权利、民主权利罪》，法律出版社 2012 年版，第 471 页。被告人丁立军 1992 年因强奸罪被判处有期徒刑 9 年，于 1997 年 9 月 5 日假释，假释考验期至 1999 年 5 月 2 日。丁某于 1998 年 6 月至 2001 年 4 月期间，先后入户强奸作案近 40 起，对代某某、倪某某、姜某某等 32 名妇女实施强奸，其中，强奸既遂 21 人，强奸未遂 11 人。在入户强奸作案的同时，被告人丁立军还抢劫作案 5 起，盗窃多起。一审法院认定丁某系累犯，但二审法院认为其不属于累犯。

☞ 第三节 自首、坦白和立功

第一讲 自首

一、自首的定义

自首，是指犯罪分子犯罪后自动投案，如实供述自己的罪行或被采取强制措施的犯罪嫌疑人、被告人和正在服刑的罪犯，如实供述司法机关尚未掌握的本人其他罪行的行为。自首包括一般自首和特别自首。

二、一般自首

一般自首，是指犯罪分子犯罪后，自动投案，如实供述自己罪行的行为。其成立条件是：

（一）自动投案

自动投案即自愿、主动接受司法处置。经查实犯罪嫌疑人确已准备投案，或者正在投案途中，即便被司法机关捕获，也属于自首。[1]

1. 自动投案的时机。1998 年《最高人民法院关于处理自首和立功具体应用法律若干问题的解释》（以下简称《自首立功解释》）规定：自动投案，是指犯罪事实或者犯罪嫌疑人未被司法机关发觉，或者虽被发觉，但犯罪嫌疑人尚未受到讯问、未被采取强制措施时，主动、直接向公安机关、人民检察院或者人民法院投案。因此，在被司法机关采取强制措施（如拘传）之后，就不能再成立一般自首。

2. 自动投案的情形。

（1）亲首。主动、直接向公检法机关投案。

---

[1] 参见"赵春昌故意杀人案［第 476 号］"，载最高人民法院刑事审判第一、二、三、四、五庭主编：《中国刑事审判指导案例 3：侵犯公民人身权利、民主权利罪》，法律出版社 2012 年版，第 161 页。被告人赵春昌在故意杀人后，四处躲藏、逃窜。其间，河南警方给赵春昌之妻韩志云做工作，要求韩志云协助公安机关抓捕赵春昌或者规劝赵春昌投案自首，韩志云允诺并于 2006 年 2 月 3 日赶到其娘家吉林省辽源市。2006 年 2 月 8 日，河南警方根据韩志云提供的地址，到辽源市山湾乡赵春昌的岳母盛秀兰家，要求盛秀兰及其家人协助公安机关抓捕赵春昌或者规劝赵春昌投案自首。2006 年 2 月 9 日凌晨 3 时许，赵春昌逃至盛秀兰家，其妻韩志云遂给赵春昌做思想工作，规劝赵投案自首，赵春昌同意投案，韩志云遂将此情况电话报告给河南警方，河南警方即通知辽源警方。同时，盛秀兰亦安排儿媳李书芳报警，并到村口带领随后赶到的辽源警方来家中将赵春昌抓获归案。法院最终认为，赵春昌的行为成立自首。参见"赵新正故意杀人案［第 811 号］"，载最高人民法院刑事审判第一、二、三、四、五庭主办：《刑事审判参考（2012 年第 6 集·总第 89 集）》，法律出版社 2013 年版，第 24 页。被告人赵新正持械杀死被害人马西滨。经查，赵新正被抓获时，公安人员从其身上提取到其于 2009 年 12 月 1 日书写的"投案自首情况说明"，但 2009 年 12 月 3 日 3 时许，公安人员在和赵新正通话，敦促其投案时，赵新正并未明确表示其要投案，且当日 18 时许，公安人员在西安市将其抓获后，其也未供述自己准备投案。法院认定赵新正不具有自首情节。据此，法院以被告人赵新正犯故意杀人罪，判处死刑，并剥夺政治权利终身。

（2）托首。因病、伤或者为了减轻犯罪后果，委托他人先代为投案的，或者先以信、电话方式投案的。

（3）陪首。并非犯罪嫌疑人主动投案，而是经亲友规劝、陪同，向有关机关投案。

（4）代首和送首。代首是指亲友报案，并控制犯罪嫌疑人，然后带领公安人员抓获的。送首是指司法机关通知犯罪嫌疑人的亲友或者亲友主动报案后，将犯罪嫌疑人送去投案的。2010 年《最高人民法院关于处理自首和立功若干问题的意见》（以下简称《自首立功意见》）规定："犯罪嫌疑人被亲友采用捆绑等手段送到司法机关，或者在亲友带领侦查人员前来抓捕时无拒捕行为，并如实供认犯罪事实的，虽然不能认定为自动投案，但可以参照法律对自首的有关规定酌情从轻处罚。"对比《自首立功解释》，两者在送首问题的立场是不一致的，根据新解释优于旧解释的原理，在 2010 年 12 月 22 日之后发生的案件，捆绑式送首不能再认定为自首。总之，根据《自首立功意见》，对代首和送首这两种自首类型的认定必须受到自愿主动接受司法处置原理的限制。如果在代首和送首中，行为人不是自愿主动接受司法处置，而是被迫的，均不再认定为自首。

（5）通缉后自首。犯罪后逃跑，在通缉、追捕的过程中，主动投案的。

（6）形迹可疑型自首。罪行未被有关部门、司法机关发觉，仅因形迹可疑被盘问、教育后，主动交代了犯罪事实的，应当视为自动投案。在司法机关未确定犯罪嫌疑人，尚在一般性排查询问时主动交代自己罪行的，也属于自动投案。但有关部门、司法机关在其身上、随身携带的物品、驾乘的交通工具等处发现与犯罪有关的物品的，不能认定为自动投案。因此，形迹可疑和犯罪可疑的区分点在于司法机关是否获得足以认定犯罪的证据，如果还未获得足以认定犯罪的证据，一般应该理解为形迹可疑，可以成立自首。如果获得足以认定犯罪的证据，一般都属于犯罪可疑，不再成立自首。[1]例如，公安机关在设卡例行检查时发现某人神色慌张，形迹可疑，遂对其进行盘问，此人即交代了运输毒品的犯罪事实，公安人员随后在其随身携带的行李箱内查获毒品，这类情形就不能认定为自动投案。当然，如果与犯罪有关的物品是通过正常工作方法难以发现的，如某人运输毒品时发现前方 500 米处有检

---

[1] 参见"刘兵故意杀人案［第 465 号］"，载最高人民法院刑事审判第一、二、三、四、五庭主编：《中国刑事审判指导案例 3：侵犯公民人身权利、民主权利罪》，法律出版社 2012 年版，第 150 页。被告人刘兵与被害人韩某（14 周岁）发生性关系，刘兵所穿白色横条 T 恤和裤子上均沾上韩某的血迹。之后，韩某提出把刘兵与之发生性关系一事告知其姐，并报告派出所。刘兵担心事情败露，遂产生杀人灭口的念头。后刘兵用双手将韩某扼掐致死，并将尸体藏匿于路边菜地刺蓬中后逃离现场。公安机关根据掌握的情况到刘兵家调查，从洗衣机中查获了带血迹的白色横条 T 恤，刘兵遂交代了所犯罪行。一审法院以故意杀人罪判处其死刑立即执行，刘兵提出上诉，认为自己有自首情节。二审法院认为，刘兵是在公安机关已掌握了一定线索且从其家中发现犯罪证据后才供认犯罪事实的，其行为不具备投案的自动性，不构成自首。二审法院维持原判，并依法报请最高人民法院核准。

查站，即将毒品埋在路边，该人在检查站因神色慌张而被盘问，即交代了犯罪事实并带领公安人员找到了埋藏的毒品，此时的主动交代对确定犯罪嫌疑人就具有实质意义，可以认定为自动投案。[1]

（7）现场候捕型自首（能逃而不逃）：①犯罪后主动报案，虽未表明自己是作案人，但没有逃离现场，在司法机关询问时交代自己罪行的；[2]②明知他人报案而在现场等待，抓捕时无拒捕行为，供认犯罪事实的。[3]

（8）向非司法机关自首。向所在单位、城乡基层组织或者其他有关负责人员投案的。

（9）双规、双指案件中的自首。2009 年最高人民法院、最高人民检察院《关于办理职务犯罪案件认定自首、立功量刑情节若干问题的意见》（以下简称《职务自首立功意见》）规定，犯罪事实或者犯罪分子未被办案机关掌握，或者虽被掌握，但犯罪分子尚未受到调查谈话、讯问，或者未被宣布采取调查措施或者强制措施时，向办案机关投案的，是自动投案。在此期间如实交代自己的主要犯罪事实的，应当认定为自首。没有自动投案，在办案机关调查谈话、讯问、采取调查措施或者强制措施期间，犯罪分子如实交代办案机关掌握的线索所针对的事实的，不能认定为自首。此处的"办案机关"包括纪检、监察、公安、检察等法定职能部门。

（10）向被害人投案。一般不成立自首。但如果案件的性质是亲告罪，向被害人投案可以成立自首。

3. 不属于自动投案的情形。如果不符合自愿主动接受司法处置的情形，就不属于自首。比如：①犯罪嫌疑人先投案，在交待罪行后，又潜逃的；②以不署名或化名的方式将非法所得寄给司法机关或报纸、杂志社的，不能

---

[1]　周峰、薛淑兰、孟伟："《关于处理自首和立功若干具体问题的意见》的理解与适用"，载最高人民法院刑事审判第一、二、三、四、五庭主编：《刑事审判参考（2011 年第 3 集·总第 80 集）》，法律出版社 2011 年版，第 167 页。

[2]　参见"陈国策故意伤害案［第 394 号］"，载最高人民法院刑事审判第一、二、三、四、五庭主编：《中国刑事审判指导案例 3：侵犯公民人身权利、民主权利罪》，法律出版社 2012 年版，第 398 页。

[3]　参见"翁见武故意杀人案［第 522 号］"，载最高人民法院刑事审判第一、二、三、四、五庭主编：《刑事审判参考（2009 年第 1 集·总第 66 集）》，法律出版社 2009 年版，第 22 页。2007 年 4 月，被告人翁见武因被害人张焕堂有婚外情，与张焕堂协议离婚，但二人仍在一处居住。同年 7 月 15 日凌晨 4 时许，二人因婚姻家庭问题发生争执，翁见武先持铁锤击打张焕堂的头部，又持菜刀砍张焕堂的头部和上身 20 余刀，还用铁锤击打其子张勤华致轻微伤，其本人左手腕也受了刀伤。其间，张勤华和翁见武先后拨打电话向"110"报警，但随后翁见武见张焕堂持菜刀再次进入客厅，翁见武又用菜刀对张焕堂进行了砍杀。张焕堂被送往医院后经抢救无效，于当日上午 9 时许死亡。翁见武随后也被送至医院，并在医院向公安人员叙述了杀害张焕堂的经过。一审法院认为被告人翁见武无自首情节，判处其死刑，立即执行。二审法院认为其有自首情节，改判其死刑，缓期二年执行。

认定为自首。[1]

（二）如实供述自己的罪行

自首者如实供述自己的罪行，节约了司法资源。如果没有如实供述，即便有其他的悔改表现，如积极抢救被害人，也不属于自首。[2]一般认为，自首不考虑主观动机，即便缺乏真诚悔改的动机，也可能成立自首。[3]

1. 时间限制。犯罪嫌疑人自动投案时虽然没有交代自己的主要犯罪事实，但在司法机关掌握其主要犯罪事实之前主动交代的，应认定为如实供述自己的罪行。

2. 如实供述的范围。自首者只要交待主要罪行即可成立自首。由于客观因素，不能交代全部的犯罪事实，但如实供述自己的主要犯罪事实的，也应属于如实供述自己的罪行。

（1）如实供述必须包括对基本身份信息的交代。如实供述自己的罪行，除供述自己的主要犯罪事实外，还应包括姓名、年龄、职业、住址、前科等情况。犯罪嫌疑人供述的身份等情况与真实情况虽有差别，但不影响定罪量刑的，应认定为如实供述自己的罪行。犯罪嫌疑人在自动投案后隐瞒自己的真实身份等情况，影响对其定罪量刑的，不能认定为如实供述自己的罪行。

（2）犯有数罪的犯罪嫌疑人仅如实供述所犯数罪中部分犯罪的，只对如实供述部分犯罪的行为认定为自首。此处的数罪不包括同种数罪。犯罪嫌疑人多次实施同种罪行的，必须交待更重部分的犯罪方成立自首。例如，被告

---

[1] 参见"王秋明故意伤害案［第 525 号］"，载最高人民法院刑事审判第一、二、三、四、五庭主编：《刑事审判参考（2009 年第 1 集·总第 66 集）》，法律出版社 2009 年版，第 42 页。被告人王秋明与女友孟令娣因感情问题于 2007 年 9 月 23 日凌晨发生争执，当日 3 时许，王秋明在北京市门头沟区三家店四局东排 1 号楼附近，采用拳打脚踢的方式对孟令娣的头面部、躯干部、四肢及会阴部进行殴打，造成孟令娣的下腔静脉进入右心房入口处破裂，致心包填塞死亡。王秋明在案发后将被害人送至医院抢救，医生宣布被害人死亡后，其在医院打"110"报警，称在区医院急诊室有一女子死亡。当公安人员赶到医院以及在随后的询问中，王秋明未主动向公安机关交代被害人的伤情是其行为所致，在公安机关经过调查工作对王秋明采取强制措施后，王秋明交代了犯罪事实。法院认为，在公安机关对王秋明采取强制措施后，王秋明虽然交代了犯罪事实，但已不是自动投案，故其行为不能认定为自首。王秋明因故意伤害罪，判处无期徒刑，剥夺政治权利终身。

[2] 参见"张杰故意杀人案［第 42 号］"，载最高人民法院刑事审判第一、二、三、四、五庭主办：《中国刑事审判指导案例 3：侵犯公民人身权利、民主权利罪》，法律出版社 2012 年版，第 23 页。

[3] 参见"董保卫、李志林等盗窃、收购赃物案［第 381 号］"，载最高人民法院刑事审判第一、二、三、四、五庭主办：《中国刑事审判指导案例 4：侵犯财产罪》，法律出版社 2012 年版，第 335 页。2003 年 9 月 1 日 1 时许，被告人董保卫、董曙光等人在被告人李志林的协助下进入位于北京市朝阳区的北京市制动密封材料厂行窃。在将该厂库房大门上的挂锁破坏以后，被告人董保卫、董曙光等人窃走锻钢毛坯 8.8 吨（价值人民币 5.544 万元）。被告人卢启学在明知上述物品系赃物的情况下，仍以人民币 1.1 万元的价格予以收购并转卖。案发后，公安机关追缴被告人李志林分得的赃款人民币 1500 元。被告人董曙光在犯罪后，因只分得少部分赃款，又听说举报能领奖金，即向被盗单位举报了其与他人盗窃该单位物品的情况，并由被盗单位的人员带至公安机关报案。在诉讼过程中，董曙光承认其参与盗窃活动，但辩称其不明知是去实施盗窃。对于董曙光的行为，一审法院不认为是自首，但二审法院将此认定为自首。

人抢劫作案三起，其中第三起致人死亡，被告人投案后如实交代了前两起，隐瞒了第 3 起，由于致人死亡的一起犯罪对量刑有决定性的影响，如实交代的犯罪情节轻于未交代的犯罪情节，故不应认定为如实供述主要犯罪事实。

（3）在共同犯罪案件中，必须交代自己所知的同案犯的共同犯罪行为。同案犯包括对合犯，受贿者必须交代行贿人的行贿行为才可成立自首。

3. 如实供述与翻供。如实供述后又翻供的，不能认定为自首，但在一审判决前又能如实供述的，应当认定为自首。

4. 如实供述与辩解。如实供述并不能否定犯罪嫌疑人有为自己辩解的权利。被告人对行为性质的辩解不影响自首的成立。但如果对基本事实进行否认，比如主张自己不在现场，自己并非犯罪人的，这都属于辩解，不成立自首。[1]

三、特别自首

特别自首是指被采取强制措施的犯罪嫌疑人、被告人和正在服刑的罪犯，如实供述司法机关尚未掌握的本人其他罪行的行为，亦称准自首。

1. 特别自首的主体是被采取强制措施的犯罪嫌疑人、被告人和正在服刑的罪犯。《自首立功意见》规定：因特定违法行为被采取劳动教养、行政拘留、司法拘留、强制隔离戒毒等行政、司法强制措施期间，主动向执行机关交代尚未被掌握的犯罪行为的，也成立自首。这属于举重以明轻的当然解释，符合罪刑法定原则。

2. 如实供述司法机关尚未掌握的本人的其他罪行。"司法机关尚未掌握的本人其他罪行"是指与司法机关掌握的或者判决确定的罪行属不同种罪行。因为在司法实践中，如果交代的是同种罪行，会为之前的罪行所吸收，不会以新罪论处。因此，所交待的其他罪行必须是可以另开一罪的新罪。根据《自首立功意见》，办案机关所掌握线索针对的犯罪事实不成立，在此范围外

---

[1] 参见"王洪斌故意杀人案［第 80 号］"，载最高人民法院刑事审判第一、二、三、四、五庭主编：《中国刑事审判指导案例 3：侵犯公民人身权利、民主权利罪》，法律出版社 2012 年版，第 43 页。被告人王洪斌因怀疑其妻童玉梅与单位负责人范文刚有不正当两性关系，打电话将范文刚叫到家中质问。因范文刚否认此事，王洪斌便从阳台上取出私藏的改制枪支和子弹，返回客厅向范头部开枪射击，致范开放性颅脑损伤而死亡。其妻童玉梅回家见状，打电话将范文刚之妻田慧清等人叫来，王洪斌与一起来的田慧清等人一同将范送往医院。之后，王洪斌又与他人一同到公安机关，谎称范文刚系来其家借枪，自己摆弄枪支走火致死。另外，被告人王洪斌于 1998 年间，在内蒙古自治区牙克石市伊图里河镇购买高压气枪一支，改制成能发射小口径子弹的枪支后，与子弹 50 发一同藏匿家中。一审法院认为：被告人王洪斌犯故意（间接）杀人罪，判处无期徒刑，剥夺政治权利终身；犯非法制造、储存枪支弹药罪，判处有期徒刑 5 年，决定执行无期徒刑，剥夺政治权利终身。检察机关提起抗诉。二审法院认为：王洪斌借故持枪向被害人头部射击，并致其死亡，其行为显属直接故意犯罪；王洪斌作案后，并未及时有效地抢救被害人，而是与事后才来的被害人之妻等人一同送被害人去医院，且被害人未经抢救已经死亡；王洪斌虽同他人到公安机关报案，但并未承认被害人的死亡是其所致，在公安机关鉴定被害人枪弹伤不能自己致成后，才被迫承认基本犯罪事实，故不具有自动投案的主观意愿和实际表现，自首不能成立。故改判被告人王洪斌犯故意杀人罪，判处死刑，剥夺政治权利终身；犯非法制造、储存枪支弹药罪，判处有期徒刑 5 年，决定执行死刑，剥夺政治权利终身。最高人民法院后核准二审的死刑判决。

犯罪分子交代同种罪行的，可以成立自首。

（1）交待已在通缉令范围内的信息不属于未掌握信息。如果该罪行已被通缉，一般应以该司法机关是否在通缉令发布范围内作出判断，不在通缉令发布范围内的，应认定为还未掌握；在通缉令发布范围内的，应视为已掌握。如果该罪行已录入全国公安信息网络在逃人员信息数据库，应视为已掌握。如果该罪行未被通缉、也未录入全国公安信息网络在逃人员信息数据库，应以该司法机关是否已实际掌握该罪行为标准。

（2）对不同种罪行的认定，首先要以罪名区分，罪名不同的，还要考虑余罪与已掌握的犯罪是否属于选择性罪名或者在法律、事实上是否密切关联，罪名不同且不属于选择性罪名，在法律、事实上也没有密切关联的，才能认定为不同种罪行。具体标准是：①如实供述的其他犯罪与司法机关已掌握的犯罪为选择性罪名，如已掌握的是走私毒品罪行，又供述了制造毒品罪行，仍属同种罪行；②如实供述的其他犯罪与司法机关已掌握的犯罪在法律、事实上密切关联，如因受贿被采取强制措施后，又交代因受贿为他人谋取利益的行为，构成滥用职权罪的，应认定为同种罪行。

四、单位自首

单位与其内部自然人可分别成立自首。其中，单位自首的效力一般可以及于自然人，但自然人自首的效力一般不及于单位。《职务自首立功意见》指出：单位犯罪案件中，单位集体决定或者单位负责人决定而自动投案，如实交代单位犯罪事实的，或者单位直接负责的主管人员自动投案，如实交代单位犯罪事实的，应当认定为单位自首。单位自首的，直接负责的主管人员和直接责任人员未自动投案，但如实交代自己知道的犯罪事实的，可以视为自首；拒不交代自己知道的犯罪事实或者逃避法律追究的，不应当认定为自首。单位没有自首，直接责任人员自动投案并如实交代自己知道的犯罪事实的，对该直接责任人员应当认定为自首。

五、自首的处罚

对于自首的犯罪分子，可以从轻处罚或减轻处罚，犯罪情节较轻的，可以免除处罚。共同犯罪时，自首的法律效果只适用于自首的共犯人，不能适用于没有自首的其他共犯人。

第二讲　坦白

坦白是指犯罪分子被动归案之后，如实交代自己犯罪事实的行为，《刑法修正案（八）》将坦白从酌定从宽情节变为法定从宽情节。"归案"有三种情况：被采取强制措施而归案；被司法机关传唤而归案；被群众扭送而归案。

1. 一般自首和坦白的区别要点：是否自动投案。自动投案、如实交代的是自首；被动归案、如实交代的是坦白。

2. 特殊自首与坦白的区别要点：是否为不同种罪行。如果上述在案在押人员，主动交代司法机关尚未掌握的罪行，并且该罪行与被审查处理的犯罪属于不同种罪行的，以自首论。反之，属于同种罪行的，是坦白。

3. 坦白的处理。《刑法修正案（八）》规定，犯罪嫌疑人虽不具有自首情节，但是如实供述自己罪行的，可以从轻处罚；因其如实供述自己罪行，避免特别严重后果发生的，可以减轻处罚。

第三讲　立功

立功包括一般立功和重大立功。

一、一般立功

一般立功，是指犯罪分子揭发他人犯罪行为，查证属实，或者提供重要线索，从而得以侦破其他案件的，或者协助司法机关抓捕其他犯罪嫌疑人，或者具有其他有利于国家和社会的突出表现的行为。共有以下四种情形：

1. 检举、揭发他人的犯罪行为。这又包括共同犯罪人供述同案共犯共同犯罪以外的罪行。如果供述的是同案犯共同犯罪之内的罪行，属于自首的如实供述，不属于检举、揭发他人罪行的立功表现，不存在立功问题。一般认为，这里所说的"他人犯罪行为"不包括对合犯和连累犯。

对合犯，如受贿人交待行贿人的行贿行为，这是如实供述，而非检举揭发。

连累犯是在本犯既遂以后参与其中，与本犯有着密切联系的事后帮助型犯罪。窝藏、包庇都是典型的连累犯。连累犯的犯罪行为总是基于本犯的犯罪行为，没有本犯的犯罪行为，就不会有连累犯的帮助行为。因此，本犯对连累犯的交待也不属于检举、揭发"他人犯罪行为"，不成立立功。[1]

但是，连累犯对本犯的交待比较复杂。一般认为，如果连累犯的成立必须要求对本犯的基本犯罪行为有明确的认识，比如，包庇黑社会性质组织罪，行为人主观上必须认识到所包庇的对象是从事黑社会性质组织的犯罪人，因此，连累犯对本犯的犯罪事实的交待只属于如实供述，而非揭发"他人犯罪行为"。但如果连累犯的成立主观上只需对行为对象有概括性的明知，无需对本犯的具体犯罪行为有明确的认识，比如，包庇罪，只需要知道所包庇的对象是犯了罪的人，而无需知道所犯之具体罪行，如果连累犯交待了本犯的具体罪行，这已经超出连累犯的犯罪构成，故应属于揭发"他人犯罪行为"，可

---

〔1〕 参见"蔡勇、李光等故意伤害、窝藏案〔第 223 号〕"，载最高人民法院刑事审判第一、二、三、四、五庭主编：《中国刑事审判指导案例3：侵犯公民人身权利、民主权利罪》，法律出版社 2012 年版，第 332 页。

以成立立功。[1]

2. 提供其他案件的重大线索，查证属实的。

3. 协助司法机关抓捕其他犯罪嫌疑人的（包括同案犯）。这里的同案犯包括共同犯罪中的同案犯，也包括非共同犯罪中的同案犯。根据相关规范性文件，认定被告人是否构成此项立功，应当根据被告人在公安机关抓获同案犯中是否确实起到了协助作用。例如，经被告人当场指认、辨认抓获了同案犯；带领公安人员抓获了同案犯；被告人提供了不为有关机关掌握或者有关机关按照正常工作程序无法掌握的同案犯藏匿的线索，抓获了同案犯；等等，均属于协助司法机关抓获同案犯，应认定为立功。

《自首立功意见》规定：犯罪分子具有下列行为之一，使司法机关抓获其他犯罪嫌疑人的，属于"协助司法机关抓捕其他犯罪嫌疑人"：①按照司法机关的安排，以打电话、发信息等方式将其他犯罪嫌疑人（包括同案犯）约至指定地点的；②按照司法机关的安排，当场指认、辨认其他犯罪嫌疑人（包括同案犯）的；③带领侦查人员抓获其他犯罪嫌疑人（包括同案犯）的；④提供司法机关尚未掌握的其他案件犯罪嫌疑人的联络方式、藏匿地址的；等等。

犯罪分子提供同案犯姓名、住址、体貌特征等基本情况，或者提供犯罪前、犯罪中掌握、使用的同案犯联络方式、藏匿地址，司法机关据此抓捕同案犯的，这属于如实供述，而不能认定为协助司法机关抓捕同案犯。但如果交代的是犯罪后所掌握的新的信息（比如同案犯新的藏身之处），就可以认定为协助抓捕。

4. 具有其他有利于国家和社会突出表现的。

二、重大立功

重大立功与一般立功的区别在于是否属于"重大犯罪""重大案件""重大犯罪嫌疑人"。所谓"重大"，是指犯罪嫌疑人、被告人可能被判处无期徒刑以上刑罚或者在本省、自治区、直辖市或者全国范围内有较大影响的情形。可能被判处无期徒刑以上刑罚，是指根据犯罪行为的事实、情节可能判处无期徒刑以上刑罚。案件已经判决的，以实际判处的刑罚为准。根据犯罪行为

---

[1] 参见"吴灵玉等抢劫、盗窃、窝藏案［第499号］"，载最高人民法院刑事审判第一、二、三、四、五庭主编：《中国刑事审判指导案例4：侵犯财产罪》，法律出版社2012年版，第230页。吴某等人抢劫杀人后，同某帮助犯罪人逃逸，后同某于2005年8月5日因涉嫌窝藏赃物被公安机关传唤后，揭发了公安机关不掌握的吴某等人抢劫犯罪的事实，并交待了自己的盗窃罪行。一审法院认为，同某构成窝藏罪，但其如实供述公安机关还不掌握的本人盗窃罪行，具有自首情节，依法对其所犯盗窃罪从轻处罚。同某犯窝藏罪，判处有期徒刑4年；犯盗窃罪，判处有期徒刑6个月，罚金人民币1000元，决定执行有期徒刑4年，罚金人民币1000元。同某后提出上诉，二审法院认为，鉴于同某归案后，如实供述公安机关尚未掌握的本人盗窃罪行，具有自首情节，且同某揭发他人重大犯罪行为，经查证属实，有重大立功表现，依法对其所犯窝藏罪减轻处罚，判处有期徒刑2年，对其所犯盗窃罪免予刑事处罚。

的事实、情节应当判处无期徒刑以上刑罚，但是因被判刑人有法定情节经依法从轻、减轻处罚后判处有期徒刑的，应当认定为重大立功。

三、对立功的限制

立功制度是功利主义哲学的典型体现，它并不一定符合法律所倡导的良善价值，因此，必须对立功制度进行限制。

1. 代为立功不成立立功。立功必须是犯罪分子本人实施的行为。为使犯罪分子得到从轻处理，犯罪分子的亲友直接向有关机关揭发他人犯罪行为，提供侦破其他案件的重要线索，或者协助司法机关抓捕其他犯罪嫌疑人的，不应当认定为犯罪分子的立功表现。

2. 抽象立功不成立立功。据以立功的他人罪行材料应当指明具体犯罪事实；据以立功的线索或者协助行为对于侦破案件或者抓捕犯罪嫌疑人要有实际作用。犯罪分子揭发他人犯罪行为时没有指明具体犯罪事实的；揭发的犯罪事实与查实的犯罪事实不具有关联性的；提供的线索或者协助行为对于其他案件的侦破或者其他犯罪嫌疑人的抓捕不具有实际作用的，不能认定为立功表现。

3. 立功的来源必须正当。据以立功的线索、材料来源有下列情形之一的，不能认定为立功：①本人通过非法手段或者非法途径获取的；②本人因原担任的查禁犯罪等职务获取的；③他人违反监管规定向犯罪分子提供的；④负有查禁犯罪活动职责的国家机关工作人员或者其他国家工作人员利用职务便利提供的。

四、立功的刑事责任

一般立功的，可以从轻、减轻处罚；重大立功的，可以减轻、免除处罚；自首又有重大立功的，不再应当减轻处罚或免除处罚，而是直接按照法律规定，可以两次适用从宽处罚的规定。

☞ 第四节 数罪并罚

数罪并罚，是指对一人所犯数罪合并处罚的制度。

一、适用条件

1. 必须是一行为人犯有数罪。这里的数罪既包括同种数罪，也包括异种数罪，但对判决宣告前的同种数罪，通说认为不并罚。

2. 行为人所犯数罪，必须发生在法定的时间界限之内。

3. 必须在对数罪分别定罪量刑的基础上，依照法定的并罚原则、范围与方法，决定执行的刑罚。另外，要注意数罪并罚与罪数理论的关系，罪数理论是基础，在这个基础上再决定是否数罪并罚，如果判断出是想象竞合犯，则无需进行数罪并罚。当然，如果有法律的特别规定，则需要按照法律的特别规定处理。

二、数罪并罚的原则

根据《刑法修正案（八）》《刑法修正案（九）》，《刑法》第69条修改为："判决宣告以前一人犯数罪的，除判处死刑和无期徒刑的以外，应当在总和刑期以下、数刑中最高刑期以上，酌情决定执行的刑期，但是管制最高不能超过3年，拘役最高不能超过1年，有期徒刑总和刑期不满35年的，最高不能超过20年，总和刑期在35年以上的，最高不能超过25年。数罪中有判处有期徒刑和拘役的，执行有期徒刑。数罪中有判处有期徒刑和管制，或者拘役和管制的，有期徒刑、拘役执行完毕后，管制仍须执行。数罪中有判处附加刑的，附加刑仍须执行，其中附加刑种类相同的，合并执行，种类不同的，分别执行。"

根据这个规定可以看出，我国刑法关于数罪并罚的原则是综合原则，兼采吸收原则、限制加重原则和并科原则。

1. 吸收原则。数罪中有判处死刑或无期徒刑的，其他主刑被死刑、无期徒刑吸收，只执行死刑或无期徒刑，其他刑罚不再执行。《刑法修正案（九）》规定，数罪中有判处有期徒刑和拘役的，执行有期徒刑。

2. 限制加重原则。对一人所犯数罪分别判处有期徒刑、拘役、管制的，则在数刑中最高刑期以上，总和刑期以下，酌情决定执行的刑期。但管制最高不能超过3年、拘役最高不能超过1年；有期徒刑总和刑期不满35年的，最高不能超过20年，总和刑期超过35年的，最高不能超过25年。《刑法修正案（八）》对数罪并罚制度的最大修改就是提高了有期徒刑的最高限度。当数个有期徒刑总和刑期在35年以上的，最高刑从以前的20年提高到25年。如果总和刑期不满35年的，最高刑仍为20年。比如，某人犯故意杀人罪判处有期徒刑12年，犯盗窃罪判处有期徒刑10年，两罪的最高刑是12年，总和刑是22年，在这个幅度内确定刑罚，但由于总和刑期没有超过35年，故有期徒刑最长不能超过20年，所以最后可以决定执行18年有期徒刑，这符合限制加重原则。

3. 并科原则。数罪中有判处附加刑的，附加刑仍须执行。其中，附加刑种类相同的，合并执行，种类不同的，分别执行。另外，根据2000年11月15日通过的《最高人民法院关于适用财产刑若干问题的规定》中的第3条第1款："依法对犯罪分子所犯数罪分别判处罚金的，应当实行并罚，将所判处的罚金数额相加，执行总和数额。"这里要说明的是：如果数罪中有判处没收全部财产和罚金的，仍应采取并科原则，分别执行。因为罚金可以针对将来的财产，而没收财产针对既往的财产，二者属于种类不同的刑罚。

另外，根据《刑法修正案（九）》的规定，数罪中有判处有期徒刑和管制，或者拘役和管制的，有期徒刑、拘役执行完毕后，管制仍须执行。

三、数罪并罚的具体情况

（一）判决宣告以前一人犯数罪的并罚

判决宣告以前一人犯数罪，且均已被发现，根据《刑法》第69条的规定数罪并罚。根据通说，在此情况下的同种数罪一般不并罚。

（二）刑罚执行过程中发现漏罪的并罚（先并后减）

《刑法》第70条规定，判决宣告以后，刑罚执行完毕以前，发现被判刑的犯罪分子在判决宣告以前还有其他罪没有判决的，应当对新发现的罪作出判决，把前后两个判决所判处的刑罚，依照《刑法》第69条的规定，决定执行的刑罚。已经执行的刑期，应当计算在新判决决定的刑期以内。这种规定叫做"先并后减"。

1. 前判决针对一罪，在执行期间发现漏罪。例如，某人犯盗窃罪，判处有期徒刑10年，在执行的3年后发现了其以前还犯有抢劫罪，应当判处有期徒刑12年。先并后减，10年和12年，数罪的最高刑为12年，总合刑期为22年，由于总和刑期未超35年，故有期徒刑最长不能超过20年，所以最后决定判处17年有期徒刑。由于已经执行了3年，因此还需要执行14年有期徒刑。

2. 前判决针对数罪，在执行期间发现漏罪。例如，某人犯诈骗罪，判处有期徒刑10年，犯故意伤害罪判处有期徒刑11年，最后决定执行18年有期徒刑，在执行的3年后发现了以前还犯有抢劫罪，应当判处有期徒刑12年。在这种情况下先并后减，数罪的最高刑应为18年，而非12年，这是为了维护判决的稳定性。在18年以上、30年以下决定执行具体刑期，但由于总和刑期未超35年，故有期徒刑最长不能超过20年，所以最后决定判处20年有期徒刑。由于已经执行了3年，因此还需要执行17年有期徒刑。比较复杂的是：如果某人犯抢劫罪，判处有期徒刑15年，犯故意伤害罪判处有期徒刑11年，最后决定执行18年有期徒刑，在执行的3年后发现了其以前还犯有抢劫罪，应当判处有期徒刑12年。如果数罪的最高刑按15年计算的话，由于总和刑期会超过35年，则最长可以执行25年；但如果按照18年计算，总和刑期不会超过35年，则最长仍只能执行20年。关于这个问题，笔者还是倾向于维持判决的稳定性，数罪的最高刑仍应理解为18年。

3. 前罪假释，在假释期间发现漏罪。被假释的犯罪分子，在假释考验期内发现漏罪，应当撤销假释，按先并后减的方法实行数罪并罚。比如，某人犯盗窃罪，判处有期徒刑10年，在执行6年后被假释，假释考验期为剩余刑期4年，在假释之日起的第2年，又发现了其以前还犯有诈骗罪，应当判处有期徒刑6年。于是先要撤销假释，先并后减，10年和6年，数罪的最高刑为10年，总和刑期为16年，最后决定判处15年有期徒刑。由于已经执行了6年，因此还需要执行9年有期徒刑。这里要特别注意的是：假释考验期经过的时间不能计算在刑罚执行期内。

4. 在二审的审理过程中发现漏罪。应当裁定撤销原判,发回重审。此时,只能适用《刑法》第69条规定的原则,不能先并后减,因为刑罚并未执行。

（三）刑罚执行过程中又犯新罪的并罚（先减后并）

《刑法》第71条规定:"判决宣告以后,刑罚执行完毕以前,被判刑的犯罪分子又犯罪的,应当对新犯的罪作出判决,把前罪没有执行的刑罚和后罪所判处的刑罚,依照本法第69条的规定,决定执行的刑罚。"这种规定叫做"先减后并"。比如,某人犯盗窃罪,判处有期徒刑10年,在执行3年后又犯故意伤害罪,应当判处有期徒刑12年。先减后并,10年已经执行了3年,还有7年,在7年和12年中根据《刑法》第69条规定的数罪并罚原则来确定刑罚,数罪的最高刑为12年,总和刑期为19年,最后决定执行17年有期徒刑。

如果前判决针对数罪,在执行期间再犯新罪,在进行先减后并时,也是用前判决确定的执行刑来减,而不应该再分拆。如果前罪假释,在假释期间再犯新罪,也要撤销假释,先减后并,假释考验期不能计算在刑罚执行期内,不能被减。

四、应当注意的其他问题

在数罪并罚中,还需要注意以下几个特殊问题:

1. 被判处缓刑的犯罪分子,在缓刑考验期内发现漏罪或再犯新罪,应当撤销缓刑,直接按照《刑法》第69条的规定数罪并罚。因为判处缓刑时,原判刑罚根本没有执行,没有可减的刑罚,也就无所谓先并后减或先减后并。

2. 如果犯罪人在刑罚执行期间又犯新罪,并且发现其在原判决宣告以前的漏罪,则先将漏罪与原判决的罪,根据《刑法》第70条规定的先并后减的方法进行并罚;再将新罪的刑罚与前一并罚后的刑罚还没有执行的刑期,根据《刑法》第71条规定的先减后并的方法进行并罚。

3. 刑罚执行完毕之后（假释期满）又犯罪的,属于累犯问题,而不是数罪并罚的问题。刑罚执行完毕以后发现犯罪人在判决宣告以前还有其他罪没有判决的,如果没有超过追诉时效,应依法定罪量刑,但这既不是数罪并罚问题,也不是累犯问题。

4. 刑满释放后再犯新罪并发现漏罪的情况。在处理被告人刑满释放后又犯罪的案件时,发现他在前罪判决宣告以前,或者在前罪判处的刑罚执行期间,还犯有其他罪行,未经过处理,并且没有超过追诉时效的,如果漏罪与新罪属于不同种数罪,就应对漏罪与刑满后又犯的新罪分别定罪量刑,并依照《刑法》第69条的规定,实行数罪并罚;如果漏罪与新罪属于同种数罪,则原则上以一罪论处,不实行并罚。

5. 在缓刑考验期、假释考验期结束后,才发现之前还有漏罪,此时缓刑、假释无需再撤销，直接处理漏罪即可。如果在缓刑考验期、假释考验期内犯新罪，但在考验期结束之后才被发现，对此必须撤销缓刑、假释，按照数罪并罚的相关原则处理（缓刑的，按《刑法》第69条数罪并罚；假释的，按《刑法》第71条先减后并）。

6. 关于剥夺政治权利的数罪并罚问题。对被判处有期徒刑并处剥夺政治权利的罪犯，主刑已执行完毕，在执行附加刑剥夺政治权利期间又犯新罪，如果所犯新罪无须附加剥夺政治权利的，依照《刑法》第71条的规定数罪并罚；前罪尚未执行完毕的，附加刑剥夺政治权利的刑期从新罪的主刑有期徒刑执行之日起停止计算，并依照《刑法》第58条的规定，从新罪的主刑有期徒刑执行完毕之日或者假释之日起继续计算；附加刑剥夺政治权利的效力适用于新罪的主刑执行期间。对判处有期徒刑的罪犯，主刑已执行完毕，在执行附加刑剥夺政治权利期间又犯新罪，如果所犯新罪也剥夺政治权利的，依照《刑法》第55条、第57条、第71条的规定并罚。

7. 累犯与有期徒刑和管制的数罪并罚。如果行为人犯两罪，分别被判处有期徒刑和管制，在有期徒刑执行完毕后，开始执行管制，无论是在管制执行期间，还是在管制执行完毕之后，又犯可以判处有期徒刑以上之罪的，都可能属于累犯。换言之，"在5年之内再犯……罪"，应当从有期徒刑执行完毕或者赦免之日起计算，而不是从管制执行完毕之日起开始计算。当然，如果在管制期间再犯罪的，不仅成立累犯，而且应将未执行的管制与新罪并罚。

五、"先减后并"与"先并后减"的区别

一般说来，前者比后者对犯罪人而言更为严厉，尤其是在刑期较长并且已经执行的刑期较长的情况下。

1. 前者合并时的实际起刑点可能高出数刑中的最高刑期。例如，某人犯一罪被判处有期徒刑15年，执行8年后，又犯另一个应当判处14年的新罪，适用先减后并原则，在14年和7年（15-8）中根据《刑法》第69条规定的数罪并罚原则决定刑期，此时起点刑表面上是14年，但由于已经执行了8年，其实际的起点刑是22年，实际执行的刑期突破法定数罪并罚最高刑期的限制。但如果使用先并后减原则，则永远和判决宣告前的数罪并罚的效果一样，其实际执行的最高刑期不可能突破法定的限制。

2. 越临近刑满释放，再犯新罪，其实际起点刑可能越高。例如，某人犯一罪被判处有期徒刑10年，假设其分别在第3年、第8年、第9年犯另一新罪被判处有期徒刑8年。在第一种情况下，表面上起点刑为8年（8年和7年之间决定执行刑罚），但实际上已经执行了3年，所以实际起点刑是11年；在第二种情况下，表面上起点刑也是8年（8年和2年之间决定执行刑罚），但实际上已经执行了8年，所以实际起点刑是16年；在第三种情况下，表面上起点刑还是8年（8年和1年之间决定执行刑罚），但实际上已经执行了9年，所以实际起点刑是17年。

六、数罪并罚的常见情况

（一）漏罪问题

所判之刑	执行期间	假释之日起	漏罪	还需执行
10	5	×	6	10
5+6 合并为 10	5	×	6	10
10	5（假释）	2	6	10
10	5（假释）	7	6	0

1. 原判 10 年有期徒刑，执行期间第 5 年发现漏罪，判 6 年有期徒刑，应当先并后减。10 年与 6 年并罚，在 10 年以上，16 年以下量刑，最后决定执行 15 年有期徒刑，然后再减去已经执行的 5 年，最后还需执行 10 年。

2. 原犯两罪，一罪被判 5 年有期徒刑，一罪被判 6 年有期徒刑，数罪并罚，决定执行 10 年有期徒刑，在执行期间第 5 年发现漏罪，判 6 年有期徒刑。为了维护判决稳定，以原判 10 年与漏罪 6 年并罚，在 10 年以上 16 年以下量刑，最后决定执行 15 年有期徒刑，然后再减去已经执行的 5 年，最后还需执行 10 年。

3. 原判 10 年有期徒刑，执行期间第 5 年假释，假释之日起第 2 年发现漏罪，应当判处 6 年有期徒刑。需要撤销假释，先并后减。10 年与 6 年并罚，在 10 年以上 16 年以下量刑，最后决定执行 15 年有期徒刑，假释考验期不能计算在执行期内，因此只能减去已经执行的 5 年，最后还需执行 10 年。

4. 原判 10 年有期徒刑，执行期间第 5 年假释，假释之日起第 7 年发现漏罪，应当判处 6 年有期徒刑。此时无需撤销假释，只能直接处理漏罪，由于漏罪已过追诉时效，故不应再追究。

（二）缓刑问题

所判之刑	缓刑	缓刑考验期	漏罪	新罪
3	5	3	3	×
3	5	3	×	3

原判 3 年，缓期 5 年执行，在缓刑考验期第 3 年发现漏罪，或者又犯新罪判 3 年。需要撤销缓刑，直接数罪并罚（没有可减的刑期，因为原判刑罚没有执行）。

（三）新罪问题

所判之刑	执行期间	假释之日	新罪	漏罪	被发现	最后执行	实际执行（效果）
10	5	×	6	×	×	10	15
10	5（假释）	2	6	×	×	10	15
10	5（假释）	7	6	×	×	×	累犯
10	5	×	6	5	×	×	×
10	5（假释）	2	6	×	假释之日起第7年	10	15

1. 原判 10 年有期徒刑，执行期间第 5 年犯新罪，应当判处 6 年有期徒刑。需要先减后并。10 年减去执行的 5 年，还剩 5 年，与 6 年并罚，在 6 年以上 11 年以下量刑，最后决定执行 10 年有期徒刑（算上已经执行的 5 年，实际要执行 15 年有期徒刑）。

2. 原判 10 年有期徒刑，执行期间第 5 年假释，假释之日起第 2 年犯新罪，应当判处 6 年有期徒刑。需要撤销假释，先减后并。10 年减去执行的 5 年（假释考验期不能计算在刑期之内），还剩 5 年，与 6 年并罚，在 6 年以上 11 年以下量刑，最后决定执行 10 年有期徒刑（实际执行 15 年有期徒刑）。

3. 原判 10 年有期徒刑，执行期间第 5 年假释，假释之日起第 7 年犯新罪，应当判处 6 年有期徒刑。此时无需撤销假释，属于假释期满后的 5 年内犯新罪，系累犯，应当从重处罚。

4. 原判 10 年有期徒刑，执行期间第 5 年犯新罪，应当判处 6 年有期徒刑。同时又发现漏罪，应判 5 年，此时应当先处理漏罪，然后处理新罪。

5. 原判 10 年有期徒刑，执行期间第 5 年假释，假释之日起第 2 年犯新罪，应当判处 6 年有期徒刑，但在假释之日起第 7 年才发现此事。这种情况也属于在假释期间犯新罪，应当撤销假释，实际效果与第 1 种情况相同。

（四）剥夺政治权利

原罪	剥夺政治权利	原罪主刑执行完毕之日	新罪	新罪所附加之剥夺政治权利
10	3	2	6	0
10	3	2	6	2

1. 原判 10 年有期徒刑，附加剥夺政治权利 3 年，主刑执行完毕第 2 年又犯新罪，被判 6 年有期徒刑。此时原罪的剥夺政治权利已经执行 2 年，还剩 1 年，应当在新罪 6 年执行完毕之后继续执行，在新罪 6 年执行期间，也无政治权利。

2. 原判 10 年有期徒刑，附加剥夺政治权利 3 年，主刑执行完毕第 2 年又犯新罪，被判 6 年有期徒刑，附加剥夺政治权利 2 年。此时原罪的剥夺政治权利已经执行 2 年，还剩 1 年，应当与新罪的附加剥夺政治权利并罚（确定执行 3 年剥夺政治权利），在新罪 6 年执行完毕之后起开始执行，在新罪 6 年执行期间，也无政治权利。

第五节   缓刑

缓刑是对原判刑罚附条件暂不执行，但在一定期限内仍保持执行可能性的刑罚制度。缓刑包括一般缓刑和战时缓刑。

一、一般缓刑

一般缓刑是指人民法院对于判处拘役、3 年以下有期徒刑的犯罪分子，符合法定条件的，规定一定的考验期，暂不执行原判刑罚的制度。

（一）适用条件

1. 犯罪分子被判处拘役或者 3 年以下有期徒刑的刑罚。如果数罪并罚决定执行 3 年以下有期徒刑、拘役的罪犯，也是可以适用缓刑的。

2. 犯罪分子不是累犯。同样，缓刑之后也不可能成立累犯。

3. 符合法定条件。按照《刑法修正案（八）》的规定，适用缓刑必须符合下列条件：犯罪情节较轻；有悔罪表现；没有再犯罪的危险；宣告缓刑对所居住社区没有重大不良影响。

4. 三类人符合条件应当适用缓刑：不满 18 周岁的人、怀孕的妇女和已满 75 周岁的人，符合上述适用条件的，应当适用缓刑。

5. 禁止缓刑。按照《刑法修正案（八）》的规定，对于累犯和犯罪集团的首要分子，不适用缓刑。

（二）缓刑考验期

这是对被宣告缓刑的犯罪分子进行考察的一定期限。拘役的考验期是原判刑期以上 1 年以下，但不能少于 2 个月。有期徒刑的考验期是原判刑期以上 5 年以下，但不能少于 1 年。判决以前先行羁押的期限，不能折抵考验期。但根据司法解释规定，在缓刑考验期内，有突出表现或立功表现的，可以对原判刑期予以减刑，再将考验期缩短。

（三）考验期遵守的规定

缓刑犯要遵循以下两种规定：

1. 监管规定。被宣告缓刑的犯罪分子，应当遵守下列规定：

（1）遵守法律、行政法规，服从监督；

（2）按照考察机关的规定报告自己的活动情况；

（3）遵守考察机关关于会客的规定；

（4）离开所居住的市、县或者迁居，应当报经考察机关批准。

2. 社会矫正之禁止令。《刑法修正案（八）》增加了社会矫正制度。对宣告缓刑的犯罪分子，在缓刑考验期限内，依法实行社区矫正。人民法院宣告缓刑，可以根据犯罪情况，作出禁止令，即禁止犯罪分子在缓刑考验期限内从事特定活动，进入特定区域、场所，接触特定的人。

（四）缓刑的法律后果

1. 对宣告缓刑的犯罪分子，在缓刑考验期限内，依法实行社区矫正，如果没有《刑法》第 77 条规定的撤销缓刑的情形，缓刑考验期满，原判的刑罚就不再执行，并公开予以宣告。

2. 撤销缓刑，实行数罪并罚或执行原判刑罚。撤销的情形有以下三种：

（1）犯新罪，撤销缓刑，原判刑罚与新罪所判处的刑罚按《刑法》第 69 条的规定并罚；

（2）发现漏罪，撤销缓刑，原判刑罚与漏罪所判处的刑罚按《刑法》第 69 条的规定并罚。必须说明的是：在缓刑考验期间，无论犯新罪还是发生漏罪，均只能按照《刑法》第 69 条的规定数罪并罚，先前羁押的，可以在数罪并罚之后的执行刑中按照规定折抵。[1]

（3）违反法律、行政法规、国务院有关部门关于缓刑的监督管理规定，或者违反人民法院判决中的禁止令，情节严重的，撤销缓刑，执行原判刑罚。

如果撤销缓刑的，经过的考验期不能折抵刑期，但先前羁押的日期应当折抵刑期。

3. 缓刑与附加刑。被宣告缓刑的犯罪分子，如果被判处附加刑，附加刑仍须执行。

二、战时缓刑

战时缓刑是指在战时，对被判处 3 年以下有期徒刑，没有现实危险宣告缓刑的犯罪军人，允许其戴罪立功，确有立功表现的，可以撤销原判刑罚，不以犯罪论。

战时缓刑的适用条件：

---

[1] 参见"代海业盗窃案［第 648 号］"，载最高人民法院刑事审判第一、二、三、四、五庭主编：《刑事审判参考（2010 年第 5 集·总第 76 集）》，法律出版社 2011 年版，第 37 页。2008 年 8 月 26 日，代海业因犯滥伐林木罪被判处有期徒刑 1 年，缓刑 1 年。2009 年 9 月 5 日因涉嫌盗窃罪被逮捕。2009 年 5 月 13 日 22 时许，被告人代海业在信阳市狮河区董家河桥头路口电话亭旁，将王启明的红色三菱 125 摩托车盗走。经鉴定，该车价值 2668 元。法院认为，被告人代海业已构成盗窃罪。被告人代海业在缓刑考验期内又犯新罪，依法应当撤销缓刑。判决如下：被告人代海业犯盗窃罪，判处有期徒刑 7 个月，并处罚金人民币 2000 元；犯滥伐林木罪，判处有期徒刑 1 年，缓刑 1 年，并处罚金人民币 5000 元，现予以撤销缓刑，余刑 10 个月 3 天（扣除逮捕至判决的羁押期限）；数罪并罚，决定执行有期徒刑 11 个月。二审法院认为，一审法院适用法律错误，原审被告人代海业在缓刑考验期内犯盗窃罪，应当撤销缓刑，对盗窃罪作出判决，把犯滥伐林木罪和盗窃罪所判处的刑罚，依照《中华人民共和国刑法》第 69 条的规定，决定执行的刑罚。对原审被告人代海业应在有期徒刑 1 年至 1 年 7 个月之间决定执行刑期，原审决定执行有期徒刑 11 个月确属适用法律错误。遂决定执行有期徒刑 1 年 4 个月。

1. 必须在战时。若在平时，军人犯罪可以适用普通缓刑。
2. 只能是判处 3 年以下有期徒刑的犯罪军人。
3. 必须没有现实危险性，这是战时适用缓刑最关键的条件。

与一般缓刑相比，战时缓刑的特点在于：无考验期限；撤销原判不以犯罪论处。

本章重要知识回顾（表格版）

一、量刑情节（分法定情节与酌定情节两种）

法定情节	概念		是指刑法明文规定在量刑时应当予以考虑的情况。
	种类	从重处罚	在法定刑幅度内，适用相对较重的刑罚。
		从轻处罚	在法定刑幅度内，适用相对较轻的刑罚。
		减轻处罚	在法定刑以下判处刑罚： ①法定的减轻处罚情节。 ②法外减轻处罚。犯罪分子虽然不具有刑法规定的减轻处罚情节，但根据案件特殊情况，经最高人民法院核准也可以在法定刑以下判处刑罚。 犯罪分子具有刑法规定的减轻处罚情节的，应当在法定刑以下判处刑罚；刑法规定有数个量刑幅度的，应当在法定量刑幅度的下一个量刑幅度内判处刑罚。
		免除处罚	作有罪宣告，但免除其刑罚处罚。
	注意		犯罪分子虽然不具有刑法规定的减轻处罚情节，但根据案件特殊情况，经最高人民法院核准也可以在法定刑以下判处刑罚。
酌定情节	概念		是指人民法院从审判经验中总结出来，在刑罚裁量时应当灵活掌握、酌情适用的情况。
	种类		①犯罪的动机；②犯罪的手段；③犯罪的时间、地点；④犯罪结果；⑤犯罪对象；⑥犯罪分子的一贯表现；⑦犯罪后的态度；⑧前科。

二、刑法中的法定量刑情节的具体规定

法定情节		适用对象	刑法条文
应当从重处罚的		1. 教唆不满 18 周岁的人犯罪★	第 29 条
		2. 累犯★	第 65 条
		3. 策动、胁迫、勾引、收买国家机关工作人员、武装部队人员、人民警察、民兵进行武装叛乱或者武装暴乱的	第 104 条
		4. 与境外机构、组织、个人相勾结实施《刑法》第 103 条、第 104 条、第 105 条规定的犯罪	第 106 条

续表

法定情节	适用对象	刑法条文
应当从重处罚的	5. 掌握国家秘密的国家工作人员犯叛逃罪	第 109 条
	6. 武装掩护走私的	第 157 条
	7. 国有公司、企业、事业单位的工作人员徇私舞弊犯国有公司、企业、事业单位人员失职罪	第 168 条
	8. 国有公司、企业、事业单位的工作人员徇私舞弊犯国有公司、企业、事业单位人员滥用职权罪	第 168 条
	9. 伪造货币并出售或运输伪造的货币的★	第 171 条
	10. 奸淫不满 14 周岁的幼女的★	第 236 条
	11. 猥亵儿童的★	第 237 条
	12. 非法拘禁他人或以其他方法非法剥夺他人人身自由，并有殴打侮辱情节的★	第 238 条
	13. 国家机关工作人员利用职权犯非法拘禁罪	第 238 条
	14. 国家机关工作人员犯诬告陷害罪	第 243 条
	15. 国家机关工作人员滥用职权，犯非法侵入住宅罪	第 245 条
	16. 国家机关工作人员滥用职权，犯非法搜查罪	第 245 条
	17. 司法工作人员因暴力取证、刑讯逼供致人伤残、死亡的	第 247 条
	18. 监狱、拘留所、看守所等监管机构的监管人员对被监管人员进行殴打或者体罚虐待，致人伤残、死亡的	第 248 条
	19. 监管人员指使、纵容被监管人殴打或者体罚虐待其他被监管人员致人伤残、死亡的	第 248 条
	20. 邮政工作人员犯私自开拆、隐匿、毁弃邮件、电报罪并窃取财物的	第 253 条
	21. 冒充人民警察招摇撞骗的	第 279 条
	22. 引诱未成年人参加聚众淫乱活动的	第 301 条
	23. 司法工作人员犯妨害作证罪	第 307 条
	24. 司法工作人员犯帮助毁灭、伪造证据罪	第 307 条
	25. 盗伐、滥伐国家级自然保护区内森林或其他林木的	第 345 条
	26. 利用、教唆未成年人走私、贩卖、运输、制造毒品或向未成年人出售毒品的★	第 347 条
	27. 缉毒人员或其他国家机关工作人员掩护、包庇走私、贩卖、运输、制造毒品的犯罪分子的	第 349 条
	28. 引诱、教唆、欺骗、强迫未成年人吸食、注射毒品的	第 353 条
	29. 因走私、贩卖、运输、制造、非法持有毒品罪被判过刑，又犯走私、贩卖、运输、制造毒品罪的	第 356 条

续表

法定情节	适用对象	刑法条文
应当从重处罚的	30. 旅馆业、饮食服务业、文化娱乐业、出租汽车业等单位主要负责人利用本单位条件组织、强迫、引诱、容留、介绍他人卖淫的	第361条
	31. 制作、复制淫秽的电影、录像等音像制品组织播放的	第364条
	32. 向不满18周岁未成年人传播淫秽物品的	第364条
	33. 战时破坏武器装备、军事设备、军事通信的	第369条
	34. 挪用于抢险、救灾、防汛、优抚、扶贫、移民、救济款物归个人使用的	第384条
	35. 索贿的★	第386条
	36. 战时以暴力、威胁方法，阻碍指挥人员或者值班、值勤人员执行职务的	第426条
可以从轻或减轻处罚的	①75周岁以上的人故意犯罪的★ ②未遂犯（可以比照既遂犯）★ ③如果被教唆的人没有犯被教唆的罪的教唆犯★ ④自首★ ⑤有一般立功表现★ ⑥尚未完全丧失辨认或控制自己行为能力的精神病人犯罪的★ ⑦行贿人在被追诉前主动交待行贿行为的。★	第18条 第23条 第29条 第67条 第68条 第17条之一 第164条
应当从轻或减轻处罚的	已满14周岁不满18周岁的人犯罪的；75周岁以上的人过失犯罪的★	第17条
应当减轻处罚的	造成损害的中止犯★	第24条
可以从轻、减轻或免除处罚的	①又聋又哑的人犯罪或盲人犯罪。 ②预备犯（可以比照既遂犯）。 ③贪污（受贿）数额较大或者有其他较重情节的，在提起公诉前如实供述自己罪行、真诚悔罪、积极退赃，避免、减少损害结果的发生。★	第19条 第22条 第383条
应当从轻、减轻或免除处罚的	从犯★	第27条
可以从轻的	①犯罪嫌疑人虽不具有自首情节，但是如实供述自己罪行的，可以从轻处罚。 ②贪污（受贿）数额巨大（特别巨大）或者有其他严重情节（特别严重情节）的，在提起公诉前如实供述自己罪行、真诚悔罪、积极退赃，避免、减少损害结果的发生。	第67条 第383条
可以减轻的	犯罪嫌疑人虽不具有自首情节，但是如实供述自己罪行的，因其如实供述自己罪行，避免特别严重后果发生的。	第67条

续表

法定情节	适用对象	刑法条文
可以减轻或免除处罚的	①在国外犯罪，已在国外受过刑罚处罚的。 ②有重大立功表现。 ③对公司、企业人员行贿的，行贿人在被追诉前主动交待行贿行为。 ④个人贪污、受贿数额在5000元以上，不满1万元，犯罪后有悔改表现，积极退赃的。 ⑤行贿罪的行贿人在被追诉前主动交待行贿行为的，犯罪较轻的，对侦破重大案件起关键作用的，或者有重大立功表现的。 ⑥介绍贿赂人在被追诉前主动交待介绍贿赂行为的。	第10条 第68条 第164条 第383条 第390条 第392条
应当减轻或免除处罚的	①防卫过当。 ②避险过当。 ③胁从犯（应按其犯罪情节减轻、免除刑罚）。	第20条 第21条 第28条
可以免除处罚的	①犯罪情节轻微，不需判处刑罚的。 ②犯罪较轻的自首犯★ ③非法种植罂粟或其他毒品原植物，在收获前自动铲除的。	第37条 第67条 第351条
应当免除处罚的	没有造成损害的中止犯★	第24条

三、累犯、自首、坦白和立功

		构成条件或几种表现		处罚
累犯	一般累犯	①前罪后罪都是故意犯罪 ②前、后罪判处的刑罚都是有期徒刑以上 ③后罪发生在前罪执行完毕或赦免以后的5年以内	①被假释的犯罪分子从假释期满之日起算。 ②缓刑的犯罪分子，因刑罚在缓刑考察期满后并未执行，因而再犯新罪不构成累犯。 ③刑罚执行完毕仅指主刑执行完毕。	①应当从重处罚。 ②累犯不适用缓刑和假释。 ③如果既是累犯又是毒品再犯，对其不能适用假释和缓刑的规定。
	特殊累犯	①前、后罪都是危害国家安全犯罪、恐怖活动犯罪、黑社会性质的组织犯罪。 ②后罪发生在前罪执行完毕或赦免以后的任何时候（不论刑罚轻重和间隔长短）		

		构成条件或几种表现		处罚
自首	一般自首	1. 自动投案（主动、自愿接受司法处置）： （1）自动投案的时机：尚未受到讯问、未被采取强制措施。 （2）自动投案的情形。 A 亲首：主动、直接向公检法机关投案。 B 托首：因病、伤或者为了减轻犯罪后果，委托他人先代为投案的，或者先以信、电投案的。 C 陪首：并非犯罪嫌疑人主动，而是经亲友规劝、陪同投案的、向有关机关投案。 D 代首：亲友报案，并控制犯罪嫌疑人，然后带领公安人员抓获的。 E 送首：司法机关通知犯罪嫌疑人的亲友或者亲友主动报案后，将犯罪嫌疑人送去投案的。犯罪嫌疑人被亲友采用捆绑等手段送到司法机关，或者在亲友带领侦查人员前来抓捕时无拒捕行为，并如实供认犯罪事实的，不能认定为自动投案（2010 年司法解释）。 ● 对 DE 两种自首的理解，必须受到自愿主动接受司法处置该原则的限制。 F 现场候捕型自首（能逃而不逃）：①犯罪后主动报案，虽未表明自己是作案人，但没有逃离现场，在司法机关询问时交代自己罪行；②明知他人报案而在现场等待，抓捕时无拒捕行为，供认犯罪事实的。 G 向非司法机关自首：①向所在单位、城乡基层组织或者其他有关负责人员投案的。②双规、双指案件的定性（纪委和监察机关理解为准司法机关）。 H 通缉后自首：犯罪后逃跑，在通缉、追捕的过程中，主动投案的。 I 形迹可疑型自首： ①在司法机关未确定犯罪嫌疑人，尚在一般性排查询问时，主动交代自己罪行的。 ②罪行未被有关部门、司法机关发觉，仅因形迹可疑被盘问、教育后，主动交代了犯罪事实的，应当视为自动投案，但有关部门、司法机关在其身上、随身携带的物品、驾乘的交通工具等处发现与犯罪有关的物品的，不能认定为自动投案。（标准：是否足以获得认定犯罪的证据）。 2. 如实供述自己的罪行。注意： ①时间限度：犯罪嫌疑人自动投案时虽然没有交代自己的主要犯罪事实，但在司法机关掌握其主要犯罪事实之前主动交代的，应认定为如实供述自己的罪行。	注意：坦白一般是指犯罪人被动归案后，如实交代自己被指控的犯罪事实的行为。 ①坦白与一般自首的关键区别在于是否自动投案。 ②坦白与特别自首的区别在于是否是不同种罪行。如果在案在押人员，主动交代司法机关尚未掌握的并且与被审查处理的犯罪属于不同种罪行的犯罪，以自首论。反之，属于同种罪行的，是坦白。 ③坦白和自首都是法定量刑情节。	①可以从轻或减轻处罚。 ②罪行较轻，可以免除处罚。

		构成条件或几种表现		处罚
自首	一般自首	②只要交待主要罪行即可 ③犯有数罪的犯罪嫌疑人仅如实供述所犯数罪中部分犯罪的，只对如实供述部分犯罪的行为认定为自首。此处的数罪不包括同种数罪。犯罪嫌疑人多次实施同种罪行的，必须交待更重部分方成立自首。 ④在共同犯罪案件中，必须交代自己所知的同案犯的共同犯罪行为。 ⑤如实供述后又翻供的，不能认定为自首，但在一审判决前又能如实供述的，应当认定为自首。 ⑥如实供述并不能否定犯罪嫌疑人有为自己辩解的权利。被告人对行为性质的辩解不影响自首的成立。		①可以从轻或减轻处罚。 ②罪行较轻，可以免除处罚。
	特别自首	1. 特别自首的主体必须是： ①被采取强制措施的犯罪嫌疑人。 ②被告人。 ③正在服刑的罪犯。 ④因特定违法行为被采取劳动教养、行政拘留、司法拘留、强制隔离戒毒等行政、司法强制措施期间，主动向执行机关交代尚未被掌握的犯罪行为的也成立自首。 2. 必须如实供述司法机关还未掌握的本人其他罪行。 "司法机关尚未掌握的本人其他罪行"是指与司法机关掌握的或者判决确定的罪行属不同种的罪行，异种罪行是可另外处理的犯罪。 ①办案机关所掌握线索针对的犯罪事实不成立，在此范围外犯罪分子交代同种罪行的，可以成立自首。 ②服刑人员在刑罚执行期间交待同种罪行（新罪或漏罪）的，也成立自首。		
立功	一般立功	①揭发他人罪行，查证属实。 ②提供重要线索，得以侦破他案。 ③阻止他人犯罪活动。 ④协助司法机关抓捕其他犯罪嫌疑人（包括同案犯）。 ⑤其他有利于国家、社会的突出表现。	注意：《刑法》第78条规定的"重大立功"发生在判刑之后的执行期间，是减刑的前提条件。	可以从轻或减轻处罚
	重大立功	①揭发他人重大罪行，查证属实。 ②提供重要线索，得以侦破其他重大案件。 ③阻止他人重大犯罪活动。 ④协助司法机关抓捕其他重要罪犯（包括同案犯）。 ⑤在押期间对国家和社会有其他重大贡献的。		可以减轻或免除处罚

续表

自首与立功的区别	犯罪分子提供同案犯姓名、住址、体貌特征等基本情况，或者提供犯罪前、犯罪中掌握、使用的同案犯联络方式、藏匿地址，司法机关据此抓捕同案犯的，不能认定为协助司法机关抓捕同案犯。	如果是主动交待，成立自首；如果被动交待，成立坦白。
立功的限制	①代为立功不成立立功，立功必须是犯罪分子本人实施的行为。 ②抽象立功不成立立功，据以立功的他人罪行材料应当指明具体犯罪事实；据以立功的线索或者协助行为对于侦破案件或者抓捕犯罪嫌疑人要有实际作用。 ③立功的来源具有正当性。据以立功的线索、材料来源有下列情形之一的，不能认定为立功：本人通过非法手段或者非法途径获取的；本人因原担任的查禁犯罪等职务获取的；他人违反监管规定向犯罪分子提供的；负有查禁犯罪活动职责的国家机关工作人员或者其他国家工作人员利用职务便利提供的。 ④重大立功的限制。重大立功与一般立功的区别在于是否"重大犯罪""重大案件""重大犯罪嫌疑人"。所谓"重大"，是指犯罪嫌疑人、被告人可能被判处无期徒刑以上刑罚或者在本省、自治区、直辖市或者全国范围内有较大影响的情形。可能被判处无期徒刑以上刑罚，是指根据犯罪行为的事实、情节可能判处无期徒刑以上刑罚。案件已经判决的，以实际判处的刑罚为准。但是，根据犯罪行为的事实、情节应当判处无期徒刑以上刑罚，因被判刑人有法定情节经依法从轻、减轻处罚后判处有期徒刑的，应当认定为重大立功。	

四、数罪并罚

特征	①必须是一行为人犯有数罪； ②行为人所犯数罪，必须发生在法定的时间界限之内； ③必须在对数罪分别定罪量刑的基础上，依照法定的并罚原则、范围与方法，决定执行的刑罚。	
原则	限制加重原则	对一人所犯数罪分别判处有期徒刑、拘役、管制的，则在数刑中最高刑期以上，总和刑期以下，酌情决定执行的刑期。但管制最高不能超过 3 年、拘役最高不能超过 1 年；有期徒刑总和刑期不满 35 年的，最高不能超过 20 年，总和刑期超过 35 年的，最高不能超过 25 年。
	吸收原则	数罪中有判处死刑或无期徒刑的，其他主刑被死刑、无期徒刑吸收，只执行死刑或无期徒刑，其他刑罚不再执行。《刑法修正案（九）》规定，数罪中有判处有期徒刑和拘役的，执行有期徒刑。
	并科原则	数罪中有判处附加刑的，附加刑仍须执行。其中，附加刑种类相同的，合并执行，种类不同的，分别执行。 另外，根据《刑法修正案（九）》的规定，数罪中有判处有期徒刑和管制，或者拘役和管制的，有期徒刑、拘役执行完毕后，管制仍须执行。

续表

适用	判决宣告以前一人犯数罪的并罚（《刑法》第69条）	①一人所犯数罪分别判处同一刑罚，采取限制加重原则，但数个死刑或数个无期徒刑，则执行死刑或无期徒刑。 ②一人所犯数罪分别判处不同刑罚，有一刑罚为死刑或无期徒刑，则其他刑罚不再执行，执行死刑、无期徒刑；如分别判处管制、拘役、有期徒刑时，执行完有期徒刑、拘役后再执行管制；如有附加刑，则附加刑不能被主刑吸收，仍须执行。	
	刑罚执行过程中发现漏罪的并罚（《刑法》第70条）	应对新发现犯罪作出判决，把前后两判决所判刑罚先按《刑法》第69条决定应判刑罚，再从中减去原已执行刑期，得到犯罪分子执行的刑罚——"先并后减"。	"先并后减"与"先减后并"是有区别的： 按"先减后并"原则，实际执行的刑期有的可能超过法定的数罪并罚最高期限，即管制可能超过3年、拘役可能超过1年、有期徒刑可能超过20年，而按"先并后减"原则则不会超过上述限制。
	刑罚执行过程中又犯新罪的并罚（《刑法》第71条）	应对新犯罪作出判决，将前罪未执行完的刑罚与后罪所判刑罚，依照《刑法》第69条规定，决定执行的刑罚——"先减后并"。	

五、缓刑

		适用条件	考验、期限及起算	撤销条件
缓刑	一般缓刑	（1）对象条件：被判处拘役或3年以下有期徒刑且不是累犯和犯罪集团的首要分子。 （2）符合法定条件：①犯罪情节较轻；②有悔罪表现；③没有再犯罪的危险；④宣告缓刑对所居住社区没有重大不良影响。 （3）必须适用缓刑的对象：不满18周岁的人、怀孕的妇女和已满75周岁的人，符合上述条件的，应当宣告缓刑。	①拘役：原判刑期以上1年以下，但不能少于2个月。 ②有期徒刑：原判刑期以上5年以下，但不能少于1年。 判决确定之日起算。 ③考验期遵守之规定同管制，只是六大政治自由未限制。	缓刑考验期间内：①又犯新罪；②发现漏罪：应当撤销缓刑，数罪并罚（按《刑法》第69条）；③违法违规，情节严重：应当撤销缓刑，执行原判刑罚。原判决宣告以前先行羁押的，应当折抵刑期。

续表

		适用条件	考验、期限及起算	撤销条件
缓刑	战时缓刑	注意： ①限于战时，限于被判 3 年以下有期徒刑的犯罪军人； ②如确有立功表现，撤销原判不以犯罪论处； ③无考验期限。		

本章二维码

量刑情节、
累犯

第十四章第一、二节
司法考试真题

自首

坦白、立功

第十四章第三节
司法考试真题

数罪并罚

第十四章第四节
司法考试真题

第十四章第五节
司法考试真题

第十四章重要法条
和司法解释

缓刑

第十五章

刑罚的执行

刑罚执行是刑罚权的具体实现，简称为行刑，涉及刑法、刑事诉讼法、监狱法等多种刑事法。行刑权在我国刑事法律体系中由监狱、法院、公安机关等多个职能部门行使。在刑罚执行过程中，最为重要、常见的两种行刑变更方式是减刑和假释。

👉 第一节 减刑

一、减刑的定义

减刑，是指司法机关依法对服刑人员通过变更原判刑罚，减轻其刑罚的行刑制度。减刑有狭义与广义之分：狭义的减刑即《刑法》总则第四章第六节（第78~80条）所规定的减刑，仅指对被判处管制、拘役、有期徒刑、无期徒刑的犯罪人的减刑。广义减刑则不仅包括上述狭义减刑在内，还包括死刑缓期执行2年期满后的减刑、附加剥夺政治权利期限的缩减（第57条第2款）、罚金的减免（第53条）以及缓刑犯的减刑。本节所讨论的"减刑"一般指的是狭义减刑，即对被判处管制、拘役、有期徒刑、无期徒刑的犯罪分子，在刑罚执行期间有悔改或立功表现，而适当减轻其原判刑罚的行刑制度。

二、减刑的条件

（一）对象条件
被判处管制、拘役、有期徒刑、无期徒刑的犯罪分子。
（二）实质条件
1. 确有悔改或立功表现的，可以减刑。根据2017年1月1日实施的《最高人民法院关于办理减刑、假释案件具体应用法律的规定》（以下简称《减刑、假释规定》）的规定，具备下列情形之一的，可以适用减刑：
（1）犯罪分子在执行期间，认真遵守监管法规，接受教育改造，确有悔改表现的。"确有悔改表现"是指同时具备以下四个方面的情形：①认罪悔罪；②遵守法律法规及监规，接受教育改造；③积极参加思想、文化、职业技术教育；④积极参加劳动，努力完成劳动任务。其中，对职务犯罪、破坏金融管理秩序和金融诈骗犯罪、组织（领导、参加、包庇、纵容）黑社会性质组织犯罪等罪犯，不积极退赃、协助追缴赃款赃物、赔偿损失，或者服刑期间利用个人影响力和社会关系等不正当手段意图获得减刑、假释的，不认定其"确有悔改表现"。另外，罪犯在刑罚执行期间的申诉权利应当依法保护，对其正当申诉不能不加分析地认为是不认罪悔罪。

（2）犯罪分子在执行期间，认真遵守监管法规，接受教育改造，有立功表现的。"立功表现"是指具有下列情形之一：①阻止他人实施犯罪活动的；②检举、揭发监狱内外犯罪活动，或者提供重要的破案线索，经查证属实的；③协助司法机关抓捕其他犯罪嫌疑人的；④在生产、科研中进行技术革新，成绩突出的；⑤在抗御自然灾害或者排除重大事故中，表现积极的；⑥对国家和社会有其他较大贡献的。第④⑥项中的技术革新或者其他较大贡献应当由罪犯在刑罚执行期间独立或者为主完成，并经省级主管部门确认。

2. 有重大立功表现，应当减刑。"重大立功表现"包括：①阻止他人重大犯罪活动的；②检举监狱内外重大犯罪活动，经查证属实的；③协助司法机关抓捕其他重大犯罪嫌疑人的；④有发明创造或者重大技术革新的；⑤在日常生产、生活中舍己救人的；⑥在抗御自然灾害或者排除重大事故中，有突出表现的；⑦对国家和社会有其他重大贡献的。第④项中的发明创造或者重大技术革新应当是罪犯在刑罚执行期间独立或者为主完成并经国家主管部门确认的发明专利，且不包括实用新型专利和外观设计专利；第⑦项中的其他重大贡献应当由罪犯在刑罚执行期间独立或者为主完成，并经国家主管部门确认。

（三）限度条件

为了进一步限制死刑，提高生刑的严厉性，《刑法修正案（八）》对减刑进行了限制。减刑以后实际执行的刑期不能少于下列期限：

1. 判处管制、拘役、有期徒刑的，不能少于原判刑期的 1/2（起始时间应当从判决执行之日起计算）。

2. 判处无期徒刑的，不能少于 13 年（其起始时间应当自无期徒刑判决确定之日起计算），但是对罪行特别严重的犯罪分子（被判处无期徒刑的职务犯罪罪犯，破坏金融管理秩序和金融诈骗犯罪罪犯，组织、领导、参加、包庇、纵容黑社会性质组织犯罪罪犯，危害国家安全犯罪罪犯，恐怖活动犯罪罪犯，毒品犯罪集团的首要分子及毒品再犯，累犯以及因故意杀人、强奸、抢劫、绑架、放火、爆炸、投放危险物质或者有组织的暴力性犯罪的罪犯，确有履行能力而不履行或者不全部履行生效裁判中财产性判项的罪犯，数罪并罚被判处无期徒刑的罪犯），符合减刑条件的，减刑后的刑期最低不得少于 20 年有期徒刑。

3. 人民法院依照《刑法》第 50 条第 2 款规定限制减刑的死刑缓期执行的犯罪分子，缓期执行期满后依法减为无期徒刑的，实际执行的刑期不能少于

25 年，缓期执行期满后依法减为 25 年有期徒刑的，实际执行的刑期不能少于 20 年。死缓减为无期或有期徒刑的实际执行刑期不包含死刑缓期执行的 2 年。

4. 被判处死刑缓期执行（普通死缓，未限制减刑）的罪犯经过一次或者几次减刑后，其实际执行的刑期不得少于 15 年，死刑缓期执行期间不包括在内（参见表 15-1）。

表 15-1　被限制减刑的死缓和普通死缓实际服刑期之比较

	死缓期间	效果	实际服刑期	与未被限制减刑的区别
死缓被限制减刑（1+8）	故意犯罪	执行死刑	死刑	
	没有故意犯罪，2 年期满	减为无期徒刑	不能少于 25 年（不含死缓 2 年）	至少多 10 年
	有重大立功，2 年期满	减为 25 年有期徒刑	不能少于 20 年（不含死缓 2 年）	至少多 5 年
死缓未限制减刑	故意犯罪	执行死刑	死刑	
	没有故意犯罪，2 年期满	减为无期徒刑	不得少于 15 年（不含死缓 2 年）	
	有重大立功，2 年期满	减为 25 年有期徒刑	不得少于 15 年（不含死缓 2 年）	

（四）幅度条件

减刑不仅有法定的限度，而且应有一定的幅度。比如，《减刑、假释规定》规定，被判处无期徒刑的罪犯在刑罚执行期间，符合减刑条件的，执行 2 年以上，可以减刑。减刑幅度为：确有悔改表现或者有立功表现的，可以减为 22 年有期徒刑；确有悔改表现并有立功表现的，可以减为 21 年以上 22 年以下有期徒刑；有重大立功表现的，可以减为 20 年以上 21 年以下有期徒刑；确有悔改表现并有重大立功表现的，可以减为 19 年以上 20 年以下有期徒刑。无期徒刑罪犯减为有期徒刑后再减刑时，减刑幅度依照该规定第 6 条（关于有期徒刑的减刑）的规定执行。两次减刑间隔时间不得少于 2 年。罪犯有重大立功表现的，可以不受上述减刑起始时间和间隔时间的限制。

对被判处无期徒刑的某些严重的罪犯（职务犯罪罪犯，破坏金融管理秩序和金融诈骗犯罪罪犯，组织、领导、参加、包庇、纵容黑社会性质组织犯罪罪犯，危害国家安全犯罪罪犯，恐怖活动犯罪罪犯，毒品犯罪集团的首要分子及毒品再犯，累犯以及因故意杀人、强奸、抢劫、绑架、放火、爆炸、投放危险物质或者有组织的暴力性犯罪等的罪犯，确有履行能力而不履行或者不全部履行生效裁判中财产性判项的罪犯，数罪并罚被判处无期徒刑的罪犯，符合减刑条件的），或者被判处死刑缓期执行的罪犯减为无期徒刑后，符合减刑条件的，执行 3 年以上方可减刑。

被限制减刑的死刑缓期执行罪犯，减为无期徒刑后，符合减刑条件的，执行 5 年以上方可减刑。罪犯在死刑缓期执行期间又故意犯罪，未被执行死刑的，死刑缓期执行的期间重新计算，减为无期徒刑后，5 年内不予减刑。

（五）程序条件

对于犯罪分子的减刑，由执行机关向中级以上人民法院提出减刑建议书。人民法院应当组成合议庭进行审理，对确有悔改或者立功事实的，裁定予以减刑。非经法定程序不得减刑。根据有关司法解释，无期徒刑犯的减刑，应当由罪犯服刑地的高级人民法院审理，而有期徒刑犯、拘役犯、管制犯的减刑，则应由服刑地的中级人民法院审理。

三、减刑与数罪并罚

1. 罪犯被裁定减刑后，刑罚执行期间因故意犯罪而数罪并罚时，经减刑裁定减去的刑期不计入已经执行的刑期。原判死刑缓期执行减为无期徒刑、有期徒刑，或者无期徒刑减为有期徒刑的裁定继续有效。

2. 罪犯被裁定减刑后，刑罚执行期间因发现漏罪而数罪并罚的，原减刑裁定自动失效。如漏罪系罪犯主动交代的，对其原减去的刑期，由执行机关报请有管辖权的人民法院重新作出减刑裁定，予以确认；如漏罪系有关机关发现或者他人检举揭发的，由执行机关报请有管辖权的人民法院，在原减刑裁定减去的刑期总和之内，酌情重新裁定。

第二节　假释

一、假释的定义

假释，是指对被判处有期徒刑、无期徒刑的犯罪分子，在执行一定刑罚后，因认真遵守监规，接受教育改造，确有悔改表现，没有再犯罪的危险，因而附条件地将其提前释放的制度。

二、假释的条件

1. 对象条件。被判处有期徒刑、无期徒刑的犯罪人。对于被判处死刑缓期 2 年执行的，虽然不能直接适用假释，但死刑缓期 2 年执行依法被减为无期徒刑或者有期徒刑后，符合条件的，也可以适用假释。

2. 执行刑期条件。有期徒刑必须执行了原判刑期 1/2 以上；无期徒刑必须执行了 13 年以上。被判处有期徒刑的罪犯假释时，执行原判刑期 1/2 的时间，应当从判决执行之日起计算，判决执行以前先行羁押的，羁押 1 日折抵刑期 1 日。被判处无期徒刑的罪犯假释时，刑法中关于实际执行刑期不得少于 13 年的时间，应当从判决生效之日起计算。判决生效以前先行羁押的时间不予折抵。被判处死刑缓期执行的罪犯减为无期徒刑或者有期徒刑后，实际执行 15 年以上，方可假释，该实际执行时间应当从死刑缓期执行期满之日起计算。死刑缓期执行期间不包括在内，判决确定以前先行羁押的时间不予折抵。

特殊情况可不受此限，但须经最高院核准，这称为法外假释。"特殊情况"是指有国家政治、国防、外交等方面特殊需要的情况。

3. 实质条件。在执行期间认真遵守监规，接受教育改造，确有悔改表现，没有再犯罪危险，同时对所居住社区没有不利影响的。判断"没有再犯罪危险"，除符合《刑法》第81条规定的情形外，还应根据犯罪的具体情节、原判刑罚情况，在刑罚执行中的一贯表现，罪犯的年龄、身体状况、性格特征，假释后生活来源以及监管条件等因素综合考虑。

根据司法解释，在实质条件中，对下列罪犯适用假释时可以依法从宽掌握：①过失犯罪的罪犯、中止犯罪的罪犯、被胁迫参加犯罪的罪犯；②因防卫过当或者紧急避险过当而被判处有期徒刑以上刑罚的罪犯；③犯罪时未满18周岁的罪犯；④基本丧失劳动能力、生活难以自理，假释后生活确有着落的老年罪犯、患严重疾病罪犯或者身体残疾罪犯；⑤服刑期间改造表现特别突出的罪犯；⑥具有其他可以从宽假释情形的罪犯。罪犯既符合法定减刑条件，又符合法定假释条件的，可以优先适用假释。

4. 程序条件。和减刑一样，假释应由执行机关向中级以上人民法院提出假释建议书，人民法院应当组成合议庭进行审理，对符合假释条件的，裁定予以假释。

5. 消极条件。对累犯以及因故意杀人、强奸、抢劫、绑架、放火、爆炸、投放危险物质或者有组织的暴力性犯罪被判处10年以上有期徒刑、无期徒刑的犯罪分子，不得假释。因上述情形和犯罪被判处死刑缓期执行的罪犯，被减为无期徒刑、有期徒刑后，也不得假释。只要行为人因上述八种犯罪中的一个罪单罚或者数个罪并罚被判处10年以上有期徒刑、无期徒刑的，都不得假释。但是，如果行为人所犯的八种犯罪之一并未判处10年以上有期徒刑，但和其他犯罪数罪并罚判处10年以上有期徒刑，是可以假释的。比如，甲犯抢劫罪被判有期徒刑9年，犯盗窃罪被判有期徒刑5年，数罪并罚后，决定执行有期徒刑13年，甲可以申请假释。

同时，《刑法修正案（九）》规定：对于贪污贿赂犯罪，被判处死刑缓期执行的，人民法院根据犯罪情节等情况可以同时决定在其死刑缓期执行2年期满依法减为无期徒刑后，终身监禁，不得减刑、假释。对于被判处终身监禁的罪犯，在死刑缓期执行期满依法减为无期徒刑的裁定中，应当明确对其终身监禁，不得再减刑或者假释。

三、假释的考验和撤销

1. 假释的考验期。有期徒刑的考验期限为没有执行完的刑期，无期徒刑的考验期限为10年。

2. 考验期应遵守的规定。假释和缓刑的规定一样，与管制相比，六大政治自由没被限制。

（1）遵守法律、行政法规，服从监督。

（2）按照监督机关的规定报告自己的活动情况。

（3）遵守监督机关关于会客的规定。

（4）离开所居住的市、县或者迁居，应当报经监督机关批准。

根据《刑法修正案（八）》的规定，对假释的犯罪分子，在假释考验期限内，依法实行社区矫正。

3. 假释的撤销。根据《刑法》第86条的规定：

（1）考验期内犯新罪，撤销假释，"先减后并"，假释后所经过的考验期，不得计算在新判决确定的刑期内。需要说明的是：即使在考验期满后才发现，且没超过追诉时效的，也应撤销假释，"先减后并"。

（2）考验期内，发现漏罪，撤销假释，"先并后减"，假释后所经过的考验期，不得计算在新判决确定的刑期内。与前面不同，如果在考验期满后才发现在判决宣告前还有其他罪没有判决的，不得撤销假释，只能对新发现的犯罪另行受理，不得与前罪数罪并罚。

（3）在考验期内，违反法律、行政法规或国务院有关部门关于假释的监督管理规定的，撤销假释，执行未执行完的刑罚。有期徒刑未执行完的刑罚就是"余刑"，无期徒刑未执行完的刑罚还是无期徒刑。

依照《刑法》第86条的规定被撤销假释的罪犯，一般不得再假释。但依照该条第2款被撤销假释的罪犯，如果其对漏罪曾作如实供述但原判未予认定，或者漏罪系其自首，符合假释条件的，可以再假释。

4. 假释与减刑。被假释后，除有特殊情形，一般不得减刑，其假释考验期限也不缩短。但减刑后是可以假释的，罪犯减刑后又假释的，间隔时间不得少于1年；对一次减去1年以上有期徒刑后，决定假释的，间隔时间不得少于1年6个月。罪犯减刑后余刑不足2年，决定假释的，可以适当缩短间隔时间。

本章重要知识回顾（表格版）

一、减刑和假释

	适用条件	考验期限及起算	撤销条件
假释	1. 对象条件。被判处有期徒刑、无期徒刑的犯罪人。 2. 执行刑期条件。有期徒刑必须执行了原判刑期1/2以上；无期徒刑必须执行了13年以上；特殊情况可不受此限，但须经最高院核准，这称为法外假释。	①有期徒刑为没有执行完毕的刑期。 ②无期徒刑为10年。	假释考验期内：

续表

	适用条件	考验期限及起算	撤销条件
假释	3. 实质条件。刑罚执行期间确有悔罪表现，假释后不致再危害社会。在执行期间认真遵守监规，接受教育改造，确有悔改表现，不致再危害社会的。 对犯罪分子决定假释时，应当考虑其假释后对所居住社区的影响。 4. 程序条件。和减刑一样，假释应由执行机关向中级以上人民法院提出假释建议书，人民法院应当组成合议庭进行审理，对符合假释条件的，裁定予以假释。 5. 消极条件。对累犯以及因故意杀人、强奸、抢劫、绑架、放火、爆炸、投放危险物质或者有组织的暴力性犯罪（一罪或数罪）被判处10年以上有期徒刑、无期徒刑的犯罪分子，不得假释。	假释考验期从假释之日起算。注意：假释和缓刑考验期内的犯罪分子也要遵守一些规定，内容大致同管制，只是比管制的5条规定少1条（关于六大自由权利的那条）	①又犯新罪——应当撤销假释，按《刑法》第71条规定的"先减后并"，数罪并罚。 ②发现漏罪——应当撤销假释，按《刑法》第70条规定的"先并后减"，数罪并罚。 ③违法违规——应当撤销假释，收监执行未执行完毕的刑罚。
减刑	1. 对象条件：被判处管制、拘役、有期徒刑、无期徒刑的犯罪分子； 2. 实质条件： （1）确有悔改或立功表现的，可以减刑。 （2）有下列重大立功表现之一的，应当减刑：①阻止他人重大犯罪活动的；②检举监狱内外重大犯罪活动，经查证属实的；③有发明创造或者重大技术革新的；④在日常生产、生活中舍己救人的；⑤在抗御自然灾害或者排除重大事故中，有突出表现的；⑥对国家和社会有其他重大贡献的。 3. 限度条件：减刑以后实际执行的刑期不能少于下列期限：①判处管制、拘役、有期徒刑的，不能少于原判刑期的1/2（起始时间应当从判决执行之日起计算）；②判处无期徒刑的，不能少于13年（其起始时间应当自无期徒刑判决确定之日起计算）；③死缓的限制减刑。	减刑后的刑期计算方法： ①对于无期徒刑减为有期徒刑的，有期徒刑的刑期从裁定减刑之日起计算；已经执行的刑期以及判决宣告以前先行羁押的日期，不得计算在裁定减刑后的有期徒刑的刑期以内。 ②其他减刑后的刑期应从原判决执行之日起计算，原判刑期已经执行的部分时间，应计算到减刑后的刑期以内。	

续表

	适用条件	考验期限及起算	撤销条件
减刑	人民法院依照《刑法》第50条第2款规定限制减刑的死刑缓期执行的犯罪分子,缓期执行期满后依法减为无期徒刑的,不能少于25年,缓期执行期满后依法减为25年有期徒刑的,不能少于20年(不包含死刑缓期执行的2年)。 4. 程序条件:大致同假释。		

缓刑期间有重大立功表现,可以减刑,同时应相应缩减其缓刑考验期限。

 本章二维码

减刑　　　　　　假释　　　　　第十五章司法　　第十五章重要法条
　　　　　　　　　　　　　　　　考试真题　　　　和司法解释

第十六章

刑罚的消灭

刑罚消灭，是指由于法定的或事实的原因，致使司法机关无法对犯罪人行使具体的刑罚权。这主要包括：①超过追诉时效；②经特赦免除刑罚的；③告诉才处理的犯罪，被害人在法定追诉期限内没有告诉或者撤回告诉的；④犯罪嫌疑人、被告人在刑事诉讼过程中死亡或者服刑人员在刑罚执行期间死亡的。本章主要讨论时效与赦免。

第一节 追诉时效

时效，是指刑法规定的对犯罪分子追究刑事责任和执行刑罚的有效期限。时效分为追诉时效和行刑时效。我国仅规定了追诉时效，而没有规定行刑时效。

一、追诉时效的具体规定

追诉时效，是指刑法规定的对犯罪分子追究刑事责任的有效期限。

犯罪经过下列期限不再追诉：

1. 法定最高刑为不满 5 年有期徒刑的，经过 5 年；

2. 法定最高刑为 5 年以上不满 10 年有期徒刑的，经过 10 年；

3. 法定最高刑为 10 年以上有期徒刑的，经过 15 年；

4. 法定最高刑为无期徒刑、死刑的，经过 20 年。如果 20 年以后认为必须追诉的，须报请最高人民检察院核准。[1]

根据《刑法》第 99 条的规定，"以上""以下""以内"包括本数在内，而"不满"是不包括本数的。所以，如果某罪的法定最高刑为 10 年有期徒刑，则其追诉时效为 15 年而非 10 年。追诉时效期限以法定最高刑为标准，不是以实际应当判处的刑罚为标准。以法定最高刑为标准，是指根据

---

[1] 参考最高人民检察院第六批指导性案例（马世龙抢劫案、丁国山等故意伤害案 2 个为核准追诉案例，杨菊云故意杀人案、蔡金星等抢劫案 2 个为不核准追诉案例）。

行为人所犯罪行的轻重，判定应当适用的刑法条款与相应的量刑幅度，按其法定最高刑来计算追诉期限。如果其行为所触犯的罪名，刑法条文只规定了单一的量刑幅度，则按此条的法定最高刑计算；如果所触犯的罪名在刑法分则规定了数个量刑幅度时，则按其罪行应当适用的具体量刑幅度中的法定最高刑计算。

二、追诉期限的计算

1. 一般犯罪的追诉期限的计算。这是指没有连续或继续状态的犯罪的追诉期从犯罪之日起算。犯罪之日是指犯罪成立之日。由于刑法对各种犯罪规定的构成要件不同，因而认定犯罪成立的标准也就不同。对不以危害结果为要件的犯罪而言，实施行为之日是犯罪之日；对以危害结果为要件的犯罪而言，危害结果的发生之日，才是犯罪之日。[1]

值得研究的是，如果一个案件在侦查阶段没有超过诉讼时效，但是在审查起诉阶段或审判阶段超过诉讼时效，这是否还应该继续追诉？比如，被告人 2002 年受贿 10 万元，2014 年被立案侦查，如果按照旧的司法解释，其法定刑为 10 年以上，追诉期限应是 15 年，没有超过追诉时效。但是案件在 2016 年 5 月被提起公诉，一审法院 2016 年 5 月开庭审理，根据《最高人民法院、最高人民检察院关于办理贪污贿赂刑事案件适用法律若干问题的解释》的规定，贪污 10 万元，没有特别从重处罚情节的只能判处 3 年以下有期徒刑。这样，追诉期限就缩减为 5 年，法院能否继续审理呢？对此问题，有三种立场：第一种立场认为，"只要刑事立案时没超过追诉期限，即使审判时已超过追诉期限，案件仍然可以追诉"。第二种立场认为，"追诉期限应从犯罪之日计算到审判之日为止，只有在审判之日还没有超过追诉期限的，才能追诉；如果在审判之日超过了追诉期限，则不能追究被告人"。[2]第三种立场采取折中方式，认为以提起公诉作为时效终止的截止时间。

---

〔1〕 参见"南昌洙、南昌男盗窃案［第 273 号］"，载最高人民法院刑事审判第一、二、三、四、五庭主编：《中国刑事审判指导案例 4：侵犯财产罪》，法律出版社 2012 年版，第 309 页。南昌洙于 1997 年 2 月 3 日刑满释放。1998 年 3 月，被告人南昌洙、南昌男在龙井市开山屯镇光新村盗窃一头耕牛，价值人民币 2500 元。销赃后，赃款由二被告人挥霍。1998 年 9 月，被告人南昌男伙同他人（已死亡），在龙井市开山屯镇济东村盗窃一头耕牛，价值人民币 1200 元，并将耕牛屠宰后食用。2003 年 8 月 8 日，被告人南昌洙、南昌男在龙井市东盛涌镇长南村附近盗窃 4 头耕牛，共计价值人民币 6800 元并于销赃时被公安人员抓获。法院认为：被告人南昌洙、南昌男秘密窃取他人财物的行为已构成盗窃罪。被告人南昌洙于 1998 年 3 月所实施的盗窃行为，已过追诉期限，依法不予追究；被告人南昌洙在刑满释放 5 年之后再犯，应当判处有期徒刑以上刑罚之罪，依法不构成累犯。被告人南昌洙前后两个盗窃行为虽均独立构成盗窃罪，但两个行为时间间隔在 5 年以上，很难认定其在实施前次盗窃犯罪时，对 5 年之后再次实施的盗窃犯罪已经具有主观上的连续故意，因此，不应将其实施的两次盗窃行为作为连续犯罪，不能以犯后罪为由重新起算其前罪的追诉期限。被告人南昌洙于 1998 年 3 月伙同他人实施的盗窃行为已过追诉期限，依法不应追究其该起盗窃行为的刑事责任。

〔2〕 张明楷：《刑法学》，法律出版社 2016 年版，第 651 页。

对此问题，最高人民法院的司法解释采取第二种立场，该解释认为，"追诉时效是依照法律规定对犯罪分子追究刑事责任的期限，在追诉时效期限内，司法机关应当依法追究犯罪分子刑事责任。对于法院正在审理的贪污贿赂案件，应当依据司法机关立案侦查时的法律规定认定追诉时效。依据立案侦查时的法律规定未过时效，且已经进入诉讼程序的案件，在新的法律规定生效后应当继续审理"。[1]

关于这个问题，取决于如何理解刑法中的"追诉"，如果将"追诉"理解为国家对犯罪的惩治，那么将审理理解为"追诉"并未超越民众对"追诉"一词的理解。即便认为"追诉"仅限于公诉机关对犯罪的起诉，那么将"审理"解释为"追诉"也只是一种对行为人有利的类推解释，依然是符合罪刑法定原则的。因此，本书认为第二种立场是比较合适的。对于犯罪，国家没必要睚眦必报，当司法解释发生变更时，其有利的后果应当普遍施惠于还未生效的判决。

2. 连续或继续犯罪的追诉期限的计算。对连续犯、继续犯的追诉期限，从行为终了之日起算。

三、追诉时效的中断

追诉时效的中断是指在时效进行期间，因发生法律规定的事由，而使以前所经过的时效期间归于无效，法律规定的事由终了之时，时效重新开始计算。我国时效中断的事由是犯新罪，致使前罪已经过的时效归于无效，从新罪终了之日，重新计算前罪的追诉时效。至于"又犯罪"是故意还是过失犯罪，罪重罪轻等都没有限制。

需要说明的是：在注意前罪的追诉时效时，不应忽视后罪的追诉时效。若在两个罪的追诉期内，对两个罪都可以追究，则实行数罪并罚。

四、追诉时效的延长

追诉时效的延长是指在追诉时效进行期间，因发生法律规定的事由而使追诉期限延长。我国时效延长的事由是：

第一，在公、检、法机关立案侦查或者法院已经受理案件以后，逃避侦查、审判的，不受追诉期限的限制。如果在司法机关立案侦查或者受理案件以后，行为人并未逃避侦查与审判的，则仍受追诉期限的限制。

在适用追诉时效延长这个条款时，都应将立案侦查受理案件与逃避侦查审判视为并列关系，而非或然关系，不能认为只要司法机关予以立案侦查、受理案件以后，该案件就不受追诉时效的限制。

刑法理论普遍认为，"逃避侦查或者审判"应限制于积极逃避，比如司法

---

[1] 最高人民法院："关于被告人林少钦受贿请示一案的答复"，载最高人民法院刑事审判第一、二、三、四、五庭主编：《刑事审判参考·总第106集》，法律出版社2017年版，第157页。

机关已经告知其不得逃跑、藏匿，甚至采取强制措施后而逃跑或者藏匿。至于消极逃避，比如行为人实施毁灭证据、串供的行为，不宜认定为"逃避侦查或者审判"。如果对"逃避侦查或审判"作过于宽泛的理解，追诉时效制度则会丧失应有的意义。[1] 如果把行为人正常的上诉、申诉理解为逃避侦查或者审判，那么追诉时效延长制度的限定条款（即"逃避侦查或者审判"）也就被彻底架空，任何判决的稳定性和严肃性都会被动摇，法律也就失去了基本的确定性和指引性。

一个值得讨论的问题是，再审案件是否要受到追诉时效制度的限制？有个别司法机关认为，再审案件所启动的是一个旧诉，而非新诉，因此其可以不受追诉时效制度的限制。

但是，这种结论显然是错误的。试想，甲犯了一桩陈年旧案，没有被司法机关发现，因过了追诉时效就不再受到追诉。但是，乙也犯了同样的案件，被司法处理，判决生效执行完毕之后，无论过了多久还可能再次面临加重处罚再审的追诉。请问，没有受过处罚的甲和受过处罚的乙，谁的社会危害性更大？但是，受过处罚的乙反而一辈子都可能受到以加重处罚为目的的再次追诉，然而，没有受过处罚的甲却因为过了追诉时效，可以安枕无忧。这种违背民众基本情理的所谓"法律推论"严重背离司法的精神，违背天理与人情。

因此，再审案件必须受到追诉时效的限制，否则所有的生效判决都有可能因为再审程序而被推翻，而且又因为再审不受从旧兼从轻原则的约束，以致当下不再被视为犯罪的行为，都可能因为再审而被推倒重来，并加重对当事人的惩罚，罪刑法定限制刑罚权的观念也就被彻底架空。

比如，行为人于1983年偷看女生洗澡，以"流氓罪"被判5年有期徒刑，1988年服刑期满。2021年，时隔38年之后，司法机关启动再审程序，认为原审判决认定的偷看次数有错，行为人看了3次，但原审判决只认定其看了1次。由于再审程序不受从旧兼从轻原则的约束，故按照1983年法律（也即1979年《刑法》及1983年《全国人民代表大会常务委员会关于严惩严重危害社会治安的犯罪分子的决定》）进行处理，决定判处行为人10年甚至更重的刑罚。这种做法会极大地动摇刑事司法的稳定和尊严，也将使得服刑出狱的当事人惶惶不可终日，担心一不小心又被再审，并被加重处罚。

因此，必须将审判监督程序的抗诉与再审视为一种新的追诉，遵守刑法有关追诉时效的规定。追诉时效的本质在于节约司法资源，体现一般预防的功能。对于公诉案件而言，追诉时效制度是对司法机关的约束和限制，防止刑事案件久拖不决。

第二，被害人在追诉期限内提出控告，人民法院、人民检察院、公安机

---

[1] 张明楷：《刑法学（上）》，法律出版社2016年版，第651页；马克昌主编：《刑罚通论》，武汉大学出版社1999年版，第683页。

关应当立案而不予立案的，不受追诉时效的限制。当前，有不少申诉案件中存在的刑讯逼供情形都可能适用第二种追诉时效延长的规定。这个规定本来就是为了解决老百姓告状难的问题。在 1997 年修订刑法的时候，民众告状无门的现象非常突出，各级司法机关经常踢皮球，公安推给检察机关，检察机关推给法院，法院再推给公安机关，甚至推给各级行政机关和媒体单位，最后导致当事人时效利息丧失，无法在对损害自己利益的犯罪进行追诉。在这种背景下，刑法规定了这种追诉时效延长的制度，当民众向司法机关提出控告，司法机关应当立案而不立案的，追诉时效就可以无限期地延长下去。

因此，当犯罪嫌疑人、被告人、服刑人或者律师在追诉期限内曾向司法机关提出当事人被刑讯逼供的线索，司法机关就不能置之不理。如果司法机关应当立案而没有立案，那么对相关人员的刑讯逼供行为就不再受追诉时效的限制。

👉 第二节　赦免

一、赦免的概念和种类

赦免，是指国家宣告免除犯罪人的罪责或者刑罚的一种法律制度，包括大赦与特赦。

所谓大赦，通常是指国家元首或者国家最高权力机关对某一时期内犯有一定罪行的不特定犯罪人一概免予追诉和免除刑罚执行的制度。可见，大赦的特点在于：①范围广。既可能是国家某一时期的各种犯罪人，也可能是某一地区的全体犯罪人，还可能是某一类或者某一事件的全体犯罪人。②效力大。它不仅免除刑罚的追诉与执行，而且使犯罪也归于消灭，既赦其罪，也赦其刑。即罪与刑都归于消灭，经过大赦之人，不会因为该赦免之罪而构成累犯和存在前科问题。

特赦，是指对犯罪分子免去其刑罚的部分或全部的执行，只能消灭其刑，不能消灭其罪。特赦的特点在于：①适用对象是较为特定的犯罪人；②特赦的效果只是免除刑罚执行，而不免除有罪宣告，故经过特赦的犯罪人，仍然存在构成累犯的可能性。可见，大赦和特赦的区别是比较明显的。

二、我国的特赦制度

我国目前没有大赦制度，但保留了特赦制度。现行《宪法》第 67、80 条规定，中华人民共和国国家主席根据全国人大常委会的决定，颁布特赦令。《刑法》第 65、66 条中的"赦免"指的就是特赦。新中国成立以来，分别于 1959 年、1960 年、1961 年、1963 年、1964 年、1966 年对战犯进行过赦免，直至 1975 年赦免全部在押战犯。2015 年 8 月 29 日，国家主席习近平签署主席特赦令，根据十二届全国人大常委会第十六次会议通过的全国人大常委会关于特赦部分服刑罪犯的决定，对参加过抗日战争、解放战争等四类服刑罪犯实行特赦。他们分别是：①参加过中国人民抗日战争、中国人民解放战争的；②中华人民共和国成立以后，参加过保卫国家主权、安全和领土完整对外作战的，但犯贪污受贿犯罪，故意杀人、强奸、抢劫、绑架、放火、爆炸、投放危险物质或者有组织的暴力性犯罪，黑社会性质的组织犯罪，危害国家安全犯罪，恐怖活动犯罪的，有组织犯罪的主犯以及累犯除外；③年满75周岁、身体严重残疾且生活不能自理的；④犯罪的时候不满18周岁，被判处3年以下有期徒刑或者剩余刑期在1年以下的，但犯故意杀人、强奸等严重暴力性犯罪，恐怖活动犯罪，贩卖毒品犯罪的除外。

本章重要知识回顾（表格版）

一、时效和赦免

时效	概念	时效分为追诉时效与行刑时效，我国只规定了追诉时效。追诉时效，是刑法规定的，追究犯罪人刑事责任的有效期限。除有特殊规定，超过法定追诉期限，不得对犯罪分子进行追诉，已经追诉的，应撤销案件、不起诉或终止审理。		
	追诉时效的期限	1. 法定最高刑为不满5年有期徒刑的	经过5年	
		2. 法定最高刑为5年以上不满10年有期徒刑的	经过10年	
		3. 法定最高刑为10年以上有期徒刑的	经过15年	
		4. 法定最高刑为无期徒刑、死刑的	经过20年（如果20年后认为必须追诉的，报请最高人民检察院核准）	
		5. 在检察院、公安机关、国家安全机关立案侦查或者在法院受理案件以后，逃避侦查或者审判的	不受追诉期限的限制	
		6. 被害人在追诉期限内提出控告，法院、检察院、公安机关应当立案而不予立案的	不受追诉期限的限制	
	追诉期限的计算	一般犯罪	自犯罪之日起计算，也即自犯罪成立之日起计算	
		连续犯、继续犯	自犯罪终了之日起计算	
		追诉时效的中断	在追诉时效内又犯罪的，前罪追诉期限从后犯之罪成立之日起计算	
赦免	概念	赦免是国家宣告对犯罪人免除其罪、免除其刑的一种法律制度，包括大赦与特赦，我国只规定了特赦。特赦的对象是较为特定的犯罪人，特赦的效果是不免其罪，只免其刑。		

 本章二维码

追诉时效　　　　案例分析题和论述题　　分则部分教学视频

中国特色社会主义法治理论系列教材

书　名	作　者
法理学	雷　磊
宪法学	秦奥蕾
行政法与行政诉讼法学	林鸿潮
中国法制史	赵　晶
民法学：总论	刘智慧
民法学：物权	刘家安
民法学：合同	田士永
经济法学	刘继峰
商法总论	王　涌
民事诉讼法学（第二版）	杨秀清
刑法学总论（第二版）	罗　翔
刑法学分论	方　鹏
刑事诉讼法学	汪海燕
国际法学	李居迁
国际私法学（第二版）	霍政欣
国际经济法（2017 年版）	杨　帆
国际经济法学（2020 年版）	祁　欢
法律职业伦理（第三版）	许身健
财税法	施正文
环境法学	于文轩
劳动法与社会保障法学	娄　宇
证据法	施鹏鹏
知识产权法（第二版）	陈　健
公司法学	王　涌